朱子涵养工夫研究

Research on Zhu Xi's Thought of Cultivation Effort

陈双珠　著

中国社会科学出版社

图书在版编目（CIP）数据

朱子涵养工夫研究/陈双珠著. —北京：中国社会科学出版社，2022.3
ISBN 978-7-5203-9935-7

Ⅰ.①朱… Ⅱ.①陈… Ⅲ.①朱熹（1130-1200）—哲学思想—研究 Ⅳ.①B244.75

中国版本图书馆 CIP 数据核字（2022）第 047055 号

出 版 人	赵剑英
责任编辑	朱华彬
责任校对	谢　静
责任印制	王　超

出　　版	中国社会科学出版社
社　　址	北京鼓楼西大街甲 158 号
邮　　编	100720
网　　址	http://www.csspw.cn
发 行 部	010-84083685
门 市 部	010-84029450
经　　销	新华书店及其他书店
印刷装订	北京君升印刷有限公司
版　　次	2022 年 3 月第 1 版
印　　次	2022 年 3 月第 1 次印刷
开　　本	710×1000　1/16
印　　张	31.5
字　　数	439 千字
定　　价	169.00 元

凡购买中国社会科学出版社图书，如有质量问题请与本社营销中心联系调换
电话：010-84083683
版权所有　侵权必究

出 版 说 明

为进一步加大对哲学社会科学领域青年人才扶持力度，促进优秀青年学者更快更好成长，国家社科基金2019年起设立博士论文出版项目，重点资助学术基础扎实、具有创新意识和发展潜力的青年学者。每年评选一次。2020年经组织申报、专家评审、社会公示，评选出第二批博士论文项目。按照"统一标识、统一封面、统一版式、统一标准"的总体要求，现予出版，以飨读者。

全国哲学社会科学工作办公室

2021年

序

全祖望曾经评价朱子的思想是："致广大，尽精微，综罗百代。"对于全氏的结论，无论尊崇朱子还是反对朱子的学者都不会反对。按照我的理解，"致广大"是指朱子思想宏大的规模；"尽精微"是说朱子学逻辑缜密，结构严谨，推衍清晰；"综罗百代"说明了朱子思想是集大成者，采纳各家论说。全氏所言，十分精确，难能可贵。朱子思想如斯，研究朱子思想的学术也须如斯，否则很难有突破性的成果。纵观近年来的朱子学研究，在"广大"的问题上成果丰硕，蔚为壮观，但在"精微"上却不能尽如人意。本书作者通过对朱子涵养工夫的发展阶段的脉络化梳理，在与其他工夫之间的关系的发展和变化中考察朱子心性论的建构和完善的过程，显然，作者不仅立足于朱子学的"广大"，更在"精微"上做了很大工夫。

在具体的研究方法上，她提出了朱子思想发展的四个阶段：22 岁至 39 岁为早年思想；40 岁至 48 岁为中年思想；49 岁至 59 岁为中晚年思想；60 岁至 71 岁为晚年思想。这一划分与传统的划分有所不同。当然，仁者见仁、智者见智，不必强求划一，但就本书而言，恰恰为作者的论述提供了清晰的路径，着重考察了朱子中年以后涵养工夫思想的三个阶段，梳理出朱子涵养工夫发展的基本脉络和特点，深入系统地探讨了朱子各个阶段涵养工夫的方法、特点和地位。尤其是她特别划出"中晚年"阶段，通过大量的文献梳理和比较验证说明朱子在这一阶段对涵养工夫的修正和补充，精细地梳理出朱子某一观点变化的关节点，可以看出精耕细作是本书的最大特点。作者观点的提出都基于翔实的史料的考辨和分析，也说明了作者对该课题研究的用心和细致程度。本书的创新之处有五个方面。一是以时间为线索，对朱子关于涵养的主要观点及其在工夫论中的地位分阶段进行了考察，完善了朱子涵养工夫的脉络化研究，最终梳理出朱子在不同阶段涵养工夫的内容、诠释和特点。二是对朱子关于涵养与省察、格致的关系也进行了脉络化分析，说明了朱子涵养工夫在工夫论中的地位及在不同阶段的变化，证明了涵养工夫是成德的第一义。三是对涵养工夫中持敬与克己、立志、诚、静坐等其他工夫的关系也进行了系统性和脉络化的考察，说明了朱子主敬涵养的地位。四是将工夫论和心性论相结合进行考察，从朱子涵养工夫的确立、修正、完善的过程说明朱子心性论的建构、补充和完善的过程，体现出工夫不离本体的理学特点。五是探讨了朱子与湖湘学派、浙东学派、陆学、程门后学的思想交流和论辩对涵养工夫思想变化的影响和作用，在分析中融入了同时代其他思想家的创见、异见、批评、讨论甚至争辩。作者把朱子的思想演进和变化发展放在当时整个时代学术背景下加以考察，突破了以往研究大多局限于朱陆异同的视域。总而言之，作者对朱子涵养工夫思想的研究能够站在朱子思想生平的变迁以及学术全局的高度，还原了朱子在思考涵养工夫时所走过的心路历程。言人之所难言，言人之所不能言，研究成果具有重要的学术价值。这样的研究路径比较稳妥，但要做好则必须付出极大的时间和精力的成本，从中我看到了"尽精微"的学问进路，不能不为作者的踏实和细密而感叹。

　　我认识作者很早，知道她的求学之路并不平坦，但她有坚韧的求学精神，她是一个为学术而不屈不挠的追梦者。她来自朱子的家乡，可以看出她对朱子学的研究是带有情感的。在短短的四年读博生涯里能写出这样一本厚重的研究朱子学的著作，不要说是一个刚进入学术殿堂的学子，就是稍有建树的学者恐怕也未必能做到，由此可以看出她已具有成为一名哲学家的潜质。我读了她的论文，很感慨，一则为她的导师郭晓东教授而高兴，可以看出郭教授教导学生有方。二则为复旦大学高兴，复旦大学能出人才，确实不是浪得虚名。四年精耕细作，她以这本书证明了自己的学术能量，预示着不可限量的前程。作者请我为她的大作写序，我欣然答应，因为我觉得我是写这篇序的最好人选，除了因为我对作者本人比较了解之外，还因为我想通过这篇序告诉她："你的学术人生开始得很精彩，希望你在以后的日子里不要辜负了这份精彩；你的路还很长很长，可以也应该更精彩。"

朱杰人

2021 年 7 月 16 日于上海桑榆匪晚斋

摘　　要

　　涵养与致知是朱子两大基本工夫论架构，被称为"鸟之双翼，车之两轮"。本书以朱子的涵养工夫为中心，通过对朱子涵养工夫的中年、中晚年、晚年三个阶段进行考察，最终对朱子涵养工夫的发展脉络和工夫地位有比较全面的了解。本书第一章对朱子48岁前心性论的建构及涵养工夫确立的过程进行了全面考察，可知工夫观点的提出与心性论的建构呈现一致性。第二章考察了朱子中年阶段对未发前涵养工夫地位、平日涵养无间断、涵养须用敬、主一即敬、敬为彻上彻下的基本观点的提出，确立了"主敬"在涵养工夫中的地位。探讨了持敬与主静、持敬与克己、诚与敬的关系，朱子依次提出"敬则无己可克""克己就是持敬""持敬与克己并举"的观点。朱子提出"以敬代诚"，说明了主敬是涵养工夫的第一义。在中年时期，以与湖湘学派论辩为核心，在涵养与致知、省察的关系中皆强调涵养为本、为先的地位，但也强调二者不能偏废。在此阶段，朱子知先行后、知易行难的基本成德路径形成。

　　第三章考察了中晚年时期朱子在对中年时期基本观点的坚持之上，对涵养工夫做了修正和补充。开始慎言"主静"，以敬消解静坐的地位。对持敬与克己，提出"敬以克己""敬与克己须俱到"。对诚敬关系，提出不能专以敬为诚，将诚落到诚意上解释。开始注意到立志的作用。对于涵养工夫的地位，涵养与致知的关系是重点，一方面在朱陆之辩中批评陆学不重穷理，另一方面批评浙中学者有支离的问题，不重视持敬涵养，同时也自我检查。在涵养与省察的关系中，仍是以持敬为主，省察为助，开始重视省察对持敬的意义。在成德路径上提出致知后要省察，主张以致知为先，力行为重。

第四章考察了朱子晚年对心性论的进一步完善与涵养工夫的修正和完善的过程，重视气禀对心性结构的影响，强调成德的艰难，所以重视下学对成德的作用。朱子重新诠释了"克己复礼"，对持敬与克己的关系，提出二者相资相成、各有优劣的观点。对持敬与主静的关系，不以主静言敬，将静坐限制在持敬之下。对诚与敬的关系，提出二者不分先后，逐项做工夫。重视持敬与立志的关系，提出二者各有优劣，相互补充。持敬与穷理仍然是考察涵养工夫地位的重点，一方面批评陆学不知气禀之杂，不重穷理，又辨学者言识心之非，辟门人"先见天理源头"；另一方面批评浙中学者欠缺涵养工夫。对于涵养与省察的关系，提出无时不涵养无时不省察，体现出对省察的重视。在成德的路径上提出下学而上达、博学而反约、积累至贯通等观点，体现了朱子晚年对"四书"的贯通。

关键字：朱子；涵养；持敬；致知；省察；克己

Abstract

Cultivation and knowledge acquisition are the "two wings of birds and two wheels of vehicles", which are the two basic structures of Zhu Xi's theory of effort. This paper takes Zhu Xi's cultivation effort as the center, through the investigation of Zhu Xi's three stages of life, that we can have a more comprehensive understanding of the basic context of the development and states of Zhu Xi's cultivation effort. The first chapter of this paper studied the process of the construction of mind-nature theory and the establishment of the cultivation effort before the age of 48. It can be seen that the proposal of effort's view is consistent with the construction of mind-nature theory. The second chapter proposed the basic viewpoints of Zhu Xi's cultivation effort in his middle age that are the status of cultivation effort before the mind initiate, the cultivation effort is uninterrupted, cultivation should be carried out with reverence, reverence is absorption, reverence implementation mind initiate and before, and established the status of chief effort of cultivation. During this period, he emphasized the reverence in quietly when the mind not initiate, self-restraint and rites-reversion were important contents of cultivation effort. For the relationship between reverence and primary quietly, self-restraint, sincerity. He proposed three viewpoints in turn: "if reverence is being doesn't need self-restraint", "self-restraint is reverence" and "reverence and self-restraint are in parallel". He proposed that "reverence replaces sincerity", which indicated that reverence's state is cheif of cultivation effort. Because of the debated with the Huxiang School, Zhu Xi emphasized the status of cultivation was prior to introspection and also prior to knowledge acquisition, but all of them should not be neglected. In Zhu Xi's middle years old, he believed that action behind knowledge, action is more difficult than knowledge and the basic path of virtue formation is formed.

The third chapter put forward that in Zhu Xi's late middle years period, he adhered to the views of cultivation and reverence that was established in his middle age, and further revised and additions to cultivation efforts. He began to be cautious about the "Mainly quiet" of cultivation effort, eliminating the status of sedentary with reverence. For the relationship between reverence and self-restraint, he believed that "self-restraint finished with reverence", "both of reverence and self-restraint is necessity". For the relationship with sincerity and reverence, he believed that the effort of sincerity is not only reverence, sincerity is interpreted as sincere intention. He began to notice the role of establish ambition. Regarding the status of cultivation effort, the relationship between cultivation and knowledge acquisition is emphasis, on the one hand, he criticized Lu School not emphasized the importance of exploring principle. On the other hand, he criticized Zhe School with departure and unattached importance reverence. He also self-examination the problem of departure. With the relationship between cultivation and introspection, reverence was still the mainly effort of cultivation, introspection was auxiliary, and he began to emphasize the significance of introspection to reverence. In the path of becoming virtuous, he thought that it was necessary to make introspection after knowledge acquisition, and advocated that knowledge was ahead of action and action is harder than knowledge acquisition.

The fourth chapter proposed that Zhu Xi's further improved the mind-nature theory is the same process of revision and perfection of cultivation efforts in his later years. He noticed the influence of temperament and nature, and stress the hardness of virtue carefully, so emphasizes the importance of learning to be virtuous. He revised the interpretation of "self-restraint and rites-reversion", and he put forward the viewpoint that both of them have their own advantages and disadvantages and the two complement each other. For the relationship between reverence and primary quietly, he no longer taked primary quietly is the method of reverence, and no more limited the sedentary under reverence. He believed that sincerity and reverence in no order, and completed item by item. He noticed the relationship between reverence and establish ambition, both of them have their own advantages and disadvantages, complement with each other. The relationship between reverence and knowledge acquisition remain the focus of examining the status of conservation effort. On the one hand, he criticized Lu School ignorance of the complexity of temperament and nature, and disregard the principle of poverty. It also distinguished scholars' misunderstand the consciousness, and against to see the source of preconceptions firstly. On the other hand, he criticized the Zhe School with "separation", because they did not attach importance to cultivation. For the relationship between cultivation and introspection, he put forward that cultivation and introspection should be carried out incessantly, that reflected the emphasis on provincial inspection. To path of virtue, he proposed the view that learning to achievement morality, being knowledgeable and back to simplicity, accumulating to breakthrough, which reflected Zhu Xi's penetration of the "Four Books" in his later years.

Keyword: Zhu Xi; Cultivation; Reverence; Knowledge acquisition; Introspection; Self-restraint

目　　录

绪　论 ……………………………………………………（1）
　　第一节　研究意义 ………………………………………（2）
　　第二节　研究的代表性观点与不足 ……………………（11）
　　第三节　朱子思想阶段的划分 …………………………（29）

第一章　48岁前心性论的构建与涵养工夫的确立 ……（44）
　　第一节　已发未发的界定 ………………………………（44）
　　第二节　心贯性情 ………………………………………（52）
　　第三节　心主性情 ………………………………………（56）
　　第四节　心、性、情的辨析 ……………………………（69）
　　第五节　《集注》对心性论的完善 ……………………（89）

第二章　中年涵养工夫的落实与架构 …………………（97）
　　第一节　涵养工夫的落实 ………………………………（97）
　　第二节　敬的解释与辨析 ………………………………（108）
　　第三节　未发前的涵养工夫 ……………………………（117）
　　第四节　平日涵养无间断 ………………………………（128）
　　第五节　涵养工夫之间的关系 …………………………（139）
　　第六节　涵养工夫的地位 ………………………………（156）

第三章　中晚年涵养工夫的落实和修正 ………………（191）
　　第一节　涵养工夫的落实 ………………………………（192）

第二节　涵养工夫之间的关系 …………………………（206）
　　第三节　涵养工夫的地位 ………………………………（228）

第四章　晚年涵养工夫的修正和完善 ……………………（274）
　　第一节　心性论的补充和完善 …………………………（275）
　　第二节　涵养工夫的落实 ………………………………（333）
　　第三节　涵养工夫之间的关系 …………………………（353）
　　第四节　涵养工夫的地位 ………………………………（388）

结　论 ………………………………………………………（449）

参考文献 ……………………………………………………（476）

索　引 ………………………………………………………（481）

后　记 ………………………………………………………（486）

Contents

Introduction ··· (1)

    Section 1   Rsearch significance ································ (2)

    Section 2   Representative Views and Shortcomings
                   of Research ································· (11)

    Section 3   The division of stages of Zhu Xi's thought ··· (29)

Chapter 1   The process of the construction of mind-nature theory and the establishment of the cultivation efforts before 48 ·· (44)

    Section 1   Definitions the initiate and not initiate ········ (44)

    Section 2   Mind coherence nature and emotion ············ (52)

    Section 3   Mind is mainly the nature and emotion ········ (56)

    Section 4   Discriminated the mind, nature and
                   emotion ···································· (69)

    Section 5   The further perfection of the mind-nature
                   theory in the 《Four Chapters Annotations》 ······ (89)

Chapter 2   Implementation and Structure of cultivation efforts in his middle age ································· (97)

    Section 1   Implementation of cultivation efforts ············ (97)

Section 2   The explain and discrimination of reverence ……………………………………………………… (108)
Section 3   Implementation of the cultivation efforts before initiate ……………………………… (117)
Section 4   Daily cultivation is uninterrupted ………… (128)
Section 5   Relationship between cultivation efforts ……… (139)
Section 6   Status of cultivation efforts …………………… (156)

Chapter 3   Implementation and amendment of cultivation efforts in his late middle age ……………………… (191)
Section 1   Implementation of cultivation efforts ………… (192)
Section 2   Relationship between cultivation efforts ……… (206)
Section 3   Status of cultivation efforts …………………… (228)

Chapter 4   Amendment and perfection of cultivation efforts in his old age ………………………………… (274)
Section 1   The supplement and improvement of the theory of mind-nature theory ………………………………… (275)
Section 2   Implementation of cultivation efforts ………… (333)
Section 3   Relationship between cultivation efforts ……… (353)
Section 4   Status of cultivation efforts …………………… (388)

Conclusion ………………………………………………… (449)

References ………………………………………………… (476)

Index ……………………………………………………… (481)

Postscript ………………………………………………… (486)

绪　　论

朱子哲学重本体，也重工夫，但心性论思想最终要在工夫修养中落实，所以工夫论在朱子哲学中又有更为重要的地位。涵养与致知是朱子对二程基本工夫路径的继承，经由朱子成为宋明理学两大工夫路径，在朱子哲学中占有非常重要的地位，朱子的出现"使得理学中的理性主义占了主导地位，这是他对民族精神不可低估的影响，了解这一点才能认识朱熹哲学的由来和意义"[①]。涵养工夫作为朱子工夫论的组成部分，虽然学界已有不少研究，但涵养在朱子工夫论中处于什么地位？朱子涵养工夫的发展脉络如何？涵养工夫在晚年是否真的出现新的变化？朱子涵养工夫变化的阶段为何？其变化背后的理据何在？如此诸多问题则仍在学界研究视野之外。再者，历史上有诸多关于朱陆异同的争论，其中对朱子涵养工夫的争论是极其重要的内容，其中认为朱子涵养工夫在不同时期发生变化的观点更多地被放在朱陆异同的视域当中去讨论，极少有人去考察朱子本身的涵养工夫的发展脉络，这是以往考察朱子涵养工夫思想的局限性。王阳明曾作《朱子晚年定论》，其引朱子关于涵养思想的三十多封书信，以此作为"朱子晚年定论"。《朱子晚年定论》并不能真正定论朱子的涵养工夫思想，但是由于阳明及王学后人对朱子的判定在舆论上造成很大影响，反而引发历史上更多的争论，这些争论或是朱陆晚年异同之争，或是朱王异同之争，诸多争论甚至延续到

[①] 陈来：《朱子哲学研究》，华东师范大学出版社2000年版，第7页。

当代学界，其中不能绕开对朱子涵养工夫的讨论。所以，如果要对历史上关于朱子晚年涵养工夫的争论有较彻底的解决，就应该回到朱子本身对涵养的论述中去寻找答案。对朱子涵养工夫做专门的研究，特别是对朱子涵养工夫思想进行脉络化的梳理，首先要对朱子一生的思想做脉络化的考察，大体分出朱子思想的重大转折点和发展阶段，不仅关系到对朱子涵养工夫的正确理解，更关系到对朱子思想观点的最终判定。

第一节　研究意义

涵养工夫是朱子工夫系统的重要组成部分，在朱子思想中占据重要地位，但学界却缺少对朱子涵养工夫做脉络化研究，特别是对朱子晚年阶段的工夫思想没有特别的注意，这说明对朱子涵养工夫的研究有待进一步深入。历史上对朱子涵养工夫认识的论争始于朱陆异同之争，"朱陆晚同"论者希望以朱子晚年的涵养思想为依据，试图"合同朱陆"，阳明作《朱子晚年定论》也似乎有此意图，如此引发了学界关于"朱陆晚年同异""朱子晚年定论"等相关问题的大量争论，其中朱子涵养工夫也是争论的核心问题之一。由此可见，朱子的涵养工夫不仅是朱子工夫论中的重要组成部分，也是后人对朱子思想判定的主要依据。所以，对朱子涵养工夫做全面、客观的研究，特别是对朱子涵养工夫进行脉络化的梳理不仅可以厘清历史上对朱子晚年涵养工夫观点的得失，更直接关系到对朱子哲学的正确理解。

一　朱子涵养工夫的研究需要深入

朱子重本体，更重工夫，但朱子思想的落实最终是在工夫论上。朱子工夫论的基本架构是继承程颐"涵养须用敬，进学在致知"两大工夫进路而来，涵养与致知被称为朱子工夫"翼之两轮"，可见涵养工夫在朱子工夫论中的地位是多么重要。然而，对于朱子涵养工夫的内容、方法以及涵养工夫在朱子工夫论中具体居于什么位置，其重要性是如何体现的，则需要进一步追问。需要注意的是，由于涵养与致知是朱子在"中和新说"时期就确立的两个基本为学进路，又因鹅湖之辩是朱陆二人围绕"尊德性"与"道问学"的关系展开的，所以学界认识朱子涵养工夫的地位也多从涵养与致知的关系入手。缺少对涵养工夫与其他工夫的关系的关注。但是不能否认，涵养工夫与其他工夫的关系、涵养工夫内部之间的关系都是定位涵养工夫在整个工夫论中的地位的重要参照，而这需要做专门的梳理与考察。并且，根据历史上提出朱子晚年涵养工夫发生了转向，是否真的有变化，如何变化也是需要专门解决的问题，这需要通过对朱子涵养工夫做脉络化的梳理才能知晓，同时还要对朱子涵养工夫与其他工夫的关系做脉络化梳理才能知晓。遗憾的是，目前学界对朱子涵养工夫思想的研究对以上问题并没有十分重视，对朱子涵养工夫研究的结论多停留于"中和新说"阶段，缺少对朱子涵养工夫做进一步探讨的兴趣与意识。以中国港台新儒家牟宗三先生为代表，他也认为："（朱子）40岁中和新说后，持守、居敬、主静工夫为定论。"① 若以牟先生此观点为据，显然没有讨论朱子40岁后涵养工夫的必要，但如此则无法解决学界的诸多争论，对朱子涵养工夫的认识也是不够完整的。因此，要了解朱子涵养工夫的全貌不仅要对"中和新说"之后朱子涵养工夫的思想发展做动态考察以完整梳理出朱子涵养工夫的整体脉络，还要重视朱子40岁之后特别是晚年时期涵养思想的最终结论。也就是说，要全面了解朱子的工夫论，朱子涵养工夫是必不可少的部分，而要对朱子涵养工夫有全面的把握，就应该重视对朱子涵养思想的脉络梳理，特别重视"中和新说"至朱子晚年涵养思想发展的整个脉络，同时也要系统地、动态地考察朱子涵养工夫之间的关系、涵养工夫与其他工夫的关系，如此才能对朱子涵养工夫有较为完整的、准确的把握。

---

① 牟宗三：《心体与性体》（下），上海古籍出版社1999年版，第198页。

二 对朱子涵养工夫的认识存在误区

学术史上对朱子涵养工夫的争论主要是在朱陆之辩的视域之中进行的，由于朱陆鹅湖之辩的主题是"尊德性"与"道问学"的关系，故涵养和致知的关系也成为后人对"朱陆异同"判断的核心内容。对于"朱陆异同"，学界有观点认为象山重"尊德性"而朱子是"尊德性"和"道问学"并重；亦有观点认为朱子重"道问学"，轻"尊德性"；较多观点认为朱子以"道问学"为本，象山以"尊德性"为本；有学者甚至直言："朱熹是以'道问学为主'的理学宗旨，陆九渊是以'尊德性为宗'的心学宗旨。"① 无论观点是非对错，涵养与致知的关系固然是判定"朱陆异同"的重要标准，但是不能把"朱陆异同"的认识局限在朱陆"尊德性"与"道问学"的关系之中，更不能把朱陆"尊德性"与"道问学"的异同局限在二者关系的异同，还要回到对朱陆"尊德性"与"道问学"各自工夫本身的异同做进一步的追问。由此，学术史上对于朱子涵养工夫的认识就曾出现一种误解，即朱陆二人的涵养工夫没有什么区别，涵养工夫本身不是"朱陆异同"的分歧。这就容易给"朱陆异同"的判断制造一个认识的误区：如果朱子重涵养，则可与象山归同；如果朱子重穷理，则与象山为异。如此，虽然"朱陆异同"的争论延续至今，但争论的焦点更多地还是集中在朱陆之辩的学术事实以及二者"尊德性"与"道问学"关系的对比上，最后忽略了对二者涵养工夫异同的注意。这种认识的误区最后直接体现为后世在"朱陆异同"的论争中出现以涵养工夫弥合朱陆的观点，其中以陆王一系提出的"朱陆晚同说"最为典型。"朱陆晚同说"认为朱子在晚年改变了之前的立场，认为"尊德性"重于"道问学"，故折从象山。陆王一系以朱子晚年涵养工夫判定"朱陆晚同"，与持"朱陆晚异"观点的朱子一系的学者相对峙，持续了很长

---

① 姜国柱：《中国历代思想史》（宋元卷），台北：文津出版社1993年版，第470页。

的论争，甚至最终陷入朱陆、朱王的门派之见中，最终也并没有对朱子涵养工夫本身有一个客观的、系统的结论，反而加深了对朱子涵养工夫的误解。

三 对朱子涵养工夫脉络的判断存在争论

学术史上朱子对涵养工夫脉络的判断出现争论缘于"朱陆异同"之争，陆王一系学者通过对朱子涵养工夫做部分动态的考察，做出了"朱陆晚同"的判定，试图以此来合同朱陆，由此引发学术史上的长期争论。明代程敏政是最早明确提出"朱陆晚同说"的学者，他认为朱子晚年以"尊德性"为重，并认识到自己"道问学"的支离之病。他说："朱陆二氏之学，始异而终同，见于书者可考也。……以今考之，志同道合之语，著于奠文；反身入德之言，见于义跋；又屡有见于支离之弊，而盛称其为己之功。"① 后王阳明作《朱子晚年定论》，虽然阳明并未交代其作《朱子晚年定论》是为了证明"朱陆晚同"的立场，但其在序中说："晚岁故已大悟旧说之非，痛悔极艾。"② 而《朱子晚年定论》摘录朱子的三十四封书信大多是朱子言涵养工夫的内容③，这在当时"朱陆晚年异同"论争的背景下很自

---

① （明）程政敏等撰，吴长庚编：《道一编》，《朱陆学术考辨五种》，江西高校出版社2000年版，第9页。
② （明）王阳明著，吴光等编校：《王阳明全集》，浙江古籍出版社2010年版，第1册，第140页。
③ 阳明引朱子《答吕子约》："文字虽不可废，然涵养本原而察于天理人欲之判，此是日用动静之间不可顷刻间断底事。……熹亦近日方实见得向日支离之病。"引《答陆子静》："所幸迩来日用工夫颇觉有力，无复向来支离之病，甚恨未得从容面论。"引《答周叔谨》："熹近日亦觉向来说话有大支离处，反身以求，正坐自己用功亦未切耳。因此减去文字工夫，觉得闲中气像甚适。每劝学者且亦看《孟子》'道性善''求放心'两章，着实体察收拾为要。"引《答吕伯恭》："道间与季通讲论，因悟向来涵养工夫全少，而讲说又多强探，必取寻流逐末之弊。"引《答潘叔恭》："学问根本，在日用间持敬集义工夫，直是要得念念省察。"引《答潘叔昌》："熹以目昏，不敢着力读书。闲中静坐，收敛身心，颇觉得力。"引《答何叔京》："李先生教人，大抵令于静中体认大本未发时气象分明，即处事应物自然中节。"见（明）王阳明著，吴光等编校《朱子晚年定论》，《王阳明全集》，第1册，第141、141、143、143、145、149、142页。

然地被列入"朱陆晚同说"的立场，被认为是对程敏政的接续。对此，同时代的学者陈建便说："王阳明因之，遂有《朱子晚年定论》之录，专取朱子议论与象山合者，与《道一编》辅车之卷正相相唱和矣。"① 由于阳明及王门后学的学术影响力，《朱子晚年定论》对后人认识朱子涵养工夫以及朱陆异同等问题产生了很大影响。

  需要注意的是《朱子晚年定论》并没有对朱子"晚年"做时间上的说明，对其所引用的书信也没有进行考证和说明，并且对朱子书信的引用还存在"断章取义"的问题②，阳明此做法随即引发了罗整庵、陈建等朱子学者的批判，陈建便说："自此说既成，后人不暇复考，一切据信，而不知其颠倒早晚、矫诬朱子以弥缝陆学也。"③ 其认为阳明《朱子晚年定论》"狂误后学之深"④。与陆王学者相对，陈建提出"朱陆早同晚异说"。陈建说："朱陆晚年冰炭之甚，而象山既殁之后，朱子所以排之者尤明也。"⑤ 他认为："朱子有朱子之定论，象山有象山之定论，不可强同。'专务虚静，完养精神'，此象山之定论也。'主敬涵养以立其本，读书穷理以致其知，身体力行以践其实，三者交修并尽'，此朱子之定论也。"⑥ 可见，

---

  ① （明）程政敏等撰，吴长庚编：《学蔀通辨》，《朱陆学术考辨五种》，第113页。

  ② 后世学者吴长庚编也说："程敏政之编《道一编》，取两家言论比较异同，目的只在证其晚同，明其道一。那么，王阳明编《朱子晚年定论》单取朱子所自言而不及象山，则显然说是援朱入陆，阳朱阴陆，与程敏政有着明显的不同。他通过对书信的选辑，把仅仅体现了朱子心学思想的部分资料，扩大为代表晚年思想的定论，为他自身的心学思想张本。"（明）程政敏等撰，吴长庚编：《序言》，《朱陆学术考辨五种》，第12页。

  ③ （明）程政敏等撰，吴长庚编：《学蔀通辨》，《朱陆学术考辨五种》，第110页。

  ④ （明）程政敏等撰，吴长庚编：《学蔀通辨》，《朱陆学术考辨五种》，第113页。

  ⑤ （明）程政敏等撰，吴长庚编：《学蔀通辨》，《朱陆学术考辨五种》，第135页。

  ⑥ （明）程政敏等撰，吴长庚编：《学蔀通辨》，《朱陆学术考辨五种》，第113页。

陈建认为朱陆二人的涵养工夫是不同的。陈建对阳明《朱子晚年定论》的批评引起了王门的反对，此后关于朱陆涵养问题的争论则演变为朱王门见论争，二者偏执一方。《四库提要》就指出："朱陆两派，在宋已分，洎于明代弘治以前，则朱胜陆，久而患朱学之拘，正德以后则朱陆争诟，隆庆以后则陆竟胜朱，又久而厌陆学之放，则仍申朱而绌陆。讲学之士亦各随风气以投所好。"① 但是，朱子晚年涵养工夫本身的真面目却在争论的焦点之外，最终也没有呈现关于朱子晚年涵养工夫的真实面貌。

至清代李绂作《朱子晚年全论》亦是王学立场，其作《朱子晚年全论》就是为了支持阳明《朱子晚年定论》，李绂认为阳明所引朱子书信太少，所以引用了朱子三百多条的书信来证明朱子晚年涵养重于"道问学"，与象山为同。他说："今详考《朱子大全集》，凡晚年论学之书，确有年月可据者，得三百五十七条，共为一编。"② 从内容上看其实是《朱子晚年定论》的扩充版，核心内容仍是朱子涵养工夫，并最终将朱子晚年涵养思想归同于象山。他说："陆子之学，自始至终确守孔子'义利之辨'与孟子'求放心'之旨；而朱子早徘徊于佛、老，中钻研于章句，晚始求之一心。故早年、中年犹有异同，而晚则符节相合。"③ 又说："陆子主孟子'先立乎大，求其放心之旨'，则未发之时无不涵养矣。涵养于未发之前，盖延平教朱子之法，而朱子后来弃而不用，晚年始复追寻，有'孤负此老'之悔。"④ 又说："朱子指陆子为'顿悟之禅宗'，陆子指朱子为'支离之俗学'，实则两先生之学皆不尔也。《朱子晚年定论》，陆子既不及闻其说。"⑤ 但是李绂之说并非完全属实，其所引朱子书信并不是皆在朱子51岁以后，其引朱子《答潘叔度》五书

---

① （明）程敏政等撰，吴长庚编：《序言》，《朱陆学术考辨五种》，第17页。
② （清）李绂著，段景莲点校：《朱子晚年全论》，中华书局2015年版，第2页。
③ （清）李绂著，段景莲点校：《朱子晚年全论》，第1—2页。
④ （清）李绂著，段景莲点校：《朱子晚年全论》，第72页。
⑤ （清）李绂著，段景莲点校：《朱子晚年全论》，第2页。

中，书一、书二是在1173年，书三、书四在1174年，书五在1186年，分别为朱子44岁、45岁、57岁，并非都在51岁后。① 也并没有真正做到"晚年论学之书，则片纸不遗"②。为了反驳王阳明与李绂，朱子学者王懋竑为此重新校定《朱子年谱》四卷，并作《年谱考异》，"大旨在辨为学次序，以攻王阳明《朱子晚年定论》之说"③。然而王懋竑虽然将朱陆之辩的过程考证得十分详细，但并没有正面回应阳明和李绂对朱子晚年涵养思想的判定问题。中华民国学者钱穆先生、现代学者如陈荣捷先生、陈来先生等亦有大量讨论朱陆晚年异同以及《朱子晚年定论》的评判问题，钱穆说："淳熙十五年与象山争《太极图说》，书问往返，传播远近，而后两人异同之裂痕，遂暴露无遗。其时朱子年已五十九，上距鹅湖初会，先后已历十有四年。此下又四年而象山卒世，又八年而朱子亦没。在此一段时间之内，朱子思想体系进而益密，其学问规模亦廓而益大，然犹是与二陆鹅湖初会时之规辙，而日臻于平实圆通，非有如阳明所谓'晚年定论'之说也。"④ 陈荣捷后来总结前人对阳明《朱子晚年定论》的批评主要有四点："一为其误以中年之书为晚年所缮；二为其以《集注》《或问》为中年未定之说；三为其断章取义，只取其厌烦就约之语与己见符合者；四为其误解'定本'，且改为'旧本'。"⑤ 陈来说："王阳明之《晚年定论》不顾材料考证，徒据臆想（要其意亦不在考证也），以'世之所传集注或问之类乃其中年未定之说'，其实《大学》《中庸》的章句或问皆成于朱熹60岁。而《晚年定论》收书三十二通，其中答何叔京等十一通皆在50岁以

---

① 参见（清）李绂著，段景莲点校：《朱子晚年全论》，中华书局2015年版；陈来《朱子书信编年考证》，生活·读书·新知三联书店2007年版。
② （清）李绂著，段景莲点校：《朱子晚年全论》，第2页。
③ （明）程敏政等撰，吴长庚编：《朱子年谱》，《朱陆学术考辨五种》，第592页。
④ 钱穆：《朱子新学案》（三），九州出版社2011年版，第387—388页。
⑤ 陈荣捷：《传习录详注集评》，重庆出版社2017年版，第356页。

前。"① 以上朱子学者都从不同角度回答了朱陆晚同的立场，却几乎没有从朱子涵养工夫本身的脉络发展上回应历史上对朱子晚年涵养工夫的判定，目前学界对朱子的研究也没有梳理出朱子涵养工夫从确立至晚年的脉络发展状况，所以至今也无法对朱子涵养思想的早晚变化做出判定，最终解决以往的争论。为了解决如上问题，必须对朱子涵养工夫的脉络发展做完整的研究。

四　对朱子涵养工夫优劣的判定有待商榷

学术史上对朱子思想的研究至中华民国时期出现一个较大的转向，即对朱子的研究重点从工夫论走向心性论，乃至宇宙观，并最终由此对朱子思想做出优劣的判定。以牟宗三为代表的中华港台新儒家多持"尊陆贬朱"的立场，其判断的主要依据是认为朱子的涵养工夫劣于象山的涵养工夫，最终延伸到思想系统的优劣。牟宗三说："心之仁不待仁外之敬以求之也，仁体即敬也。此是本体宇宙论的实体之创生直贯义，非心、仁、敬三者之关联义也。由此关联义而见其为静涵静摄系统，而非创生直贯之纵贯系统也。"② 牟宗三认为朱子与象山之区别在于"横贯"与"纵贯"系统的本质不同，朱子属于"静涵静摄系统"，朱子的涵养工夫是好习惯的养成，非自觉、自律的道德实践。他说："若如朱子所论，只于空头的察识外，知尚有未发时，故复补之以空头的涵养，此虽亦可得力，然所养成者只是不自觉的好习惯，以此为本只是外部的空头涵养工夫之为本，非内部的性体本心之实体自身之为本也。"③ 如此，牟宗三最终将朱子的涵养工夫判定为外在的道德实践的养成，也就是说是被约束和训练而成的德行，而非心内自觉的道德实践，他说："然此尊德性显然是经验地、外在地。推之，其一切敬的工夫亦都是经验的、外在

---

① 陈来：《朱子哲学研究》，第345页。
② 牟宗三：《心体与性体》（下），第165页。
③ 牟宗三：《心体与性体》（下），第170页。

的。以朱子持身之谨,克制之严,自是尊德性,然是经验地尊、外在地尊,故乏自然充沛之象。"① 最终,对朱子的涵养工夫做了经验的、外在的判定。

基于这样的理解,牟宗三认为朱子的涵养工夫属于小学工夫,不是自觉的道德实践,而是通过习惯和练习完成的,他说:"朱子以小学教育即为'做涵养底工夫',此即为空头的涵养。此是混教育程序与自觉地作道德实践之工夫而为一,而不知其有别也。……即'从此涵养中渐渐体出这端倪来',亦仍是不自觉的自然生长,还仍不是自觉地作道德实践之事。"② 又说:"其所意谓之涵养只是一种庄敬涵养所成之好习惯,只是一种不自觉的养习,只是类比于小学之教育程序,而于本体则不能有所决定,此其所以为空头也。"③ 最终以"空头涵养"对朱子涵养工夫做出价值判断。牟宗三基于这样的判定,他认为朱子的涵养并非承于孟子正统,最终对朱子做了"别子为宗"的判定,他说:"是以朱子如此讲空头的涵养以遮'先识端倪'之本体论的体证,实是混习惯与自觉为一。此皆非孔子讲仁、曾子讲守约战兢、孟子讲本心、《大学》讲诚意、《中庸》讲慎独、致中和之本意。……朱子如此讲涵养显然不够。"④ 以至于最终,牟宗三对朱子的整个道德体系都做出了"歧出"的判定,他说:"其本体论的体证(体悟)所体证体悟之太极却只成致知格物之观解的,此非延平之静坐以验未发气象之路也,亦非明道'须先识仁'、五峰'先识仁体之体'之本体论的体证也,此其所以为歧出也,此其所以终于为他律道德之本质系统,而非自律道德之方向系统,所以终于为静涵静摄系统,本体论的存有之系统,而非本体宇

---

① 牟宗三:《宋明儒学的问题与发展》,华东师范大学出版社2004年版,第133页。
② 牟宗三:《心体与性体》(下),第171页。
③ 牟宗三:《心体与性体》(下),第192页。
④ 牟宗三:《心体与性体》(下),第171—172页。

宙论的、即活动即存有的实体之创生直贯义之纵贯系统也。"① 综上分析可知，牟宗三判定朱子道德系统为"他律道德""歧出""别子为宗"等，这都与其对朱子涵养工夫的判定是直接相关的。

牟宗三对朱子涵养乃至整个道德系统的判定在学界有很大影响，也影响到后世学者对朱子涵养思想甚至思想系统的判定，现今许多中国港台一系学者对朱子道德形态的判定仍从牟宗三先生之说②，大陆学者亦有此种说法。可以说以牟先生为代表的中国港台新儒家对朱子涵养工夫的判定是继阳明《朱子晚年定论》之后影响最大的"定论"，但是此种观点是牟先生自己的创说，是否合乎朱子涵养工夫的本义，实在是有必要做进一步商榷，学界至今对牟宗三判朱子涵养工夫为"他律"之说的也少有回应。要解决以上问题，都需要从朱子涵养工夫本身入手，并对朱子涵养工夫与心性论的关系、涵养工夫与气禀的关系、涵养在其他工夫中的地位等做客观的、全面的梳理才能得知。

第二节 研究的代表性观点与不足

总结目前学界对朱子涵养工夫研究的成果，可以看出对朱子涵养工夫的重视程度和研究程度都远远不够，虽然有如牟宗三、唐君毅、钱穆、陈来等著名朱子学者在论著中做过专门的讨论，但总体上学界相关的研究成果不够丰富，论文期刊数量甚至不过百数，这

---

① 牟宗三：《心体与性体》（下），第172页。
② 如中国台湾学者王大德直言朱子之心是"气心"，朱子心与理为二，"心具众理"是外在的、关联的"具"。他提出："主敬涵养之重要性在朱子学中应远不如即物穷理也。故唐先生以主敬涵养为朱子学之第一义工夫显有不妥。在朱子学中，应以即物穷理为第一义，主敬涵养为第二义，随事省察则只能居末也。"王大德：《朱陆异同新论：以'心与理、心与物'为向度之新综析》，台北：文史哲出版社2010年版，第27、33、96页。

显然与朱子在学术史上的地位不符，更与涵养工夫在朱子工夫论中的地位不符。

一 朱子涵养工夫的发展脉络研究

（一）集中在"中和新说"阶段

学界对涵养工夫脉络的讨论主要集中于朱子"中和旧说"到"中和新说"时期，对朱子涵养工夫确立后的脉络的发展，特别是对朱子晚年阶段涵养工夫的研究十分缺乏。牟宗三以《心体与性体》（下）第三章"中和新说下之浸润与议论"整章探讨朱子"中和新说"后的涵养工夫，他提出朱子"中和新说"涵养工夫就是定论，他说："新说关于浸润与议论中提出关于持守、居敬、主静工夫之定论。"① 其后所附《朱子语类》中的论证材料从朱子41岁开始②，但牟宗三对其所引材料没有进行时间上早晚的区别，说明其对朱子涵养工夫的脉络发展没有特别关注。钱穆对朱子涵养工夫的研究注意到朱子晚年言敬的变化，他说："朱子于北宋理学诸儒所言心地修养工夫，其纠弹尤多于阐发处。其为儒释分疆划界，使理学一归于儒学之正统，朱子在此方面之贡献，至为硕大。即二程所言，朱子亦复时有匡正。如言敬，朱子则言不可专靠一边。而朱子晚年，则颇似有另标新说，取以代程门言敬之地位者。此层在朱子并未明白直说，要之似不可谓无此倾向。"③ 可见，钱穆认为朱子晚年言敬与二程有区别，但他的讨论停留于此，并没有再做进一步的讨论。唐君毅的朱子学研究花费大量笔墨探讨朱子的涵养工夫，其在《中国哲学原论·原性篇》中附《原德性工夫：朱陆异同探源》上、中、下三编对朱陆涵养工夫的异同做了专题研究④，但唐先生也没有对朱子

---

① 牟宗三：《心体与形体》（下），第198页。
② 参见牟宗三《心体与性体》（下），上海古籍出版社1999年版。
③ 钱穆：《朱子学提纲》，生活·读书·新知三联书店2002年版，第110页。
④ 参见唐君毅《中国哲学原论·原性篇》，台北：台湾学生书局1989年版。

涵养工夫的发展脉络有特别的注意。陈来先生在《朱子哲学研究》中也花费大量笔墨讨论朱子的涵养工夫①，但也没有对朱子涵养工夫的发展脉络有专门的注意。

亦有学者注意到朱子言涵养工夫的变化，比如曾亦在《宋明理学》中就提出朱子在"中和新说"中认为"未发时未必为中，已发时未必为和，故欲使未发之中，即在未发时加一段功夫，即涵养工夫"②。他在这里加一个注："朱子此时尚仅强调未发时一段涵养工夫，以为如此则自能使已发之和，后来方觉得已发时之省察工夫亦不可缺。主敬与致知、涵养与省察须互相发，方能无病。"③ 这说明其发现朱子涵养工夫是有变化的，但却未能对"后来"做时间上的追问与进一步的分析说明。另有陈林在《朱子晚年工夫思想的发展与完善——以"已发未发"为中心》一文中提出朱子晚年对已发未发有重新认识，他说："朱子晚年试图打通涵养主敬与格物穷理两工夫，强调涵养主敬与格物穷理相互渗透、相互发明，在晚年的朱子看来，未发时固然要做存养工夫，已发时亦要做存养工夫，已发时固然要做省察工夫，未发时亦要做省察工夫，要做到无时不涵养，无时不省察。"④ 此观点之是非暂且不论，但此篇论文却是少有的明确以朱子晚年思想作为研究主题的研究成果，其中体现了对朱子涵养工夫在晚年的发展的注意。

（二）对晚年阶段的研究不足

朱子晚年阶段是朱子人生的必不可少的部分，如果不加以关注和研究，亦不可能完整了解朱子思想。朱子晚年又是朱子人生阶段的最后时期，可以说，朱子晚年对一些问题的讨论和判定是朱子思想最后的定论。朱子晚年对某些观点和问题的阐述并不是无足轻重

---

① 参见陈来《朱子哲学研究》，华东师范大学出版社2000年版。
② 曾亦、郭晓东：《宋明理学》，南京大学出版社2009年版，第183页。
③ 曾亦、郭晓东：《宋明理学》，第183页。
④ 陈林：《朱子晚年工夫思想的发展与完善——以"已发未发"为中心》，《江淮论坛》2015年第6期。

的，反而恰恰代表了朱子一生当中最关切的问题，也是朱子历经一生思考的问题。从思想形成和发展的规律来看，哲学家后期的思想往往会呈现更加严密化的特点，注意力往往不再集中于建构新的思想体系，而更加注重对自身思想体系的修建和反思，这亦是朱子思想不断深化的体现。朱子在晚年时期形成的观点其实是朱子思想中最成熟、最可信的阶段，是朱子思想中最宝贵的部分。但目前学界对朱子晚年阶段的研究却十分不足，对朱子晚年阶段相关思想都缺乏专题研究，没有相关专著，也没有硕士、博士学位论文，虽有研究朱子学的大家如牟宗三、唐君毅、钱穆、陈荣捷、陈来等在论著中对"朱子晚年"的相关思想做部分讨论，以朱子晚年为主题的学术论文只搜索到约四十四篇，其中直接关系到朱子晚年阶段研究的不到十篇。以上对朱子晚年的研究皆未涉及涵养工夫这一主题，对朱子晚年涵养工夫只涉及边缘，可以说学界对朱子晚年阶段涵养工夫的专门研究严重不足，缺乏对朱子晚年阶段的涵养工夫思想的代表性观点，这也成为完整认识朱子思想的困难所在。另一方面，由于前人对"朱子晚年"的时间界定不一，没有形成统一的认识，也导致现今学界对"朱子晚年"的认识比较模糊，对朱子晚年阶段的研究也十分不严谨，这也是对朱子晚年阶段涵养工夫做专门研究的困难所在。

总结以"朱子晚年"为主题的研究成果，大多对"朱子晚年"未做时间上的明确说明，对引用的材料没有进行考证或说明，自然认定为"朱子晚年"。如在《朱陆晚年之异初探》[①]中所引"朱子晚年"材料是《语类》中"江西学者偏要说甚自得"[②]一段，由于《语类》中没有注明由谁所录，但笔者也未对其做时间上的证明。其引《朱子语录》中"江西便有这个议论"一段，由甘节录，时间为

---

① 参见梅彦《朱陆晚年之异初探》，《中州学刊》1988年第3期。
② （宋）黎靖德编，王星贤点校：《朱子语类》，中华书局1986年版，第683页。

朱子64岁后①，作者也未进行说明；另引《语类》中"陆子静之学"一段，由贺孙所录，时间为朱子62岁之后②，作者亦未进行说明。可见，作者虽以"朱陆晚年"为研究主题，却并没有对朱子晚年、陆九渊晚年的时间做清晰的界定或者明确的说明。又如在《朱子晚年工夫思想的发展与完善——以"已发未发"为中心》③一文中，作者以"朱子晚年"为主题，但在文中没有任何对"朱子晚年"的时间上的说明，更未对所引材料进行考证，对笔者所说的"朱子晚年"无法知晓。所以，对于"朱子晚年"的研究需要以更为严谨的为学方法对朱子人生阶段和思想阶段做一个相对合理的划分，并对引用的相关文献做时间上的辨析和说明，这也是对朱子涵养工夫做脉络化研究最需要解决的问题。

二 朱子涵养工夫的内容及地位研究

涵养工夫在朱子工夫系统中的地位应当是研究朱子涵养工夫的核心内容之一，对此，学界对朱子涵养工夫地位的认识主要围绕早期涵养与省察的关系，以及朱陆之辩中涵养与致知的关系的考察。因为"尊德性"与"道问学"是朱陆之辩的主题，故更偏重对涵养与致知关系的考察，因为持敬是涵养的主要工夫，所以对持敬与穷理的关系，学界研究已经比较透彻，结论比较清楚，存在争议较少，故研究成果本书不再列举。但对致知与诚意的关系，学界的争论比较大。除此之外，由于学界对朱子涵养工夫关注点都在持敬上，对其他的涵养工夫以及涵养工夫之间的关系关注较少，研究成果较少，存疑较多。本书总结了学界对朱子诚意与致知、持敬与克己以及持敬与立志三个方面研究的代表性观点。

---

① 参见（宋）黎靖德编，王星贤点校《朱子语类》，中华书局1986年版。
② 参见（宋）黎靖德编，王星贤点校《朱子语类》，中华书局1986年版。
③ 陈林：《朱子晚年工夫思想的发展与完善——以"已发未发"为中心》，《江淮论坛》2015年第6期。

（一）诚意与致知的关系

1. 朱子重致知轻诚意

以牟宗三为代表，他提出朱子诚意是外在的诚、他律的诚，这与他认为朱子的涵养是好习惯的养成而非自觉的道德实践的判断是一脉相承的。牟宗三认为朱子致知与诚意的关系是"以知言诚"，认为这是朱子诚意工夫的局限，他说："此是以'知之真切'带出'诚意'。此固可说。然此种诚意粘附于'知'而见，很可能只表示知之诚，即实心实意去知，不是浮泛地知，真感到求知之迫切，真感到理之可悦而真切地去知之，此所谓对于知、对于理有存在的感受也。"① 可见，牟宗三认为朱子的致知吞没诚意，朱子偏重致知一方。他又说："但以此'真知'说诚意，反过来亦可以说诚意只是知之诚。是则'真知'与'诚意'只是一事之二名，意之诚为知所限，而与知为同一。然正心诚意所表示之心意，是道德之心意，是道德行动之机能，而知是认知之机能。……意是行动之源，而实心实意去知、所诚的只是知，此与诚意以开行动之源、这其间毕竟有距离。"② 由此，牟宗三认为朱子的诚意只是知的落实，而不是行的落实。

牟宗三又进一步说："是即不得不承认'意之诚'与'知之真'为两回事。即是意之诚不与知之真为同一，朱子亦可让意之诚有独立之意义，然而知之机能与行之机能，在泛认知主义之格物论中，只是外在地相关联、他律地相关联，而行动之源并未开发出，却是以知之源来决定行动者，故行动既是他律，亦是勉强，而道德行动力即减弱，此非孟子说'沛然莫之能于能御'之义也。"③ 由此，牟先生对朱子做出了"知行不一"的判断，认为朱子的诚意工夫是"道德无力"。这就是为何牟宗三批评朱子的涵养是"空头涵养"，

---

① 牟宗三：《心体与性体》（下），第364—365页。
② 牟宗三：《心体与性体》（下），第365页。
③ 牟宗三：《心体与性体》（下），第365页。

察识也是"空头察识"的原因,他认为二者都不是自觉的、自律的道德实践,他说:"涵养既空头,则察识亦成空头的。其着力而得力处只在'心静理明'。涵养的心静故理明。……或在格物穷理处能逐步渗透或静摄那存有之理。此即成全部向外转……此种察识只能决定(静摄地决定)客观的存有之理,而不能决定吾人内部之本心性体。其涵养所决定的,是心气质清明,并无一种超越之体证。其察识所决定的,是看情变之发是否是清明心气之表现,亦非是看本心性体之是否显现。"①

2. 朱子重诚意

钱穆与牟宗三不同,钱穆在《朱子新学案》第2册中又专门讨论了"朱子论涵养与省察"②,钱穆认为从致知与诚意的关系中可以看到朱子工夫论的严密性,他说:"朱子自所主张欠了分数为自欺之根之说,虽非《大学》文本之意,而节去之终为可惜,乃移置于此。……然朱子之说,终始本末一以贯之,兼顾并到,互发互足,则遥为细密而圆满,可遵而无病。有志之士所当明辨审择也。"③ 钱穆认识到朱子对诚意思想的重视,也对朱子晚年修改诚意的工作做了肯定,他说:"朱子易箦前三日改此'一于善'三字为'必自慊'三字,乃与下文注语言'诚意者自修之首'一句义指相足,工夫始无渗漏。此其用意,可谓精到之至。……是岂单标孤义,杜塞旁门,所谓易简工夫之所能相比拟乎?"④ 显然,钱穆十分肯定朱子的诚意工夫,甚至认为朱子的诚意工夫优于象山之易简工夫。

陈来提出朱子晚年仍持"致知在诚意之先"的立场,并且陈来提出这是朱子晚年与象山的区别,他说:"朱熹晚年,陆九渊死后,陆氏门人包显道率人至闽来学,朱熹一见面就说:'而今与公乡里平日说不同处,只是争个读书与不读书,讲究义理与不讲究义理,如

---

① 牟宗三:《心体与性体》(下),第192—193页。
② 钱穆:《朱子新学案》(二),九州出版社2011年版,第23—27页。
③ 钱穆:《朱子新学案》(二),第531页。
④ 钱穆:《朱子新学案》(二),第534页。

某便谓须当先知得方始行得。'这里朱熹认为陆氏本意未尝不教人作圣贤,但不读书穷理,无法了解是非善恶的标准、道德行为的具体规范,这样的道德实践就是一种缺乏理论指导的盲目行为。"① 可见陈来十分肯定朱子的"诚意"思想,并认为这是朱子优于象山的地方,他说:"朱熹后来意识到,关于气质对人的意识的影响,由这种影响所决定的人不能自发地达到道德完善(意不能在自诚),以及必须通过长久的认识和磨炼才能去除气质带来的消极影响,这些方面才是陆学失误真正重要的问题。"② 陈来进一步提出,象山的失误在于没有认识到气禀对人的影响,而朱子在认识到气禀对人的影响后更强调做工夫的重要性,这是朱子思想的进步之处。

针对牟宗三对朱子的诚意是"知而不行"的判断,方旭东认为西方哲学在处理"知而不行"问题时,或强调认知,或强调意愿/意志,或归结于非理性自我,而在程朱(尤其是朱熹)这里,这些思考以一种综合的面貌呈现,他认为朱子"知而不行"的"知"只是一种"浅知",不是"真知","真知"之"真"是从"知"的效果上讲的,强调"真切不虚"。这种"真知"更多的是出于一种亲身实践的亲知,求知或致知也更多地表现为一种"体道"或"见理"的道德践履。在"知而不行"问题的解释上,程朱注意到认知之外的其他多重因素,包括人的意愿乃至性格等非理性因素,从而将思维的触角伸向了道德实践的深层机制。③ 方旭东显然注意到朱子致知与诚意的关系,注意到朱子的诚意工夫是要贯通知行。

(二) 持敬与克己复礼的关系

"克己复礼"来自《论语·颜渊》中的一段,是孔子训示颜回如何为仁的方法,颜回在孔门中地位很高,克己复礼思想得到后

---

① 陈来:《朱子哲学研究》,第 319 页。
② 陈来:《朱子哲学研究》,第 412 页。
③ 参见方旭东《道德实践中的认知、意愿与性格:论程朱对"知而不行"的解释》,《哲学研究》2011 年第 11 期。

世学者推崇。朱子和象山皆言克己的重要，朱子在《仁说》中就提出了克己工夫，象山言"义利之辨"也重克己工夫。历史上亦有持"朱陆晚同"观点的学者以克己工夫合同朱陆，如程敏政在《道一编》中说："然朱子晚年，乃有见于学者支离之弊……而陆子亦有'追惟曩昔，粗心浮气，徒致参辰'之语，见于奠东莱之文。……或乃谓朱陆终身不能相一，岂惟不知象山又克己之勇，亦不知考亭有服善之诚。"① 钱穆则认为朱陆二人对克己工夫的态度不同，其以《语类》中朱子与陆子寿论"克己复礼"② 指出："朱子主张教人克己复礼，谓众人皆有此病，须克之乃可进。二陆兄弟主张心即理，不喜言克己，故复斋以此归朱子，而朱子以此答之。但尚未辨到克己复礼工夫是一是二。"③ 钱穆又说："朱子晚年好提克己工夫，然恐不仅为象山一派所不喜，即一般学者，殆亦多抱颜子地位何待克己之疑。"④ 可见，钱穆认朱子晚年更重克己，而陆学则不喜克己，这是朱陆言克己的分歧。

钱穆还注意到朱子言克己与敬的关系的变化，他说："朱子提出《论语》孔子告颜渊以克己，以为求仁之要，一言而举，此意当在其辨已发未发而提出程门敬字之后。"⑤ 钱穆认为朱子提出克己在提出主敬之后，克己工夫的提出改变了朱子本来的"涵养须用敬，进学在致知"的两大工夫架构，他说："于伊川涵养用敬，进学在致知两项外，特增入克己一项，几于如鼎足有三。"⑥ 钱穆还提出朱子言持敬与克己的关系出现了三变，他说："伊川以《中庸》为孔门传授心法，此注乃以《论语》孔子告颜渊问仁为传授心法切要之言，显

---

① （明）程政敏等撰，吴长庚编：《道一编》，《朱陆学术考辨五种》，第19页。
② （宋）黎靖德编，王星贤点校：《朱子语类》，第1056页。余大雅录，朱子49岁。见《朱子语类·朱子语录姓氏》，第13页。
③ 钱穆：《朱子新学案》（二），第454页。
④ 钱穆：《朱子新学案》（二），第455页。
⑤ 钱穆：《朱子学提纲》，第112页。
⑥ 钱穆：《朱子学提纲》，第112页。

已把孔门心法转移了地位。伊川又言：敬则无己可克。朱子先亦引其说，稍后则谓敬之外亦须兼用克己工夫，更后乃谓克己工夫尚在主敬工夫之上。关于此，朱子思想显有三变。"① 钱穆后来又在《朱子新学案》中详细分析了朱子言克己的变化，他认为朱子46岁时对于克己工夫的认识是："克己、复礼分作两项说，又谓克去己私了，正好着精细工夫，则克己工夫只是初步。……殆此时朱子仍遵程说也。"② 钱穆提出："朱子五十以后……以克己与敬与致知并列为三，而必先言伊川所以只言涵养不言克己之意，然后始言涵养克己亦可各作一事。"③ 他说："朱子年六十以后，乃始于克己工夫表出其十分重视之意。"④ 又说："及其年过六十，乃始明白以克己工夫放在持敬工夫之上。"⑤ 可见，钱穆认为朱子越来越重视克己，认为朱子60岁后对克己工夫的重视甚至超过了持敬，最后钱穆提出朱子改变了以涵养和致知为两个工夫架构，并以克己为第一等工夫，他说："伊川所谓敬义夹持，涵养致知须分途并进，其实也还落在第二等。须如朱子所发挥颜子克己工夫，乃始有当于圣门为学之第一等工夫。"⑥ 可见，钱穆认为朱子对克己的重视已超过了持敬，由于学界对持敬与克己的关系关注得不多，钱穆的观点没有引起很多讨论，但朱子晚年后的工夫架构是否发生如此重大的变化，需要对朱子论持敬与克己的关系做脉络化的梳理才可知晓。

（三）持敬与立志的关系

对于朱子立志工夫的研究，学界关注得十分少，但钱穆对朱子立志工夫有较早的注意，他认为："朱子特拈立志一项，已在晚年。

---

① 钱穆：《朱子学提纲》，第112页。
② 钱穆：《朱子新学案》（二），第443页。
③ 钱穆：《朱子新学案》（二），第444页。
④ 钱穆：《朱子新学案》（二），第446页。
⑤ 钱穆：《朱子新学案》（二），第455页。
⑥ 钱穆：《朱子学提纲》，第116页。

朱子立志的工夫是为了补居敬工夫之缺"① 可见，钱穆认为朱子晚年时提出立志工夫是为了补充持敬工夫的不足。钱穆认为朱子晚年提出立志工夫是其晚年工夫思想更加通达的体现，他说："此谓闲时不吃紧理会，不仅陆学轻视学问有此弊，即专务居敬，不兼穷理，亦必有此病。而朱子尽把来归在不曾立志上，此见朱子晚年思想之力趋简易而又更达会通处。"② 可见，钱穆认为象山工夫之缺在于专务居敬，没有兼顾穷理，而朱子晚年把成德失败归于立志工夫，这是朱子晚年思想简易又通达的表现。钱穆又说："徒尚立志，不务向学，诚是偏颇。然徒知庄敬持养，而不重立志，亦是有病。故朱子教人相资为益。后人徒言程朱言居敬，此皆未细读朱子书，故不知朱子晚年思想之不断有改进处。"③ 钱穆认为朱子晚年重立志，是二程言敬与象山言立志的结合，是晚年工夫思想严密的体现，而这与朱子晚年的心性论的完善是分不开的，他说："朱子晚年又论志与意之分别，提出意属私，故须诚意，志则能立便得，更无有立伪志者。理学家中，惟朱子最善言心……惟朱子言心学工夫，最于理学家中为细密而周到，细看上列诸章自见。"④ 由此可见，钱穆从朱子晚年对立志工夫的重视看到朱子晚年心性论的完善，从而认为朱子言心学工夫最为严密，对朱子晚年言立志工夫做了肯定。

在此基础上，钱穆又对朱陆二人言立志工夫做了对比，钱穆认为虽然朱子言立志有承袭象山的部分，但朱陆二人的立志工夫有本质的不同，他说："象山教人立志，朱子晚年亦教人立志，此见朱子肯兼取陆学之长。但陆学只言立志，不言学，故朱子特举五峰说以救其弊。此见朱子之博采，亦见朱子立言，必斟酌而达于尽善之境。"⑤ 钱穆认为朱子晚年言立志是朱子取陆学之长的体现，但陆学

---

① 钱穆：《朱子学提纲》，第121页。
② 钱穆：《朱子学提纲》，第122页。
③ 钱穆：《朱子学提纲》，第122页。
④ 钱穆：《朱子学提纲》，第124页。
⑤ 钱穆：《朱子学提纲》，第121页。

言立志有弊即在于只言立志，不言"道问学"，所以朱子取五峰之说，将立志与问学相互补充，这是朱子晚年工夫思想完善的体现。但是钱穆强调朱子晚年虽重立志但不是转从陆学，他说："是朱子晚年虽履告学者以立志，终不得谓是转从陆学。"① 钱穆对朱陆二人言立志工夫做了区别，他说："象山教人立志，似只重当下行处。朱子谓人不立志则不肯闲时吃紧理会，则偏重知一边说。此两家同言立志而意趣有别也。"② 可以看出，钱穆认为陆学言立志偏向行，朱子言立志偏向知，这是二者言立志的区别，是否如此也要对朱子立志工夫做细致的梳理才可知晓。唐君毅亦注意到朱陆二人言立志的不同，他认为朱子对立志的重视不如象山，他说："朱子晚年又尝谓：'从前朋友来此，某将谓不远千里而来，须知个趣向，只是随分为他说个为学大概。看来都不得力。今日思之，学者须以立志为本。'然只以趣向为志，似不够分量。观朱子于五峰所谓'志立乎事物之表'之一义，亦实未能如象山之重视。"③ 唐君毅认为朱子虽然重视立志，但只是立乎事物之表，但重视的程度不如象山。可见钱穆、唐君毅均注意到朱子晚年言立志工夫，但二人对朱子言立志工夫都有不同的评价，至于晚年朱子对立志工夫重视的程度如何，其与持敬的关系如何，二人的判断是否中肯，需要对涵养与立志关系的脉络进行梳理后才可知。

三　朱陆涵养工夫异同研究

学界对朱陆异同的判断多是从涵养与致知的关系去讨论，所以学界在对朱陆涵养异同研究中不免要对二者的"尊德性"与"道问学"关系进行讨论。牟宗三认为朱陆的差异是二者思想系统的不同，他说："依吾人现在观之，'陆氏之学与朱子合下不同'此诚然也。

---

① 钱穆：《朱子新学案》（二），第475页。
② 钱穆：《朱子新学案》（二），第476页。
③ 唐君毅：《中国哲学原论·原性篇》，第630页。

但此不同根本是孟子学与《中和新说》之不同。"① 牟宗三认为朱陆不同是朱子的"中和新说"与孟子"求放心"思想的根本不同,朱子"中和新说"确立涵养思想,牟宗三意指朱子涵养思想与孟子"求放心"不相契,而象山从孟子,这是朱陆二人涵养不同的原因。牟宗三又从朱子的"尊德性"与"道问学"关系判定朱子涵养工夫是经验的、外在的道德实践,而象山则是自律的、自觉的道德实践。他说:"尊德性琐碎委散于道问学之中,全幅心力集中于道问学,而尊德性则徒见其随道问学而委散,而不见其直承天心仁体之提挈,此所以象山观之,并未尊得起。朱子亦觉此病,故认从象山游者,于践履上皆有气象可观,而自己之门人,则虽读了许多典策,却无甚挺拔处。……凡此种道问学中之尊德性,皆是经验的、外在的,惟赖戒慎于风习名教而不敢逾越以维持其尊德性;此是消极地尊,并非积极地尊。盖其主力在知识典策,故其所成亦在此。……是则朱子之途径实是道问学之途径(为学日益),于学术文化自有大贡献,而于成圣成贤之学问(为道日损)则不甚相应也。"② 在此,牟宗三明确认为朱子重"道问学"而轻"尊德性",认为朱子的"尊德性"工夫受到"道问学"的限制而成为"道问学"中的"尊德性",是经验的、外在的、他律的"尊德性",不是自觉的、自律的道德实践。所以朱子在"道问学"工夫上有很大贡献,但相比"尊德性",真正实践工夫就差很多了。在此基础上,牟宗三对朱陆二人的工夫进路做了判定,他说:"朱子与五峰、象山之异,根本是顺取之路与逆觉体证之路之异,并不是笼统地'自下面做上去'与'自上面做下来'这单纯的两来往之异,亦不是从散到一与从一到散之异。"③ 基于牟宗三对朱子"尊德性"与"道问学"关系的认识,牟宗三认为朱子的"下学而上达"是"逆觉体证",象山是"顺取",

---

① 牟宗三:《从陆象山到刘蕺山》,上海古籍出版社2001年版,第106页。
② 牟宗三:《宋明儒学的问题与发展》,第133—134页。
③ 牟宗三:《心体与性体》(下),第501页。

象山的成德路径优于朱子。

唐君毅认为朱陆的不同首先在于工夫的不同，而工夫的不同首要是涵养工夫的不同，而二者涵养工夫不同的原因在于二者对心与理关系认识的不同。唐君毅说："吾人谓朱陆异同之第一义在二贤之工夫论，唯在此工夫论之有此异同，而朱陆乃有互相称许之言，亦不免于相非。至在朱子晚年之言论，如王懋竑朱子年谱所辑，其非议陆子之言尤多。"① 他认为朱子晚年多非陆学，而朱陆不同的第一义在于工夫的不同，这种工夫的不同又首先在于涵养的不同，他说："其早年鹅湖之会中，于尊德性道问学之间，各有轻重先后之别，不能即说为根本之不同甚明。而朱子与象山在世时讲学终未能相契，其书札往还与告门人之语，或致相斥如异端者，乃在二家之所以言尊德性之工夫之异，随处可证。"② 可见，唐君毅认为鹅湖之会时，朱陆二人认为尊德性与道问学各有轻重先后之别，认为朱子以"道问学"为先、为重，象山以"尊德性"为先、为重，他又认为二者终未能归同的原因在于二者"尊德性"工夫的不同，亦即涵养工夫的不同。唐君毅对朱子的判断是否符合朱子思想本身需要进一步证明，但其指出朱陆二人的不同最终归于"尊德性"工夫上，而这种不同又决定了朱陆二人思想系统的不同，这为朱陆异同的研究提供了新思路。唐君毅还进一步指出历史上"朱陆异同"争论的根源最后都转向心与性理的问题上，他说："整庵与阳明之宗主不同，然其以朱陆之异在心与性之问题则一。下此以往，凡主程朱者，皆谓陆王之重心，为不知格物穷理而邻于禅。如陈清澜《学蔀通辨》，论朱陆早同晚异，陆学唯重养神，张武承《王学质疑》，亦疑阳明言非实理也。王学之流，则又皆明主心与理一。……则言朱陆之异同，当在此心与性理之问题上措思，固阳明以降宗朱子与宗陆王者共许之

---

① 唐君毅：《中国哲学原论·原性篇》，第 553 页。
② 唐君毅：《中国哲学原论·原性篇》，第 550 页。

义也。"①

唐君毅还引钱穆《中国近三百年学术史》中谈及李绂作《朱子晚年全论》和朱止泉著"朱子未发涵养辨"一章,并认为二者"皆谓朱子之未尝不先尊德性、务涵养而重践履,而合乎陆子"②。唐君毅反对二人以涵养工夫合同朱陆的观点,他说:"今如缘二贤皆重涵养,谓朱陆本无异同,则又将何以解于朱陆在世时论学所以不相契之故?又何以解于后世之宗朱或宗朱陆者,其学风所以不同之故?以此言会通朱陆,抑亦过于轻易。"③ 唐君毅认为朱陆涵养工夫的不同归根结底在于二者心与理的关系不同,心性论的不同导致工夫上无法合同。他说:"此其义与象山之言工夫,唯在剥落去人心之病障,以自复其本心,而发明其本心,以满心而发之旨,初无大不同;而在与其宇宙论上或泛论工夫时看心之观点,明有不一致处。"④ 他又认为阳明契于象山心即理之说,而判定朱子"心理为二"是因为他"已知朱陆之异,不在尊德性与否,而在所以尊德性之工夫与对心理之是一是二之根本见解之异同上"⑤。他提出朱陆异同应该从心性论上找原因,他说:"则言朱陆之异同,当在此心与性理之问题上措思,固阳明以降宗朱子与宗陆王者共许之义也。"⑥ 从唐先生的观点可知朱陆二人的涵养工夫的异同需要到朱陆二人的心性论上去寻找,同样,对朱子涵养工夫的研究离不开朱子的心性论,朱子涵养工夫变化的原因也要回到心性论上去寻找。

钱穆对朱陆涵养工夫的异同有较多研究,他早在《中国近三百年学术史》中就提出朱陆二人都有未发涵养这一层工夫,他说:"朱陆当时虽有异同,然同有涵养未发一层工夫,而清儒争朱陆者,则

---

① 唐君毅:《中国哲学原论·原性篇》,第551页。
② 唐君毅:《中国哲学原论·原性篇》,第551页。
③ 唐君毅:《中国哲学原论·原性篇》,第551页。
④ 唐君毅:《中国哲学原论·原性篇》,第639页。
⑤ 唐君毅:《中国哲学原论·原性篇》,第550页。
⑥ 唐君毅:《中国哲学原论·原性篇》,第551页。

大率书本文字之考索为主耳。"① 可见当时钱穆认为朱陆都有未发涵养工夫，似以二者涵养为同，钱穆又认为清儒对"朱陆异同"的争论都在文字之间考证求索，故没有看到二人之同。后来，钱穆又提出朱陆二人的主要分歧在于"尊德性"与"道问学"关系的不同，他说："象山可谓能开示学者以为学有本之道，而朱子尤必进之以本末精粗之一贯。两人间所以终不能相悦以解。后人以象山之非朱，遂疑朱子为学，只在博览精考。或疑朱子论学之有本，乃与象山交游后晚年之所悟。则试考之淳熙乙未鹅湖相会以前朱子论学之经过，亦可以见其言之无稽矣。"② 可见，钱穆认为象山重"尊德性"，而朱子"尊德性"和"道问学"一贯，二者不能为同。钱穆提出认为朱子只重"道问学"是因为没有看到朱子的"尊德性"工夫早在鹅湖之会前就已确立，并且对"尊德性"的重视持续至晚年。钱穆说："乃后之尊朱者，又必谓朱子是时尊德性之学已熟，'今觉得未是'一语不可泥。在此以前，朱子亦极注意尊德性工夫，常作反省，常自以为未是。及其晚年，'既竭吾才，如有所立卓尔'，何尝不可自觉未是。且朱子所自以为未是这，似指其教人方面，重说了道问学，轻说了尊德性。两边相比，不免于若此。其谓未是，却不是要专重尊德性，不重道问学。"③ 钱穆以颜回赞美孔子的话来形容朱子晚年的工夫境界，这本是朱子称赞颜回的话，朱子说："颜子穷格克复，既竭吾才，日新不息，于是实见此理卓然，若有所立，昭昭而不可欺，且又非力行之所能至，故曰'虽欲从之，末由也已'。"④ 他认为朱陆皆重"涵养"，强调朱子对涵养工夫的重视从鹅湖之会前直至

---

① 钱穆：《中国近三百年学术史》（上），商务印书馆1987年版，第327页。
② 钱穆：《朱子新学案》（三），第446页。
③ 钱穆：《朱子新学案》（三），第440页。
④ （宋）朱熹著，朱杰人、严佐之、刘永翔主编：《答廖子晦》，《朱子全书》，上海古籍出版社、安徽教育出版社2010年版，第22册，第2098页。后有校勘言："'既竭吾才'，工夫深而力到也。'如有所立卓尔'，诚之形而行之著也"乃为工夫之境界。（宋）朱熹著，朱杰人、严佐之、刘永翔主编：《朱子全书》，第22册，第2344页。

晚年，只是朱子在教人时重说了"道问学"，轻说了"尊德性"，才使世人造成了误解。

陈来明确反对以涵养合同朱陆，他认为朱子在己丑后，"确认了心有未发之时和已发之际，强调已发时须省察，未发时更当涵养，以未发涵养为本，敬字贯通动静，这些都说明朱学中本来包含着重视涵养的一面。己丑后至壬辰《仁说》之辩论，朱熹心性哲学的体系已全面形成并日趋成熟，他的心为知觉、心具众理、人心道心说以及主敬穷理、涵养进学的方法的确立使他与稍后的陆学从根本上区别开来。所以，在鹅湖之前朱熹根本不是'未会而同'，相反，他自己早已走上了一条与陆学完全相反的为学道路，从鹅湖前后开始，他对陆九渊的一切公开反驳，都是他自己的学问主张完全合乎逻辑的一个结果"①。在此，陈来认为朱子在《仁说》后涵养的基本方法和立场与陆学的涵养工夫从根本上出现了区别，所以朱陆涵养工夫是不能为同的。陈来在对朱陆之辩的书信过程进行分析后提出朱子对象山的攻击是因为发现了二者涵养工夫的不同，他说："淳熙乙巳后，朱熹不再称陆学持守收敛之功，更多地开始强调其狂妄粗率之病而表示忧虑。"②可见，陈来认为朱子56岁后不再肯定陆学的涵养工夫，反而对其狂妄粗率之病表示忧虑，其转变的原因在于意识到自身与象山涵养工夫的不同。他说："朱熹不但重视致知进学，也重视涵养本原，即尊德性与道问学并重。但朱熹之尊德性与陆学不同，不是专求发明本心，而是取伊川'涵养须用敬'，强调主敬功夫。在外则庄整齐肃，于视听言动、容貌词气上下工夫；在内侧则主一无适，常切提撕，不令放佚。故从朱熹看，陆门学者专求什么顿悟本心，而把人的日常基本行为纳入礼教范围方面却毫无作用，以致'颠狂粗率尔于日用常行之处不得所安'成为陆门的一个普遍流弊。这一点是朱熹在相当长的一个时期内没有注意和考虑过的，也正是

---

① 陈来：《朱子哲学研究》，第350页。
② 陈来：《朱子哲学研究》，第380页。

在这一点上他对陆学越来越感到不安,以致最终对陆学转而采取了全面、激烈的批判态度。"① 如此可见,陈来认为朱子是"尊德性"与"道问学"并重,并不是偏重"道问学"一方,但他指出朱陆二人"尊德性"的工夫是不同的,象山的涵养是发明本心,朱子则是主敬涵养,以前没有注意到象山涵养工夫的弊端在于专务本心而失去礼法的制约,但在注意到象山涵养工夫没有礼的规范后才对象山采取全面、激烈的批判态度。在此,陈来指出认识到二者涵养工夫的不同是朱子56岁后对陆学激烈批判的原因所在,陈来认为这种不同是朱陆本质上的不同,实际上即否定了"朱陆晚同说"。陈来的发现是十分重要的,其指出了朱陆涵养方法的不同,朱子是主敬涵养,也指出朱子注重礼法的制约,朱子注重礼法的制约必定会影响到他对工夫论的诠释,也体现在朱子涵养工夫的变化之中,这都有待进一步分析。

综上所述,学界已对朱子涵养工夫的部分核心问题进行了探讨,已经提出了一些代表性观点,但由于学者们研究主题的不同,导致研究程度不一、研究结论差异较大、研究不够全面的情况,如对朱子中年时期涵养工夫的确立有较多的研究,对涵养整个脉络的发展则缺少关注;对涵养和致知的关系有较多的研究,对涵养和其他工夫的关系则较少注意;对心性论和涵养工夫都各有研究,但对二者的关联则较少注意。这都说明朱子涵养工夫的研究空间很大,研究价值很高。再者,由于几位最具代表性的朱子学者对本专题的研究结论存在较大差异,甚至涉及人物和思想的优劣判定,所以,可以说朱子涵养工夫的研究存在一定困难,许多结论有待进一步追究和检查。本书对朱子涵养工夫的研究将以时间为线索,对朱子不同阶段关于涵养的主要观点和在工夫论中的地位进行详细梳理,以对朱子涵养工夫有系统的了解。在对工夫论的研究中,以"工夫不离本体"为思想指引,进一步探寻朱子每一时期工夫思想的变化与心性

---

① 陈来:《朱子哲学研究》,第383页。

论的关系,将朱子心性论的发展与工夫思想联系起来,从而勾勒出朱子思想发展的整体样态。与此同时,以朱子在不同时期与湖湘学、浙学、陆学及程门后学等著名学者的交流与论辩为暗线,一方面对朱子在每一时期涵养工夫的特点做理论和现实上的说明,从而对朱子涵养工夫的变化进行立体化的分析;另一方面又从朱子与其他学派学者的思想碰撞中寻找独属于朱子本身的思想特色和价值。

第三节 朱子思想阶段的划分

对朱子思想做阶段划分自古有之,如明代学者陈建将朱子分为早年、中年、晚年三个阶段①,李绂不同意陈建,对朱子做了不同的早、中、晚三阶段的划分。② 王懋竑将《朱熹年谱》分为四卷,貌似将朱子思想分为四个阶段,以朱子61岁后为晚年。③ 朱子思想阶段的划分之所以出现如此之多的分歧,是因为不同思想家基于不同的判断标准,其中陈建、李绂围绕"朱陆异同"的主题进行划分,而王懋竑则基于其对朱子生平的考证进行划分。本书对朱子思想阶段的划分以前人的研究为基础,以朱子年岁为参考,结合其思想发展的阶段性特点,将朱子思想发展做四个阶段划分。

---

① 陈建以朱子40岁前为早年,认为"朱子早年出入禅学,与象山未会而同,至中年后始觉其非,而返之正也"。以朱子45岁朱陆相识为标志,将45—55岁定为中年朱陆疑信相半阶段。以朱子56岁时《与刘子澄书》为标志,认为是朱陆晚年相异的开始。(明)程政敏等撰,吴长庚编:《学蔀通辨》,《朱陆学术考辨五种》,第116、123、130页。

② 李绂说:"今按朱子得年七十一岁,定以三十岁以前为早年,以三十一岁至五十岁为中年,以五十一岁至七十一岁为晚年。"(清)李绂著,段景莲点校:《朱子晚年全论》,第1页。

③ 王懋竑以朱子46岁编订《近思录》为标志作为第二卷开始,以53岁为第三卷开始,以61岁为第四卷开始。又以"晚与门弟子究悉精蕴"为第四卷之题,似以朱子61岁后为晚年。(明)程政敏等撰,吴长庚编:《朱子年谱》,《朱陆学术考辨五种》,第781、597—598页。

一 第一阶段：早年思想（22—39岁）

朱子的早年思想阶段即学者研究朱子的起始阶段，对此前人有不同的说法和界定，如牟宗三论述朱子思想是从其11岁开始①，钱穆则明确将朱子早年界定为"从游延平前"，也就是24岁前。② 陈来作《朱子哲学研究》将朱子"早年"界定于其从学"三君子"至李侗卒，即朱子34岁前。③ 本书将朱子成年后有了相关论述但尚在探讨阶段的阶段称为"早年思想"，本书将此阶段定为朱子22岁至39岁。

对于朱子哲学思想的开端，学界一般以朱子24岁初见李侗为标志。如牟宗三以朱子24岁初见延平为朱子37岁前思想的第一阶段。④ 陈来亦说："朱子早年思想演进，以从学李延平为关键，此在年谱皆已指明。"⑤ 他提出："24岁赴任同安途中，拜见了杨时二传弟子李侗。在李侗的引导下，他逐步确立了道学的发展方向。"⑥ 对于朱子思想的起始，除了朱子的学术交往之外，也可以从其最早的著述窥其端倪。陈荣捷先生认为朱子最早的著述是朱子校订《上蔡先生语录》，他说："于三十岁（绍兴二十九年己卯，1159）成《上蔡语录》，此为朱子著述之最早者。"⑦ 然而初会李侗在30岁之前，显然不能成为探讨朱子思想的开端。除专著外，《文集》所载中尚有更早的论述，陈荣捷认为《文集》"由二十四岁（绍兴二十三年癸酉，1153）至易箦前一日致其门人黄干（1152—1221年），一生著述，除专著外，皆备于此"⑧。陈先生认为《文集》中最早的论述从

---

① 参见牟宗三《心体与性体》（下），上海古籍出版社1999年版。
② 参见钱穆《朱子新学案》（三），九州出版社2011年版。
③ 参见陈来《朱子哲学研究》，华东师范大学出版社2000年版。
④ 参见牟宗三《心体与性体》（下），上海古籍出版社1999年版。
⑤ 陈来：《朱子哲学研究》，第20页。
⑥ 陈来：《朱子哲学研究》，第2页。
⑦ 陈荣捷：《朱熹》，台北：东大图书股份有限公司2003年版，第127页。
⑧ 陈荣捷：《朱熹》，第125页。

1153 年朱子 24 岁开始，但是没有具体指出朱子最早论述的内容是什么。后据陈来考证朱子《文集》中最早著述从 1151 年开始有八篇，如《题谢少卿药园二首》①、《晨起对雨二首》②、《残腊》③ 等，朱子最早通信开始于 1155 年，当年朱子有书信八封，如《答戴迈》④、《答林岙》⑤ 等。《语类》最早由杨子直所录，从乾道六年开始，所以《语类》所载皆为朱子 41 岁及以后。⑥ 由此看来，朱子思想的开端可从朱子 22 岁的诗作开始。

朱子从 24 岁至 34 岁从学于李侗，1159 年（30 岁）校订《上蔡语录》⑦，1163 年（34 岁）编《论语要义》⑧、《论语训蒙口义》⑨、《延平答问》⑩，1164 年（35 岁）成《困学恐闻》，至 37 岁"中和旧说"（丙戌之悟）⑪，朱子自述："一日喟然叹曰：'人自婴儿以至老死，虽语默动静之不同，然其大体莫非已发，特其未发者为未尝发尔。'"⑫ 所以可知以朱子 37 岁前思想为未定之说是比较明确的。对此，牟宗三说："然在朱子，三十七岁前犹无'的实见处'"⑬，又说："朱子在三十七岁前，对于《中庸》《易传》所洞悟之实体、道体，虽亦有一仿佛之影子，对于《孟子》之本心，甚至《论语》之

---

① 参见陈来《朱子书信编年考证》，生活·读书·新知三联书店 2007 年版。
② 参见陈来《朱子书信编年考证》，生活·读书·新知三联书店 2007 年版。
③ 参见陈来《朱子书信编年考证》，生活·读书·新知三联书店 2007 年版。
④ 参见陈来《朱子书信编年考证》，生活·读书·新知三联书店 2007 年版。
⑤ 参见陈来《朱子书信编年考证》，生活·读书·新知三联书店 2007 年版。
⑥ 参见（宋）黎靖德编，王星贤点校《朱子语类》，中华书局 1986 年版。
⑦ 参见束景南《朱熹年谱长编》（上），华东师范大学出版社 2001 年版。
⑧ 参见束景南《朱熹年谱长编》（上），华东师范大学出版社 2001 年版。
⑨ 参见束景南《朱熹年谱长编》（上），华东师范大学出版社 2001 年版。
⑩ 参见束景南《朱熹年谱长编》（上），华东师范大学出版社 2001 年版。
⑪ 参见陈来《朱子哲学研究》，华东师范大学出版社 2000 年版。
⑫ （宋）朱熹著，朱杰人、严佐之、刘永翔主编：《中和旧说序》，《朱子全书》，第 24 册，第 3634 页。
⑬ 牟宗三：《心体与性体》（下），第 40 页。

仁，亦似有一仿佛之影子，然契悟不真，用不上力。"① 又说："朱子在三十七岁以前，虽已确定以《中庸》（首章）、《大学》为入路，对于其内容，则大体只是笼统肤谈。其真切用功是在三十七岁以后。"② 陈来也说："朱子思想，成熟于丙戌（37 岁）。"③

37 岁至 40 岁是朱子思想的重要转折期，朱子 1167 年（38 岁）与张栻讨论《中庸》未发已发要旨、先察识后涵养等说④，然而很快朱子又推翻了"丙戌之悟"和"先察识之说"，这点从朱子自述中可以看出；1168 年，朱子 39 岁，成《二程遗书》；1169 年，朱子 40 岁，提出"中和新说"（己丑之悟）⑤，他说："乾道己丑之春，为友人蔡季通言之，问辨之际，予忽自疑，斯理也……程子之言出其门人高弟之手，亦不应一切谬误，以至于此。然则予之所自信者，其无乃反自误乎？则复取程氏书，虚心平气而徐读之，未及数行，冻解冰释。"⑥ 可见，朱子自己也说其 40 岁时改变了此前的论说，明代刘洪谟在《朱子文集大全》序中说："盖朱子四十以前，如《存斋记》、《答何叔京》二书，专说求心见心，是犹驰心之玄妙，未悟天理时语也。"⑦ 牟宗三也说："四十岁以前犹未有此'的实见处'也。"⑧ 他认为朱子"新说"后才开始确定其思想的基本架构也是依据朱子的《中和旧说序》做出的判断，他说："至四十岁因与蔡季通问辨，忽然开朗……遂将此'天命流行之体'拆散而转为理气二

---

① 牟宗三：《心体与性体》（下），第 60 页。
② 牟宗三：《心体与性体》（下），第 60 页。
③ 陈来：《朱子哲学研究》，第 19 页。
④ 参见陈来《朱子哲学研究》，华东师范大学出版社 2000 年版。
⑤ 参见陈来《朱子哲学研究》，华东师范大学出版社 2000 年版。
⑥ （宋）朱熹著，朱杰人、严佐之、刘永翔主编：《中和旧说序》，《朱子全书》，第 24 册，第 3634 页。
⑦ （宋）朱熹著，朱杰人、严佐之、刘永翔主编：《万历刊本朱子文集大全序》，《朱子全书》，第 25 册，第 5071 页。
⑧ 牟宗三：《心体与性体》（下），第 56 页。

分,心性情三分之格局。"① 对此,陈来也说:"朱子思想,成熟于丙戌,确立于己丑。"② 可见,学界对朱子这一阶段的认识是比较一致的。对于朱子37—40岁的未定之论,牟宗三将其称为朱子"'中和旧说'的浸润和议论时期",是对"中和问题"的参究和发展,他说:"在三十七至四十岁之间,朱子对于此'天命流行之体',寂感真几,创生之实体,并无真切而相应之契悟,只是仿佛有一个笼统的影像。"③ 陈来则说:"朱熹早年中和思想曾经有过两次重要演变(丙戌之悟和己丑之悟)。"④ 以上陈述都说明朱子早年未定之说应该包含37—39岁,所以本书亦以"中和新说"为标志,将朱子22—39岁的思想作为朱子思想的早期阶段,也可以叫朱子早年的"未定之说"。在此期间,朱子著述(大部分是书信)约二百六十一篇。⑤

二 第二阶段:中年思想(40—48岁)

对于朱子中年时期的界定,学界也有若干个观点,比如牟宗三认为朱子37岁时已是中年,他说:"人生三十七已进中年,不可谓少。"⑥ 但牟宗三所说中年是自然生命意义上的中年,本书以朱子40岁"中和新说"后朱子开始确立自身的思想系统,说明朱子进入中年时期的思想阶段。朱子40岁作《与湖南诸公论中和第一书》⑦、《已发未发说》⑧、《答张钦夫书》"诸说例蒙印可"⑨ 标志朱子"中和新说"的确立,"中和新说"代表朱子思想中最重要的一次转变,

---

① 牟宗三:《心体与性体》(下),第71页。
② 陈来:《朱子哲学研究》,第19页。
③ 牟宗三:《心体与性体》(下),第71页。
④ 陈来:《朱子哲学研究》,第161页。
⑤ 据陈来《朱子书信编年考证》统计。
⑥ 牟宗三:《心体与性体》(下),第40页。
⑦ 参见束景南《朱熹年谱长编》(上),华东师范大学出版社2001年版。
⑧ 参见束景南《朱熹年谱长编》(上),华东师范大学出版社2001年版。
⑨ 陈来:《朱子书信编年考证》,第60页。

"中和新说"后朱子确立了心性论的架构、未发已发说、涵养先于省察的进路，标志朱子心性与工夫思想的基本确立。对于"中和新说"确立的时间，有几种不同说法，王懋竑认为："按《已发未发说》《与湖南诸公论中和第一书》，皆在已丑之春，盖乍易旧说，犹多有未定之论。……《中庸或问》又谓涵养之功至，则其发也无不中节，又似删却已发工夫，皆早年未定之论也。《中和旧说序》在壬辰距已丑又三年，不及前诸说，则其所见已不同矣。"① 王懋竑又提出朱子于1169年的《答林择之》② 的三封书信也是"早年未定之论"，他说："皆辨先察识后涵养之非，而于涵养特重于已发工夫，未免少略……'苟得其养，而无物欲之昏，自然发见昭著，不待别求，'是皆早年未定之论，而后来所不取也。"③ 王懋竑认为朱子40岁时的著名论说均非"定论"。相反牟宗三却十分肯定"中和新说"在朱子思想中的地位，他认为"王懋竑所谓'未定之理论'，无一可通"④。并认为《中和新说》"条贯整齐，朱子学之为静涵静摄系统以及其理气二分、心性情三分之格局俱定于此，此乃朱子终身不变者"⑤。他认为朱子涵养工夫在"中和新说"之后就为定论了，他说："朱子中和新说后，持守、居敬、主静工夫定论。"⑥ 陈来则认为朱子"中和新说"代表朱子哲学完整地确立和真正成熟，他认为："至已丑之悟才从根本上确立了朱熹的学术面貌。"⑦ 又说："（朱子）40岁的已丑之悟，使他确立了自己的思想基调，从而真正确立了与李

---

① （明）程敏政等撰，吴长庚编：《朱子年谱》，《朱陆学术考辨五种》，第876—877页。
② 参见（宋）朱熹著，朱杰人、严佐之、刘永翔主编《答林择之》，《朱子全书》，上海古籍出版社、安徽教育出版社2010年版，第22册。
③ （明）程敏政等撰，吴长庚编：《朱子年谱》，《朱陆学术考辨五种》，第877页。
④ 牟宗三：《心体与性体》（下），第160页。
⑤ 牟宗三：《心体与性体》（下），第160页。
⑥ 牟宗三：《心体与性体》（下），第198页。
⑦ 陈来：《朱子哲学研究》，第172—173页。

侗不同、也与道学发展的基本方向不同的为学方法。己丑之悟是朱熹思想真正成熟的标志。"① 但是陈来并没有如牟宗三一样认为"中和新说"是定论。朱子在"己丑之悟"的次年（41岁）便作《中庸首章说》②，乾道七年（42岁）又作《胡子知言疑义》③，乾道八年（43岁）又作《仁说》④、《乐记动静说》⑤，对已发未发重新分辨、对心性情做细致的辨析，这都说明朱子对心性论建构的进一步完善。对此陈来说："（朱子）此时比己丑之悟时更加明确地用'未发''已发'来规定性情之间的关系。"⑥ 陈来对朱子40—43岁的状态评价说："从庚寅到壬辰的思想发展，朱熹明确确认中庸本旨是未发为性，已发为情。"⑦ 其实，朱子43岁至50岁是朱子思想最高产的阶段，于1172年（43岁）成《论语精义》⑧、《孟子精义》⑨、《资治通鉴纲目》⑩、《西铭解义》⑪，《大学章句》《中庸章句》草成⑫，又于1173年（44岁）成《太极图说解》⑬、《程氏外书》⑭、《伊洛渊源录》⑮，继续修改《仁说》⑯。由此可见，朱子40—44岁是朱子思想发展的重要时期，王懋竑认为此时朱子才定下为学之宗旨，王懋竑《朱子年谱》后附《朱子论学切要语》二卷，最早起于1173年

---

① 陈来：《朱子哲学研究》，第2页。
② 参见束景南《朱熹年谱长编》（上），华东师范大学出版社2001年版。
③ 参见束景南《朱熹年谱长编》（上），华东师范大学出版社2001年版。
④ 参见束景南《朱熹年谱长编》（上），华东师范大学出版社2001年版。
⑤ 参见束景南《朱熹年谱长编》（上），华东师范大学出版社2001年版。
⑥ 陈来：《朱子哲学研究》，第192页。
⑦ 陈来：《朱子哲学研究》，第192页。
⑧ 参见束景南《朱熹年谱长编》（上），华东师范大学出版社2001年版。
⑨ 参见束景南《朱熹年谱长编》（上），华东师范大学出版社2001年版。
⑩ 参见束景南《朱熹年谱长编》（上），华东师范大学出版社2001年版。
⑪ 参见束景南《朱熹年谱长编》（上），华东师范大学出版社2001年版。
⑫ 参见束景南《朱熹年谱长编》（上），华东师范大学出版社2001年版。
⑬ 参见束景南《朱熹年谱长编》（上），华东师范大学出版社2001年版。
⑭ 参见束景南《朱熹年谱长编》（上），华东师范大学出版社2001年版。
⑮ 参见束景南《朱熹年谱长编》（上），华东师范大学出版社2001年版。
⑯ 参见束景南《朱熹年谱长编》（上），华东师范大学出版社2001年版。

朱子44岁。① 陈来也说:"自乾道五年己丑之悟到乾道九年癸巳《伊洛渊源录》成,四年之间是朱熹哲学思想建立、发展的一个重要阶段。"② 朱子1175年(46岁)时与张栻、吴翌、吕祖俭等人对心的工夫展开论辩作《观心说》③,与吕东莱合编《近思录》④,《近思录》的编订意义重大,明代刘洪谟便说:"(朱子)四十以后,注《太极图说》,辑《近思录》,渐悔前非。"⑤ 陈荣捷先生则认为《近思录》"是我国第一本哲学选集。其思想乃朱子本人之哲学轮廓"⑥。同年朱陆会于鹅湖,此时朱子的为学宗旨、思想体系已经基本确立,朱子依自身的为学宗旨和学术规模与陆学展开关于"尊德性而道问学"的论辩,对此钱穆提出:"鹅湖初会时,朱子之思想体系与其学术规模已大体确立。"⑦ 陈来则提出:"从40岁到46岁与陆九渊鹅湖相会,朱熹哲学的基本思想在这几年全部建立起来。"⑧ 由此可见,朱子于40—46岁完成了大部分的思想建构,但从"轮廓""大体""基本思想"等表述来看,不能认为46岁时朱子思想建构已完成,因为两年后1177年(48岁)朱子成《四书章句集注》与《四书或问》⑨,删定石墪所编《中庸集解》,更名为"中庸辑略"⑩,同年又编成《诗集传》⑪。以《集注》《或问》的编定为标志,朱子完成了宇宙论、心性论和工夫论的整体建构,确立以《大学》作为学

---

① 参见(明)程政敏等撰,吴长庚编《朱子年谱》,《朱陆学术考辨五种》,江西高校出版社2000年版。
② 陈来:《朱子哲学研究》,第182页。
③ 参见束景南《朱熹年谱长编》(上),华东师范大学出版社2001年版。
④ 参见束景南《朱熹年谱长编》(上),华东师范大学出版社2001年版。
⑤ (宋)朱熹著,朱杰人、严佐之、刘永翔主编:《万历刊本朱子文集大全叙》,《朱子全书》,第25册,第5071页。
⑥ 陈荣捷:《朱熹》,第135—136页。
⑦ 钱穆:《朱子新学案》(三),第390页。
⑧ 陈来:《朱子哲学研究》,第2页。
⑨ 参见束景南《朱熹年谱长编》(上),华东师范大学出版社2001年版。
⑩ 参见束景南《朱熹年谱长编》(上),华东师范大学出版社2001年版。
⑪ 参见束景南《朱熹年谱长编》(上),华东师范大学出版社2001年版。

术规模，并贯通《论语》《孟子》《中庸》的"四书"学理论体系，也正式标志朱子思想体系的成熟。对此牟宗三认为"朱子在'中和新说'和《仁说》后以《大学》为规模"①似乎言之过早，因为朱子注重《大学》工夫是在《集注》《或问》之后。陈来认为："此后虽然在具体问题上有种种改变或发展，但这个体系以理性本体、理性人性、理性方法为基点的理性主义哲学的整体结构已稳定地确立起来了。"② 所以，由上文分析可知朱子48岁《集注》编订后标志其思想体系正式确立。

三 第三阶段：中晚年思想（49—59岁）

《集注》的形成标志朱子思想体系建构的完成，但很多问题依然继续展开。《集注》编订后，朱子对《集注》中的许多问题依然在讨论和修改，可以说朱子对《集注》的修改贯穿自己的一生。如《语类》中载："先生近改'正心'一章，方包括得尽。旧来说作意或未诚，则有是四者之累，却只说从诚意去。"③ 这说明朱子改《大学章句》"正心"章至少是在《集注》修订三年以后了。朱子53岁时去信任伯起说："《论语》别本未曾改定，俟后便寄去。"④ 57岁时，朱子去信程正思说："所喻《孟子》，前日因一二朋友看到此，疑其说之不明，方略改定，正与来喻合。"⑤ 同年，朱子又去信胡季随说："恭叔所论，似是见熹旧说而有此疑，疑得大概有理，但曲折处有未尽耳。当时旧说诚为有病，后来多已改定矣。"⑥ 同年，朱子

---

① 牟宗三：《心体与性体》（下），第321页。
② 陈来：《朱子哲学研究》，第2页。
③ （宋）黎靖德编，王星贤点校：《朱子语类》，第341页。万人杰录，朱子51岁后。见《朱子语类》，第15页。
④ （宋）朱熹著，朱杰人、严佐之、刘永翔主编：《答任伯起》，《朱子全书》，第22册，第2029页。1182年。见陈来《朱子书信编年考证》，第212页。
⑤ （宋）朱熹著，朱杰人、严佐之、刘永翔主编：《答程正思》，《朱子全书》，第22册，第2327页。1186。见陈来《朱子书信编年考证》，第254页。
⑥ （宋）朱熹著，朱杰人、严佐之、刘永翔主编：《答胡季随》，《朱子全书》，第22册，第2507页。1186年。见陈来《朱子书信编年考证》，第256页。

再去信詹帅书说:"《中庸》《大学》旧本已领,二书所改尤多,幸于未刻,不敢复以新本拜呈,幸且罢议,他日却附去请教也。……《论语》《孟子》二书皆蒙,明眼似此看破,则鄙拙幸无今日之忧久矣。"① 1187 年,朱子 58 岁,他去信程正思两封,第一书说:"告子'生之谓性',《集注》虽改,细看终未分明。近日再改一过,此处觉得尚未有言语解析得出,更俟款曲细看,他时相见,却得面论。……'告子'一段,欲如此改定,仍删去旧论,似已简径。但恐于一原处未甚分明,请看详之。"② 第二书说:"《孟子》中间又改一过,不记曾录去否,今恐未曾,别寄一本。"③ 同年,朱子也去信董叔重说:"书中所喻两义,比皆改定。《大学》在德粹处,《孟子》似已写去矣。……今所改者,亦其词有未莹或重复处耳,大意只是如此也。"④ 朱子还去信周叔谨说:"《论语》别本未曾改定,俟便寄去。"⑤ 59 岁时,朱子去信黄直卿说:"《大学》《中庸集注》中及《大学或问》改字处附去,可仔细看过,依此改定令写,但《中庸或问》改未得了为怅耳。"⑥ 可见,朱子在《集注》修订后的十多年间还在对《大学章句》《中庸章句》《论语集注》《孟子集注》分别进行大量的商榷修改,朱子在这一时期与黄商伯、蔡季通、吕伯恭、黄直卿、吕子约、程正思、王子合、向伯元、陈同甫、刘德华等人的书信达二百一十多篇,其中大量讨论到《集注》的相关问题,花费大量

---

① (宋)朱熹著,朱杰人、严佐之、刘永翔主编:《答詹帅书》,《朱子全书》,第 21 册,第 1205—1206 页。1186 年。见陈来《朱子书信编年考证》,第 246 页。

② (宋)朱熹著,朱杰人、严佐之、刘永翔主编:《答程正思》,《朱子全书》,第 22 册,第 2327—2328 页。1187 年。见陈来《朱子书信编年考证》,第 269 页。

③ (宋)朱熹著,朱杰人、严佐之、刘永翔主编:《答程正思》,《朱子全书》,第 22 册,第 2328 页。1187 年。见陈来《朱子书信编年考证》,第 269 页。

④ (宋)朱熹著,朱杰人、严佐之、刘永翔主编:《答董叔重》,《朱子全书》,第 22 册,第 2349 页。1187 年。见陈来《朱子书信编年考证》,第 269 页。

⑤ (宋)朱熹著,朱杰人、严佐之、刘永翔主编:《答周叔谨》,《朱子全书》,第 23 册,第 2554 页。1187 年。见陈来《朱子书信编年考证》,第 270 页。

⑥ (宋)朱熹著,朱杰人、严佐之、刘永翔主编:《答黄直卿》,《朱子全书》,第 25 册,第 4649 页。1188 年。见陈来《朱子书信编年考证》,第 289 页。

心力。朱子这一时期的学术成功不多，50岁时再定《太极通书》①，57岁时成《易学启蒙》②、《孝经刊误》③，58岁成《小学》④。可见在49—59岁，朱子并没有过多的思想著述，其主要精力主要集中在修改《集注》与《或问》，可以说是对其中年时期所创立的思想体系的修正和完善，对此朱子自己也说："五十岁已后，觉得心力短，看见道理只争丝发之间，只是心力把不上。所以《大学》《中庸》《语》《孟》诸文字，皆是五十岁已前做了。五十已后，长进得甚不多。"⑤

四 第四阶段：晚年思想（60—71岁）

历史上对"朱子晚年"界定不一，由此也造成对朱子晚年思想有不同的结论和判断。如程敏政在《道一编》中说："淳熙八年二月，二先生复会于南康，议论之际，必有合者。……盖二先生之道至是而有殊途同归之渐云。"⑥ 可见，程敏政以朱陆南康之会作为"朱陆晚同"的开始，南康之会时朱子52岁，也就是说在程敏政这里似乎以朱子52岁为晚年。而阳明作《朱子晚定论》，认为朱子晚年觉昨日之非，但未对"朱子晚年"有时间上的说明。后陈建以朱子56岁时《与刘子澄书》⑦ 为标志，作为朱陆晚年相异的开始⑧，似是以朱子56岁开始为朱子晚年。李绂作《朱子晚年全论》明确以"五十一岁至七十一岁为晚年"⑨。王懋竑校定《朱子年谱》四卷，

---

① 参见束景南《朱熹年谱长编》（上），华东师范大学出版社2001年版。
② 参见束景南《朱熹年谱长编》（下），华东师范大学出版社2001年版。
③ 参见束景南《朱熹年谱长编》（下），华东师范大学出版社2001年版。
④ 参见束景南《朱熹年谱长编》（下），华东师范大学出版社2001年版。
⑤ （宋）黎靖德编，王星贤点校：《朱子语类》，第2621页。
⑥ （明）程政敏等撰，吴长庚编：《道一编》，《朱陆学术考辨五种》，第54页。
⑦ 参见（宋）朱熹著，朱杰人、严佐之、刘永翔主编《答刘子澄》，《朱子全书》，上海古籍出版社、安徽教育出版社2010年版，第22册。见陈来《朱子书信编年考证》，第235页。
⑧ 参见（明）程政敏等撰，吴长庚编《学蔀通辨》，《朱陆学术考辨五种》，江西高校出版社2000年版。
⑨ （清）李绂著，段景莲点校：《朱子晚年全论》，第1页。

"以61岁为第四卷开始"①,并说:"晚与门弟子究悉精蕴"②,似是以朱子61岁后为晚年阶段。近世朱子学者,如牟宗三、唐君毅、钱穆、刘述先、陈荣捷、陈来等都对"朱子晚年"有过相关讨论,但没有对"朱子晚年"的时间有明确的界定。本书以朱子60岁序定《大学章句》作为其思想进入晚年阶段的标志,60岁朱子与象山也结束了无极太极之辩③,并重新序定《大学章句》《中庸章句》,这是朱子对《集注》和《或问》中的许多问题长期思考和修订的结果。所以60岁开始,朱子的生命进入了人生最后的十一年,从思想意义上说朱子人生的最后十一年也是朱子思想最成熟的阶段。

朱子晚年阶段对著述集中在经学的研究上,1192年(63岁)成《孟子要略》④,1196年(67岁)成《仪礼经传通解》⑤,1197年(68岁)成《韩文考异》⑥、《周易参同契考异》⑦,1199年(70岁)又成《楚辞集注》⑧。由此可见,朱子晚年阶段注重对经学思想的阐发,但对《集注》中的诸多问题,特别是工夫问题,朱子的讨论没有停止,这在朱子晚年的书信和《语类》中大量呈现。在此期间,朱子与黄干通信多达七十一封,与蔡季通通信多达六十六封,另与刘季章、吴伯丰、刘智夫、巩仲至等各二十余封。《语类》中所载朱子晚年时期与门人、友人讨论问学达五十九人,⑨ 其中记录了大量朱子关于《四书章句集注》中的心性论和工夫论的讨

---

① (明)程敏政等撰,吴长庚编:《朱子年谱》,《朱陆学术考辨五种》,第781页。

② (明)程敏政等撰,吴长庚编:《朱子晚年全论》,《朱陆学术考辨五种》,第597—598页。

③ 参见束景南《朱熹年谱长编》(下),华东师范大学出版社2001年版。

④ 参见束景南《朱熹年谱长编》(下),华东师范大学出版社2001年版。

⑤ 参见束景南《朱熹年谱长编》(下),华东师范大学出版社2001年版。

⑥ 参见束景南《朱熹年谱长编》(下),华东师范大学出版社2001年版。

⑦ 参见束景南《朱熹年谱长编》(下),华东师范大学出版社2001年版。

⑧ 参见束景南《朱熹年谱长编》(下),华东师范大学出版社2001年版。

⑨ 参见(宋)黎靖德编,王星贤点校《朱子语类》,中华书局1986年版。

论和说法的修订，对此明代刘洪谟便说："（朱子）年近六十，注《论》《孟》，注《学》《庸》，益加精进。此时议论加意磨勘，于正谊明道中犹防计功谋利之私，而刮之剔之、淘之澄之，务底于平，不敢以己私少戾天理。故年踰七十，病将革矣，犹改《大学》'诚意'章，绝无私护意。"① 可见，朱子对《集注》的讨论和修改持续其一生。

朱子晚年尤重视对《大学章句》和《中庸章句》中的工夫论的讨论和修改。朱子在序定《大学章句》的同年便致信李守约："《中庸》看得甚精，《章句》大概已改定，多如所论。但'致中和'处旧来看得皆未尽……近来看得此意稍精，旧说却不及此也。"② 1190年（61岁）致书张元德说："《大学》等书近多改定处，未暇录寄。亦有未及整顿者，《论》《孟》两书甚恨其出之早也。"③ 又说："《大学》近已刊行，今附去一本，虽未是定本，然亦稍胜于旧也。"④ 1191年（62岁）致郑子上两封书信，第一封信说："'知至意诚'一段来喻得之。旧说有病，近已颇改定矣。其他改处亦多，恨未能录寄也。"⑤ 第二封信说："《中庸序》后亦改定，别纸录去。来喻大概亦已得之矣。"⑥ 同年致书黄直卿："《大学》向所写者，自谓已是定本，近因与诸人讲论，觉得絜矩一章尚有未细密处……此

---

① （宋）朱熹著，朱杰人、严佐之、刘永翔主编：《万历刊本朱子文集大全叙》，《朱子全书》，第25册，第5071—5072页。
② （宋）朱熹著，朱杰人、严佐之、刘永翔主编：《答李守约》，《朱子全书》，第23册，第2604页。1189年。见陈来《朱子书信编年考证》，第301页。
③ （宋）朱熹著，朱杰人、严佐之、刘永翔主编：《答张元德》，《朱子全书》，第23册，第2981页。1190年。见陈来《朱子书信编年考证》，第322页。
④ （宋）朱熹著，朱杰人、严佐之、刘永翔主编：《答张元德》，《朱子全书》，第23册，第2982页。1190年。见陈来《朱子书信编年考证》，第322页。
⑤ （宋）朱熹著，朱杰人、严佐之、刘永翔主编：《答郑子上》，《朱子全书》，第23册，第2681页。1191年。见陈来《朱子书信编年考证》，第341页。
⑥ （宋）朱熹著，朱杰人、严佐之、刘永翔主编：《答郑子上》，《朱子全书》，第23册，第2683页。1191年。见陈来《朱子书信编年考证》，第341页。

番出来，更历锻炼，尽觉有长进处。向来未免有疑处，今皆不疑矣。"① 1193 年（64 岁），朱子修订《四书集注》，由曾集刻版于南康（南康本）。② 故朱子于 1194 年（65 岁）便去信吴伯丰告诉自己对"南康本"的修改情况，他说："南康诸书，后来颇复有所更改，义理无穷，尽看尽有恨，此衰年来日无几，不能卒究其业，正有望于诸贤。"③ 1195 年（66 岁）朱子又致书吴伯丰说："《大学》《中庸》近看得一过，旧说亦多草草，恨未得面论也。"④ 同年亦致书孙敬甫说："《大学》向来改处无甚紧要，今谩注一本，近看觉得亦多未亲切处，乃知义理亡穷，未易以浅见窥测也。"⑤ 又于 1196 年（67 岁）致书孙敬甫说："南康《语》《孟》是后来所定本，然比读之，尚有合改定处。……《大学》亦有改定数处，未暇录去。"⑥ 1197 年（68 岁）去信万正淳说："《集注》诚有病语，中间尝改定，亦未惬意。今复改数句，似颇无病，试更详之。"⑦ 1199 年（70 岁）朱子又致书刘季章说："《大学》近修改一两处，旦夕须就板改定，断手，即奉寄也。"⑧ 可见朱子从 60 岁到 70 岁都没有停止对《集注》修改讨论，甚至朱子多次说过改定，他终究无法停止对《集

---

① （宋）朱熹著，朱杰人、严佐之、刘永翔主编：《答黄直卿》，《朱子全书》，第 25 册，第 4648 页。1191 年。见陈来《朱子书信编年考证》，第 348 页。
② 束景南按："朱熹于《四书集注》，晚年多有言及南康本者。"见束景南《朱熹年谱长编》（下），第 1064 页。
③ （宋）朱熹著，朱杰人、严佐之、刘永翔主编：《答吴伯丰》，《朱子全书》，第 22 册，第 2440 页。1194 年。见陈来《朱子书信编年考证》，第 373 页。
④ （宋）朱熹著，朱杰人、严佐之、刘永翔主编：《答吴伯丰》，《朱子全书》，第 22 册，第 2442 页。1195 年。见陈来《朱子书信编年考证》，第 392 页。
⑤ （宋）朱熹著，朱杰人、严佐之、刘永翔主编：《答孙敬甫》，《朱子全书》，第 23 册，第 3063 页。1195 年。见陈来《朱子书信编年考证》，第 403 页。
⑥ （宋）朱熹著，朱杰人、严佐之、刘永翔主编：《答孙敬甫》，《朱子全书》，第 23 册，第 3064—3065 页。1196 年。见陈来《朱子书信编年考证》，第 424 页。
⑦ （宋）朱熹著，朱杰人、严佐之、刘永翔主编：《答万正淳》，《朱子全书》，第 22 册，第 2389 页。1197 年。见陈来《朱子书信编年考证》，第 436 页。
⑧ （宋）朱熹著，朱杰人、严佐之、刘永翔主编：《答刘季章》，《朱子全书》，第 22 册，第 2494 页。1199 年。见陈来《朱子书信编年考证》，第 493 页。

注》的修订,至朱子去世前三日,他还在修改《大学·诚意章》。①朱子60岁后对心性论和工夫论等诸多观点出现新的说法,体现其对此前思想的补充、修正和完善,是朱子晚年思想的进一步发展的表现。

---

① 参见束景南《朱熹年谱长编》,华东师范大学出版社2001年版。

第 一 章

48岁前心性论的构建与涵养工夫的确立

第一节 已发未发的界定

一 未发为性，已发为心

1166年，朱子37岁时就开始了对未发已发的讨论，至1168年《已发未发说》和1169年《与湖南诸公论中和第一书》时才明确对未发已发的认识。所以在1166—1168年，是朱子早年对未发已发的探索时期，朱子在与张栻、林择之多封书信中对《中庸》的未发已发问题进行了初步的讨论。

> 然圣贤之言，则有所谓未发之中，寂然不动者。夫岂以日用流行者为已发而指夫暂而休息，不与事接之际为未发时耶？尝试以此求之，则泯然无觉之中，邪暗郁塞，似非虚明应物之体，而几微之际，一有觉焉，则又便为已发而非寂然之谓。盖愈求而愈不可见，于是退而验之于日用之间，则凡感之而通、触之而觉，盖有浑然全体、应物而不穷者，是乃天命流行生生不已之机，虽一日之间万起万灭，而其寂然之本体则未尝不寂

然也。所谓未发,如是而已,夫岂别有一物,限于一时、拘于一处而可以谓之中哉?①

前书所禀寂然未发之旨、良心发见之端,自以为有小异于畴昔偏滞之见,但其间语病尚多,未为精切。……盖通天下只是一个天机活物,流行发用,无间容息。据其已发者而指其未发者,则已发者人心而凡未发者皆其性也,亦无一物而不备矣。夫岂别有一物拘于一时、限于一处而名之哉?即夫日用之间浑然全体,如川流之不息、天运之不穷耳。……存者存此而已,养者养此而已。②

由引文可见,朱子反对张栻以心发动的状态作为划分未发已发的标准,朱子认为如果以未应事接物为未发,就不能解释心不与事物应接时还有知觉的问题,因为如果将知觉作为未发已发的标准,那未发时的知觉都将被划为已发,最后以未发为无知无觉的状态,如此则造成未发之心是"泯然无觉之中,邪暗郁塞",心就不能是"虚明之体"了,就不能见到《中庸》"未发之中"的状态了。朱子此时提出不能以"良心发见之端"为未发,而是将未发解释为"浑然全体""寂然之本体",其实都是性,朱子称之为"中"。朱子将已发解释为人心,已发之心据其浑然全体之性而发,所以存养的工夫就是存养此"浑然之全体",即存养此性。简而言之,未发为性、已发为心、以中言性这三个基本观点是朱子37岁时对未发已发的初步认识。

二 情之未发为性,性之已发为情

朱子39岁时作《已发未发说》,便对此前的说法进行了调整,

---

① (宋)朱熹著,朱杰人、严佐之、刘永翔主编:《与张钦夫书》,《朱子全书》,第21册,第1315页。1166年。见陈来《朱子书信编年考证》,第39页。陈来误作《答张敬夫》。

② (宋)朱熹著,朱杰人、严佐之、刘永翔主编:《与张敬夫书》,《朱子全书》,第21册,第1393—1394页。1166年。见陈来《朱子书信编年考证》,第39页。

次年又作《与湖南诸公论中和第一书》，进一步明确对未发已发的阐述。在"中和新说"时期，朱子将未发已发界定为心之"体状"，此"体状"包含了"体段"与"状态"两个方面的含义，如此心贯通了性之未发和情之已发两个状态，将涵养工夫落实在未发之前。

> 中庸未发已发之义，前此认得此心流行之体，又因程子"凡言心者，皆指已发"之云，遂目心为已发，而以性为未发之中，自以为安矣。比观程子文集遗书，见其所论多不符合，因再思之，乃知前日之说虽于心性之实未始有差，而未发已发命名未当，且于日用之际欠却本领一段工夫，盖所失者不但文义之间而已，因条其语而附以己见，告于朋友，愿相与讲焉，恐或未然，当有以正之。《文集》云：中即道也。又曰：道无不中，故以中形道。又云："中即性也"，此语极未安。中也者所以状性之体段，如天圆地方。……右据此诸说皆以思虑未萌事物未至之时为喜怒哀乐之未发，当此之时，即是心体流行寂然不动之处，而天命之性体段具焉，以其无过不及不偏不倚故谓之中，然已是就心体流行处见，故直谓之性则不可。①

> 中庸未发已发之义，前此认得此心流行之体，又因程子"凡言心者，皆指已发"而言，遂目心为已发，性为未发然观程子之书多所不合，因复思之，乃知前日之说非惟心性之名命之不当，而日用工夫全无本领，盖所失者，不但文义之间而已。按《文集》遗书诸说，似皆以思虑未萌事物未至之时为喜怒哀乐之未发，当此之时即是此心寂然不动之体，而天命之性当体具焉，以其无过不及不偏不倚故谓之中，及其感而遂通天下之故，则喜怒哀乐之性发焉，而心之用可见，以其无不中节，无

---

① （宋）朱熹著，朱杰人、严佐之、刘永翔主编：《已发未发说》，《朱子全书》，第 23 册，第 3266—3268 页。1169 年。见束景南《朱熹年谱长编》（上），第 406 页。

所乖戾，故谓之和，此则人心之正，而情性之德然也。①

由引文可见，《已发未发说》与《与湖南诸公论中和第一书》的表达有相似之处，但《与湖南诸公论中和第一书》言语精练并且对此前的说法有一些重要改进。两者皆认为此前"性为未发，心为已发"的说法有失妥当，都对此前将未发描述为"此心流行之体"进行了修正，而以思虑未萌与思虑已萌作为未发已发的判断标准，将未发已发界定为心的不同状态和阶段，从而将此前心皆指已发而言贯通至未发已发两个阶段来说。对此，陈来也指出朱子在"中和新说"时期将未发已发明确诠释为"心理活动的不同阶段或状态"②，他说："按照朱熹己丑反复综合程颐各种说法所得到的理解，'已发'是指思虑已萌，'未发'是指思虑未萌。"③ 与此相应，朱子对"中"的解释也由"中是性"的说法改变为"中者状性之体段"。朱子将"中"明确解释为心未发时不偏不倚之状态，而不再将"中"等同于性。

《与湖南诸公论中和第一书》与《已发未发说》有一处重要的不同，朱子将未发从"心体流行寂然不动之处"改为"此心寂然不动之体"，而不再言"中"可从"心体流行之处"见，说明朱子对"心体流行"这一说法的抛弃。而对未发已发的诠释，朱子则引进了"体用"的概念来说明，朱子以"思虑未萌"即"心之未发"解释《中庸》"喜怒哀乐之未发"，又提出未发时为"寂然不动之心之体"，此时"天命之性体具"。可见，朱子此时是将"心之体"与"性体"等同，朱子又以"心感而遂通"释"喜怒哀乐之性发"为心之用；以"未发之中"释性之德，即未发工夫的境界；以"已发

---

① （宋）朱熹著，朱杰人、严佐之、刘永翔主编：《与湖南诸公论中和第一书》，《朱子全书》，第 23 册，第 3130—3131 页。1169 年。见陈来《朱子书信编年考证》，第 68 页。
② 陈来：《朱子哲学研究》，第 174 页。
③ 陈来：《朱子哲学研究》，第 175 页。

之和"释情之德,即已发工夫的境界;以"中和"说明了未发已发两段工夫的境界,说明朱子心之体用言未发已发,以未发已发来区分性情。朱子说"喜怒哀乐之性发为情",可知朱子将《中庸》未发已发思想诠释为"情之未发为性,性之发为情",又将心之未发与情之未发等同,将心之已发与性之发等同,由此将《中庸》未发已发与思虑之未萌已萌的未发已发贯通,为言心之未发已发与心之体用的贯通做了铺垫,这是朱子在"中和新说"时期对未发已发思想脉络明晰化的体现。

  需要注意的是,朱子虽然以心之体用区分性情,以未发已发区分性情,但心体用与心之未发已发还没有贯通,未发已发并没有明确落到心上,所以此时心、性、情三者还没有统贯起来,对此陈来也说朱子此时"并没有明确说明喜怒哀乐未发即是性,已发即是情,未发之性是心之体,已发之情为心之用"①,但值得肯定的是,朱子此时已将"喜怒哀乐已发"理解为情,陈来也指出:"喜怒哀乐已发则是指现实情感。"②朱子这一时期形成了情之未发为性,性之已发为情,以未发已发分辨性情的基本思路。

三 对"未发之中"的重视

  朱子于1169年与林择之多封书信来往集中讨论了未发已发的问题,其主旨是突出对未发的重视,朱子重点区分了未发与"未发之中",朱子说:"疑未发只是思虑事物之未接时,于此便可见性之体段,故可谓之中而不可谓之性也;发而中节是思虑事物已交之际皆得其理,故可谓之和而不可谓之心;心则通贯乎已发未发之间,乃《大易》生生流行、一动一静之全体也(云云)。"③ 在此,朱子明确以心活动的状态来界定未发已发,明确提出心贯通已发未发,贯通

---

① 陈来:《朱子哲学研究》,第177页。
② 陈来:《朱子哲学研究》,第177页。
③ (宋)朱熹著,朱杰人、严佐之、刘永翔主编:《答林择之》,《朱子全书》,第22册,第1967页。1169年。见陈来《朱子书信编年考证》,第65页。

动静。并且，朱子在此又强调了中是未发的境界，和是已发的境界，不能将中等同于性，将和等同于情。朱子此处虽然没有进一步解释为何不能直接"以中言性"，但朱子此时已经为未发前做工夫提供了理由。朱子《中和新说》最关注的问题除去未发已发之外，便是对中的阐述做重大修正，朱子在《答林择之》中说："盖'中和'二字皆道之体用，以人言之，则未发已发之谓。"① 又说："喜怒哀乐浑然在中，未感于物，未有倚着一偏之患，亦未有过与不及之差，故特以'中'名之，而又以为天下之大本。程子所谓'中者，在中之义'，所谓'只喜怒哀乐不发便是中'，所谓'中所以状性之体段'，所谓'中者性之德'，所谓'无倚着处'，皆谓此也。"② 在此，朱子以未发已发解释中与和，认为中是喜怒哀乐未发而为中的状态，是性的品德，都是明确了未发与中的距离，未发并不等于中，这样便为未发前涵养一段工夫的落实提供了依据。

四 涵养于未发的落实

朱子"中和新说"改变了"中和旧说"中"性为未发，心为已发"的说法，将心贯通于性之未发与情之已发是为涵养工夫的落实做铺垫。朱子认为如果以性为未发，心为已发，则工夫只能从已发处下手，从而缺失了未发一段的工夫。将心贯通至性之未发处，就有了做工夫处，涵养于未发之前才能落实。1168 年，朱子 39 岁作《已发未发说》，提出了涵养工夫如何安顿的问题；1169 年，朱子 40 岁时作《与湖南诸公论中和第一书》更加明确《已发未发说》中"涵养于未发前"的思想。

> 未发之中本体自然不须穷索，但当此之时敬以持之，使此

---

① （宋）朱熹著，朱杰人、严佐之、刘永翔主编：《答林择之》，《朱子全书》，第 22 册，第 1979 页。1169 年。见陈来《朱子书信编年考证》，第 66 页。

② （宋）朱熹著，朱杰人、严佐之、刘永翔主编：《答林择之》，《朱子全书》，第 22 册，第 1977 页。1170 年。见陈来《朱子书信编年考证》，第 80 页。

气象常存而不失，则自此而发者，其必中节矣。……故程子于此，每以"敬而无失"为言，又云"入道莫如敬，未有能致知而不在敬者"，又曰"涵养须是敬，进学则在致知"。……向来讲论思索直以心为已发，而所论致知格物亦以察识端倪为初下手处，以故缺却平日涵养一段功夫。其日用意趣常偏于动，无复深潜纯一之味，而其发之言语事为之间亦常躁迫浮露，无古圣贤气象，由所见之偏而然尔。程子所谓"凡言心者，皆指已发而言"，此却指心体流行而言，非谓事物思虑之交也。然与中庸本文不合，故以为未当而复正之，固不可执其已改之言，而尽疑论说之误。又不可遂以为当，而不究其所指之殊也。①

然未发之前不可寻觅，已觉之后不容安排，但平日庄敬涵养之功至，而无人欲之私以乱之，则其未发也镜明水止，而其发也无不中节矣。此是日用本领工夫，至于随事省察，即物推明亦必以是为本。而于已发之际观之，则其具于未发之前者固可默识……向来讲论思索直以心为已发，而日用工夫亦止以察识端倪为最初下手处，以故阙却平日涵养一段工夫，使人胸中扰扰，无深潜纯一之味，而其发之言语事为之间亦常急迫浮露，无复雍容深厚之风，盖所见一差其害乃至于此，不可以不审也。程子所谓"凡言心者，皆指已发而言"，此乃指赤子之心而言，而谓凡言心者则其为说之误，故又自以为未当而复正之，固不可以执其改文之言，而尽疑诸说之误，又不可遂以为未当，而不究其所指之殊也。②

由引文可见，朱子在此两书中均检讨了此前以心为已发，以察识工夫为最初下手处，从而缺少了涵养一段工夫的问题。朱子认为如果

---

① （宋）朱熹著，朱杰人、严佐之、刘永翔主编：《已发未发说》，《朱子全书》，第23册，第3268页。1168年。

② （宋）朱熹著，朱杰人、严佐之、刘永翔主编：《与湖南诸公论中和第一书》，《朱子全书》，第23册，第3131页。1169年。见陈来《朱子书信编年考证》，第68页。

缺少了平日涵养一段工夫，就有可能导致言语行事过于急迫肤浅，所以须将涵养工夫往前推至未发，使心在未发前就有做工夫处，由此未发前一段涵养工夫就有了下落。对于未发前涵养的表述，《与湖南诸公论中和第一书》与《已发未发说》有不同之处。一是此前朱子认为未发前涵养是对"未发之中"的持守，使"气象"常存不失，如此则心已发时自然能达到和的状态。至《论湖南诸公论中和第一书》时，朱子提出涵养是平日之工夫，贯彻于未发已发，如果涵养的工夫做好了，则心不受私欲影响，如此则心在未发时自然为中，已发时无不为和。由此看来，朱子变化的关键在于对未发的认识有了不同，此前朱子将涵养理解为持守，即将涵养的重点放在未发时，而认为涵养于未发的工夫对已发的状态具有决定作用。并且，朱子此前将"未发为中"设定为一个既定的状态，而将此"气象"作为既定的存在进行存养。至《论湖南诸公论中和第一书》时，朱子以涵养工夫贯通未发已发的状态，从而将"未发之中"界定为未发前涵养之境界，从而取消了"未发之中"是一个既定的状态，设定了未发前涵养的境界，也对未发前做工夫做了必要性说明，而《已发未发说》则是持守一个既定的"未发之中"的状态，无法表达处持守而无失的必要性，避免了做工夫以中"执中"的危险。

《与湖南诸公论中和第一书》与《已发未发说》第二个不同之处在于朱子在《已发未发说》中反省了从已发处下手做工夫的问题在于"其日用意趣常偏于动"，而在《论湖南诸公论中和第一书》中却将此句删去。如此可见，朱子在强调未发时涵养工夫的重要的同时也并不想过分否定已发后做工夫的重要性。第三个不同之处在于朱子对程子的"凡言心者，皆指已发"的解释也出现了变化，其在《已发未发说》中提出程子言心皆指已发应该从心体流行角度而言，此与朱子"中和旧说"时将心指已发，将已发界定为"心体流行"的思想是相呼应的。但此时朱子已明确从思虑未萌已萌来区分未发已发，所以认为程子以"心体流行"解释已发有未当之处，并直言程子之说与《中庸》文本不合，其批评还是比较重的。至《与湖南诸公论中和第一书》时，朱子取消了这一说法，还为程子的说法做了解释，认为程子言心为已发是将此心作赤子之心解，赤子之心为已发，缓和与程说的张力，朱子晚年又对此做了重新讨论。

第二节　心贯性情

一　心贯性情

在《未发已发说》和《与湖南诸公论中和第一书》之后，朱子于1169年《答张钦夫》中进一步明确未发已发的思想，标志朱子"中和新说"理论的正式确立。正如朱子所说："然比观旧说，却觉无甚纲领，因复体察得见此理须以心为主而论之，则性情之德、中和之妙皆有条而不紊矣。"① 朱子认为在这一时期对未发已发、性情的阐释进一步条理化、清晰化，因为认识到心的主宰地位，最终明确了未发为性，为心之体，已发为情，为心之用，心贯通未发已发的基本观点。

> 然人之一身，知觉运用，莫非心之所为，则心者固所以主于身而无动静语默之间者也。然方其静也，事物未至，思虑未萌，而一性浑然，道义全具，其所谓中，是乃心之所以为体而寂然不动者也。及其动也，事物交至，思虑萌焉，则七情迭用，各有攸主，其所谓和，是乃心之所以为用、感而遂通者也。然性之静也而不能不动，情之动也而必有节焉，是则心之所以寂然感通、周流贯彻而体用未始相离者也。然人有是心，而或不仁，则无以着此心之妙。②

---

① （宋）朱熹著，朱杰人、严佐之、刘永翔主编：《答张钦夫》，《朱子全书》，第21册，第1418—1419。1169年。见陈来《朱子书信编年考证》，第60页。

② （宋）朱熹著，朱杰人、严佐之、刘永翔主编：《答张钦夫》，《朱子全书》，第21册，第1419页。1169年。

由引文可见，朱子在《答张钦夫》中开篇便提出心有知觉运用的能力，所以心为主宰。接着朱子以动静言心之已发未发，仍是延续《与湖南诸公论中和第一书》中以心之状态解释未发已发的思想，以思虑未萌释心之未发，以思虑已萌释心之已发。与此前不同的是，朱子此时以"一性浑然"释中，为心之体、性之静；以七情发用释心之用，为情之动，从而明确了未发为性、已发为情的思想。在此，朱子没有用《与湖南诸公论中和第一书》中所言"喜怒哀乐之性发""喜怒哀乐之未发"来说明未发已发，也就没有以"性发为情"的思想来解释《中庸》之未发已发，而是将思虑未萌与一性浑然，思虑已萌与七情发用相对应；将未发之中与心之体，已发之和与心之用相对应，也就不再以"不偏不倚"释中。同年，朱子在《中庸首章说》中亦不再以"不偏不倚"释中，但仍以"喜怒哀乐"言未发已发，以"性之体"言中，以"性之用"言和，他说："天命之性浑然而已。以其体而言之则曰中，以其用而言之则曰和。"① 在此，朱子仍是以情之未发为性，性之已发为情，性是体，情是性之用的思路解释未发已发和体用关系。

如此可见，朱子在"中和新说"时期言未发已发、体用关系是从两个层面上说的，对此陈来也指出："己丑之悟所谓未发已发包含两个方面的意义，一是指心的未发已发，一是指性情的未发已发。这两方面并不是一回事。"② 然而朱子在《答张钦夫》中则避免从两个层面上言未发已发，而是将未发已发统一到心上说，并且从性之静、情之动言心之未发已发。更进一步说，朱子将未发已发落实在心上说，是因为朱子确立了心的主宰地位，后朱子又在《答张敬夫问目》中说："'喜怒哀乐之未发谓之中'，性也；'发而皆中节谓之

---

① （宋）朱熹著，朱杰人、严佐之、刘永翔主编：《中庸首章说》，《朱子全书》，第23册，第3265页。见束景南《朱熹年谱长编》（上），第431页。
② 陈来：《朱子哲学研究》，第179页。

和',情也。子思之为此言,欲学者于此识得心也。心也者,其妙情性之德者欤?"① 可见在此,心之未发为性,心之已发为情,心贯通未发已发,心之体用贯通性情的观点十分明确。心贯性情的观点确立起来后,心的主宰作用也明确起来,如此为涵养贯通未发已发的思想提供了依据。

二 敬:彻上彻下

如上分析,朱子确立了心的主宰地位,将心贯通未发已发,统摄性情,如此涵养工夫就能在未发前落实,未发已发都要涵养,朱子认为只有敬可以成为彻上彻下的涵养方法。

> 盖心主乎一身而无动静语默之间,是以君子之于敬,亦无动静语默而不用其力焉。未发之前,是敬也固已主乎存养之实;已发之际,是敬也又常行于省察之间。方其存也,思虑未萌而知觉不昧,是则静中之动,复之所以"见天地之心"也;及其察也,事物纷纠而品节不差,是则动中之静……盖主于身而无动静语默之间者心也,仁则心之道而敬则心之贞也。此彻上彻下之道,圣学之本统。明乎此,则性情之德、中和之妙可一言而尽矣。②

由引文可见,朱子认为心无论在动静语默之间都为身体的主宰,这是因为君子无论在动静语默之间都没有停止持敬工夫。未发之前持敬主要是为了存养本心,已发后持敬也贯穿省察的过程,持敬工夫贯彻动静、彻上彻下。朱子认为持敬存心时是思虑未萌,但是本心知觉不昧,这是静中有动,这是"复卦"中的"见天地之心";等

---

① (宋)朱熹著,朱杰人、严佐之、刘永翔主编:《答张敬夫问目》,《朱子全书》,第21册,第1403页。1170年。见陈来《朱子书信编年考证》,第73页。

② (宋)朱熹著,朱杰人、严佐之、刘永翔主编:《答张钦夫》,《朱子全书》,第21册,第1419页。1169年。

到省察工夫时，能在事物纠纷中品节不差而发为和，这是动中之静。因为敬的工夫能贯彻动静、彻上彻下，所以无论动静语默，心都为主宰，朱子认为这种彻上彻下的方法是圣学所传，可见持敬在朱子工夫思想中的地位。朱子认为如果能明白持敬是彻上彻下之道，则未发已发的境界都可以一言以蔽之。

三 存养先于察识

对于涵养与察识的关系，朱子在1169年《与林择之书》① 中已经对张栻先察识后涵养的观点进行批评，强调未发前涵养一段工夫的重要性。次年在《答张钦夫》中，更明确地对张栻先察识后涵养之说进行讨论，明确提出了涵养先于察识的观点。

> 又如所谓"学者先须察识端倪之发，然后可加存养之功"，则熹于此不能无疑。盖发处固当察识，但人自有未发时，此处便合存养，岂可必待发而后察、察而后存耶？且从初不曾存养，便欲随事察识，窃恐浩浩茫茫，无下手处，而毫厘之差，千里之缪，将有不可胜言者。……且如洒扫应对进退，此存养之事也，不知学者将先于此而后察之耶？抑将先察识而后存养也？以此观之，则用力之先后判然可观矣。②

由引文可见，朱子从三个层面反驳了张栻先察识后涵养的工夫路径。首先朱子提出在已发处固然需要察识，但人自然有未发的时候，在未发时就需要存养，不能等到已发后再察识，察识后再存养。其次，朱子提出如果不先在未发前存养，就想遇事时随事察识，则察识工夫可能会过于空泛茫然，无下手处。最后，朱子认为像洒扫应对进

---

① （宋）朱熹著，朱杰人、严佐之、刘永翔主编：《答林择之》，《朱子全书》，第21册，第1965页。1169年。
② （宋）朱熹著，朱杰人、严佐之、刘永翔主编：《答张钦夫》，《朱子全书》，第21册，第1420页。1170年。

退这种小学阶段的工夫，也都属于存养的工夫，当然是先做小学工夫再做察识工夫了。由此，朱子确立了存养先于察识的基本观点。

第三节 心主性情

朱子在"中和新说"时期已经确立了以未发已发区分性情的基本观点，1171 年朱子作《尽心说》《胡子知言疑义》，1172 年在《答胡伯逢》《答胡广仲》等书信中又集中对胡宏的心性观点进行辨析，提出了心主性情的说法，落实了情的地位，也凸显了心兼性情的地位。在这一阶段，朱子严辨胡宏"天理人欲，同体异用"的说法，确立了性善说的绝对地位，又以天命之性和气禀之性解释了恶的产生。在此基础上，朱子提出克己复礼、尽心须假存养、涵养重于察识等工夫思想，继续说明为涵养工夫的意义做论证。

一 心具理与心主性情

（一）性具于心与心具理

朱子最早在《已发未发说》中提出性具于心的说法，朱子将未发解释为："即是心体流行，寂然不动之处，而天命之性体段具焉。"[1] 同年在《与湖南诸公论中和第一书》中又说："当此之时，即是此心寂然不动之体，而天命之性当体具焉。"[2] 同年在《答张钦夫书》中还说："然方其静也，事物未至，思虑未萌，而一性浑然、道义全具。"[3] 此三处，朱子皆以"性具"来描述未发时性之状态。

---

[1] （宋）朱熹著，朱杰人、严佐之、刘永翔主编：《已发未发说》，《朱子全书》，第 23 册，第 3267 页。1169 年。见束景南《朱熹年谱长编》（上），第 406 页。

[2] （宋）朱熹著，朱杰人、严佐之、刘永翔主编：《与湖南诸公论中和第一书》，《朱子全书》，第 23 册，第 3130 页。1169 年。见陈来《朱子书信编年考证》，第 68 页。

[3] （宋）朱熹著，朱杰人、严佐之、刘永翔主编：《答张钦夫书》，《朱子全书》，第 21 册，第 1419 页。1169 年。见陈来《朱子书信编年考证》，第 60 页。

同年，在《答林择之》中出现了"理具"的说法，他说："恐此亦指未感物而言耳。盖当此之时，此心浑然，天理全具，所谓中者状性之体，正于此见之。"① 可见，朱子此时比较明确用"理具"来描述心未发为中而为性之全体的状态，"理具"与"性具"只是提法不同，实质并无区别，所以在《乐记动静说》中，朱子又说："盖人受天地之中以生，其未感也，纯粹至善，万理具焉，所谓性也。"②

在"理具于心"的基础上，朱子在《尽心说》中明确提出了"心具理"的说法，心的主宰地位进一步凸显，穷理致知成为"尽心"的工夫，《尽心说》成为后来朱子诠释《孟子》"尽心知性"章的雏形。

> 盖天者，理之自然而人之所由以生者也。性者，理之全体，而人之所得以生者也。心则人之所以主于身而具是理者也。天大无外而性禀其全，故人之本心，其体廓然亦无限量，惟其梏于形器之私，滞于闻见之小，是以有所蔽而不尽。人能即事即物，穷究其理，至于一日会贯通彻而无所遗焉，则有以全其本心廓然之体，而吾之所以为性与天之所以为天者，皆不外乎此而一以贯之矣。③

由引文可知，朱子认为，天是理的自然状态，是人生命之所由来。性是理的全体，理落在人身上就是性，是人之得以为人的依据。心则是身体的主宰并且具备理在心中。因为天理无所不包，性又禀受

---

① （宋）朱熹著，朱杰人、严佐之、刘永翔主编：《答林择之》，《朱子全书》，第 22 册，第 1979 页。1169 年。见陈来《朱子书信编年考证》，第 66 页。
② （宋）朱熹著，朱杰人、严佐之、刘永翔主编：《乐记动静说》，《朱子全书》，第 23 册，第 3263 页。1170 年。
③ （宋）朱熹著，朱杰人、严佐之、刘永翔主编：《尽心说》，《朱子全书》，第 23 册，第 3273 页。1171 年。见束景南《朱熹年谱长编》（上），第 450 页。

了天理的全部，所以人之本心的体量从理论上说是广阔无限的，但由于受到每个人形体的不同和后天闻见的影响，导致心之体受到遮蔽而不能全部发挥心之体量。在此，朱子提出了后天因素对心体的影响，为恶的说明做了准备，意义重大。朱子随即提出要使本心之廓然之体恢复成原来之全体，就要在事事物物中做穷理以至于贯通的境界，这个过程就是"尽心"，"尽心"的境界就是"知至"。朱子此处不再强调心之未发而寂然不动的状态，而重在强调本心之全体因为后天的影响而受到遮蔽，所以需要"尽心"，而"尽心"是通过穷理来完成，如此将格物致知的工夫限定在"尽心"的工夫上说。基于尽心与存养的关系，朱子为致知与涵养工夫的关系的提出埋下了伏笔。

（二）心主性情

在《胡子知言疑义》中朱子完成了心、性、情三分的建构，朱子将胡宏的"心以成性"修正为"心主性情"，他说："熹谓'以成性者也'此句可疑。欲作'而统性情也'，如何？栻曰：'统'字亦恐未安，欲作'而主性情'如何？"[1] 朱子本来想以张载的"心统性情"直接取代胡宏"心以成性"的说法，但张栻认为"统"不够稳当，建议改成"心主性情"。朱子采纳了张栻的说法，他说："熹谓所改'主'字极有功，然凡言删改者，亦且是私窃讲贯议论以为当如此耳。"[2] 至于"心主性情"的说法为什么好，朱子说："熹谓论心必兼性情然后语意完备，若疑与所设问不相应，而'者也'二字亦有未安，则熹欲别下语云：'性固天下之大本，而情亦天下之达道也，二者不能相无，而心也者知天地宰万物而主性情者也。'"[3] 朱

---

[1] （宋）朱熹著，朱杰人、严佐之、刘永翔主编：《胡子知言疑义》，《朱子全书》，第24册，第3555页。1171年。
[2] （宋）朱熹著，朱杰人、严佐之、刘永翔主编：《胡子知言疑义》，《朱子全书》，第24册，第3555页。1171年。
[3] （宋）朱熹著，朱杰人、严佐之、刘永翔主编：《胡子知言疑义》，《朱子全书》，第24册，第3555页。1171年。

子认为论心一定要将性与情同时说，语言意思才更加完备，朱子从原来侧重于心与性二者的关系拓展为心、性、情三者的关系，从而使情上升为与心和性并列的地位，说明朱子重视到情的作用，情的地位得到凸显，这是朱子《胡子知言疑义》对心性论发展的进步。在性情关系上，朱子认为性为"天下之大本"，情为"天下之达道"，性情不能分离，因为心以性情为主，朱子将性、情二者皆纳入心的统摄，又凸显了心的地位。

对于心的地位，朱子还以"虚灵知觉"说明心的能力，他说："天地生物，人得其秀而最灵，所谓心者，乃夫虚灵知觉之性，犹耳目之有见闻耳，在天地则通古今而无成坏，在人物则随形气而有始终，知其理一而分殊，则亦何必为是心无死生之说以骇学者之听乎？"① 在此，朱子反对胡宏"心无死生"的说法，他认为人之所以为万物之灵长是因为人心具有"虚灵知觉"的特性，这是每个心都天生具备的能力，就像耳目有闻见的功能是一样的。在天地则为天心，通古今而亘古不变；在人则根据每个人形状，气质的不同而有始终的不同，这是理一而分殊。在此，朱子说明了心的"理一分殊"，心主性情之心是"理一"之心，"虚灵明觉"是心的普遍特性。从《胡子知言疑义》开始，朱子有了"虚灵知觉"的表述，开始从功能义上去解心、去确立心的地位。1172年，朱子在与胡伯逢通信时又对《知言》中"心为已发"的观点做继续的辨析，强调心主性情的观点。

> 《知言疑义》所谓"情亦天下之达道"，此句诚少曲折，然其本意，却自分明。今但改云"情亦所以为天下之达道也"，则语意曲折备矣。盖非喜怒哀乐之发，则无以见其中节与否，非其发而中节，则又何以谓之和哉？心主性情，理亦晓然。今不

---

① （宋）朱熹著，朱杰人、严佐之、刘永翔主编：《胡子知言疑义》，《朱子全书》，第24册，第3559—3560页。1171年。

暇别引证据，但以吾心观之，未发而知觉不昧者，岂非心之主乎性者乎？已发而品节不差者，岂非心之主乎情者乎？心字贯幽明，通上下，无所不在，不可以方体论也。今曰"以情为达道，则不必言心矣"。如此，则是专以心为已发，如向来之说也，然则谓未发时无心可乎？①

由引文可知，朱子对《胡子知言疑义》中"情亦天下之达道"的说法又做了进一步说明，他认为胡广仲将"情亦天下之达道"改为"情亦所以为天下之达道也"语意更加曲折。因为如果没有情之发，则不能见到情是否发为中节，如果没有情发为中节，则没有言和的依据，由此可以看出心包括了性与情两个方面，而不是只包括性。朱子又言不需要引别的证据，从心上看，心未发但知觉不昧这是心以性为主，已发后情发而中节，这是心以情为主，心通贯未发已发，无所不在。朱子认为胡广仲所说的"以情为达道，则不必言心矣"，这是专以心为已发，如此则未发时就没有心的地位了。在《知言疑义》阶段，朱子论辩湖湘学派主要在于落实情的地位而强调心兼性情的心性情结构。

二 性善论与气禀

（一）天命之性不杂人欲

在对胡宏"心无死生"的观点做出辨析后，朱子又对胡宏"性无善恶"的观点做出辨析，针对胡宏"天理人欲，同体异用"的论说，朱子提出应该严辨天理与人欲之别，确立性善论的基础。

熹按：此章亦性无善恶之意，与"好恶性也"一章相类，似恐未安。盖天理莫知其所始，其在人则生而有之矣，人欲者

---

① （宋）朱熹著，朱杰人、严佐之、刘永翔主编：《答胡广仲》，《朱子全书》，第22册，第1901—1902页。1172年。见陈来《朱子书信编年考证》，第98页。

梏于形，杂于气，狃于习乱于情而后有者也。然既有而人莫之辨也，于是乎有同事而异行者焉，有同行而异情者焉，君子不可以不察也。然非有以立乎其本，则二者之几微暧万变，夫孰能别之。今以天理人欲混为一区恐未允当。①

由引文可见，朱子认为"性无善恶"与"好恶性也"两种说法都不妥当，问题都是将性、情混为一谈。朱子认为不知道天理开始的地方在哪里，但是人一出生就有了，而人欲是在出生后由于情被后天之形体、气禀、习惯等因素扰乱而产生的。朱子提出从存在先后来看，天理在先，人欲在后，二者并不是"同体"而产生，并不是"同事而异行"，也不是"同行而异情"。在此，朱子认为性与情不能混淆实际上是确立了性善说的地位，同时朱子又说明了人欲来自后天的影响，如此对天理和人欲做了分辨。接着，朱子又对胡宏"天理人欲，同体异用"进行了反驳。

> 熹再详此论，胡子之言盖欲人于天理中拣别得人欲，又于人欲中便见得天理，其意甚切，然不免有病者。盖既谓之同体，则上面便着人欲两字不得，此是义理本原极精微处，不可少差，试更子细玩索，当见本体实然只一天理，更无人欲，故圣人只说克己复礼，教人实下工夫，去却人欲便是天理，未尝教人求识天理于人欲汨没之中也，若不能实下工夫去却人欲，则虽就此识得，未尝离之，天理亦安所用乎。②

由引文可见，朱子认为胡宏"天理人欲，同体异用"是希望人在天理中拣出人欲，又认为在人欲中可以见得天理，胡宏认为天理中有

---

① （宋）朱熹著，朱杰人、严佐之、刘永翔主编：《胡子知言疑义》，《朱子全书》，第24册，第3556页。1171年。
② （宋）朱熹著，朱杰人、严佐之、刘永翔主编：《胡子知言疑义》，《朱子全书》，第24册，第3557页。1171年。

人欲，人欲中有天理，是将天理人欲混为一个事物。朱子提出天理人欲不能说是同体，本体只有天理而没有人欲。朱子又以孔子言克己复礼为据，认为孔门教人克己复礼就是教人去除人欲便是天理，从来没有教人在人欲的淹没中求识天理，所以克己复礼工夫说明了天理与人欲是彼存我亡，而不是在天理与人欲的混同中拣起天理的工夫，朱子强调如果不能实实在在去除人欲，哪怕识得天理，没有离开人欲的天理也无法发用。次年，朱子对胡宏的"天理人欲"的批评更加严厉，他说："又其甚者，至谓'天理人欲，同体异用'，则是谓本性之中已有此人欲也，尤为害理，不可不察。"① 在此，朱子明确了批评胡宏"天理人欲，同体异用"的原因在于他没有确立人的本性为善的基本立场，认为本性中有人欲是对天理的伤害。在本原处辨天理与人欲，是朱子确立性善说的依据，也是涵养工夫的依据。

（二）气禀之性有善恶

由前文分析可知，朱子批评胡宏天理人欲同体而论，是为性善论确立依据。胡宏认为天理人欲同体，则善恶皆出于性，性无善恶之分，这与儒家性善论的立场相背离，故朱子继续对胡宏的"性无善恶说"和张栻的"好恶性也"两个说法做出辨析，由此朱子提出气禀之性的说法，对恶的产生做了解释。

> 熹按此章即性无善恶之意，若果如此，则性但有好恶而无善恶之别矣。君子好恶以道，是性外有道也，察乎此则天理人欲可知，是天理人欲同时并有，无先后宾主之别也，然则所谓"天生烝民，有物有则。民之秉彝，好是懿德"者，果何谓乎？龟山杨子曰："天命之谓性，人欲非性也。"却是此语直截，而胡子非之，误矣。栻曰："好恶，性也"，此一语无害，但着下

---

① （宋）朱熹著，朱杰人、严佐之、刘永翔主编：《答胡伯逢》，《朱子全书》，第22册，第2152页。1171年。见陈来《朱子书信编年考证》，第100页。

数语则为病矣。"好恶,性也,天理之公也。君子者循其性者也,小人则以人欲乱之而失其则矣。"熹谓好恶固性之所有,然直谓之性则不可,盖好恶物也,好善而恶恶物之则也,有物必有则是"形色,天性也",今欲语性乃举物而遗则恐未得为无害也。①

由引文可见,朱子认为如果真的性没有善恶之别,则无法解释性有好恶之分。朱子认为君子的好恶遵循大道,是性外本来已经存在大道,体察到这一点则可知天理与人欲之分。如果天理人欲同时出现,二者没有先后、主宾之分,则无法解释"天生烝民,有物有则。民之秉彝,好是懿德"这句话。朱子在此赞同龟山以天命之谓性,但人欲非性的说法,认为胡宏批评龟山为非,是错的。由此可见,朱子认为天理一定先于人欲而存在,必是先有了天理,才有了人欲与天理的区别。朱子引用龟山之"天命之谓性,人欲非性"之语来反驳胡宏,可见朱子言性为天理,天理不杂人欲,人欲不可称为性,由此有了"天命之性"与"好恶之性"的区别。朱子接着又对张栻言"好恶,性也"做出辨析,朱子认为言好恶是性没有错,但言好恶之性是天理所共则是不对的,因为天理只能是天命之性,好恶之性不能以天理言,在天命之后才有了好恶之分。

朱子也不赞同张栻"人欲乱之而失性之则"的说法,认为好恶固然是性之所有的内容,但却不能直接以好恶为性,这是对天理人欲之辨的更进一步。朱子又进一步对"天生烝民,有物有则"提出自己的解释,认为"好恶"是"物","好善而恶恶"是"物之则",二者都是"形色,天性",都是在"天命之性"后产生的,所以不能说"好恶性也"是"天命之性",也就不能以"好恶性也"

---

① (宋)朱熹著,朱杰人、严佐之、刘永翔主编:《胡子知言疑义》,《朱子全书》,第24册,第3557—3558页。

来解释与情相对的性。为了区分"好恶性也"与"天命之性"两个不同的性，为了确立"天命之性"的地位，朱子从性情关系出发，而情已发之后才有了善恶之分来说明性有善恶的问题，最终提出了"气禀之性"的概念。

> 《遗书》所谓"善固性也，恶亦不可不谓之性也"，则如之何？譬之水，澄清者其本然者也，而或浑焉，则以夫泥滓之杂也。方其浑也，亦不可不谓之水也。夫专善而无恶者性也，而其动则为情，情之发有正有不正焉，其正者性之常也，而其不正者物欲乱之也，于是而有恶焉，是岂性之本哉。其曰"恶亦不可不谓之性"者，盖言其流如此，而性之本然者亦未尝不在也。故善学者化其浑以澄其初而已。熹详此论性甚善，但明道所谓"恶亦不可不谓之性"，是说气禀之性，观上下文可见。①

由引文可见，在朱子对程氏遗书中"恶亦不可不谓之性"进行了说明，朱子以水喻性，澄清是水本来的面目就如善是性之本然的状态，水变浑浊，是因为泥沙混杂，但水依然是水，就如后天的气禀、习惯杂入性中，而后有了好恶之分，但本性依然是善的。朱子认为性是专善而无恶的，朱子延续了"中和新说"时以未发为性、性之发为情，以静言性、以动言情的思路，提出性之动则发为情，但情有发而为正或不正的状态。正是性的常态，而不正则是受到物欲扰乱后的结果，于是才产生了恶，所以恶并不性的本来的面目。朱子进一步提出恶虽然不是性之本然，但其发于性，所以不能说它不是性，恶属于性的一部分，就像泛滥的洪水是水流不正常的状态，但不能否定洪水不是水，这种性，朱子称其为"气禀之性"。在此，朱子为

---

① （宋）朱熹著，朱杰人、严佐之、刘永翔主编：《胡子知言疑义》，《朱子全书》，第24册，第3558页。1171年。

了将明道"恶亦不可不谓之性"之性与"天命之性"相区别,提出了"气禀之性"的概念,由此就有了"天命之性"与"气禀之性"之分,"天命之性"不杂人欲,是"性之本然",而"气禀之性"则是受到气禀、人欲影响而后有了善恶之分。朱子确立了性善论的基础,又以"气禀之性"回答了恶产生的问题,为涵养和致知的关系提供了依据。在中年时期,朱子的重点还是在于确立涵养工夫的前提地位,对"气禀之性"的问题讨论得比较少,晚年后朱子有了大量讨论。

三 尽心须假存养

朱子从情的角度解释了恶的产生,以"气禀之性"区分了"天命之性",说明朱子对情的问题有进一步的重视,为已发后的工夫的必要性提供了依据。基于朱子对尽心的理解,朱子进一步提出尽心和存性的关系,以存心养性与尽心知性的关系来说明涵养与致知的关系,首次对大学工夫中诚意正心与格物致知关系做了初步说明,从现实的层面言涵养工夫的必要。

> 熹按孟子尽心之意,正谓私意脱落众理贯通,尽得此心无尽之体,而自是扩充则可以即事即物而无不尽其全体之用焉尔。但人虽能尽得此体,然存养不熟,而于事物之间一有所蔽则或有不得尽其用者,故孟子既言尽心知性,又言存心养性,盖欲此体常存,而即事即物各用其极无有不尽云尔。以《大学》之序言之,则尽心知性者,致知格物之事,存心养性者,诚意正心之事,而夭寿不贰修身以俟之者,修身以下之事也,此其次序甚明,皆学者之事也,然程子"尽心知性不假存养,其唯圣人乎"者,盖惟圣人则合下尽得此体,而用处自然无所不尽,中间更不须下存养充扩节次功夫,然程子之意,亦指夫始条理者而为言,非便以尽心二字就功用上说也,今观此书之言尽心,大抵皆就功用上说,又便以为圣人之事窃疑未安,(旧说未明今

别改定如此)……若所谓由尽其心者,则词恐太狭,不见程子所谓不假存养之意。①

由引文可见,朱子在此延续了《尽心说》中以尽心为"致知"的理解,朱子认为尽心就是要达到私意脱落众理贯通的境界,也就是知至。朱子认为尽心之体之由此心之体扩充就可以即事即物而尽心之用,也就是说知至后就能自觉发动道德行动,知而必能行。但是这只是从理论上而言,即对圣人而言可以做到如此自觉。对于现实中的每个人,虽然能尽得此心体,但因为气禀和私欲的影响,如果存养工夫没有做好,则仍然不能尽心之用,不能落实为道德行动,如此朱子为已发后的存养工夫的必要性做了说明。朱子提出孟子既言尽心知性又言存心养性,就是说明尽心不能完成存心养性。朱子又以《大学》中格物致知和诚意正心的工夫次第为依据,认为尽心知性是格物致知的工夫,存心养性是诚意正心的工夫,说明了格物致知后需要做诚意正心的工夫才能完成修身的工夫,证明了存养工夫的必要性。

最后,朱子对程子所言只有圣人的尽心是不需要通过存养工夫的观点做了比较周全的解释,朱子认为只有圣人能尽得心之体就自然能发为其用,即知至就能行,中间不需要做存养的工夫来对心体做进一步扩充。朱子认为程子所言"尽心不假存养"也只是从工夫的开始来说的,即从格物致知的工夫的开始上说,不是从尽心之用的知至的境界上来说的,但是《知言疑义》中的尽心只是从尽心之用的角度说,并将尽心限定于圣人的工夫,恐怕不合适。在这个意义上,朱子说胡宏言"尽心"词义太狭窄,没有体现程子所说尽心不假存养的工夫义。在此,朱子将《孟子》的尽心知性与存心养性与《大学》的格物致知与诚意正心相互贯通,说明了尽心与存心工

---

① (宋)朱熹著,朱杰人、严佐之、刘永翔主编:《胡子知言疑义》,《朱子全书》,第24册,第3555页。1171年。

夫不可分离，也说明了格物致知之后做诚意正心工夫的必要性。由此确定，朱子将诚意正心纳入存养工夫之中，格物致知后还需要诚意正心才能完成修身以下的工夫，说明了已发后涵养工夫是贯通知行的桥梁。

四 持养重于体察

对于涵养和察识的关系，朱子于 1170 年《答张钦夫》中便已明确提出涵养落实于未发而先于察识，在《胡子知言疑义》中，朱子又提出求放心先于察识的说法，明确涵养重于省察的地位。

> 熹按："欲为仁必先识仁之体"，此语大可疑。观孔子答门人问为仁者多矣，不过以求仁之方告之，使之从事于此而自得焉尔，初不必使先识仁体也，又以"放心求心"之问甚切，而所答者反若支离，夫心操存舍亡间不容息，知其放而求之则心在是矣。今于已放之心不可操，而复存者置不复问，乃俟异时见其发于他处，而后从而操之则夫未见之间，此心遂成间断无复有用功处，及其见而操之，则所操者亦发用之一端耳。……熹谓二者诚不可偏废，然圣门之教详于持养而略于体察，与此章之意正相反，学者审之则其得失可见矣。①

由引文可知，朱子认为张栻"为仁先识仁体"的说法有很大问题，朱子提出孔子答门人问为仁都是告知以为仁的方法，在为仁的工夫实践中自己达到仁的境界，而不是先去识仁体。"求放心"作为操存涵养的工夫，在未发前就要落实，如果以已放之心去求放心则工夫就支离了。所以敬才是孔门为仁之方，而不是先"识仁体"，他说："栻曰：必待识仁之体而后可以为仁，不知如何而可以识也？学者致

---

① （宋）朱熹著，朱杰人、严佐之、刘永翔主编：《胡子知言疑义》，《朱子全书》，第 24 册，第 3561—3562 页。1171 年。

为仁之功,则仁之体可得而见,识其体矣,则其为益有所施而亡穷矣,然则答为仁之问,宜莫若敬而已矣。"① 朱子将敬作为为仁之方,强调操存涵养工夫不容间断。

所以朱子认为湖湘学派先察识后涵养的工夫路径是有问题的,如果在已发后才落实涵养工夫,则所涵养的不是心之全体,只是涵养了心发用后的一端。朱子实际上已经有心之未发是为心之全体的意思在,如果能在未发前落实涵养,则能涵养本原,保存心之全体,这是涵养先于察识的原因。在此,朱子对心的理解与《与湖南诸公论中和第一书》相比更进了一步,至《仁说》时,则对心之全体就有了更系统的表述。最后,朱子提出虽然说涵养与察识二者不可偏废,但从孔门教人做工夫来看,是教人持养更详细,而教人体察更简略,可以看出孔门教人做工夫实际上是偏重涵养,可以看出"新说"时期朱子对涵养工夫的强调。

综上所述,在《知言疑义》阶段,朱子落实了情的地位,确立了心主性情的心性情三分的架构,确立了心的主体地位。在此阶段,朱子从工夫论上落实了涵养于未发的基本工夫思想,确立了"涵养须用敬,进学在致知"的基本工夫进路,提出了涵养先于察识、涵养重于察识、尽心不离存养等基本工夫观点,由此在心性论和工夫论上都与湖湘学派进行了区别。由此可见,这一阶段在朱子思想中的意义,对此陈来曾指出:"从己丑之悟以后到仁说之辨以前,朱熹心性论有突出意义的进展在于确立了情在他的心性哲学的地位,从而他的心性论的基本思想也逐步形成,这些思想包括:性即是理,心为知觉,心具众理,心主于身。心为变化感通之全体,其理为性,其用为情。心主乎性而宰乎情,故心统性情,心主性情。性情相为体用,情之未发为性,性之已发为情,心通动静、贯性情。"② 正是

---

① (宋)朱熹著,朱杰人、严佐之、刘永翔主编:《胡子知言疑义》,《朱子全书》,第 24 册,第 3561 页。1171 年。
② 陈来:《朱子哲学研究》,第 188—189 页。

在这一阶段，朱子的心性论建构基本完整，由此朱子关于涵养工夫的基本立场得以确立。

第四节 心、性、情的辨析

在"中和新说"和《胡子知言疑义》后朱子心性论基本确立，朱子又于1172年（43岁）作《克斋记》，在此基础上修改成《仁说》，进一步对心性论做了完善。在《仁说》中，朱子对心与性、性与情做了更为细致的分辨，并于1172年至1174年围绕《仁说》与张栻、胡伯逢等做了大量讨论，其中最主要是围绕仁的理解与张栻展开论辩，其主旨是一方面言性情之辨，另一方面是言性情相通，最终确立了以仁为心之本体、性体的地位，由此朱子在工夫论上朱子开始重视克己复礼工夫，将克己复礼纳入涵养工夫之内。《仁说》后朱子继续与张栻围绕情与欲的辨析展开讨论，并在《观心说》中确立了一心为主宰的地位，由此也标志朱子与湖湘学派论辩的结束，也表明朱子在46岁前心性论和涵养工夫地位的确立的完成。

一 心与性的辨析

（一）以仁为心至仁为心之德

1172年，朱子43岁作《克斋记》，朱子在开篇就以天地生物之心释仁，以仁之体用言心之体用。

> 盖仁也者，天地所以生物之心，而人物之所得以为心者也。惟其得夫天地生物之心以为心，是以未发之前，四德具焉，曰仁、义、礼、智，而仁无不统。已发之际，四端著焉，曰恻隐、羞恶、辞让、是非，而恻隐之心无所不通。此仁之体用所以涵

育浑全，周流贯彻，专一心之妙，而为众善之长也。①

由引文可见，朱子以人物得天地之心以为心释仁，将心与仁等同②，朱子在此明确以心言未发已发，未发以前四德皆具而为仁之体，发为四端而为仁之用，说未发之前，四德具焉，为心之体，已发后四端而为心之用，仁之体用与心之体用在此是一个意思，心贯彻未发已发，是心之"妙"的体现。正因为人心有此"妙"之能力，所以心才成为"众善之长"，成为主宰。之后朱子《仁说》完成，其中仍是延续《克斋记》中"仁体情用"的思想，但对心与仁的关系的表述有了变化。

天地以生物为心者也，而人物之生，又各得夫天地之心以为心者也。故语心之德，虽其总摄贯通无所不备，然一言以蔽之，则曰仁而已矣。请试详之。盖天地之心，其德有四，曰元亨利贞，而元无不统。其运行焉，则为春夏秋冬之序，而春生之气无所不通。故人之为心，其德亦有四，曰仁义礼智，而仁无不包。其发用焉，则为爱恭宜别之情，而恻隐之心无所不贯。故论天地之心者，则曰乾元、坤元，则四德之体用不待悉数而足。论人心之妙者，则曰："仁，人心也。"则四德之体用亦不待遍举而该。盖仁之为道，乃天地生物之心，即物而在，情之未发而此体已具，情之既发而其用不穷，诚能体而存之，则众善之源、百行之本，莫不在是。③

---

① （宋）朱熹著，朱杰人、严佐之、刘永翔主编：《克斋记》，《朱子全书》，第24册，第3709页。1172年。见束景南《朱熹年谱长编》（上），第478页。

② 此心并不是实体意义上的心，而是"天心"，即"天命之性"，不是现实意义中的"心"的概念，牟宗三将此"心"释为"虚说的心"，此"虚说"的意义在《仁说》一以贯之。详见牟宗三《心体与性体》（下），第216页。

③ （宋）朱熹著，朱杰人、严佐之、刘永翔主编：《仁说》，《朱子全书》，第24册，第3279—3280页。1172年。见束景南《朱熹年谱长编》（上），第475页。

由引文可见，朱子在《仁说》中详细阐述了仁与心的关系，朱子以人心比附天地之心，朱子在此不将人物各得天地之心以为心直接等同于仁，而是将仁明确为"心之德"。朱子以仁为心之德，心包含四德之体用，心不能直接等同于仁，如此说明朱子《仁说》比《克斋记》更注重仁与心的区别。朱子在同年《答何叔京》中也明确说："熹所谓'仁者天地生物之心而人物之所得以为心'，此虽出于一时之臆见，然窃自谓正发明得天人无间断处稍似精密。若看得破，则见'仁'字与'心'字浑然一体之中自有分别，毫厘有辨之际却不破碎，恐非如来教所疑也。"① 可见，朱子虽以仁与心为浑然一体，但还是将心与仁做了细微的分别，以心之德言仁，心除了仁之外，还有别的东西，心是复杂的，而仁是纯粹的。朱子从《克斋记》到《仁说》的变化在其思想中占有重要的地位，陈荣捷先生曾说："仁说一文，经过若干年之讨论，三更四改，然后成编，后复润色，总经十有余年，且为之图。显然于朱子心目中比太极、中和、王霸等论，更为重要。"②

（二）心之体用通贯性情

朱子在《仁说》中以人心比附"天地之心"，将仁、义、礼、智作为人心之四德来比附元亨利贞，提出"仁包四德"的观点。朱子进一步提出人心有四德，四德发而为情，人心该遍四德之体用而为心之"妙"。朱子最后又说"为仁之道"是将此天地生物之心即事即物，使情之未发时仁之体已具，情之已发时仁之用不穷，如果能存此心之四德，则善之源、行之本则没有不在的。朱子在此明确了情之未发为四德，为心之体，四德发而为情，为心之用的思想。朱子从四德与四端、情之未发已发、仁（心）之体用等方面区分了性与情，使性情的脉络更进一步清晰化。然而要注意的是，此时朱

---

① （宋）朱熹著，朱杰人、严佐之、刘永翔主编：《答何叔京》，《朱子全书》，第 22 册，第 1829 页。1172 年。见陈来《朱子书信编年考证》，第 96 页。

② 陈荣捷：《朱学论集》，台北：台湾学生书局 1982 年版，第 38 页。

子未发已发和体用的说法与"中和新说"时有了变化。一方面，朱子延续"中和新说"以来从未发已发上区分性情的说法，但朱子此时对未发已发的表述不再继续《与湖南诸公论中和第一书》中的"喜怒哀乐之性发"与"喜怒哀乐之未发"①的说法，而是将"喜怒哀乐之性发"之"性"去掉，将未发与已发明确为"情之未发与情之发"，并与心之未发已发相呼应，这样就将"喜怒哀乐"更加明确到情的归属，使性情之辨更加清晰，突出了《仁说》中性情之辨的主旨。此外，还需要注意的是朱子在此时言未发已发有心与性情两个不同的表述，但与《与湖南诸公论中和第一书》从心和性情两个层面言未发已发是不同的，因为在《仁说》中心之未发已发与性情之未发已发意思一样，朱子说"心之发为情"即等于"情之既发"；"心之未发"即等于"情之未发"，这是因为在《克斋记》《仁说》《答张钦夫论仁说》中朱子皆以"天地之心"释仁，心即仁，情之未发即性。朱子后来又更明确地说："喜怒哀乐之未发，即寂然不动者是也，即此为天地之心，即此为天地之本。"②可见朱子在《仁说》阶段只是从"情之未发为性，性之已发为情"来说未发已发，如此未发已发和性情的关系就更明确清晰了。

另一方面，朱子延续"中和新说"时以体用关系区分性情，在《仁说》中则是从心与性两个层面言体用，朱子先言四德之体用、仁之体用，又将天地之心与仁等同，以心之体用言情之未发已发。因为"天地之性"与仁同，所以"心之体用"实质上是"性为体，情为性之用"。所以，虽然朱子在《仁说》中有"性为体，情为性之用"与"性为心之体，情为心之用"两种表述，但实质上是将心与性等同，所以朱子也将四德之体用与心之体用等同，故朱子在《仁说》中说"人心遍该四德之体用"，是继承了《胡子知言疑义》中

---

① （宋）朱熹著，朱杰人、严佐之、刘永翔主编：《与湖南诸公论中和第一书》，《朱子全书》，第 23 册，第 3130 页。1169 年。

② （宋）朱熹著，朱杰人、严佐之、刘永翔主编：《答廖子晦》，《朱子全书》，第 22 册，第 2084 页。1174 年。见陈来《朱子书信编年考证》，第 129 页。

"心主性情"的思想,但主要是为了将心之体用通贯性情,以心之体用合性之体用。同年,朱子又说:"性情一物,其所以分,只为未发已发之不同耳。若不以未发已发分之,则何者为性、何者为情耶?仁无不统,故恻隐无不通,此正是体用不相离之妙。若仁无不统而恻隐有不通,则体大用小、体圆用偏矣。"① 如此可见,朱子在《仁说》时期仁是与心等同,此"心"即"天地之心",人心也是天地之心落在人身上而言,如"未发为性,已发为情","性为体,情为性之用",都可以统到心来说,心之体用通贯性情是《仁说》时期心、性、情关系的基本观点。

(三)不以善(心)为已发

在《仁说》中朱子首先以未发已发、体用的区别明确了性情关系,接着又以对未发之性的强调确立了自己的性善论。朱子说:"盖仁之为道,乃天地生物之心,即物而在,情之未发而此体已具,情之既发而其用不穷,诚能体而存之,则众善之源、百行之本,莫不在是。"② 朱子提出"为仁"的方法是将天地生物之心即事即物而在,如果能使此仁体与事物同在,在情之未发时仁体具于心而为善,情之已发时亦能发为善,这句话突出了朱子对"天地之心"的重视,此"天地之心"就是未发之性,朱子认为性是善之源,性为未发之善,"以善言性"是朱子性善论的依据。同年,朱子在《答张钦夫》"论仁说"中就质疑张南轩"以善为已发",而没有认识到性是未发之善的问题。

> 熹详味此言,恐说"仁"字不著。而以义礼智与不忍之心均为发见,恐亦未安。盖人生而静,四德具焉,曰仁曰义曰礼

---

① (宋)朱熹著,朱杰人、严佐之、刘永翔主编:《答何叔京》,《朱子全书》,第 22 册,第 1830 页。1172 年。
② (宋)朱熹著,朱杰人、严佐之、刘永翔主编:《仁说》,《朱子全书》,第 23 册,第 3280 页。1172 年。

曰智，皆根于心而未发，所谓"理也，性之德也"。及其发见，则仁者恻隐，义者羞恶，礼者恭敬，智者是非，各因其体以见其本，所谓"情也，性之发也"。是皆人性之所以为善者也。但仁乃天地生物之心而在人者，故特为众善之长，虽列于四者之目，而四者不能外焉。①

由引文可见，朱子反对张钦夫"以仁为已发"，朱子认为人刚出生为静的状态时已具备仁义礼智四德，此四德根于心而未发，四德是理，是性之德，等到已发时，四德便发为四端，可从四端之善中看到四德此善之本源，这就是所说的情是性之发。朱子认为从"情是性之发"中可以看到人性之所以为善的原因，这就是"乃若其情，可以为善"。而仁就是天地生物之心，所以仁能为众善之长，虽然性有仁义礼智的条目之分，但此四性都不在仁之外。由此可见，朱子一方面以未发已发进行性情之辨，另一方面又以性情血脉相通来说明性善论。虽然此时朱子未作《孟子集注》，但实质上已经形成了对《孟子》的"乃若其情，则可以为善矣"诠释的基本观点。朱子说："情者，性之动也。人之情，本但可以为善而不可以为恶，则性之本善可知矣。"② 朱子在此指出张栻是因为没有看到"情为性之发"，所以对"未发"不够重视。基于这种认识，朱子进一步质疑《知言》中"善为已发"的说法。

> 《知言》之书，用意深远，析理精微，岂末学所敢轻议？……但鄙意终有未释然者……盖孟子所谓性善者，以其本体言之，仁义礼智之未发者是也。所谓"可以为善"者，以其用处言之，四端之情发而中节者是也。盖性之与情，虽有未发

---

① （宋）朱熹著，朱杰人、严佐之、刘永翔主编：《答张钦夫论仁说》，《朱子全书》，第21册，第1409—1410页。1172年。见陈来《朱子书信编年考证》，第94页。
② （宋）朱熹：《四书章句集注》，中华书局1983年版，第328页。1177年。

已发之不同，然其所谓善者，则血脉贯通，初未尝有不同也。此孟子道性善之本意，伊洛诸君子之所传而未之有改者也。《知言》固非以性为不善者，窃原其意，盖欲极其高远以言性，而不知名言之失，反陷性于摇荡恣睢、驳杂不纯之地也。所谓极其高远以言性者，以性为未发，以善为已发，而惟恐夫已发者之混夫未发者也。所谓名言之失者，不察乎至善之本然而概谓善为已发也。所谓反陷性于摇荡恣睢、驳杂不纯之地者，既于未发之前除却善字，即此性字便无着实道理，只成一个空虚底物，随善随恶，无所不为。①

"性善之善，不与恶对"，此本龟山所闻于浮屠常总者，宛转说来，似亦无病。然谓性之为善未有恶之可对则可，谓终无对则不可。盖性一而已，既曰无有不善，则此性之中无复有恶与善为对，亦不待言而可知矣。若乃善之所以得名，是乃对恶而言，其曰"性善"，是乃所以别天理于人欲也。②

由引文可见，朱子认为孟子所说的"性善"从性之未发而言，"为善"则从性之用而言，四端之情发而中节称"为善"。朱子在此强调性与情虽有未发已发的不同，但是二者在善的意义上血脉相通，本无不同。朱子认为性情本善是孟子言"性善"的本义，而二程并未改变孟子的"性善说"。《知言》的主旨"不以善恶言性"有三个弊端：一是将性言之过高，以性为未发，以善为已发，可能会使已发之情混入未发之性，使性情无法分辨；二是将善皆列为已发，而不以善言性，是不知性是善之本然，如此名性有失妥当；三是不知未发之前性为善，如此则性中没有实理，成为空虚，如果性随善随恶，杂而不纯，就不能成为善之本原，成为善之依据。所以朱子认

---

① （宋）朱熹著，朱杰人、严佐之、刘永翔主编：《答胡伯逢》，《朱子全书》，第22册，第2150—2051页。1172年。
② （宋）朱熹著，朱杰人、严佐之、刘永翔主编：《答胡广仲》，《朱子全书》，第22册，第1902页。1172年。

为湖湘学派"好恶性也"之说,皆是告子之性,而非孟子之所言之性。朱子在此反对《知言》中的"善为已发"实际上与此前《胡子知言疑义》中质疑胡五峰以心为已发,在工夫上失了"未发时一段涵养工夫"是相互呼应的。朱子认为胡宏以善恶言性,而认善为已发,不知善是性之本然,从而失了孟子言性善之本义。朱子此处重在强调性情相通的关系是为了说明其与孟子言性善思想相符,并为二程性善论正名。

二 性与情的辨析

朱子在《仁说》中继续性情之辨,在以"心之德"释仁的基础上又提出"以爱之理名仁",形成以"心之德,爱之理"两个方面释仁的架构,成为朱子释仁的经典表述。朱子说:"程子之所诃,以爱之发而名仁者也。吾之所论,以爱之理而名仁者也。盖所谓情性者,虽其分域之不同,然其脉络之通,各有攸属者,则曷尝判然离绝而不相管哉!"① 由此可知,朱子认为二程批评以爱之发名仁,即不能以已发言仁,应以"爱之理"名仁,以"爱之理"名仁一方面区分了仁与爱,另一方面又说明了仁与爱的关联。所以"以爱之理名仁"是朱子言性情之辨同时又贯通性情的表现。朱子在《仁说》中强调性情的血脉相通,强调不可将性情判然离绝,其实是针对二程门人而言的。

> 或曰:程氏之徒,言仁多矣,盖有谓爱非仁,而以万物与我为一为仁之体者矣。亦有谓爱非仁,而以心有知觉释仁之名者矣。今子之言若是,然则彼皆非与?曰彼谓物我为一者,可以见仁之无不爱矣,而非仁之所以为体之真也;彼谓心有知觉者,可以见仁之包乎智矣,而非仁之所以得名之实也。观孔子

---

① (宋)朱熹著,朱杰人、严佐之、刘永翔主编:《仁说》,《朱子全书》,第23册,第3280页。1172年。

> 答子贡博施济众之问，与程子所谓觉不可以训仁者，则可见矣。子尚安得复以此而论仁哉！抑泛言同体者，使人含胡昏缓而无警切之功，其弊或至于认物为己者有之矣；专言知觉者，使人张皇迫躁而无沉潜之味，其弊或至于认欲为理者有之矣。一忘一助，二者盖胥失之，而知觉之云者，于圣门所示乐山能守之气象，尤不相似。①

由上文可见，朱子提出程门后人言仁者多，有人言万物与我为一而为仁之体的，也有人言心有知觉，故以知觉为仁，其实这都是将仁爱相分离、断绝性情关系的表现。朱子进一步指出，将万物与我为一，是认为仁者无不爱，即爱无差等，如此则不是真正的仁之体；而谓心有知觉是因为仁包含了智，知觉是智之用，但知觉并不能足以表达仁的本质，因为仁的本质是"爱之理"，所以程子"不以知觉训仁"。朱子又进一步说，人与万物一体为仁这个观点是泛言同体，存在不分物我、爱无差等的弊端；而不知仁为爱之未发，而以知觉言仁，即专言知觉，专言智之用，而其弊端则是认情为性，认欲为理。简而言之，二者都是不知性情血脉相通而将二者隔绝。

（一）不以万物一体言仁

朱子在《仁说》中虽没有明说持"以万物一体言仁"观点之人是谁，但朱子在同年与张南轩有论仁说多封书信都对"以万物一体为仁""以公言仁"等观点有集中的讨论，由此可知朱子所强调的"不以公言仁"主要针对南轩而发。

> 谨按：程子言仁，本末甚备，今撮其大要，不过数言，盖曰"仁者生之性也，而爱其情也，孝悌其用也""公者所以体仁""犹言克己复礼为仁也"。学者于前三言者可以识仁之名

---

① （宋）朱熹著，朱杰人、严佐之、刘永翔主编：《仁说》，《朱子全书》，第23册，第3280—3281页。1172年。

义，于后一言者可以知其用力之方矣。今不深考其本末指意之所在，但见其分别性情之异，便谓爱之与仁了无干涉；见其以公为近仁，便谓直指仁体最为深切。殊不知仁乃性之德而爱之本，因其性之有仁，是以其情能爱。……如熹之说，则性发为情，情根于性，未有无性之情、无情之性，各为一物而不相管摄。二说得失，此亦可见。非谓"公"之一字便是直指仁体也。……须知仁是本有之性、生物之心，惟公为能体之，非因公而后有也。故曰："公而以人体之，故为仁。……由汉以来，以爱言仁之弊，正为不察性情之辨而遂以情为性尔。"①

朱子引程子以仁性、爱情、"公所以体仁"等观点说明了性与情的关系，他明确指出张栻没有体会程子言仁的深意，故在性情之辨中犯了两个错误，一是虽然区别了性情，但认为仁与爱无关联，将性情隔绝；二是认识到公与仁相近，便直接以公言仁，此是认情为性。所以，朱子进一步指出张南轩之失在于没有看到仁的本质是性之德，是爱之本，因为性中有仁，所以性之情才能发为爱，这是性情血脉相通的表现。朱子最后以"性发为情，情根于性，未有无性之情、无情之性"说明性情的关联。朱子认为如果对性情有如此认识，就能看到南轩言仁之失。朱子最后强调仁是本有之性，公可以体仁，所以公是仁之用，但不能与体等同。除此之外，朱子还指出南轩言"人与万物一体为仁"亦是犯了同样的错误。

> 来教云："夫其所以与天地万物一体者，以夫天地之心之所有是乃生生之蕴，人与物所公共，所谓爱之理也。"熹详此数句，似颇未安。盖仁只是爱之理，人皆有之，然人或不公，则

---

① （宋）朱熹著，朱杰人、严佐之、刘永翔主编：《答张钦夫又论仁说》，《朱子全书》，第21册，第1411—1412页。1172年。见陈来《朱子书信编年考证》，第94页。

于其所当爱者反有所不爱。惟公,则视天地万物皆为一体而无所不爱矣。若爱之理,则是自然本有之理,不必为天地万物同体而后有也。……窃谓莫若将"公"字与"仁"字且各作一字看得分明,然后却看中间两字相近处之为亲切也。若遽混而言之,乃是程子所以诃以公便为仁之失。①

由引文可知,朱子认为张南轩言人与万物一体为仁是不妥当的,他明确提出仁为爱之理,作为理的仁是人人都有的,但作为仁之发的爱则是有差等、有分别的,但是公却是将天地万物视为一体而无所不爱。仁作为爱之理是自然本有之理,是先于天地万物而存在,而不是与万物同体之后才有的,所以公可以体现仁,公是仁之用的结果,但却不能"以公名仁"。若"以公名仁",就是认情为性,不知性情之分,也是将性情隔绝的表现。

(二) 不以觉训仁

由前文分析可知,朱子在《仁说》中反对"以知觉言仁",因为以知觉为仁虽然说明"仁包智"的关系,但忽视了仁是爱之理这一本质内容。同年朱子在与何叔京通信中对"以觉训仁"的批评更为严厉,他说:"知觉言仁,程子已明言其非(见二十四卷)。盖以'知觉'言仁,只说得仁之用,而犹有所未尽,不若'爱'字却说得仁之用平正周遍也。"② 可见,朱子认为"以觉训仁"是将仁之用等同于仁,一方面缺失了仁作为性之体的意义,又没有以爱解释仁之用那么平正周全。同年,朱子在与张钦夫书信中又继续讨论"以觉训仁"的问题,并明确批评持这一观点的胡广仲和谢上蔡。

---

① (宋)朱熹著,朱杰人、严佐之、刘永翔主编:《答张钦夫又论仁说》,《朱子全书》,第21册,第1413—1414页。1172年。

② (宋)朱熹著,朱杰人、严佐之、刘永翔主编:《答何叔京》,《朱子全书》,第22册,第1830页。1172年。

> 广仲引《孟子》"先知先觉"以明上蔡"心有知觉"之说，已自不伦，其谓知此觉此，亦未知指何为说。要之大本既差，勿论可也。……上蔡所谓知觉，正谓知寒暖饱饥之类尔。推而至于酬酢佑神，亦只是此知觉，无别物也，但所用有小大尔。然此亦只是智之发用处，但惟仁者为能兼之，故谓仁者心有知觉则可，谓心有知觉谓之仁则不可。盖仁者心有知觉，乃以仁包四者之用而言，犹云仁者知所羞恶辞让云尔。若曰心有知觉谓之仁，则仁之所以得名，初不为此也。①

由上文可见，朱子此信是针对五峰后人"以知觉训仁"的议论，朱子直接提出胡广仲引《孟子》中"先觉觉后觉"来说明谢上蔡的"心有知觉"是不妥的，因为两者不是同一个"觉"，所以即便《孟子》有言知觉，也无法证明上蔡"以觉训仁"是对的。朱子进一步指出，上蔡的"知觉"是"智之发"，因为"仁包四德"，所以知觉也可以说是"仁之发"。此处朱子明确知觉是仁之发，而仁是未发，所以仁与知觉的关系可以表述为"仁者，心有知觉"，但不可以说"心有知觉就是仁"。在此朱子仍从未发已发之别来区别性情，"以觉训仁"就是混淆未发之仁与已发之知觉的关系。朱子认为"仁者心有知觉"，是从"仁包四德"，所以仁之用包四德之用的角度去说的，但四德之用不可以作为仁的定义，因为仁最初的定义并不是仁之用，而是仁之体，即"爱之理"。综上，朱子明确了"不以觉训仁"的原因，这是朱子针对程门后人言仁之失，对性情之辨的进一步深化。对此，陈来曾总结说："批评以万物一体为仁使人脱离了人的本性及其现实表现，而使仁学失去其内在意义。又批评以知觉言仁可能导致认欲为理而忽略了仁学的规范意义。这两点可以说都是

---

① （宋）朱熹著，朱杰人、严佐之、刘永翔主编：《答张钦夫又论仁说》，《朱子全书》，第 21 册，第 1412—1413 页。1172 年。

针对大程子以下的心学传统而言。"① 如此可见，陈来亦认为朱子"不以万物一体为仁"与"不以觉训仁"是针对程门后人而发，朱子此时对仁已确立了本质义和规范义，这是朱子对心学的警惕。

（三）仁性爱情

由前文可知，朱子以"天地之心"释仁，以仁为心之德，是将仁作为性来说的，仁包四德，四端为四德所发而为情，以此说明了性情关系；朱子又以"爱之理"释仁，以仁爱关系进行性情之辨，又贯通了性情。同年，朱子在与张钦夫论《仁说》中对"以爱名仁"的说法又进行了讨论，从而明确了以程子"仁性爱情"的说法作为性情之辨的经典表述。

> 今欲极言"仁"字，而不本于此，乃概以至善目之，则是但知仁之为善而不知其为善之长也，却于已发见处方下"爱"字，则是但知已发之为爱而不知未发之爱之为仁也。又以不忍之心与义礼智均为发见，则是但知仁之为性而不知义礼智之亦为性也。②

由引文可见，朱子在与张南轩论仁时延续《仁说》中性情之辨的思路，将仁与"天地之心"等同，并质疑张南轩"以善名仁"是不知仁是善之本，而非为善之发。接着朱子又提出爱是仁之发，而仁是爱之未发，如此明确了仁与爱是性与情的关系。朱子进一步批评南轩以四端和四德均为已发，只知仁为性，而不知义、礼、智亦是性，这是朱子第一次明确以仁、义、礼、智为性的表述，而此前常以四德、理、性之德等说法，均未明确说出四德是性。基于以仁为性和对仁爱关系的认识，朱子在下文就直接引程子"仁性爱情"的说法

---

① 陈来：《朱子哲学研究》，第190页。
② （宋）朱熹著，朱杰人、严佐之、刘永翔主编：《答张钦夫论仁说》，《朱子全书》，第21册，第1409—1410页。1172年。

来说明性情关系，继续对南轩以仁、善均为已发的说法做检查。

> 程子之所诃，正谓以爱名仁者。
> 熹按：程子曰："仁，性也，爱，情也，岂可便以爱为仁？"此正谓不可认情为性耳，非谓仁之性不发于爱之情，而爱之情不本于仁之性也。熹前说以爱之发对爱之理而言，正分别性情之异处，其意最为精密。而来谕每以爱名仁见病。①

由引文可见，朱子提出程子反对以爱名仁，并认为程子持仁性爱情之说，故不可以爱为仁，朱子进一步补充说程子强调不可"认情为性"，这不是说"性不发于爱，而爱不本于性"。朱子在此与《仁说》中的观点基本一致，一方面要做性情之辨，另一方面又要看到性情脉络相通。朱子认为以爱之发与爱之理的说法来区分性情最为精密，朱子以爱之理名仁，以爱之发名情，以仁为未发，爱为已发，这些对仁与爱的区分都针对张南轩"以爱名仁"而发。朱子认为张南轩"以爱名仁"就是认情为性，导致性不为纯善，如果"善恶皆为性"则与孟子性善论不相符合。并且，朱子认为这不是张南轩一个人的问题，胡宏也是如此，所以朱子在《仁说》后与胡伯逢通信，信中又引用了程子"仁性爱情"的表述来批评《知言》对性情理解之误，他说："《知言》之书，用意深远，析理精微，岂末学所敢轻议？……但鄙意终有未释然者……以名义言之，仁特爱之未发者而已。程子所谓'仁，性也；爱，情也'。又谓：'仁，性也；孝弟，用也。'此可见矣。"② 可见，朱子性情之辨的核心观点是伊川的"仁性爱情说"，朱子在次年与吕伯恭书信中曾明确表示"仁性爱情说"来自伊川，他说："其实亦只是祖述伊川仁性爱情之说，但剔得

---

① （宋）朱熹著，朱杰人、严佐之、刘永翔主编：《答张钦夫论仁说》，《朱子全书》，第 21 册，第 1410 页。1172 年。
② （宋）朱熹著，朱杰人、严佐之、刘永翔主编：《答胡伯逢》，《朱子全书》，第 22 册，第 2151—2152 页。1172 年。

名义稍分界分、脉络有条理，免得学者枉费心神，胡乱揣摸，唤东作西尔。"①

综上分析可知，朱子在《仁说》中主要以"仁为心之德，爱之理"的基本观点对湖湘学派"以爱名仁"和程颢门下"以万物一体为仁"和"以知觉为仁"的观点做了辨析，朱子认为湖湘学派的不足在于不知"仁是爱之未发"，从而混淆性情；认为程颢后人的不足在于以知觉为仁之用，实际上是认情为性，认欲为情，最终以伊川"仁性爱情"作为性情之辨的核心观点。

（四）克己复理

由前文分析可知，朱子在《仁说》阶段以仁为心之本体，即性，仁的地位得到凸显，克己复礼作为孔子所言的为仁工夫，其重要性也得到凸显，朱子认为与之相应的"为仁"的工夫就是"复其仁体"。对此陈来也曾评论说："（朱子）强调仁学的本质在于克除私欲以复其仁体。"② 这也就是说，因为仁是性、体，所以克己复礼工夫即成为"复仁之体"，这是朱子《仁说》时期言克己复礼思想的关键点。

> 盖仁之为道，乃天地生物之心，即物而在，情之未发而此体已具，情之既发而其用不穷，诚能体而存之，则众善之源、百行之本，莫不在是。此孔门之教所以必使学者汲汲于求仁也。其言有曰："克己复礼为仁。"言能克去己私，复乎天理，则此心之体无不在，而此心之用无不行也。③

由上引文可见，朱子言仁之所以是大道是因为天地生物之心在事事

---

① （宋）朱熹著，朱杰人、严佐之、刘永翔主编：《答吕伯恭》，《朱子全书》，第22册，第1443页。1173年。见陈来《朱子书信编年考证》，第109页。

② 陈来：《朱子哲学研究》，第190页。

③ （宋）朱熹著，朱杰人、严佐之、刘永翔主编：《仁说》，《朱子全书》，第23册，第3280页。1172年。

物物当中存在，情之未发时仁体已具，情之已发时仁之用无穷无尽。朱子认为如果能实实在在将此仁体保存，则善之源、行之本就没有不在的了，正是因为仁是本体，所以孔门教人要努力去求仁。朱子进一步引孔子言"克己复礼为仁"，将克己复礼诠释为"克去己私，复乎天理"。如果能恢复天理，则心之体无不在，心之用无不行。由此可以看出，朱子的"克己复礼为仁"是恢复"仁之体"，"仁之体"是"性体"，即天理，朱子将克己复礼诠释为恢复性体的工夫，并言克己复理后则能存心之体，能行心之用，说明克己复礼就是涵养工夫。所以朱子又说："惟克己复礼，廓然大公，然后此体浑全，此用昭著，动静本末血脉贯通尔。"① 只有克己复礼，恢复性理之全，如此则心之用昭彰，可以看出动静本末的工夫是血脉贯通的。朱子在此言克己复礼工夫对心之体用的作用，可知恢复"性体"工夫的意义。

综上分析可知，朱子《仁说》的完成是与张栻围绕仁进行长期论辩的结果，通过澄清张栻与大程门人言仁的偏失，最终确立了"仁体""性体"的地位。相比于"中和新说"时期，《仁说》时期对性情的分辨更加清晰有条理，通过对性情关系的分析确立了性的地位，从而明确了"复性"和"存性"工夫的重要性，为持敬和克己复礼工夫的确立打下了心性论上的基础。

三 情与欲的分辨与操存一心

（一）情与欲的分辨

在《仁说》后朱子依然与张栻围绕心性情的不同理解做了许多辩论，在《集注》编订的同年朱子又提出应把心之主宰的地位作为情与欲区分的标准，朱子引入对情与欲的问题的讨论，是对心性情之辨的进一步丰富。

---

① （宋）朱熹著，朱杰人、严佐之、刘永翔主编：《答张钦夫又论仁说》，《朱子全书》，第21册，第1411页。1172年。

> 熹谓感于物者心也，其动者情也。情根乎性而宰乎心，心为之宰，则其动也无不中节矣，何人欲之有？惟心不宰而情自动，是以流于人欲而每不得其正也。然则天理人欲之判、中节不中节之分，特在乎心之宰与不宰，而非情能病之，亦已明矣。盖虽曰中节，然是亦情也，但其所以中节者乃心尔。今夫乍见孺子入井，此心之感也；必有怵惕恻隐之心，此情之动也；"内交""要誉""恶其声"，心不宰而情之失其正也。怵惕恻隐乃仁之端，又可以其情之动而遽谓之人欲乎？大抵未感物时，心虽为未发，然苗裔发见却未尝不在动处，必舍是而别求，却恐无下功处也。①

由上引文可见，朱子认为与物发生感通的是心，而后动者是情，情与性的关系是情根于性而由心主宰。如果心为主宰，则情之动无不中节，当心在情之动时失去主宰，则情流于人欲，这就不是情正常的状态。所以天理与人欲、中节与不中节的区别只是在于心有没有居于主宰地位。虽然说中节是情之中节，但情之所以为中节是因为心是情的主宰，所以情才能中节。朱子在此强调四端是性之四端，四端是情，但不直接等于人欲。对于四端，朱子又补充说心与物没有发生感通时，四端已在发动处了，所以四端为情，如果不在四端处做工夫，则工夫恐怕就没有下落的地方。朱子此处对性与情做了区分，又以心之主宰对情与欲也做了区分，说明朱子在《仁说》后心性情理论是进一步发展完善的。同年，朱子与张栻还论及人心与私欲的分别。

> 人心私欲之说，如来教所改字，极善。本语之失，亦是所

---

① （宋）朱熹著，朱杰人、严佐之、刘永翔主编：《问张敬夫》，《朱子全书》，第21册，第1395页。1174年。见陈来《朱子书信编年考证》，第119页。

谓本原未明了之病，非一句一义见不到也。但愚意犹疑向来妄论引"必有事"之语亦未的当，盖舜禹授受之际所以谓人心私欲者，非若众人所谓私欲者也，但微有一毫把捉底意思，则虽云本是道心之发，然终未离人心之境，所谓"动以人则有妄，颜子之有不善，正在此间"者是也。既曰有妄，则非私欲而何？须是都无此意思，自然从容中道，才方纯是道心也。①

由上引文可见，朱子认为张栻"以人心为私欲"，是因为没有认识到"本原"的地位，朱子认为尧舜时期所说的"人心私欲"并非现在众人所说的"私欲"，但还是可以认识到以人心为私欲的原因。虽然说人心本是道心所发，但最终没有离开人心的范围，也就是常说的"如果发动则有妄动可能"，像颜回这样的圣人也有不善的时候，正是这个原因。既然有了妄，那不是私欲是什么呢？必须是没有一丝私欲，自然符合中道，才是纯的道心。在此，朱子区分了道心和人心，也对人欲的来源做了说明，解释了"人心惟危"的原因，为涵养工夫的必要提供了心性论上的依据。

（二）一心为主宰

从"中和新说"到《仁说》，朱子确立了心为主宰的地位，《仁说》之后，朱子继续对心性的问题进行讨论，在与张栻继续论仁中提出了"心具众理"的命题，心的主宰地位在"心具众理"命题中进一步凸显。

> 心具众理，变化感通，生生不穷，故谓之易，此其所以能开物成务而冒天下也。圆神方知变易，二者阙一，则用不妙。用不妙，则心有所蔽而明不遍照。洗心正谓其无蔽而光明耳，非有所加益也。寂然之中，众理必具而无朕可名，其密之谓欤？

---

① （宋）朱熹著，朱杰人、严佐之、刘永翔主编：《答张敬夫》，《朱子全书》，第 21 册，第 1397 页。1174 年。见陈来《朱子书信编年考证》，第 119 页。

> 必有怵惕恻隐之心，此心之宰而情之动也。如此立语，如何？①

此处是朱子第一次完整提出"心具众理"的命题，后在《集注》中对这一命题做了完善成为朱子论心理关系的基本命题。此处朱子言"心具众理"是要强调心具有变化感通的能力，如此心具之理才能生生不穷，才能成为心之妙用。朱子此处提出"洗心"的说法，认为"洗心"是使"具众理之心"不要被遮蔽而为光明，隐约有修正"求中"之误的意思。朱子此时依旧以"寂然"来形容未发，认为心未发时众理具于心，怵惕恻隐是在心的主宰下情的发动。可见，朱子以"心具众理"说明了心有变化感通的能力，明确了心之主宰的地位。同年朱子作《观心说》，针对佛家观心之说阐发，同时也与张栻、吴翌、吕祖俭等湖湘学派继续进行心说论辩。② 从心性论上朱子强调一心为主宰，从工夫上强调"存心"是为持守一心，而非"以心观心"。

> 或问：佛者有观心之说，然乎？曰：夫心者，人之所以主乎身者也，一而不二者也，为主而不为客者也，命物而不命于物者也。故以心观物，则物之理得。今复有物以反观乎心，则是此心之外复有一心而能管乎此心也。然则所谓心者，为一耶，为二耶？为主耶，为客耶？为命物者耶，为命于物者耶？此亦不待校而审其言之谬矣。……夫谓人心之危者，人欲之萌也；道心之微者，天理之奥也。心则一也，以正不正而异其名耳。③

---

① （宋）朱熹著，朱杰人、严佐之、刘永翔主编：《问张敬夫》，《朱子全书》，第21册，第1395页。1174年。见陈来《朱子书信编年考证》，第119页。

② 束景南先生认为："朱熹与湖湘学者及吕祖俭等学者进行心说论辩大约在淳熙元年夏秋之间，吕祖俭、石𡼖、何镐均写心说，而朱熹则作观心说。……十月以后，朱熹不再论辩心说。自此与湖湘学者论战结束，其后朱熹将批判论辩转向浙学与江西陆学。"见束景南《朱熹年谱长编》上，第519页。

③ （宋）朱熹著，朱杰人、严佐之、刘永翔主编：《观心说》，《朱子全书》，第23册，第3278页。1174年。见束景南《朱熹年谱长编》（上），第519页。

由引文可见，朱子认为心是身体的主宰，只有一心而没有二心，一心为主而不为客，主宰外物而不为外物主宰，所以可以说以心观物，不能说以心观心。在此朱子强调涵养工夫是持守本心，而非涵养一心以克治另外一心，也非持守一心而主宰另外一心，由此质疑佛学的"观心说"。对于以物反观于心的观点，朱子反问难道可以在本心之外有另外一心能管住此心吗？朱子又进一步指出，《中庸》所说的人心、道心并非两个心，人心道心是心已发后的状态，人心的危险在于人欲的萌发，而道心的微妙在于天理的奥妙。这也就是说道心、人心是心所可能发为的两个状态，发为道心，则是被天理主宰，而人心则被私欲主导，都是一个心，只是一心发后正与不正的区别，而不是以一心为正，一心为邪，在确定"一心为主宰"的基础上，朱子提出操存涵养是此心自操、自存。

> 夫谓"操而存"者，非以彼操此而存之也；"舍而亡"者，非以彼舍此而亡之也。心而自操，则亡者存；舍而不操，则存者亡耳。然其操之也，亦曰不使旦昼之所为得以梏亡其仁义之良心云尔，非块然兀坐以守其炯然不用之知觉而谓之操存也。若尽心云者，则格物穷理，廓然贯通，而有以极夫心之所具之理也。存心云者，则敬以直内，义以方外，若前所谓精一、操存之道也。故尽其心而可以知性、知天，以其体之不蔽而有以究夫理之自然也。存心而可以养性、事天，以其体之不失而有以顺夫理之自然也。是岂以心尽心，以心存心，如两物之相持而不相舍哉！①

在对"一心"的强调上，朱子进一步提出涵养即涵养此心，而非以

---

① （宋）朱熹著，朱杰人、严佐之、刘永翔主编：《观心说》，《朱子全书》，第23册，第3278—3279页。1174年。

一心涵养另一个心。朱子说"操而存""舍而亡"是指此本心操则存,此本心舍则亡,并不是以一心操存另一心,以一心舍亡另一心。心如果常常操存练习,则失去了也能再存得,如果放弃此心而不去操存练习,则存得的也会失去。朱子强调操存是时时刻刻不丧失自己的良心,并不是像木头一样坐在那里空守自己的明觉之心而不去发用。可见,朱子的操存工夫贯彻未发已发,而不是空守此心之知觉。朱子又进一步指出,尽心知性即格物穷理,是尽知其心中所具之理,存心则是通过敬以直内,就能够义以方外,就是前面所说"精一"、操存的方法。可见,朱子明确以存心为操存涵养,而以尽心为格物穷理。朱子认为存心是不失心之体而顺应天理的自然,而尽心是为了使本体不被遮蔽而探究天理的自然,二者所尽、所存都是一个心,而非两个心相对抗而其中一个心为主宰的结果。在此处,朱子实际上已经指出了无论是操存还是穷理,都是使心为主宰,尽心是去心体之蔽,是通过格物穷理,而存心是使此心之体不失,是通过操存持守。一个是被动,一个是主动,但二者都是在心上做工夫,格物穷理并不是心外的工夫。《观心说》后,朱子在心上做工夫、一心为主宰的说法就确立起来。

第五节 《集注》对心性论的完善

一 心具众理与穷理

"心具众理"的命题是朱子在《仁说》后与张栻继续论仁中提出的命题,后朱子在《集注》中对"心具众理"命题做了更为完整的阐述。

> 心者,人之神明,所以具众理而应万事者也。性则心之所具之理,而天又理之所以出者也。人有是心,莫非全体,然不穷理,则有所蔽而无以尽乎此心之量。故能极其心之全体而无

不尽者，必其能穷夫理而无不知者也。既知其理，则其所从出，亦不外是矣。①

《集注》对尽心的表述承接了之前的《尽心说》，二者都以"心具理"说明了"心之全体廓然无限量"的特点，但《集注》比《尽心说》还是有变化，《尽心说》中"心具是理"转变为《集注》"心具众理"，这看似一个字的变化，却隐含了朱子思想的重大发展。《尽心说》时朱子以天理为始，以"天理—性—心"为顺序，而《集注》时的朱子则以心为始，以"心—性—天理"为顺序。朱子在《尽心说》中以"理为天理，而心具是理"来说明"本心之体无限量"，而《集注》中则转变为"心具众理，理从天出"，"心具众理"作为一个先在的命题被明确提出，心不再需要一个天理限定，心中原本就具理，有心即有理，而若要追寻此理之来源，则来自天，再不是《尽心说》中先有理，而后具于人心。在心、性、理三者的关系中，心的地位得到了很大的提升，心与理的关系更为紧密。所以朱子一开始便说心是"神明"，既具众理又应万事，心不仅存有理还能将理发用而应接万事，体用兼具，心为主宰的地位得到强调。对比朱子"理具于心"与"心具众理"两种提法，"心具众理"说无疑是"理具于心"思想的进一步发展，"理具于心"描述了心未发时为中的一种状态或者结构，而"心具众理"则不仅包含了"理具于心"的结构还突出了心不仅"具众理"，又有"应万事"的能力。如此说明"心具众理"这个命题隐含了"理具于心"与"心能具理"的两个向度，前者是"理具于心"的结构，后者是"心能具理"的能力。

由引文可知，朱子以"神明"释心来说明心有"具众理而应万事"的能力。朱子提出此心所具之理就是性，而此理又是继承天理而来的。并且，此心在每个人身上都具有普遍性，每个人心之本然

---

① （宋）朱熹：《四书章句集注》，第349页。

都为全体。同时，朱子提出虽然此心本然为全体，但如果不做穷理工夫，则心就可能被遮蔽而无法完全发挥心的能力。所以朱子认为能尽心之全体，一定能穷理而知至，也就是说尽心之全体是要通过格物致知完成的，由此尽心便成为穷理后的境界，与知至等同。朱子又说："以《大学》之序言之，知性则物格之谓，尽心则知至之谓也。"① 朱子认为穷理后所知之理，都是从尽此心之全体而来的，都没有超过心具之理的范围，这说明朱子的穷理是基于"心具众理"来完成的。正如朱子在《格物补传》中说："盖人心之灵莫不有知，而天下之物莫不有理，惟于理有未穷，故其知有不尽也。是以大学始教，必使学者即凡天下之物，莫不因其已知之理而益穷之，以求至乎其极。"② 此处"因其已知之理益穷之"说明了穷理不在"心具众理"之外，穷理并不是在心外做工夫，而是穷心中本具之理，如此可知朱子的穷理工夫是在道德的境域中，属于道德义而非知识义。在《集注》阶段朱子以"心具众理"命题说明了理具于心的结构和心应万事的能力，如此涵养工夫即存养此具理之本心，穷理知至，是尽此心之用。如此说明了"心具众理"是穷理的前提，而存心是尽心的前提，同样说明了涵养工夫的根本地位。但是此处需要注意的是，朱子在《集注》阶段以尽心为知至，但晚年后基于对"气禀"的重视，将尽心落到诚意上完成。

二 气禀对才、性的影响

（一）气禀对才的影响

朱子在《集注》中开始提出气禀对才的影响的问题，主要由孟子对才的讨论引申而出，孟子认为人如果为不善，不是才的过错，而是人放失自己良心的缘故。朱子说："才，犹材质，人之能也。人有是性，则有是才，性既善则才亦善。人之为不善，乃物欲陷溺而

---

① （宋）朱熹：《四书章句集注》，第349页。
② （宋）朱熹：《四书章句集注》，第6—7页。

然，非其才之罪也。"① 在此可以看出朱子认为孟子的才是人性中向善的能力。但是如果放失本心，人则不能尽其性，也就不能尽其才，朱子说："言四者之心人所固有，但人自不思而求之耳，所以善恶相去之远，由不思不求而不能扩充以尽其才也。"② 朱子认为孟子的才即每个人都具有的善性。但是伊川对才的解释则引入了气禀的思想。

> 程子曰："性即理也，理则尧舜至于涂人一也。才禀于气，气有清浊，禀其清者为贤，禀其浊者为愚。学而知之，则气无清浊，皆可至于善而复性之本，汤武身之是也。孔子所言下愚不移者，则自暴自弃之人也。"又曰："论性不论气，不备；论气不论性，不明，二之则不是。"张子曰："形而后有气质之性，善反之则天地之性存焉。故气质之性，君子有弗性者焉。"愚按：程子此说才字，与孟子本文小异。盖孟子专指其发于性者言之，故以为才无不善；程子兼指其禀于气者言之，则人之才固有昏明强弱之不同矣，张子所谓气质之性是也。二说虽殊，各有所当，然以事理考之，程子为密。盖气质所禀虽有不善，而不害性之本善；性虽本善，而不可以无省察矫揉之功，学者所当深玩也。③

伊川认为性即理，是每个人都有的，才是禀赋于气而存在的，气有清浊，禀气清则为贤才，禀气浊则为愚，但是通过学而知之，则无论清浊之气，都可以达到善而恢复到性本来的面目。在此，伊川将才落到气禀上说，区分了性与才，并且提出论性不论气，则认识性是不完整的，但如果只论气不论性，则不明白性即天理，本性为善，违背了孟子的性善论。同时，朱子又引用张载言天地之性和气质之

---

① （宋）朱熹：《四书章句集注》，第328页。
② （宋）朱熹：《四书章句集注》，第328页。
③ （宋）朱熹：《四书章句集注》，第329页。

性来说明伊川对性与才的区分。结合伊川与张载的观点，朱子提出孟子的"才"专指发于性而言，所以孟子的"才"是无不善的，程子以气禀言才，则才有昏明强弱的区别，而伊川之"才"就是张载的气质之性。两个人的说法虽然不一样，但从事理上看，伊川的说法更为严密。朱子提出所禀赋的气质虽然有不善的地方，但并不妨碍本性为善，而本性虽然为善，但并不等于可以不用去体察本性之善，这是需要深刻体会的。在此，朱子其实已经形成了气质之性的基本观点，《集注》后朱子对这个问题又做了一次讨论，朱子希望能比较周全地解释伊川对孟子的批评。

> "若伊川云：'自性而有形者谓之心。'某直理会他说不得！以此知是门人记录之误也。若孟子与伊川论才，则皆是。孟子所谓才，止是指本性而言。性之发用无有不善处。如人之有才，事事做得出来。一性之中，万善完备，发将出来便是才也。"又云："恻隐、羞恶，是心也。能恻隐、羞恶者，才也。如伊川论才，却是指气质而言也。气质之性，古人虽不曾说着，考之经典，却有此意。……孔子谓'性相近也，习相远也'。孟子辨告子'生之谓性'，亦是说气质之性。近世被濂溪拈掇出来，而横渠二程始有'气质之性'之说。此伊川论才，所以云有善不善者，盖主此而言也。"①

由引文可知，朱子认为孟子与伊川论才虽然不同，但都是对的。孟子论才是从本性上说，才作为性之发，性之发用无不善，所以才是每个人都具有的为善的能力。而伊川所论之"才"，是从气质之性上说的，朱子认为孟子言恻隐、羞恶是心，认为能恻隐、能羞恶就是才，此处"才"即性中向善的能力。朱子进一步提出伊川论才，只

---

① （宋）黎靖德编，王星贤点校：《朱子语类》，第1385—1386页。周谟录，朱子50岁。

是从气质之性而言的，气质之性这个概念虽然古人没有说，但从经典上看，古人却有这方面的意思。如孔子的"性相近"，告子所说"生之谓性"，都指气质之性，这个概念在近世被周濂溪单独提出来，张载和二程继承周敦颐开始有气质之性的论说。朱子认为伊川言气质之性有善与不善之分，而作为气质之性所发之才，必然也有善恶的可能。朱子为伊川论气质之性寻找合理性依据，但又希望不要与孟子有太大的矛盾。

(二) 气禀对性的影响

《集注》编订前朱子有提出涵养能变化气质的说法，但是没有对气质做详细的讨论，朱子气质之性的认识来自二程与张载，孟子以性言才，伊川以气质之性对才做出解释，朱子又吸收了张载对天命之性与气质之性的区分，形成了自己对气质之性的认识。朱子说："盖气质所禀虽有不善，而不害性之本善；性虽本善，而不可以无省察矫揉之功，学者所当深玩也。"[①] 在此朱子区分了气质之性和本然之性，气质之性有不善，本然之性为善，但本性虽善，不做修养工夫无法成为实然之善。朱子也在《大学章句序》中提出："盖自天降生民，则既莫不与之以仁义礼智之性矣。然其气质之禀或不能齐，是以不能皆有以知其性之所有而全之也。一有聪明睿智能尽其性者出于其间，则天必命之以为亿兆之君师，使之治而教之，以复其性。"[②] 又说："人之德性本无不备，而气质所赋，鲜有不偏，惟圣人全体浑然，阴阳合德，故其中和之气见于容貌之间者如此。"[③] 又说："盖人性虽无不善，而气禀有不同者，故闻道有蚤莫，行道有难易，然能自强不息，则其至一也。"[④] 以上都说明了朱子对天命之性和气质之性的区分，认为天命之性是本然之性，本然为善，因为气

[①] （宋）朱熹：《四书章句集注》，第329页。
[②] （宋）朱熹：《四书章句集注》，第1页。
[③] （宋）朱熹：《四书章句集注》，第101页。
[④] （宋）朱熹：《四书章句集注》，第29页。

质之禀不能齐，所以每个人成德有早晚、有难易之分，但是如果能自强不息，坚持修养工夫，则最终超越气禀的限制，从成德的境界上说都是一样的。

对于孔子言"性相近"，朱子也说："此所谓性，兼气质而言者也。气质之性，固有美恶之不同矣。然以其初而言，则皆不甚相远也。但习于善则善，习于恶则恶，于是始相远耳。程子曰：'此言气质之性。非言性之本也。若言其本，则性即是理，理无不善，孟子之言性善是也。何相近之有哉？'"① 在此，朱子指出了天命之性是每个人都本然为善，但气质之性是善恶的区分，但是可以通过修养工夫来变化气质，如果习于善就为善，习于恶就为恶，如此每个人的气质之性有了区分。朱子引程子言性，认为气质之性与本然之性不同，如果言性之本然，则性即理，理无不善，这是孟子所言之性。除了天命之性即本然之性与气质之性的区别，朱子还以理气的关系区别了气质之性和"生之谓性"。

> 愚按：性者，人之所得于天之理也；生者，人之所得于天之气也。性，形而上者也；气，形而下者也。人物之生，莫不有是性，亦莫不有是气。然以气言之，则知觉运动，人与物若不异也；以理言之，则仁义礼智之禀岂物之所得而全哉？此人之性所以无不善，而为万物之灵也。告子不知性之为理，而以所谓气者当之，是以杞柳湍水之喻，食色无善无不善之说，纵横缪戾，纷纭舛错，而此章之误乃其本根。所以然者，盖徒知知觉运动之蠢然者，人与物同；而不知仁义礼智之粹然者，人与物异也。孟子以是折之，其义精矣。②

朱子认为性是人得于天理，这就是天命之性，而"生"是人所得于

---

① （宋）朱熹：《四书章句集注》，第175—176页。
② （宋）朱熹：《四书章句集注》，第326页。

天之气的。性是形而上，气是形而下，人与物的产生，都有各自的性，也有各自的气。如果从气的角度上说，则知觉运动，人与物是一样的。但如果从理的角度上看，人禀赋仁义礼智四性为全，而物没有，这是人性之所以纯善无恶，而为万物之灵的原因。朱子进一步批评告子"生之谓性"的观点，认为告子不知性就是天理，而只以气言性，所以做了杞柳湍水的比喻，其言食色性也、性无善无不善都是错的。告子只知道人与物都有知觉运动，但不知仁义礼智四性是人与物的区别。在此，朱子说明了性包含天命之性和气质之性两层含义，不能只以气言性，程子说："论性不论气，不备；论气不论性，不明。"① 前者指孟子，后者指告子，朱子虽未指出孟子言性不备，但告子只"以生之谓性"言性，显然没有以天命之性作为性的第一义。

朱子在《集注》时期提出天命之性与气质之性的区别，考虑到气质之禀对人性的影响，是《仁说》后心性论的进一步完善的表现，也为《集注》后朱子对穷理工夫的重视，并为与陆学论辩确立了心性论基础。但是朱子在《集注》阶段对气禀的讨论还是比较有限的，局限于形气之上，还没有从心性结构去分析气禀的影响，对此，朱子晚年会有进一步讨论。

---

① （宋）朱熹：《四书章句集注》，第 329 页。

第 二 章

中年涵养工夫的落实与架构

第一节 涵养工夫的落实

一 涵养本原

"涵养本原"的说法在朱子"中和新说"前就已提出，1160年，朱子在与程钦国（后更字允夫）通信中就已提出，他说："讲学近见延平李先生，始略窥门户。而疾病乘之，未知终得从事于斯否耳。大概此事以涵养本原为先，讲论经旨特以辅此而已。"① 朱子说其见到延平后才开始大致窥探圣学的门户，按他当时的理解，应该以涵养本原为先，而讲论读书只是辅助的工夫。此时朱子并没有解释本原是什么，但从朱子言涵养本原为先可知本原是性之全体之义。当时朱子并未对本原做心性论上的解释，后来在"中和新说"时期，朱子与张栻论涵养与察识二者孰先孰后的问题，朱子认为湖湘学派不重涵养，欠缺未发前涵养一段工夫，即批评其不重涵养本原。本原即本性，与"性之全体""心之全体""本心"同义，并非

---

① （宋）朱熹著，朱杰人、严佐之、刘永翔主编：《答程允夫》，《朱子全书》，第25册，第4879页。1160年。见陈来《朱子书信编年考证》，第21页。

实体义的宇宙论。① 基于对本原为未发前性之全体的理解，朱子言涵养本原侧重于未发前涵养，所以基本上针对湖湘学派而发。朱子对张敬夫说："熹幸从游之久，窃觑所存，大抵庄重沉密气象有所未足，以故所发多暴露而少含蓄，此殆涵养本原之功未至而然。"② 同年，朱子又对范伯崇说："钦夫日前议论伤快，无涵养本原功夫，终是觉得应事匆匆。熹亦近方觉此病不是小事也。伯恭讲论甚好……不如敛藏持养。"③

朱子强调未发前涵养工夫的重要性在于未发前性为全体，所以涵养于未发即涵养本原。朱子认为张栻因为工夫从已发后下手，则缺少了含蓄收敛的工夫，即涵养本原的工夫，所以朱子认为张栻将工夫说得太快，应事也匆忙，所以工夫气象看起来不够庄重沉密。朱子认为相比于察识，还是敛藏持养本原最好。朱子又说："熹常谓天下万事有大根本，而每事之中又各有要切处。所谓大根本者，固无出于人主之心术，而所谓要切处者，则必大本既立，然后可推而见也。"④ 朱子将涵养工夫列为本原、本根、大本的地位，就是因为涵养本原是涵养未发之心之全体，使本心为主宰的工夫，涵养本原保证了心之主宰的地位，就保证了心在发用后也能为身之主宰。所

---

① 陈来认为朱子此时所提的"仁体""本源全体"都不仅是心的范围，已经扩大到宇宙论的实体范围，他说："朱子在这里就心体而识仁体的问题上，提到了'本源全体'与天同大，此'本源全体'既指心体，也指仁体。固然，朱子认为心体涵养得纯粹清明，便可扩而充之，达到与仁体同大，其中需要的积累工夫是很深厚的；但无论如何，本源全体不能限于一心，'本源全体'自有其宇宙论、本体论的意义，人们对于本源全体的认识是以此全体本体的本然自在为前提的。"见陈来《仁学本体论》，生活·读书·新知三联书店2014年版，第179页。文本有"本原"和"本源"两个说法，但言"本原"更多，故本书统一为"本原"。

② （宋）朱熹著，朱杰人、严佐之、刘永翔主编：《答张敬夫》，《朱子全书》，第21册，第1109页。1170年。见陈来《朱子书信编年考证》，第71页。

③ （宋）朱熹著，朱杰人、严佐之、刘永翔主编：《答范伯崇》，《朱子全书》，第22册，第1786页。1170年。见陈来《朱子书信编年考证》，第76页。

④ （宋）朱熹著，朱杰人、严佐之、刘永翔主编：《答张敬夫》，《朱子全书》，第21册，第1112—1113页。1170年。

以朱子说:"本源全体未尝有一日涵养之功,便'扩而充之,与天同大'愚窃恐其无是理也。"① 朱子认为涵养本原,保持了心之未发时为性体之全的状态,如此则已发工夫一定可以"扩而充之",而如果察识后再去涵养,则不是涵养本原,而是涵养心之一端。所以,朱子批评湖湘学派不重视未发前涵养一段工夫的严重性时,就说他们没有注意到涵养本原的重要性,这是工夫根本的问题,1174 年,朱子对吴晦叔说:"'人心私欲'之说,如来教所改字,极善。本语之失,亦是所谓本源未明了之病,非一句一义上见不到也。"② 同年对张栻也说:"人心私欲之说,如来教所改字,极善。本语之失,亦是所谓本原未明了之病,非一句一义见不到也。"③ 对程允夫也说了同样的话:"此是本原上一大病,非一词一义之失也。"④ 涵养本原,是使本心光明,这在朱子这里是工夫的前提,而湖湘学派不重未发前涵养一段工夫的重要性,即不重涵养本原,不是词义之失,是根本的错误。朱子进入中晚年后继续以本原处辨天理人欲的观点强调涵养本原的重要性,但转向对浙中学者功利之学的批评。

二 涵养与变化气质

涵养本原的大量阐述是朱子对未发涵养工夫重视的体现,按照朱子的理解,如果能在未发前涵养好本原,则本体就能扩而充之,已发后心就能为主宰,这是未发工夫对已发后工夫的意义所在。但是,朱子对涵养工夫的落实并未在此处停止,朱子还从气禀的问题对涵养工夫进行了落实。朱子认为气禀是影响成德的主要因素,必

---

① (宋)朱熹著,朱杰人、严佐之、刘永翔主编:《胡子知言疑义》,《朱子全书》,第 24 册,第 3561—3562 页。1171 年。
② (宋)朱熹著,朱杰人、严佐之、刘永翔主编:《答吴晦叔》,《朱子全书》,第 22 册,第 1918 页。1174 年。见陈来《朱子书信编年考证》,第 125 页。
③ (宋)朱熹著,朱杰人、严佐之、刘永翔主编:《答张敬夫》,《朱子全书》,第 21 册,第 1397 页。1174 年。见陈来《朱子书信编年考证》,第 119 页。
④ (宋)朱熹著,朱杰人、严佐之、刘永翔主编:《答程允夫》,《朱子全书》,第 21 册,第 1890 页。1174 年。见陈来《朱子书信编年考证》,第 137 页。

须通过持敬涵养才能解决这一问题。前文已分析，朱子在《知言疑义》中以"气禀"的概念解释了恶的产生，区分了天命之性和气禀之性，由此提出"尽心须假存养"的观点。朱子认为从"尽心之体"到"尽心之用"需要存养才能将工夫节次扩充，由此证明了格物致知之后诚意正心工夫的重要性。因为朱子在中年时期对涵养工夫的强调，朱子认为涵养工夫可以解决气质的问题，涵养心性就是变化气质的工夫。

> 承喻及"从事心性之本，以求变化气质之功"之说，此意甚善。然愚意此理初无内外本末之间，凡日用间涵泳本原、酬酢事变，以至讲说辩论、考究寻绎，一动一静，无非存心养性、变化气质之实事。学者之病，在于为人而不为己，故见得其间一种稍向外者皆为外事。若实有为己之心，但于此显然处严立规程，力加持守，日就月将，不令退转，则便是孟子所谓深造以道者。①

由上引文可见，朱子十分赞成李伯谏所说的在"心性之本"上做工夫以变化气质的说法，但是朱子进一步指出"心性之本"上的工夫都是在日用间涵养本原，应事接物，甚至论辩、考究演绎等动静之间无非都是存心养性、变化气质的工夫所要做的实事。朱子以《论语》中"古之学者为人，今之学者为己"来批评今之学者之病在于求外而不求内，不做"心性之本"上的涵养工夫，不知将涵养工夫在日用中落实，将稍微向外的工夫都认为是外在之事。朱子提出如果真的有为己之心，应当在本心处致力于持守的工夫。朱子在此将存心养性和变化气质并列，除了存养没有提其他工夫，即以存心养性作为变化气质的工夫。

---

① （宋）朱熹著，朱杰人、严佐之、刘永翔主编：《答李伯谏》，《朱子全书》，第22册，第1959页。1170年。见陈来《朱子书信编年考证》，第78页。

> 钦夫未发之论，诚若分别太深，然其所谓无者，非谓本无此理，但谓物欲交引，无复澄静之时耳。熹意窃恐此亦随人禀赋不同，性静者须或有此时节，但不知敬以主之，则昏聩驳杂，不自觉知，终亦必亡而已矣。故程子曰："敬而无失，乃所以中。"此语至约，是真实下功夫处，愿于日用语默动静之间试加意焉，当知其不妄矣。①

由引文可见，朱子认为张栻以性为未发，以心为已发，将二者分别太过。朱子强调无并不是本无此理，而是说受到物欲的影响，不再恢复到原来澄明安静时的状态。朱子认为是否受到物欲的影响是根据每个人所禀赋的气质而因人而异的，本性比较安静的如果不知持敬之心为主宰，则本心陷于昏暗驳杂，自己不发觉，总有一天此本性会消亡。所以程子说"敬而无失，乃所以中"，这句话说明了未发前以敬持守，如此则本心不失，就是所谓未发之中。这句话说明了持敬是工夫的下手处，除此之外，持敬在日用语默动静之间都不能间断，此心就不会妄动了。在此，朱子说明了人要持敬涵养的原因，每个人的"本心"都因自身的气禀而受到物欲的不同影响，如果做持敬的工夫，则本心就不会丢失。1173 年，朱子与吕祖谦通信就强调持敬对变化气质的作用，他说："气质未化，偏重难反，学者之通病。今亦但当用力于恭敬持养之地，而玩意义理以培养之。"② 朱子认为不能变化气质是学者的通病，所以应当努力做恭敬持养的工夫，在格物穷理中涵养，这是朱子"尽心须假存养"的说法的体现。可见，虽然朱子中年时期已从变化气质的层面说明涵养的必要，朱子不过是浅尝辄止，并没有进一步追究涵养与气禀的关系。所以这一

---

① （宋）朱熹著，朱杰人、严佐之、刘永翔主编：《答胡广仲》，《朱子全书》，第 22 册，第 1891 页。1170 年。

② （宋）朱熹著，朱杰人、严佐之、刘永翔主编：《答吕子约》，《朱子全书》，第 22 册，第 2166 页。1173 年。见陈来《朱子书信编年考证》，第 115 页。

阶段，没有涉及穷理工夫以变化气质，朱子认为对于气禀的问题，持敬都可以解决，说明朱子在中年阶段将涵养工夫的地位抬得很高。

三 涵养须用敬

朱子在"中和新说"时期已经确立了"涵养须用敬，进学在致知"两大基本工夫架构，体现出对二程的工夫架构的基本继承，主敬涵养是二程晚年力倡的主旨，也是朱子终生遵从的基本立场。朱子说："主敬者存心之要。"① 朱子认为持敬是存心的关键方法，对于主敬如何达到存心的目的，朱子说："盖此心操之则存，而敬者所以操之之道也。"② 朱子认为心要通过不断"操习"才能存，"操习"就是心的道德实践，敬是"操习"的具体方法。朱子"涵养须用敬"的基本立场也是在"中和新说"时期提出的，他说："故程子之答苏季明反复论辨，极于详密而卒之不过以敬为言，又曰敬而无失即所以中，又曰入道莫如敬，未有致知而不在敬者，又曰涵养须用敬，进学则在致知。"③ 朱子认为"涵养须用敬"是伊川与苏季明论辩后的主张，伊川的"敬而无失即所以中""入道莫如敬""未有致知而不在敬者""涵养须用敬，进学在致知"都是言敬的工夫上极为详密的说法，由此可以看出，朱子最早确立主敬涵养的观点主要来自伊川。同年，朱子在《答程允夫》中又引伊川之语说明持敬之重要。

> 伊川又言："涵养须用敬，进学则在致知。"又言："入道莫如敬，未有致知而不在敬者。"考之圣贤之言，如此类者亦

---

① （宋）朱熹著，朱杰人、严佐之、刘永翔主编：《答徐元敏》，《朱子全书》，第21册，第1718—1719页。1169年。见陈来《朱子书信编年考证》，第63页。
② （宋）朱熹著，朱杰人、严佐之、刘永翔主编：《答何叔京》，《朱子全书》，第22册，第1833—1834页。1170年。见陈来《朱子书信编年考证》，第76页。
③ （宋）朱熹著，朱杰人、严佐之、刘永翔主编：《与湖南诸公论中和第一书》，《朱子全书》，第23册，第3131页。1169年。

众。是知圣门之学别无要妙，彻头彻尾，只是个"敬"字而已。又承苦于妄念而有意于释氏之学，此正是元不曾实下持敬工夫之故。①

在此，朱子再引伊川"涵养须用敬""入道莫如敬"来说明敬是涵养的主要方法，说明以敬是修养工夫的下手处，说明致知要以持敬工夫作为前提，如此等等，皆说明了主敬的地位。朱子甚至提出圣人之学无别的奥妙在其中，彻头彻尾只是一个"敬"字，可见此时朱子对敬的工夫的重视。朱子反省自己曾经因妄念所苦恼而有意于禅学，原因在于以前没有实实在在做持敬工夫的缘故。1170年，朱子与吕祖谦通信时又强调了涵养与进学两个基本工夫架构，他说："熹旧读程子之书有年矣，而不得其要。比因讲究《中庸》首章之指，乃知所谓'涵养须用敬，进学则在致知'者两言虽约，其实入德之门，无逾于此。"② 如此可见，朱子此时已经基本确立二程的涵养与进学两个基本工夫架构，认为修养工夫的方法没有超高这两个基本工夫架构。朱子对陈师德也说："熹愚不肖，早尝涉学，岁月逝矣，老大无闻。静循初心，每自愧叹。过承下问，其何以称厚意之辱！然尝闻之程夫子之言曰：'涵养须用敬，进学则在致知。'此二言者，实学者立身进步之要。"③ 同年朱子与刘子澄通信时又说："程夫子曰：'涵养须用敬，进学则在致知。'此二言者，体用本末，无不该备，试用一日之功，当得其趣。"④ 可见朱子在"中和新说"时期已经确立"涵养须用敬，进学在致知"的基本工夫架构，确立

---

① （宋）朱熹著，朱杰人、严佐之、刘永翔主编：《答程允夫》，《朱子全书》，第22册，第1873页。1169年。见陈来《朱子书信编年考证》，第64页。

② （宋）朱熹著，朱杰人、严佐之、刘永翔主编：《答吕伯恭》，《朱子全书》，第21册，第1425页。1170年。见陈来《朱子书信编年考证》，第73页。

③ （宋）朱熹著，朱杰人、严佐之、刘永翔主编：《答陈师德》，《朱子全书》，第23册，2670—2671页。1170年。见陈来《朱子书信编年考证》，第82页。

④ （宋）朱熹著，朱杰人、严佐之、刘永翔主编：《答刘子澄》，《朱子全书》，第21册，第1534页。1170年。见陈来《朱子书信编年考证》，第75页。

了主敬涵养的基本方法，这是对二程特别是对伊川基本工夫进路的继承。此后朱子终生都遵从主敬涵养的基本立场，只是对持敬的理解在晚年出现变化，但都没有超出二程的范围。

四 克己复礼为仁

朱子在"中和新说"时期已经将涵养于未发一段工夫落实，确立了涵养与致知的两个基本工夫架构，但在"中和新说"时期朱子也对克己复礼有所讨论，在《仁说》中朱子正式将"克己复礼"诠释为"克己复理"，并将克己工夫与持敬并举，从而将克己工夫纳入了涵养的范畴。

> 比因朋友讲论，深究近世学者之病，只是合下欠却持敬工夫，所以事事灭裂。其言敬者，又只说能存此心，自然中理，至于容貌词气，往往全不加工。设使真能如此存得，亦与释老何异（上蔡说便有此病了）？又况心虑荒忽，未必真能存得耶？程子言"敬"，必以"整齐严肃，正衣冠，尊瞻视"为先，又言"未有箕踞而心不慢者"，如此乃是至论。而先圣说"克己复礼"，寻常讲说，于"礼"字每不快意，必训作"理"字然后已，今乃知其精微缜密，非常情所及耳。①

由引文可见，朱子认为近世学者的问题只是因为欠缺持敬工夫，朱子在此意指湖湘学派主张先察识后涵养而欠缺了未发前涵养一段工夫。朱子接着又批评大程门人言持敬只是说存心，只要心合于理就好，在容貌词气上都不做工夫，如此真的能存心的话就与佛老没什么不同了，谢上蔡就有这方面的问题，朱子认为何况心与心思虑都不专一，如何真能存心。朱子引伊川言敬，强调持敬要以外表整齐

---

① （宋）朱熹著，朱杰人、严佐之、刘永翔主编：《答林择之》，《朱子全书》，第 22 册，第 1968—1969 页。1170 年。

严肃，正衣冠，尊瞻视，容貌词气上做工夫为先，认为如果行为上轻慢则心中肯定是怠慢的。所以朱子认为持敬要先在视听言动上做工夫，容貌词气、视听言动是持敬的下手处，所以持敬与克己复礼就有了相通性，克己复礼是在视听言动上下工夫，最终复于礼。朱子认为言克己复礼应当特别注意礼，必须将礼解释为理才知其中工夫的精微缜密。意思是克己复礼为"克己复理"，以恢复天理作为克己工夫的境界，但是要在视听言动上做工夫，如此克己复礼与持敬的工夫就很类似。后来朱子在《胡子知言疑义》中批评胡宏"识天理于人欲"，提出克己复礼就是去除人欲恢复天理的工夫，如此明确将克己归入了涵养工夫的范畴。

> 熹再详此论，胡子之言盖欲人于天理中拣别得人欲，又于人欲中便见得天理，其意甚切，然不免有病者。盖既谓之同体，则上面便着人欲两字不得，此是义理本原极精微处，不可少差，试更子细玩索，当见本体实然只一天理，更无人欲，故圣人只说克己复礼，教人实下工夫，去却人欲便是天理，未尝教人求识天理于人欲汩没之中也，若不能实下功夫去却人欲则虽就此识得，未尝离之，天理亦安所用乎。①

由引文可见，朱子在此主要批评胡宏"天理人欲，同体异用"，认为他没有在本原中辨天理与人欲的对立。朱子认为天理人欲无法同体，性为体，情为用，本体中纯是天理，没有一丝一毫人欲。朱子进一步提出孔门教人克己复礼，即教人实实在在地做工夫，去除人欲后便恢复天理。朱子认为圣贤并没有教人从人欲中去求识天理的工夫，所以五峰言"人欲中识天理"不是圣贤教人的为仁的工夫。朱子还进一步提出如果不能实实在在地下工夫去除人欲，则虽然能识

---

① （宋）朱熹著，朱杰人、严佐之、刘永翔主编：《胡子知言疑义》，《朱子全书》，第24册，第3556页。1171年。

得天理是什么，也无法发用天理。朱子在此强调的是存天理去人欲不能只停留于"识"的层面，而要将天理发用到行动中。如果只是"识天理"则无法将天理用到日用中，就是知而不行，不是真正为仁的工夫。而克己复礼则能够体现在行动中去除人欲，在行动上复归于礼，就是在心里恢复天理，这也能实现涵养的目的，而这就是朱子所以提出克己复礼的原因，克己复礼是在日用处去除人欲恢复天理，与朱子对持敬的理解相通。在《仁说》阶段朱子确立了"仁体""性体"的地位之后，克己复礼作为"为仁之方"，得到了重视。

> 谨按：程子言仁，本末甚备，今撮其大要，不过数言，盖曰"仁者生之性也，而爱其情也，孝悌其用也"，"公者所以体仁"，犹言"克己复礼为仁也"。学者于前三言者可以识仁之名义，于后一言者可以知其用力之方矣。……殊不知仁乃性之德而爱之本，因其性之有仁，是以其情能爱。……惟克己复礼，廓然大公，然后此体浑全，此用昭著，动静本末血脉贯通尔。程子之言意盖如此，非谓爱之与仁了无干涉也。①

由引文可知，朱子与张栻围绕仁进行论辩的主旨仍是以仁为性之全体、以"仁性爱情"作为区分性与情的基本观点。在此，朱子进一步提出克己复礼是为仁的工夫，因为仁是性之德，是爱的本原，因为性中有仁，所以由性所发的情才有爱的能力。正因为性如此重要，所以要做克己复礼的工夫，恢复性之本来廓然大公、浑然全体的状态，"性之体"的工夫做好了，才能在"情之用"的时候明白彰显。朱子从"性之发为情，情之未发为性"的角度将克己复礼工夫界定为恢复"性体"的工夫，由此落实克己工夫的地

---

① （宋）朱熹著，朱杰人、严佐之、刘永翔主编：《答张钦夫又论仁说》，《朱子全书》，第21册，第1411—1412页。1172年。

位。朱子后来在与吕祖谦通信时说:"所以圣门学者皆以求仁为务,盖皆已略晓其名义而求实造其地位也。……故今日之言,比之古人,诚为浅露,然有所不得已者。其实亦只是祖述伊川仁性爱情之说,但剔得名义稍分界分、脉络有条理,免得学者枉费心神,胡乱揣摸,唤东作西尔。若不实下恭敬存养、克己复礼之功,则此说虽精,亦与彼有何干涉耶!"① 由此可见,朱子在《仁说》时期以"仁性爱情"说明性情关系主要是继承了伊川,而对于为仁工夫,除了在"新说"时期朱子直言持敬外,在此将克己复礼和恭敬存养并举,克己复礼在主敬涵养中已有了一席之地。需要指出的是朱子以"克己复理"解释克己复礼是强调克己工夫通过视听言动入手,正如朱子言持敬工夫应该先在容貌词气上做工夫然后与内心为一,"克己复理"即先从行动上的复礼入手再达到内心的"复理",这也是"克己复理"能成为涵养工夫的意义所在。由此可见,朱子对克己复礼工夫的解释更靠近涵养而不是穷理,实际上,朱子将其定位为平日涵养的范围。

> 人惟汨于欲而不知复,则是心泯然不见。犹穷阴冱蔽,万物归根,生生之理虽未尝或息,何自见之? 一阳微动,生意油然,此《复》所以见天地之心也。在学者工夫,则平日涵养、语默作止须要识得端倪,则心体昭然,可默识矣。故伊川云:"善学者,不若于已发之际观之。"观于已发,识其未发,克己不已,一旦复之,则造次颠沛皆见此心之妙,始可以言仁矣。②

由引文可见,朱子在此把《易经》中"'复'见天地之心"与"克己复礼为仁"贯通起来阐述,朱子提出人如果沉迷于物欲当中就不

---

① (宋)朱熹著,朱杰人、严佐之、刘永翔主编:《答吕伯恭》,《朱子全书》,第21册,第1443页。1173年。见陈来《朱子书信编年考证》,第109页。
② (宋)朱熹著,朱杰人、严佐之、刘永翔主编:《答王子合》,《朱子全书》,第22册,第2247页。1175年。

知复礼，这是本心被隐藏而不见。然而，就像事物发展穷途末路至灭亡时即回到本根处一样，生生之理虽然从来都没有停息，但如何使它自己显现呢？阳气一旦微微发动，生意就显现了，这就是《易经》中以"复卦"作为见天地之心的原因。这种道理落实到修养工夫，就是在平日涵养，在语默作止中都要认识端倪，如此就可以默识光明之本心。朱子还引伊川"善学者，不若在已发之际观之"来说明在已发之际察识端倪的重要性。朱子认为在已发后察识端倪，由此识得未发之心之全体，并不是停止克制自己的欲望，一旦恢复心之全体，则无论在多困难的环境下都能看见本心的妙用，由此可以说达到了仁的境界了。由此可见，朱子将察识端倪、克己工夫都归入平日涵养工夫中。牟宗三先生则认为朱子的克己工夫是穷理，他说："孔子言'克己复礼为仁'，是由生活上'克己复礼'以显仁心仁道之呈现，或指点仁之所以为仁之意，而朱子在是由'克己之私'去心之蔽以穷天下之理。"①牟先生认为朱子的"克己"并非自觉的道德行为，由此将对克己工夫的理解靠近穷理一边，显然是没有认识到朱子在《仁说》时期将"克己复礼"诠释为"克己复理"的侧重处。但是克己与持敬相比，持敬是从未发处下手，存心之本然而不失，克己则是恢复天理之本然，所以持敬仍然是涵养工夫的第一义。

第二节　敬的解释与辨析

一　敬是主一、直内

经前文分析可知，朱子在"中和新说"时期就以"涵养须用敬"确立了主敬涵养的地位。朱子认为要通过不断"操习"才能存心，敬就是"操习"的方法，所以持敬是存心的关键工夫。具体如

---

① 牟宗三：《心体与性体》（下），第 398 页。

何通过"操习"达到敬,朱子在中年时期对敬做了大量阐释。

> 夫持敬用功处,伊川言之详矣。只云:"但庄整齐肃,则心便一。一则自无非僻之干。"又云:"但动容貌,整思虑,则自然生敬。只此便是下手用功处,不待先有所见而后能也。须是如此,方能穷理而有所见。惟其有所见,则可欲之几了然在目,自然乐于从事,欲罢不能,而其敬日跻矣。"伊川又言:"涵养须用敬,进学则在致知。"又言:"入道莫如敬,未有致知而不在敬者。"考之圣贤之言,如此类者亦众。是知圣门之学别无要妙,彻头彻尾,只是个"敬"字而已。又承苦于妄念而有意于释氏之学,此正是元不曾实下持敬工夫之故。①

由引文可知,朱子认为对于如何做持敬工夫,伊川说得最为详细,说明朱子对敬的工夫的理解主要继承伊川。伊川认为只要做到庄重整齐严肃,则心就能专一,如果专一则自然不会有错的和偏颇的行为。他又说如果能在容貌和思虑上都整顿收拾,则敬自然产生,容貌思虑便是从敬的工夫下手处,不用等到先有了知识意见才有能力做敬的工夫。所以不必先去穷理形成意见后再做持敬工夫,但是穷理后具备了知识意见之后,则端倪就很明显,自然能乐于随事做工夫,如此敬的工夫就能更进一步了。在此朱子引伊川的说法说明了持敬是通过动容貌、整思虑以达到心的专一的工夫,也说明了持敬要在穷理之先,而穷理对持敬也有促进作用,体现了持敬和穷理的基本关系。所以朱子又引伊川"涵养须用敬,进学在致知","入道莫如敬,未有致知不在敬者"等说法来说明持敬工夫的下手处,穷理致知的前提和依据。更进一步,朱子提出先圣之学没有别的奥妙,彻头彻尾只是一个"敬"字,可见此时对敬的重视。朱子最后还反

---

① (宋)朱熹著,朱杰人、严佐之、刘永翔主编:《答程允夫》,《朱子全书》,第22册,第1872—1873页。1169年。见陈来《朱子书信编年考证》,第64页。

省了自己以前正是因为没有落实持敬工夫才因妄念而苦恼,所以对佛学产生了兴趣,以自身经验说明持敬使心专一,如此而不会受到外物,其他杂念、妄念的影响,以达到身心内外的一致。

> 后书所论持守之说,有所未喻。……然熹窃观尊兄平日之容貌之间,从容和易之意有余,而于庄整齐肃之功终若有所不足,岂其所存不主于敬,是以不免于若存若亡而不自觉其舍而失之乎?二先生拈出"敬"之一字,真圣学之纲领,存养之要法,一主乎此,更无内外精粗之间,固非谓但制之于外则无事于存也。所谓"既能勿忘勿助,则安有不敬者",乃似以"敬"为功效之名,恐其失之益远矣。①

由引文可见,朱子认为如果容貌行动过于从容放松,而不够庄重、整齐、严肃,则所存之心就不以敬为主,持敬若存若亡,即使失去本心也不曾发觉。在此,朱子仍是以容貌思虑上整顿身心来解释敬。朱子认为二程单独将敬拈出,说明敬是真正的圣门学问的纲要领导,是存心养性的最重要的方法。如果一心以敬为主,就没有内外、精粗的间断,当然不是说只从外部约束自己就没有存心工夫了,持敬是在身心上都做工夫。朱子又认为何叔京所说的"勿忘勿助"是从敬的工夫后的效验上说,而不是从做工夫上说,所以以"勿忘勿助"言敬是不合适的。持敬是在身心内外都要做工夫,而这个过程是由外直内。

> 持敬之说,前书已详禀矣。如今所喻"先存其心,然后能视听言动以礼",则是存则操、亡则舍,而非操则存、舍则亡之谓也。"由乎中而应乎外",乃《四箴序》中语。然此一句,但

---

① (宋)朱熹著,朱杰人、严佐之、刘永翔主编:《答何叔京》,《朱子全书》,第22册,第1833页。1170年。见陈来《朱子书信编年考证》,第76页。

说理之自然，下句"制之于外，所以养其中"，方是说下功夫处。以《箴》语考之可见矣。若必曰"先存其心"，则未知所以存者果若何而着力邪？①

由引文可知，朱子认为何叔京所说先存心，然后能在视听言动上合于礼，这是"存则操、亡则舍"，而不是孟子所说的"操则存，舍则亡"的路径。朱子在此提出持敬工夫要以"操习"在先，存心是"操习"的结果，而不是先存心再"操习"，存心是通过"操习"才能完成的。朱子认为"由乎中而应乎外"说的是理之自然发动的状态，但下句"制之于外，所以养其中"则说明了工夫的下手处在外。朱子反问何叔京如果知道必须先存心，却不知心如何存则做工夫要在哪里用力呢？由此可知，朱子阐明了敬以存心是通过"操习"存心，存心不是把捉，是从容貌行动至整顿思虑的由外及内的进路，这个过程朱子称之为"直内"，最后达到身心内外一致，朱子称之为"主一"。

"持敬"之说，不必多言，但熟味"整齐严肃，严威俨恪，动容貌，整思虑，正衣冠，尊瞻视"此等数语而实加功焉，则所谓直内、所谓主一，自然不费安排而身心肃然、表里如一矣，岂陆棠之谓哉！②

由引文可见，朱子认为持敬工夫要在容貌、神态、眼神、思虑、衣冠上做工夫，通过容貌思虑的庄重严肃，最终通向心内，达到身心为一，这就是"直内"，身心一致以敬为主，这就是"主一"。如果能做到"直内""主一"，则自然身心严肃，表里如一。所以持敬不

---

① （宋）朱熹著，朱杰人、严佐之、刘永翔主编：《答何叔京》，《朱子全书》，第22册，第1834页。1170年。
② （宋）朱熹著，朱杰人、严佐之、刘永翔主编：《答杨子直》，《朱子全书》，第22册，第2072页。1171年。见陈来《朱子书信编年考证》，第89页。

是只在心内完成的心理活动，而要同时在身体和思虑上做工夫，容貌衣冠是下工夫处，由身体通向心灵，最终达到身心一致。所以朱子说的"主一"，不仅是表里如一、内外一致，"主一"还包含身心都以敬为主。

> 以敬为主，则内外肃然，不忘不助，而心自存。不知以敬为主，而欲存心则不免将一个心把捉一个心，外面未有一事时，里面已是三头两绪，不胜其扰扰矣。就使实能把捉得住，只此已是大病，况未必真能把捉得住乎？儒释之异，亦只于此便分了。如云常见此心光烁烁地，便是有两个主宰了，不知光者是真心乎？见者是真心乎？来谕剖析虽极精微，却似未及此意，愚虑及此不审是否如何？①

由引文可见，朱子认为如果修养工夫以敬为主，则身心内外都会严肃，则不会忘记存心也不会只是存心，如此则心自然能存。如果不以敬为主要工夫，想要存心则难免用一个心把捉另一个心，还没有应事接物时，里面已经是三头两绪，本心被私欲扰乱。真的能把捉得住此心，此心已经不是本心，何况未必能把捉得住，朱子认为儒释的区别从这里可以看出来了。由此可见，朱子敬为"主一"的说法实际上是以《观心说》为基础的，朱子认为"观心"不是以心观心，心只有一心，主宰的也只是一心，没有两个心，持敬就是操存此心自主自存，所以朱子说："然心一而已，所谓操存者，亦岂以此一物操彼一物，如斗者之相捽而不相舍哉？亦曰主一无适，非礼不动，则中有主而心自存耳。"② 心只有一个，此心操存不是以一心"操习"另一心，持敬是此心专一，遵礼而行，则此心为主宰而自

---

① （宋）朱熹著，朱杰人、严佐之、刘永翔主编：《答张敬夫》，《朱子全书》，第 21 册，第 1345—1346 页。1174 年。见陈来《朱子书信编年考证》，第 105 页。

② （宋）朱熹著，朱杰人、严佐之、刘永翔主编：《答吕子约》，《朱子全书》，第 22 册，第 2189 页。1174 年。见陈来《朱子书信编年考证》，第 131 页。

存，主宰之心是与敬合一的，敬不在本心之外，未发前是敬之体，这是持敬落实于未发之前的原因。

二 直内：不以敬名持存之理

朱子以"主一""直内"解释持敬，意在说明持敬无内外精粗之别，要求从身体的容貌语词通向内心的世界，达到以外直内、表里如一、身心一致以敬为主，可见持敬只是内心的心理活动，工夫的下手处在身上，如果只言存心，则容易陷入佛老与心学流弊。

> 其言敬者，又只说能存此心，自然中理，至于容貌词气，往往全不加工。设使真能如此存得，亦与释老何异（上蔡说便有此病了）？又况心虑荒忽，未必真能存得耶？程子言"敬"，必以"整齐严肃，正衣冠，尊瞻视"为先，又言"未有箕踞而心不慢者"，如此乃是至论。①

由引文可见，朱子认为敬的工夫不是只在心里自然合于理就是存心，如果在容貌词气上都不做工夫，如此的存心则与佛老无异。朱子认为谢上蔡也有这个问题。朱子认为心虑荒忽，没有收拾，不为主宰，如此无法真的存得。朱子提出二程言敬，一定要先在容貌词气上做工夫，因为如果在行动上傲慢则内心也不可能不怠慢，也就是说如果容貌行动上不敬，内心也不可能敬，所以持敬要先在容貌词气上下工夫，由外直内，朱子认为这是持敬工夫的最终结论，也是儒家言敬的主旨。因为持敬是先制于外，所以"直内"后心内不是空，林子玉问朱子："又'切要之道，无如敬以直内'。又云：'有主于内，则虚。'不知直内还只是虚其内耶？"② 朱子回答说："敬则无委

---

① （宋）朱熹著，朱杰人、严佐之、刘永翔主编：《答林择之》，《朱子全书》，第22册，第1968—1969页。1170年。见陈来《朱子书信编年考证》，第79页。

② （宋）朱熹著，朱杰人、严佐之、刘永翔主编：《答林子玉》，《朱子全书》，第22册，第2283页。1173年。见陈来《朱子书信编年考证》，第117页。

曲，故直；直则无系累，故虚。不可便以直内为虚其内也。"① 敬就是没有迂回委曲地直接由外通向心内，而没有阻碍，不被私欲影响，故"心体"能为虚，并不是说"直内"就是"虚内"，如果以"直内"为"虚内"则落入了禅学。此后朱子在与潘叔度的两封书信中讨论儒释言"直内"之别，强调不能以敬名持存之理。

> 所谓"敬之为言，所以名持存之理"者，于鄙意似未安。盖人心至灵，主宰万变，而非物所能宰。故才有执持之意，即是此心先自动了，此程夫子所以每言"坐忘即是坐驰"，又因默数仓柱发明其说，而其指示学者操存之道，则必曰"敬以直内"，而又有"以敬直内，便不直矣"之云也。②

由引文可知，朱子提出潘叔度以敬来说明持守的道理是不妥当的，敬不是持守本心的道理，而是持守的方法。因为人心至灵，居主宰的地位，所以才说持守此心，但持守时心已经发动了，所以程子言"坐忘即是坐驰"，即"坐忘"并非真的忘我，心已在驰骋。程子指示学者操存本心的方法必须言"敬以直内"，如果是"以敬直内"，就不是直内了。因为"以敬直内"是在心外立一个敬来直，那就是以心执心。朱子之所以反对"以敬名持存之理"，就是为了强调持敬本身就是做工夫处，先从身的工夫通向心灵的收拾而成为身的主宰，所以朱子又对潘叔度说："盖惟整齐严肃，则中有主而心自存，非是别有以操存乎此而后以敬名其理也。此类初若名言小失，不足深辨，然欲放过，则恐于日用之功不能无害……而儒释之殊亦可因以判

---

① （宋）朱熹著，朱杰人、严佐之、刘永翔主编：《答林子玉》，《朱子全书》，第 22 册，第 2283 页。1173 年。
② （宋）朱熹著，朱杰人、严佐之、刘永翔主编：《答潘叔度》，《朱子全书》，第 22 册，第 2138—2139 页。1174 年。见陈来《朱子书信编年考证》，第 129 页。

矣。"① 朱子强调敬就是在整齐严肃中本心为主宰而自存，敬本身就是工夫，而不是另有操存的工夫，再用敬来解释操存的道理，朱子认为这刚开始本来只是名言上小小的偏失，不值得深入辨析，但如果放过，则可能无法将敬的工夫落实到日用之中，如此则可能陷入禅学和心学言敬之失。所以朱子再次对潘叔度提出"以敬名存在"的不妥，再次强调敬是下工夫处，而非工夫后的境界。

> 所喻"敬者，存在之谓"，此语固好，然乃指敬之成功而言，若只论"敬"字下功夫处，盖所以持守此心而欲其存在之术耳，只着一"畏"字形容，亦自见得。故和靖尹公只以"收敛身心"言之，此理至约。若如来喻，却似太澜翻也。②

由引文可见，朱子认为潘叔度认为敬是存在的意思，这个说法固然是好的，但只是从持敬后的境界来说的，如果只从敬开始做工夫的地方来看，敬只是为了持守本心而希望本心存在的方法，这时候只用一个"畏"字来形容就可以了。朱子又引入畏来说明持守的方法，畏出自《中庸》的戒惧，朱子此时还未展开讨论。朱子又引尹和靖"收敛身心"的说法来说明敬的工夫，肯定其表达得很简约。朱子认为潘叔度"以敬名存在"，是以工夫后的境界代替工夫方法本身，显然太过跳跃了。朱子不以敬名持存之理实质上是严格区分敬的做工夫处和工夫后的境界，是对禅学和心学只言心上做工夫的警惕的发端。

三 主一：不以觉致敬

朱子认为敬是持守本心的直接为仁的工夫，是在未发之前涵养

---

① （宋）朱熹著，朱杰人、严佐之、刘永翔主编：《答潘叔度》，《朱子全书》，第22册，第2139页。1174年。见陈来《朱子书信编年考证》，第129页。

② （宋）朱熹著，朱杰人、严佐之、刘永翔主编：《答潘叔度》，《朱子全书》，第22册，第2139页。1174年。

"性体"的工夫,而不是已发后以知觉去完成的。朱子在《仁说》时期辨上蔡"以知觉为仁"的观点是要强调仁为心之体,知觉为心之用,性情之分不可不辨。所以,朱子在提出持敬工夫后也对"以觉求心""以觉用心""以觉致敬"等说法进行了辨析,最终是为了阐明持敬是落实在未发之前的本体工夫,不是用知觉完成的。1173年,朱子与游诚之通信两封,专门讨论了"以觉致敬"的问题。

> 所论日用功夫,尤见其为己之意,但心一而已,所谓觉者,亦心也。今以觉求心,以觉用心,纷拏迫切,恐其为病,不但揠苗而已。不若日用之间以敬为主而勿忘焉,则自然本心不昧,随物感通,不待致觉而无不觉矣。故孔子只言克己复礼而不言致觉用敬,孟子只言操存舍亡而不言觉存昧亡,谢先生虽喜以觉言仁,然亦曰"心有知觉"而不言知觉此心也。请推此以验之,所论得失自可见矣。若以名义言之,则仁自是爱之体,觉自是知之用,界分脉络,自不相关。①

由引文可知,朱子认为日用工夫都是为己,但心只有一个,所谓"觉",也是属于心而不是心外之物。现在如果以觉求心、以觉用心,就欠缺了未发时涵养本心的工夫,如此工夫一开始就从已发处下手,更加迫切急躁,可能是揠苗助长而已。朱子认为不如在日用之间以敬的工夫为主,时时持敬不间断,这样本心自然不被遮蔽,遇事时能随物感通,不用等到知觉的发动就能无所不觉。朱子认为正是有这个原因,孔子只说克己复礼为仁,而不说用知觉为仁;孟子只是说操习本心则本心存,舍弃本心则本心亡,而不说去知觉则心存,知觉昧则心亡。朱子也提出谢上蔡虽然喜欢"以觉言仁",但他也只是说"心有知觉",而不说"知觉此心"。朱子认为"不能以觉言

---

① (宋)朱熹著,朱杰人、严佐之、刘永翔主编:《答游诚之》,《朱子全书》,第22册,第2060—2061页。1173年。见陈来《朱子书信编年考证》,第114页。

仁"的原因在于性与情的分界是脉络清晰的，仁为性，爱为情，觉是知之用，觉只能是仁之用而不能直接为仁，性情关系、体用工夫不能混淆，所以不能以觉训仁；敬是持守本心的为仁工夫，是落实于未发之前的工夫，所以不能致觉用敬。同年，朱子与游诚之再论仁觉之别。

> "仁觉"之说，前书已详报矣。此书所喻"恻隐似非出于觉者"，此语甚佳。但所谓"'觉'之一字未必不佳"者，鄙意亦非以觉为不佳，但谓功夫用力处在敬而不在觉耳。上蔡云"敬是常惺惺法"，此言得之，但不免有便以惺惺为仁之意，此则未稳当耳。①

由引文可知，朱子认为前面一封信所言仁与觉的区别已经很详细了，他认为游诚之所说"恻隐似非出于觉"很准确，然而朱子又提出虽然恻隐之心不出于觉，并不是因为觉不好，只不过是工夫用力处在敬不在觉。因为"常惺惺"接近于情，所以朱子认为谢上蔡所说"敬是常惺惺法"有直接以惺惺为仁的倾向，"常惺惺法"是致觉以言敬，而非持守未发之中，所以朱子认为不够稳当。由以上分析可知，朱子言"不以觉致敬"的主旨在于强调持敬工夫的下手处在未发之前。

第三节 未发前的涵养工夫

一 涵养于未发之前

朱子在"中和新说"至《仁说》这段时期的心性论特色是摆脱

---

① （宋）朱熹著，朱杰人、严佐之、刘永翔主编：《答游诚之》，《朱子全书》，第22册，第2061页。1173年。

湖湘学派"心为已发"的影响,从工夫论上46岁前主要与湖湘学派辩先察识后涵养的工夫进路,朱子以心贯通未发已发,将涵养工夫落实于未发之前,批评湖湘学派缺失了未发前一段涵养工夫。基于对"未发前性之全体"的强调,未发前涵养工夫的重要性也确立起来。

> 前日"中和"之说看得如何?但恐其间言语不能无病,其大体莫无可疑。数日来玩味此意,日用间极觉得力,乃知日前所以若有若亡,不能得纯熟,而气象浮浅、易得动摇,其病皆在此。湖南诸友,其病亦似是如此。近看南轩文字,大抵都无前面一截工夫也。大抵心体通有无、该动静,故工夫亦通有无、该动静方无透漏。若必待其发而后察、察而后存,则工夫之所不至多矣。惟涵养于未发之前,则其发处自然中节者多,不中节者少,体察之际亦甚明审,易为着力,与"异时无本可据"之说大不同矣。用此意看《遗书》,多有符合,读之上下文极活络分明,无凝滞处。亦曾如此看否?①

由引文可知,朱子承认自己的"中和"之说在言语上可能有点问题,但大体上无须质疑。朱子又说自己以前体会到人伦日用之间的修养工夫比较吃力,后来才知道是因为未发前涵养工夫没有做好,涵养工夫无法纯熟,而气象肤浅、意志容易动摇的原因都在此,而湖湘学派的问题也是一样的,看张栻的文字也是都缺少未发前一段工夫。朱子提出心贯通有无、未发已发、动静,所以工夫也是要贯通有无、该动静,才不会有所遗漏。如果只等到心发后再去省察,省察后再存心,则工夫做再多也不够。只有将涵养工夫落实于未发之前,则心已发后自然中节的多,不中节的少,体察的时候也能更加明白地

---

① (宋)朱熹著,朱杰人、严佐之、刘永翔主编:《答林择之》,《朱子全书》,第22册,第1981—1982页。1169年。见陈来《朱子书信编年考证》,第66页。

审查自己，工夫有下手用力处。未发前落实了涵养工夫，则已发后察识工夫就有了依据。朱子认为如果能以这个观点去看《遗书》，则能与《遗书》相符合，读起来不会觉得有障碍。由此也说明，涵养于未发与涵养先于察识的思想是朱子中年时期对二程的基本继承。1174年，朱子与廖子晦通信时也强调未发前涵养一段工夫的重要。

> 《中庸》所谓"喜怒哀乐之未发谓之中，发而皆中节谓之和"，只是说情之未发，无所偏倚，当此之时，万理毕具，而天下万物无不由是而出焉，故学者于此涵养栽培，而情之所发自然无不中节耳。故又曰："中者，天下之大本；和者，天下之达道。"①

由引文可见，朱子认为《中庸》中"喜怒哀乐之未发谓之中，发而皆中节谓之和"只是在说情之未发而为中时万理备具，这是天下万物生存发展的根据，所以学者在未发时就要涵养此"情之未发"，则情之所发就能自然中节。所以又说中是天下之大本，和是天下之达道，"达道"的依据是"大本"，"达道"是对"大本"的实现，如此则说明了未发工夫对已发工夫的意义，说明了涵养于未发工夫的重要。在此朱子以《中庸》中的"情之未发"和"情之已发"的概念言未发已发，没有用心之未发和心之已发的成熟的说法，但不影响其言未发工夫的意义，朱子认为未发前本然的状态是中，而涵养工夫是对中的涵养，朱子指出了未发前涵养工夫的重要性。同年，朱子对"涵养于未发之前"与"求中于未发之前"做了区分。

> 所示心无形体之说，鄙意正谓如此，不谓贤者之偶同也。

---

① （宋）朱熹著，朱杰人、严佐之、刘永翔主编：《答廖子晦》，《朱子全书》，第22册，第2077页。1174年。

然所谓"寂然之本体，殊未明白"之云者，此则未然。盖操之而存，则只此便是本体，不待别求。惟其操之久而且熟，自然安于义理而不妄动，则所谓寂然者当不待察识而自呈露矣。今乃欲于此顷刻之存，遽加察识以求其寂然者，则吾恐夫寂然之体未必可识，而所谓察识者乃所以速其迁动而流于纷扰急迫之中也。程夫子所论"才思便是已发，故涵养于未发之前则可，而求中于未发之前则不可"，亦是此意。①

由引文可见，朱子十分赞同吕子约的"心无形体"之说，此心与朱子《仁说》中的"天地生物之心"同义，朱子在《仁说》中以心之体用统贯性情，是"出入无时，莫知其乡"，可以说"心无形体"。但是，朱子不同意吕子约认此心为"寂然之本体"。朱子认为心操存涵养，所存的就是此心之本体，不用外求。如果操存涵养的工夫做到纯熟，则已发时心自然能合于义理而不妄动，这就是所说的寂然之本体不用等到察识就自然呈现显露的道理。在此，朱子依然强调未发前操存涵养是存心之本体。朱子认为吕子约是于顷刻之存，想要用察识工夫以求其寂然之本体，就是以察识工夫求未发之中，则"寂然之体"未必可以被察识，真的如此去察识，则察识工夫流于纷扰急迫。因为中属于未发的状态，用已发后的工夫去强求未发前的状态，就是"求中"。朱子引程子所言涵养于未发是可以的，"求中"于未发是不可以的，如此证明未发前持敬涵养工夫是察识工夫无法替代的。朱子在此也对未发已发有一个明确的界定，朱子遵从二程的观点，认为"才思便是已发"，思虑是朱子中年时期区分未发已发的重要标准。因为察识的工夫是需要思来完成的，所以察识不能替代持敬完成未发前的存养工作。

---

① （宋）朱熹著，朱杰人、严佐之、刘永翔主编：《答吕子约》，《朱子全书》，第22册，第2189页。1174年。

二 未发前主敬存养

朱子在"中和新说"时期已经将涵养工夫落实于未发之前,朱子继承二程"涵养须用敬"的工夫思想,所以未发前涵养工夫的主要方法就落在持敬上。朱子说:"未发之前,是敬也固已主乎存养之实。"① 也就是说,未发之前敬的工夫主要是为了存养本心,如果能在未发前存养好本心,则本心就能保持原来的知觉不昧的状态,所以朱子又说:"方其存也,思虑未萌而知觉不昧,是则静中之动,复之所以'见天地之心'也。"② 这也就是说,未发前的持敬存养使本心不失,就能保持原来知觉不昧的状态,这是静中之动的表现,天地之心就是心未发前为全体的状态。未发前存养以敬为主,已发后的察识工夫就有了依据,朱子说:"但未接物时,便有敬以主乎其中,则事至物来,善端昭著,而所以察之者益精明尔。伊川先生所谓'却于已发之际观之'者,正谓未发则只有存养而已发则方有可观也。"③ 朱子认为未发前如果能持敬本心,已发之际善端显著,根据善端而去做察识工夫则心更加精一明亮,这是持敬要先于察识的原因。伊川的"善观是在已发之即观之"说明了观心即观心之善端是在已发之际,如果未发前本心没有存养好,则已发之际不可能发出善端,这是未发前存养对已发后察识的作用。

朱子又以未发前为敬之体来说明持敬不在心外,朱子说:"'敬'字通贯动静,但未发时则浑然是敬之体,非是知其未发方下敬底工夫也。既发则随事省察,而敬之用行焉。"④ 朱子认为敬的工

---

① (宋)朱熹著,朱杰人、严佐之、刘永翔主编:《答张钦夫》,《朱子全书》,第 21 册,第 1419 页。1169 年。
② (宋)朱熹著,朱杰人、严佐之、刘永翔主编:《答张钦夫》,《朱子全书》,第 21 册,第 1419 页。1169 年。
③ (宋)朱熹著,朱杰人、严佐之、刘永翔主编:《答张钦夫》,《朱子全书》,第 21 册,第 1420 页。1169 年。
④ (宋)朱熹著,朱杰人、严佐之、刘永翔主编:《答林择之》,《朱子全书》,第 22 册,第 1980 页。1169 年。

夫通贯动静，未发时本心与敬浑然一体，不是先知道心为未发才下手做持敬的工夫，持敬工夫贯穿到已发后随事省察的工夫中，这是敬发用的体现。如果未发前敬的工夫没有落实，敬之体就无法发为敬之用，如此则已发后之省察工夫也无法完成，在这个意义上，朱子提出敬义非两截事，持敬与省察不是两截工夫，持敬无间断。

朱子还以未发与未发之中的区分来说明未发前持敬与心为一体，朱子说："故程子曰：'敬而无失，乃所以中。'此语至约，是真实下功夫处，愿于日用语默动静之间试加意焉，当知其不妄矣。"① 朱子提出未发前本是心之全体，敬以持守则本心全体不失，才有未发之中。未发之前是持敬的下工夫处，在日用动静语默之间持敬也不能间断。"敬而无失"有一个前提是中的本然性，但此本然之中如果不加以存养就会失去，持敬是"执中"而不是"求中"，所以朱子说："主敬存养，虽说必有事焉，然未有思虑作为，亦静而已。所谓静者，固非槁木死灰之谓，而所谓必有事者，亦岂求中之谓哉！"② 朱子认为未发前主敬存养，虽然说必有事，但是思虑还没有发动，所以不是"求中"。由以上分析可知，朱子在《仁说》前十分重视未发前一段涵养工夫，而敬的工夫能贯彻动静，彻上彻下，所以能成为未发前存养的主要工夫，未发前主敬存养是朱子为何在中年时期将持敬抬得很高的原因。

三 未发前静中存养

朱子在"中和新说"时期以动静区分未发已发，以未发为性之静，以已发为情之动，所以对于未发前的工夫，朱子将其称为"静中工夫"。对于"静中工夫"，朱子"中和新说"前认同延平的"静中体认"的工夫方法。

---

① （宋）朱熹著，朱杰人、严佐之、刘永翔主编：《答胡广仲》，《朱子全书》，第22册，第1894页。1170年。

② （宋）朱熹著，朱杰人、严佐之、刘永翔主编：《答何叔京》，《朱子全书》，第22册，第1838页。1172年。见陈来《朱子书信编年考证》，第97页。

> 李先生教人，大抵令于静中体认大本未发时气象分明，即处事应物自然中节。此乃龟山门下相传指诀，然当时亲炙之时，贪听讲论，又方窃好章句训诂之习，不得尽心于此，至今若存若亡，无一的实见处，辜负教育之意。每一念此，未尝不愧汗沾衣也。①

由引文可见，朱子在37岁时认为如果能在静中体认大本未发时气象分明，也就是说，如果能在应接事物之前体认到性未发时的气象分明，则应接事物则自然中节，延平将未发工夫诠释为静中工夫，朱子也是采纳的，这是朱子对未发工夫即静中工夫意义的认同。朱子进一步指出"静中体验未发"是杨时门下相传指诀，他又反省自己当时在延平亲自传授此修养工夫时，因过分喜欢讲论和章句训诂，所以对"静中体验未发"工夫没有认真体会，故而导致对"静中工夫"也没有真正落实，所以对未发工夫没有真实见解，真是辜负了延平的教导，十分惭愧。可见，朱子在"中和新说"前已经用"静中工夫"来说明"未发工夫"，只是这个未发不是心，是性。至"中和新说"后，朱子进一步明确未发之性是心之全体，明确静是心未感物、思虑未萌的未发状态。

> 伊川论中直静之字，谓之就常体形容是也。然静字乃指未感本然言，盖人生之初，未感于物，一性之真，湛然而已，岂非常体本然未尝不静乎？惟感于物，是以有动。然所感既息，则未有不复其常者。故熹常以为静者性之贞也，不审明者以为如何？"主静"二字，乃言圣人之事，盖承上文"定之以中正仁义"而言，以明四者之中又自有宾主尔。观此则学者用工固

---

① （宋）朱熹著，朱杰人、严佐之、刘永翔主编：《答何叔京》，《朱子全书》，第22册，第1801页。1166年。见陈来《朱子书信编年考证》，第37页。

自有次序，须先有个立脚处，方可省察，就此进步，非谓静处全不用力，但须如此，方可用得力尔。①

由引文可见，朱子借伊川以"中""直""静"等概念来形容"常体"。朱子认为"静"指心未受到外物影响的本然状态，人刚出生时，没有受到外物影响，本性是湛然澄清的状态，此"常体""性体"本然的状态都是静的。然而一受到外物影响，静的状态就消失了，不再恢复到"常体"的状态。所以朱子说他常常以静为"性之贞"，"贞"是"元亨利贞"的结束也是开始。朱子提出"主静"说的是圣人的工夫，是周敦颐承接上文的"定之以中正仁义"而言的，是为了阐明"中正仁义"四者中有主客之分，如此说明做工夫要有次序，必须先确立涵养工夫作为基础，才可以去省察。朱子提出以未发为静，并不是说静的时候全部不需要做工夫，应当在静中确立工夫的立脚处，才可以有得力的地方，这个"静中工夫"即未发前的涵养工夫。就如朱子以未发与未发之中区别涵养工夫的前后状态，朱子又以"人生而静"与"安其静"来区分静的工夫和静的境界。

又说："所引'人生而静'，不知如何看'静'字？恐此亦指未感物而言耳。盖当此之时，此心浑然，天理全具，所谓中者状性之体……殊不知未感物时若无主宰，则亦不能安其静，只此便自昏了天性，不待交物之引然后差也。盖'中和'二字皆道之体用，以人言之，则未发已发之谓。"②

由引文可知，朱子将"人生而静"之"静"解释为心未受到外物影响前的状态，此时心浑然与性为一体，天理全具，所以以中来形容

---

① （宋）朱熹著，朱杰人、严佐之、刘永翔主编：《答林择之》，《朱子全书》，第22册，第1981页。1169年。

② （宋）朱熹著，朱杰人、严佐之、刘永翔主编：《答林择之》，《朱子全书》，第22册，第1979页。1169年。

性之体。但需要注意的是心没有受到外物影响时如果没有以性为主宰，则不能为中，则心不能安于静，自己将本性遮蔽，没有等到应事接物时心就有了差别，无法为中。所以朱子说"中和"二字说明了道之体用，放到人身上就未发已发之分。朱子提出如果未发前不做工夫无法保持未发之中的状态，如果不做"静中工夫"，就无法安于静，如此强调了未发前也就是静中涵养的重要性。对于"静中工夫"的强调，朱子不仅从人生而静，天理全具的角度上说，也从动静之间的辩证上说明静的工夫的动的意义，朱子对张敬夫说："来教又谓：'言静则溺于虚无。'此固所当深虑。然此二字，如佛者之论，则诚有此患。若以天理观之，则动之不能无静，犹静之不能无动也，静之不能无养，犹动之不可不察也。"① 朱子对静的强调主要针对湖湘学派主动而发，朱子认为张栻没有看到动静不相离，而将静看作虚无，类似于佛教言静也有这个问题。对于动静关系，应该从天理的角度去看，动静相依不相离而存在，所以静时要存养，动时要省察。所以朱子又说："夫谓'人生而静'，是也，然其感于物者，则亦岂能终不动乎？今指其未发而谓之中，指其全体而谓之仁，则皆未离乎静者而言之。"② 人生而为静，但终究是要发动的，未发之中是指性为全体而为仁，但都没有离开静而言，即不能离开"静中工夫"。

朱子对动静的辨析，一方面基于动静关系的辩证，另一方面基于人生而静的前提，这都是针对湖湘学派言动静而发，朱子认为湖湘学派直接以静等同于性，朱子认为必须区分"人之生而静"与未发之中，静是未发前的状态，中是工夫后的境界，不能直接将静等同于未发之中，否则就是以静状性，就与佛家言性一样了，朱子就这一问题与胡广仲做了大量讨论。

---

① （宋）朱熹著，朱杰人、严佐之、刘永翔主编：《答张钦夫》，《朱子全书》，第21册，第1420页。1170年。

② （宋）朱熹著，朱杰人、严佐之、刘永翔主编：《答吕伯恭》，《朱子全书》，第21册，第1432页。1171年。见陈来《朱子书信编年考证》，第85页。

> 伊川先生曰:"天地储精,得五行之秀者为人。其本也真而静,其未发也,五性具焉,曰仁义礼智信。形既生矣,外物触其形而动于中矣。其中动而七情出焉,曰喜怒哀乐爱恶欲。情既炽而益荡,其性凿矣。"熹详味此数语,与《乐记》之说指意不殊。所谓静者,亦指未感时言尔。当此之时,心之所存浑是天理,未有人欲之伪,故曰天之性。及其感物而动,则是非真妄自此分矣,然非性则亦无自而发,故曰性之欲。"动"字与《中庸》"发"字无异,而其是非真妄特决于有节与无节、中节与不中节之间耳。来教所谓"正要此处识得真妄"是也。然须是平日有涵养之功,临事方能识得。若茫然都无主宰,事至然后安排,则已缓而不及于事矣。①

由引文可见,朱子引伊川言静,伊川认为人的本然状态为真与静,就是未发时,仁义礼智信五性全具于心,等形体生成后与外物接触而心有了发动,心发动后就产生了情,情具有炽热且容易泛滥的特点,但是性却是安静坚定的。朱子认为伊川所言动静与《乐记》中所言静无区别。朱子也认为静是心未感物时的状态,即未发的状态。此时心具众理,没有人欲影响,所以《乐记》中称此为"天之性",待感物而动时,就有了是非真妄的区别,但是如果没有性则情之发就没有来源,所以欲又可以称为"性之欲"。朱子又认为《乐记》中的动就是《中庸》的情之发,是非、真妄的区别决定于情之发是否为中节而已。更进一步,朱子提出胡广仲要在情之发处"识得真妄"工夫是有欠缺的,朱子强调未发前涵养工夫的重要性,如果心未发时茫然没有主宰,遇事之后再安排,则来不及应对事情的变化。由此可知,朱子将《乐记》中的动静与《中庸》中的未发已

---

① (宋)朱熹著,朱杰人、严佐之、刘永翔主编:《答胡广仲》,《朱子全书》,第22册,第1899页。1172年。

发相贯通，以静形容未感物而静，以动形容感物而动，但不能以动静言是非真妄。因为是非真妄是已发后因中节或不中节而进行的区分，是属于工夫后的结果，所以不能直接以动静言是非真妄，也不能以静言性，这是需要十分注意的。同年，朱子又专门与胡广仲讨论动静真妄的问题。

> 至谓"静"字所以形容天性之妙，不可以动静真妄言，则熹却有疑焉。盖性无不该，动静之理具焉。若专以静字形容，则反偏却性字矣。《记》以静为天性，只谓未感物之前、私欲未萌浑是天理耳，不必以静字为性之妙也。真妄又与动静不同，性之为性，天下莫不具焉，但无妄耳。今乃欲并与其真而无之，此韩公"道无真假"之言所以见讥于明道也。伊川所谓"其本真而静"者，"真""静"两字，亦自不同。盖真则指本体而言，静则但言其初未感物耳。明道先生云："人生而静之上不容说，才说性时，便已不是性矣。"盖人生而静只是情之未发，但于此可见天性之全，非真以静状性也。愚意如此，未知中否？①

由引文可知，朱子质疑胡广仲所认为的以静形容性，故不可以动静真妄言性的观点，因为性作为理，包含了动静之理，如果专门以静形容性，则是对性的理解有偏差。《乐记》中以静为天性，只是在说未感物以前，私欲未萌，心与天理浑然为一的状态而已。真妄与动静不同，性包含了动静，但只为真而无妄。现在将妄与真并在一起而认为性无真妄之分，则就像韩愈以"道无真假"批评明道"人生而静"之静。朱子进一步提出，伊川的"其本真而静"并不是说其本"真而静"，而是在说其"本真"而静，真与静不同，真指性之本体，静指心未感物时的状态。明道的"人生而静以上"之静只是

---

① （宋）朱熹著，朱杰人、严佐之、刘永翔主编：《答胡广仲》，《朱子全书》，第22册，第1900页。1172年。

情之未发，由情之未发则可以看见性之全体，从静中可以看到性之全体，以静形容心未感物，情之未发的状态，但不是将静等同于性。静只是未发的状态，而性是未发之中。动静的标准在于"思虑"，朱子说："主敬存养，虽说必有事焉，然未有思虑作为，亦静而已。所谓静者，固非槁木死灰之谓，而所谓必有事者，亦岂求中之谓哉！'真'而'静'是两字，'纯一无伪'却只说得'真'字。"① 由此可知，朱子认为未发前主敬存养，思虑没有发动，就是静的工夫。但静中主敬并不是槁木死灰的意思，必有事也不是求中，真与静的区分在于真指性体、心体，而静则指思虑未萌的未发状态，二者不能等同。从静到真是有距离的，如此才有了静中存养工夫的必要。

第四节　平日涵养无间断

一　涵养贯彻未发已发

朱子在"旧说"时期以性为未发，以心为已发，故工夫皆为已发工夫，涵养为已发工夫，朱子将其称为"平日涵养"，他说："程子曰：'未发之前更如何求？只平日涵养便是。'又曰：'善观者，却于已发之际观之。'二先生之说如此，亦足以验大本之无所不在、良心之未尝不发矣。"② 朱子引二程的"善观说"来说明平日涵养最重要的是在已发之际涵养，因为已发之际与未发之性相离不远，所以从已发之际涵养则一方面可以体验到未发之性无所不在，另一方面又可以体验到良心全部发见的能力。如此可见在"中和旧说"时期，朱子的涵养工夫是涵养"善端"而不是"未发之性之全体"，涵养在已发之际下手，已发之际是性保存得最完好的时候，此时所

---

① （宋）朱熹著，朱杰人、严佐之、刘永翔主编：《答何叔京》，《朱子全书》，第22册，第1838页。1172年。

② （宋）朱熹著，朱杰人、严佐之、刘永翔主编：《与张钦夫》，《朱子全书》，第21册，第1316页。1166年。

涵养的效果最好。"中和新说"后朱子以心贯彻未发已发，由此将涵养工夫从已发往前推至未发，将涵养工夫落实于未发之前，因为心贯彻未发已发，涵养工夫亦贯彻未发已发，但是没有取消平日涵养工夫的重要性。

> 钦夫未发之论，诚若分别太深，然其所谓无者，非谓本无此理，但谓物欲交引，无复澄静之时耳。熹意窃恐此亦随人禀赋不同，性静者须或有此时节，但不知敬以主之，则昏瞆驳杂，不自觉知，终亦必亡而已矣。故程子曰："敬而无失，乃所以中。"此语至约，是真实下功夫处，愿于日用语默动静之间试加意焉，当知其不妄矣。①

由引文可见，朱子认为张栻以性为未发，以心为已发，将心性二者太过分别，而其所说的无，并不是心本来不具此理，只是说物欲交引时，心不再恢复到澄清安静时的状态了。朱子认为未发之性也是跟随每个人所禀赋的气质而各不相同的，气质之性偏向静的人也可能被物欲影响，但却不知道持敬使本心为主宰，则心昏瞆驳杂，被物欲所染而不自知，最后本心必消亡。所以朱子说"敬而无失，乃所以中"，这话说明了未发时是敬真实下工夫的地方，如果在未发之敬的基础上，再于日用语默之间增加涵养的工夫，心就不会妄动。可见，平日涵养要以未发前之涵养为基础，涵养的下手处在未发，平日涵养是未发前涵养在已发后的延续，所以涵养于未发前显得十分重要。

> 大抵身心内外，初无间隔，所谓心者固主乎内，而凡视听言动、出处语默之见于外者，亦即此心之用而未尝离也。今于

---

① （宋）朱熹著，朱杰人、严佐之、刘永翔主编：《答胡广仲》，《朱子全书》，第22册，第1894页。1170年。见陈来《朱子书信编年考证》，第80页。

其空虚不用之处则操而存之，于其流行运用之实则弃而不省，此于心之全体，虽得其半而失其半矣。然其所得之半，又必待有所安排布置然后能存，故存则有揠苗助长之患，否则有舍而不芸之失，是则其所得之半又将不足以自存而失之，孰若一主于敬，而此心卓然，内外动静之间无一毫之隙、一息之停哉？叔京来书，尚执前说。而来喻之云，亦似未见内外无间之实，故为此说，并以寄叔京。①

由引文可见，朱子认为身与心、内与外，刚开始本来没有间隔，所以说心是主乎内而见于外，凡是视听言动，出处语默皆是心之用而与本心不曾有过分离。朱子进一步认为如果在心未发而没有物欲充实的心体之处操存，在此心发用后被物欲充实时就放弃涵养而不省察，则此心之全体虽然得到一半也失去了一半。并且在这种情况下，对于其所得到心之全体的一半，又必须特意安排布置以后才能存得，所以这样的存心不是自然而然的而有揠苗助长的隐患，但如果舍弃此一半之心之全体而不去助长它，则所得的那一半心之全体将没有能力自己存得，最终也将失去。但是如果心在未发空虚处和已发后流行运用处都一贯地用主于敬的工夫，则此心就会呈现光明的样子，在心内身外等动静之间都没有一点间隙和停息。朱子此处还指出何叔京的问题就是将涵养停留于未发前而没有一以贯之到心流行运用处，如此则导致身心、内外、动静之间有了间隔。如此可见，在朱子这里，涵养于未发前固然重要，但涵养在已发后却不可断绝，在未发前要涵养，在已发后之视听言动、出处语默之间亦要涵养，主敬工夫要一以贯之，如此才能使身心内外和谐一致。朱子强调涵养要身心内外皆下工夫，而不能将涵养停留在未发，如此与佛家的涵养工夫进行区别。

---

① （宋）朱熹著，朱杰人、严佐之、刘永翔主编：《答杨子直》，《朱子全书》，第 22 册，第 2072—2073 页。1171 年。

> 圣门之学，下学而上达，至于穷神知化，亦不过德盛仁熟而自至耳。若如释氏"理须顿悟，不假渐修"之云，则是上达而下学也，其与圣学亦不同矣。……《中庸》所谓"喜怒哀乐之未发谓之中，发而皆中节谓之和"，只是说情之未发，无所偏倚，当此之时，万理毕具，而天下万物无不由是而出焉，故学者于此涵养栽培，而情之所发自然无不中节耳。故又曰："中者，天下之大本；和者，天下之达道。"此皆日用分明底事，不必待极力寻究、忽然有感如来喻之云然后为得也。必若此云，则是溺于佛氏之学而已。……与圣门真实知见、端的践履彻上彻下一以贯之之学，岂可同年而语哉！①

由引文可见，朱子认为儒释做工夫的进路完全不同，儒家工夫进路为下学而上达，不过是做工夫至一定程度而成熟的结果，佛家则是讲究顿悟，不依靠渐悟，则是上达而下学，二者是完全不同的。《中庸》中所说的未发是指情之未发时不偏不倚，此时万理具于心中，涵养就在此处进行，如此则情已发后则自然中节。所以《中庸》又以中为大本，以和为达道，这里说的都是通过日用间涵养工夫积累而达到的，不必刻意追寻，也不是通过忽然顿悟来实现。如果认为成德依靠顿悟，则是陷入了禅学。与之相比，儒家强调在日用中做工夫，将涵养贯彻于未发已发。如此可见，朱子认为成德工夫除了要在未发处涵养，也要在已发后致力于知见，在端绪处践履，涵养于动静无间断。次年，朱子在与王子合通信时又强调了在端绪处做工夫的重要性。

> 向来观"复其见天地之心乎"，《易传》云"动之端，乃天

---

① （宋）朱熹著，朱杰人、严佐之、刘永翔主编：《答廖子晦》，《朱子全书》，第22册，第2077页。1174年。

地之心也",未睹其旨。近思得之,敢质于先生。……天地之心固在于生物,然于生处观之,则偏于动而不知动之所以然,非指其端,无以见生生之理也。在人则恻隐之心是也,乍见孺子将入井,必有怵惕恻隐,此心不远。于此察之,庶可见矣。此心虽非心之本体,然始发见在是,故推此心,则廓乎天地之间,无所不爱。①

由引文可见,朱子说之前一直不明白《易传》为何将《易经》中"复见天地之心"解释为"从动之端见天地之心"。因为朱子在《仁说》时候以"天地之心"释仁,将仁释为"仁体",为未发之性,所以"天地之心"与性是一个意思,是作为明道的"人生而静以上"而存在的,所以朱子无法理解《易传》中为何从"动之端"来理解天地之心。后来朱子明白了,天地之心在于生物,此是生生之理,但如果只从生的地方理解,则就偏于向动处而不知之所以能发动的原因,因为如果不从动的开端处,是不能见到天地之心生物的道理的。这种生生之理在人身上就是恻隐之心,一开始看到孺子入井,必定有怵惕恻隐的情感,这是仁心刚发出来的表现。从恻隐之心开始体察,则很快就可以见到自己有仁之本心。此恻隐之心虽然不是心本然的体状,然而却是本心刚刚开始发见出来的,还保留着本心最全的面貌。如果以此恻隐之心推至事事物物当中,则恻隐之心充满天地之间,无所不爱。在朱子这里,生生之理作为天地之心所发之端,恻隐之心作为仁心、本心所发的开端,它们都保留了本体最初的样貌,就如《易传》言在动之端见天地之心,这是因为动之端离天地之心最近,在人身上,此恻隐之心是本心发动的端绪,所以将此端绪扩充对成德是十分重要的,所以平日涵养中要察识端倪。朱子又进一步指出此心端绪也会受到私欲的影响,所以要做克

---

① (宋)朱熹著,朱杰人、严佐之、刘永翔主编:《答王子合》,《朱子全书》,第22册,第2247页。1175年。见陈来《朱子书信编年考证》,第139页。

己工夫，最终将察识端倪、克己复礼都归入平日涵养工夫之中。

> 人惟汩于欲而不知复，则是心泯然不见。犹穷阴冱蔽，万物归根，生生之理虽未尝或息，何自见之？一阳微动，生意油然，此《复》所以见天地之心也。在学者工夫，则平日涵养、语默作止须要识得端倪，则心体昭然，可默识矣。故伊川云："善学者，不若于已发之际观之。"观于已发，识其未发，克己不已，一旦复之，则造次颠沛皆见此心之妙，始可以言仁矣。①

由引文可见，朱子认为如果人沉迷于物欲当中就不知道复礼，无法见其本心。所以在平日涵养、语默作止中都要察识端倪，如此就可以默识光明之本心。在此，朱子将察识端倪纳入平日涵养工夫中。朱子还引伊川的"善观说"，指出在已发之际察识端倪的重要，言要在已发之际察识端倪以识得未发之心体，还不能停止做克己的工夫，一旦恢复心之全体，则无论在多困难的环境下都能看见本心的妙用，从此可以说达到了"仁"的境界了。由此可见，朱子说明平日涵养中必须体察端倪，说明朱子言平日涵养是在已发之际做工夫，朱子又言除了察识端倪以体验未发，还需要克己工夫，可见克己工夫也被归入平日涵养中，已发后的涵养工夫除了敬和诚意正心的工夫之外，还有察识端倪和克己复礼工夫。

二 持敬彻上彻下

"中和旧说"时期，朱子以性为未发，心为已发，则工夫都在已发后，敬是已发后的工夫。"中和新说"后，朱子以心贯性情，涵养工夫贯穿未发已发，如此敬成为彻上彻下的工夫。

---

① （宋）朱熹著，朱杰人、严佐之、刘永翔主编：《答王子合》，《朱子全书》，第22册，第2247页。1175年。

> 然人之一身，知觉运用，莫非心之所为，则心者固所以主于身而无动静语默之间者也。……盖心主乎一身而无动静语默之间，是以君子之于敬，亦无动静语默而不用其力焉。未发之前，是敬也固已主乎存养之实；已发之际，是敬也又常行于省察之间。……盖主于身而无动静语默之间者心也，仁则心之道而敬则心之贞也。此彻上彻下之道，圣学之本统。明乎此，则性情之德、中和之妙可一言而尽矣。①

由引文可见，朱子认为人的知觉运用都是由心进行的，所以心在动静语默之间都是身体的主宰。正是因为如此，所以持敬工夫也要无间于动静语默。未发之前，持敬主要为了存养心本具之实理，而已发之际，敬在省察工夫中发挥作用。朱子最后再次强调因为心是主宰而没有动静语默的间隔，仁是心之道，敬是心之贞，所以敬作为为仁的工夫，跟随心之无动静语默之间，而彻上彻下。朱子认为持敬工夫是孔门所传的正统工夫，可见持敬工夫的地位。持敬能成为涵养的主要工夫也是因为持敬工夫可以彻上彻下。同年，因为何叔京不解为何敬要在事中实行，朱子又专门解释敬为何要在事中做工夫。

> 示喻根本之说，敢不承命？但根本枝叶本是一贯，身心内外元无间隔，今日专存诸内而略夫外，则是自为间隔，而此心流行之全体常得其半而失其半也，曷若动静语默由中及外，无一事之不敬，使心之全体流行周浃而无一物之不遍、无一息之不存哉？观二先生之论心术，不曰存心而曰主敬，其论主敬，不曰虚静渊默而必谨之于衣冠容貌之间，其亦可谓言近而指远矣。今乃曰"不教人从根本上做起而便语以敬，往往一向外驰，

---

① （宋）朱熹著，朱杰人、严佐之、刘永翔主编：《答张钦夫》，《朱子全书》，第21册，第1419页。1170年。

无可据守",则不察乎此之过也。夫天下岂有"一向外驰,无所据守"之敬哉!必如所论,则所以存夫根本者,不免着意安排、揠苗助长之患否。则虽曰存之,亦且若存若亡,莫知其乡而不自觉矣。①

由引文可知,朱子认为心之未发已发本来一贯,身心内外也本来没有间隔,但是何叔京只说专存于心内而忽略身外的工夫,则将身心内外有了间隔。如果只存于心内,则心之全体不能完全存得,还不如在动静语默中,由中至外,无一事做持敬工夫,如此则使心之全体周流贯彻,在任何事物、任何时候都存此心之全体。如此可见,朱子认为心贯彻未发已发,则持敬要彻上彻下,身心内外无不敬,如此才能存心之全体。朱子又以二程作为依据,认为二程不说存心而说主敬,不以虚静渊默言主敬工夫,而是必须在衣冠容貌做谨慎整顿的工夫,可见二程言敬语言平实,但主旨深远。

所以,何叔京批评朱子教人持敬不教人从根本上开始做工夫,往往向外奔驰,做工夫没有依据,朱子认为是他没有发现持敬应该彻上彻下而存心是先在衣冠容貌上下持敬工夫,持敬就是持守本心,天底下没有向外而没有依据的敬。朱子认为如果存心只将心存乎心内,则不免有刻意安排、揠苗助长的隐患,虽然说是存心之全体,但存一半失一半。在此,朱子特别向何叔京强调存心之道不仅是在未发时主敬,已发后敬要一以贯之。1172 年,朱子又跟何叔京强调持敬无间断,他说:"未发之前,太极之'静而阴'也;已发之后,太极之'动而阳'也。其未发也,敬为之主,而义已具;其已发也,必主于义,而敬行焉,则何间断之有哉!"② 在此朱子提出未发之前以持敬为主,已发后以义为主,而敬行于义中,持敬无间断,敬是

---

① (宋)朱熹著,朱杰人、严佐之、刘永翔主编:《答何叔京》,《朱子全书》,第 22 册,第 1835 页。1170 年。

② (宋)朱熹著,朱杰人、严佐之、刘永翔主编:《答何叔京》,《朱子全书》,第 22 册,第 1838 页。1172 年。

彻上彻下的工夫是朱子中年时期所确立的持敬的基本观点。

三 敬贯动静

在"中和新说"时期,朱子以思虑未萌、思虑已萌来界定未发已发,又以动静言未发已发,以未发为性之静,已发为情之动,未发为静工夫,已发为动工夫,未发已发都要涵养,持敬无间断,敬成为彻上彻下的工夫,所以从动静上说,要求敬贯动静而无间。朱子说:"'敬'字通贯动静,但未发时则浑然是敬之体,非是知其未发方下敬底工夫也。既发则随事省察,而敬之用行焉。"① "中和新说"时期确立了未发前涵养工夫的地位,又因湖湘学派以性为未发,心为已发,主张先察识后涵养,朱子认为湖湘学派偏向动的工夫,故朱子强调敬贯动静,不可偏废一方。

> 孟子存亡出入之说,亦欲学者操而存之耳,似不为识此心发也。若能常操而存,即所谓敬者纯矣,纯则动静如一而此心无时不存矣。今也必曰动处求之,则是有意求免乎静之一偏,而不知其反倚乎动之一偏也。然能常操而存者,亦是颜子地位以上人方可言此,今又曰"识得便能守得",则仆亦恐其言之易也。明道先生曰:"既能体之而乐,则亦不患不能守。"须如此而言,方是颠扑不破、绝渗漏、无病败耳。②

由引文可知,朱子认为孟子的操存舍亡,出入无乡是希望学者通过操习来存心,并不是为了强调认识心之发动后的样子,而是为了保持心未发时本心之全体的样貌。如果能常常操习存心,则持敬工夫就做得纯熟。纯即无论动静都持敬,所以本心无时不存,也就是说

---

① (宋)朱熹著,朱杰人、严佐之、刘永翔主编:《答林择之》,《朱子全书》,第22册,第1980页。1169年。
② (宋)朱熹著,朱杰人、严佐之、刘永翔主编:《答张钦夫》,《朱子全书》,第21册,第1314—1315页。1169年。

敬贯动静，二者不能偏失一方。朱子提出张栻认为心为已发，工夫从已发处下手，所以必言在心之发动处做工夫，虽然是有意要避免工夫偏向静的一方，但是却不知反而偏向动的一方了，由此可知朱子《仁说》前常言静中持敬，主静存养是为了纠张栻之偏。朱子提出平日涵养工夫十分重要，也有一定难度，所以常常操存本心是德行在颜回以上的才能说，而张栻却认为能察识便能持守，则是将涵养工夫看得太容易了。朱子强调动静工夫皆不可偏废一方，如此做工夫才严密。次年朱子又致书张栻，通过动静之间的辩证关系来说明敬贯动静。

> 未发之前，是敬也固已主乎存养之实；已发之际，是敬也又常行于省察之间。方其存也，思虑未萌而知觉不昧，是则静中之动，复之所以"见天地之心"也；及其察也，事物纷纠而品节不差，是则动中之静，艮之所以"不获其身，不见其人"也。有以主乎静中之动，是以寂而未尝不感；有以察乎动中之静，是以感而未常不寂。寂而常感，感而常寂，此心之所以周流贯彻而无一息之不仁也。然则君子之所以致中和而天地位、万物育者，在此而已。盖主于身而无动静语默之间者心也，仁则心之道而敬则心之贞也。此彻上彻下之道，圣学之本统。明乎此，则性情之德、中和之妙可一言而尽矣。①

由引文可知，朱子认为未发之前敬的工夫主要为了存养本心，已发之际，敬又常常在省察的工夫中发挥作用。等到存得本心的时候，虽然思虑未萌但知觉不昧，此是静中之动，这也是《易经》中说"复卦"能见天地之心的原因。《易传》解释"复能见天地之心"是指在发动的端绪处见天地之心，这是因为天地之心是静中

---

① （宋）朱熹著，朱杰人、严佐之、刘永翔主编：《答张钦夫》，《朱子全书》，第21册，第1419页。1170年。

有动,所以能在发动的开端见到天地之心。因为静中有动,所以有从动中能见静的依据。等到省察后,事物发动而符合品节,是动中之静,这是"艮卦"为什么说"不获其身,不见其人"的原因,因为动中有静,所以要从已发之动来看未发之全体。在此,朱子以"复卦"和"艮卦"分别说明了敬贯彻动静如何达到动中有静和静中有动。朱子认为如果能以敬在静中之动为主,则虽然心未发为寂静但常常能感通,能在已发后体察静中之动,则与万物感通也能寂静,持敬贯彻动静这是心未发已发多没有离开仁的原因,这也是君子能未发为中,已发为和的原因。这都是因为心在动静语默之间都是身体的主宰,仁是心的道路,敬是心的彰显,这彻上彻下的方法,是孔门的"本统"。因为敬贯动静,所以《仁说》前持敬成为为仁的主要工夫,也是因为敬贯动静,儒家修养工夫与坐禅就区别开来。

  二先生所论"敬"字,须该贯动静看,方得。夫方其无事而存主不懈者,固敬也,及其应物而酬酢不乱者,亦敬也,故曰:"毋不敬,俨若思。"又曰"事思敬""执事敬"。岂必以摄心坐禅而谓之敬哉![①]

由引文可知,朱子认为二程言敬的工夫必须贯彻动静,在无事时存本心之主宰,是敬的工夫;等到应事接物而酬酢不乱,也是敬的工夫,无论何时都要持敬,所以说要无论做任何事都要思考有没有持敬,不能只认坐禅为敬。由以上分析可知,朱子从"中和新说"开始持续至《仁说》之前已形成了涵养于未发已发、持敬无间断、敬贯动静等涵养工夫的基本立场。

---

① (宋)朱熹著,朱杰人、严佐之、刘永翔主编:《答廖德明》,《朱子全书》,第 22 册,第 2078 页。1174 年。

第五节　涵养工夫之间的关系

一　主敬与主静

朱子在"中和新说"后以动静区分已发未发，将未发前的涵养工夫称为静中存养，基于朱子在"中和新说"时期对未发地位的认识，朱子将静中存养的工夫抬得很高，提出涵养要"以静为本"的说法，因为持敬是涵养的主要工夫，所以更准确地说应该是持敬以静为本。他说："入道莫如敬，未有能致知而不在敬者……以事言之，则有动有静；以心言之，则周流贯彻其工夫初无间断也，但以静为本尔。"① 朱子认为持敬是修养的入手工夫，持敬是致知的基础，所以从事情上看，持敬工夫有动有静，从心上看，持敬无间断，但以静中持敬为根本。朱子随即提出了"主静"的说法，朱子说："周子所谓主静者亦是此意，但言静则偏，故程子又说敬。"② 朱子认为周敦颐所言"主静"之意即"以静为本"，但因为如果只言静则有偏失，所以二程又提出敬以兼动静。二程言敬而不言静的原因在于意识到与佛家言静的区分："才说静，便入于释氏之说也。不用静字，只用敬字。才说着静字，便是忘也。"③ 如果只言静，就会落入佛家的工夫，所以只用敬。实际上二程对静与敬的认识也经过一个变化的过程，徐复观提出："从修养工夫上说，二程早年虽提出'敬以直内，义以方外'，所谓'敬义夹持'工夫，但这不仅是将内外分为两片，且他们毕竟是主静的意味重于主敬的意味，这可能是

---

① （宋）朱熹著，朱杰人、严佐之、刘永翔主编：《已发未发说》，《朱子全书》，第23册，第3268页。1168年。
② （宋）朱熹著，朱杰人、严佐之、刘永翔主编：《已发未发说》，《朱子全书》，第23册，第3268页。1168年。
③ （宋）程颢、程颐著，王孝鱼点校：《二程集》，中华书局1981年版，第157页。

受了周敦颐'主静'的影响。(周敦颐,太极图说:'圣人定之以中正仁义而主静,立人极焉。')自伊川提出'涵养须用敬,进学则在致知'(伊川先生语四)后,以敬概括静,工夫才得到贯通动静内外的致力之方。伊川晚年由静转向敬,也反映出他是以动为人生的基本态度。……因此一转换,便更加强了他在工夫中在'事'上用力的意味。"① 二程不言主静而言主敬,主张动的工夫态度其实也是张栻所主张的,张栻以心为已发而偏向动的工夫,正是因为如此,朱子在知晓二程不言主静的情况下,因与湖湘学派论辩的需要,仍然强调主静的地位。

朱子认为未发已发都要涵养,敬贯动静,但是因为主静体现了未发前涵养工夫的重要性,能够突出涵养先于察识的工夫次序,所以朱子仍然强调主静的地位。他说:"'主静'二字,乃言圣人之事,盖承上文'定之以中正仁义'而言,以明四者之中又自有宾主尔。观此则学者用工固自有次序,须先有个立脚处,方可省察,就此进步,非谓静处全不用力,但须如此,方可用得力尔。"② 朱子认为工夫有先后次序,主静就是工夫的立脚处,之后才可以省察,在静处做工夫,才可以在动的地方进一步得力。基于对主静的认可,朱子拒绝张栻将"以静为本"替换为"以敬为本"的建议,朱子说:"来教又谓熹言'以静为本',不若遂言'以敬为本',此固然也。然'敬'字工夫,通贯动静而必以静为本,故熹向来辄有是语。今若遂易为'敬',虽若完全,然却不见敬之所施有先有后,则亦未得为谛当也。"③ 由此可知,朱子认为"以静为本"能凸显持敬工夫的开展也有先后次序之分,未发前持敬要先于已发后持敬,而"以敬为本"虽然动静完备,却不能突出以未发工夫为先的工夫次第。

---

① 徐复观:《中国思想史论集续篇》,九州出版社2013年版,第539页。
② (宋)朱熹著,朱杰人、严佐之、刘永翔主编:《答林择之》,《朱子全书》,第22册,1981页。1169年。
③ (宋)朱熹著,朱杰人、严佐之、刘永翔主编:《答张钦夫》,《朱子全书》,第21册,第1421页。1170年。

朱子明知以主静言敬可能会有陷入禅学的隐患，但因与张栻论辩的需要，强调未发前涵养工夫不可缺，所以对"以静为本"多有强调。

基于以上考虑，朱子在中年时期将主静工夫抬得很高，他说："'圣人定之以中正仁义而主静'，所以'主静'者，以其本静，静极而动，动极复静。静也者，物之终始也，万物始乎静，终乎静，故圣人主静。"① 朱子认为圣人以中正仁义定心所以要主静，所以主静是依据其本来的状态为静，静到极致后就发动，动到极致后又回到静，从静开始，再以静结束，静为物之终始，所以说圣人主静。朱子以静为万物的起点和终点，可见对主静工夫的肯定。对于圣人定之以中正仁义而主静，朱子43岁时又说："谓周子主静之说，则中正仁义之动静有未当其位者，当云：以中对正则正为本，以仁配义则义为质乃无病尔。此稿中间亦屡有改定处，今不能复易因题其后以正其失云。"② 此时朱子以仁义来解释"中正仁义"，"中正仁义"为仁中、义正，仁中为动，义正为静。后朱子作《太极图说解》又对圣人主静进行了比较详细的阐述。

> 此言圣人全动静之德，而常本之于静也。……然静者，诚之复而性之贞者也。苟非此心寂然无欲而静，则亦何以酬酢事物之变，而一天下之动哉！故圣人中正仁义，动静周流，而其动也必主乎静。此其所以成位乎中，而天地、日月、四时、鬼神，有所不能达也。盖必体立而后用以行。敬则欲寡而理明，寡之又寡，以至于无，则静虚动直，而圣可学矣。③

---

① （宋）朱熹著，朱杰人、严佐之、刘永翔主编：《答石子重》，《朱子全书》，第22册，第1934页。1172年。

② （宋）朱熹著，朱杰人、严佐之、刘永翔主编：《记论性答稿后》，《朱子全书》，第24册，第3636页。1172年。见束景南《朱熹年谱长编》（上），第465页。

③ （宋）朱熹著，朱杰人、严佐之、刘永翔主编：《太极图说解》，《朱子全书》第1册，第75页。1173年。见束景南《朱熹年谱长编》（上），第484页。

由引文可见，朱子认为圣人做工夫对动静都顾得很周全，但是以静为本。朱子以《易经》中"乾卦"的四德元亨利贞之贞形容静，认为静是性之贞，即性之正。朱子认为如果不是因为心未发前寂然无欲而为静，则怎么可能应对事物的变化，在天下的动中找到一致的准则。所以圣人中正仁义，动静之间通畅无碍，其发动也必须以静为主。以静为主是未发为中、已发为和的原因，因为必须先立下心体之全，敬之用才能实行。主静作为未发工夫，是已发工夫的前提，这是朱子言主静的主旨。

朱子在《太极图说解》中重新解释了"中正仁义"，朱子说："仁者，善之长也；中者，嘉之会也；义者，利之宜也；正者，贞之体也。而元亨者，诚之通也；利贞者，诚之复也。是则安得为无体用之分哉！"① 在此，朱子以《周易》"乾卦"的卦辞"元亨利贞"来比附解释"仁中义正"，《周易·乾·文言》中说："元者，善之长也，亨者，嘉之会也。利者，义之和也。贞者，事之干也。君子体人足从长人，嘉会足以合礼，利物足以和义，贞固足以干事。君子行此四德者，故曰乾元亨利贞。"② 又说："乾元者，始而亨者也。利贞者，性情也。"③ 朱子在《太极图说解》中以仁为元，以中为亨，以义为利，以正为贞，说明"中正仁义"为四者，而不为仁义二者，朱子已改变了此前以中正形容仁义，中正有自己的地位。朱子以元亨为诚之通，利贞为诚之复，即以仁中为动，义正为静。1175 年，朱子又明确了中正是"礼智"，他说："仁义中正"，洵窃谓仁义指实德而言，中正指体段而言。然常疑性之德有四端，而圣贤多独举仁义，不及礼智，何也？中正即是礼智。"④ 朱子此时更具

---

① （宋）朱熹著，朱杰人、严佐之、刘永翔主编：《太极图说解》，《朱子全书》第 1 册，第 77 页。1173 年。
② 黄寿祺、张善文撰：《周易译注》，上海古籍出版社 2004 年版，第 9 页。
③ 黄寿祺、张善文撰：《周易译注》，上海古籍出版社 2004 年版，第 9 页。
④ （宋）朱熹著，朱杰人、严佐之、刘永翔主编：《答程允夫》，《朱子全书》，第 22 册，第 1888 页。1175 年。见陈来《朱子书信编年考证》，第 137 页。

体以"仁义中正"为"仁义礼智"。1176 年,朱子作《太极说》,又言主静,明确以元亨为动,利贞为静。

> 元亨,诚之通,动也;利贞,诚之复,静也。元者动之端也,本乎静。贞者静之质也,著乎动。一动一静,循环无穷。而贞也者,万物之所以成终而成始者也,故人虽不能不动而立人极者,必主乎静。惟主乎静,则其著乎动也无不中节,而不失其本然之静矣。①

由引文可见,朱子以元亨为动,利贞为静,认为元是动的开端,却以静为本;贞是静的本质,但在动中彰显,动静循环而最终归于静。朱子又说,贞是万物之所以到达终点也能够顺利开始生长的原因,所以人虽然必须通过动来立下成德的标准,却必须以静为主。只有以静为主,才能在发动时无不中节,最终没有失去其静时本然的状态。在此,朱子强调静是万物成始成终的依据,也是工夫后要达到的最高境界。可以看出朱子对主静的重视和强调,其本质上是对未发前真而静以及未发前涵养工夫的强调,主静不是一个单独的工夫,并没有因此取消持敬为涵养工夫第一义的地位。

二 持敬与克己复礼

在"中和新说"时期,朱子已确立"涵养须用敬,进学在致知"的基本工夫架构,确立了主敬涵养的基本思想,但是朱子在性情之辨、理欲之辨的基础上,又提出了克己工夫,朱子将"克己复礼"诠释为"克己复理",以视听言动作为克己工夫的入手处,如此与持敬都成了涵养工夫。由于朱子在中年时期对未发前涵养工夫的强调,将持敬工夫抬得很高,认为持敬可以解决欲望的问题,以

---

① (宋)朱熹著,朱杰人、严佐之、刘永翔主编:《太极说》,《朱子全书》,第 23 册,第 3274 页。1176 年。

持敬为为仁的工夫，以持敬解释克己，所以在《仁说》前，克己工夫没有独立的地位，朱子基本遵从伊川"敬则无己可克"的思想。在《仁说》后，朱子将克己与持敬并举，克己复礼才有了独立的工夫地位，但持敬工夫仍然是第一义。

(一) 敬则无须克己

朱子在"中和新说"时期将持敬工夫抬得很高，认为只要持守好本心，则未发自然为中，已发自然为和，私欲没有机会产生。对此朱子说："然未发之前不可寻觅，已觉之后不容安排，但平日庄敬涵养之功至，而无人欲之私以乱之，则其未发也镜明水止，而其发也无不中节矣。"① 朱子在"新说"时期强调未发前涵养工夫的重要地位，认为未发前的工夫做好了，已发自然为和，私欲不会产生，这也是持敬涵养能够成为根本性工夫的原因。朱子说："盖义理人心之固有，苟得其养而无物欲之昏，则自然发见明著，不待别求，格物致知亦因其明而明之尔。"② 如果能在未发前涵养好本心，就不会有物欲使人心昏聩，心之发自然明白显著，不用外求其他工夫，格物致知也因为本心光明而使之更加明亮。朱子认为未发前的涵养工夫可以完全解决私欲的问题，如此克己工夫似乎没有提出的必要。同年朱子又说："又谓'能持敬，则欲自寡'，此语甚当。"③ 又说："是知圣门之学别无要妙，彻头彻尾，只是个"敬"字而已。又承苦于妄念而有意于释氏之学，此正是元不曾实下持敬工夫之故。若能持敬以穷理，则天理自明，人欲自消，而彼之邪妄将不攻而自破矣。"④ 孟子言养心莫善于寡欲，意指寡欲是存心养性的最好的方

---

① （宋）朱熹著，朱杰人、严佐之、刘永翔主编：《与湖南诸公论中和第一书》，《朱子全书》，第23册，第3131页。1169年。

② （宋）朱熹著，朱杰人、严佐之、刘永翔主编：《答林择之》，《朱子全书》，第22册，第1980页。1169年。

③ （宋）朱熹著，朱杰人、严佐之、刘永翔主编：《答程允夫》，《朱子全书》，第22册，第1872页。1169年。

④ （宋）朱熹著，朱杰人、严佐之、刘永翔主编：《答程允夫》，《朱子全书》，第22册，第1873页。1169年。

法，但是朱子却提出持敬则自然寡欲，又说持敬以穷理则天理自明，人欲自消，如此在持敬的基础上确实不需要单独的克己工夫。

基于朱子对未发前涵养工夫的重要性的认识，朱子将持敬工夫抬得很高，持敬是为仁的工夫，可以对治私欲的问题，所以有了持敬则不需要克己，甚至认为圣学工夫只是一个持敬工夫就够了。朱子对持敬的地位的认识来源于他自身的经验，他说："熹哀苦之余，无他外诱，日用之间，痛自敛饬，乃知'敬'字之功，亲切要妙乃如此。而前日不知于此用力，徒以口耳浪费光阴，人欲横流，天理几灭。"① 同年，他又说："敬则天理常明，自然人欲惩窒消治。"② 又说："人能存得敬，则吾心湛然，天理粲然，无一分着力处，亦无一分不着力处。"③ 敬则天理常明，人欲自消，无私欲可克，所以朱子此时没有将克己工夫单独拈出。持敬可以代替克己复礼，成为为仁的工夫，他说："人虽欲仁，而或不敬，则无以致求仁之功。"④ 又说："学者致为仁之功，则仁之体可得而见，识其体矣，则其为益有所施而亡穷矣，然则答为仁之问，宜莫若敬而已矣。"⑤ 朱子认为"为仁"的工夫没有比得上持敬的，持敬保持性体之全，不需要别的恢复性体的工夫了，持敬居于成德工夫的第一位。1173 年朱子在《太极图说解》中又说："敬则欲寡而理明，寡之又寡，以至于无，则静虚动直，而圣可学矣。"⑥ 持敬则欲望自然会减少而天理自然会恢复光明，敬则无私欲可克，所以朱子虽言克己复礼，但克

---

① （宋）朱熹著，朱杰人、严佐之、刘永翔主编：《答林择之》，《朱子全书》，第 22 册，第 1969 页。1170 年。
② （宋）黎靖德编，王星贤点校：《朱子语类》，第 210 页。杨方录，朱子 41 岁。
③ （宋）黎靖德编，王星贤点校：《朱子语类》，第 210 页。杨方录，朱子 41 岁。
④ （宋）朱熹著，朱杰人、严佐之、刘永翔主编：《答张钦夫》，《朱子全书》，第 21 册，第 1419 页。1170 年。
⑤ （宋）朱熹著，朱杰人、严佐之、刘永翔主编：《胡子知言疑义》，《朱子全书》，第 24 册，第 3561 页。1171 年。
⑥ （宋）朱熹著，朱杰人、严佐之、刘永翔主编：《太极图说解》，《朱子全书》，第 1 册，第 75 页。1173 年。见束景南《朱熹年谱长编》（上），第 484 页。

己复礼没有成为独立的工夫,克己复礼被持敬统摄,说明朱子在《仁说》前遵从伊川的"敬则无己可克"的立场。

(二) 克己就是持敬

经前文分析可知,朱子在"中和新说"时期认为持敬可以对治私欲的问题,故没有提出克己复礼的工夫。在《知言疑义》理欲之辨的基础上朱子提出克己复礼工夫。在"中和新说"时期乃至《知言疑义》时期,朱子都认为持敬可以解决私欲的问题,所以克己工夫实际上没有单独做工夫的必要性,朱子在解释克己工夫的时候,是通过持敬来解释的,但朱子对持敬与克己的关系的认识有一个短暂的摇摆,刚开始朱子认为克己工夫除了持敬还有致知,他说:"克己之道,笃敬致知而已。非礼勿视、勿听、勿言、勿动,笃敬也;所以知其为非礼者,致知也。"① 朱子认为克己复礼工夫不过是对持敬和致知的落实,克己复礼包括非礼勿视听言动和知非礼之所以然,非礼勿视听言动是落实持敬,所以知其非礼是落实致知,也就是说克己复礼的方法包括笃敬和致知,克己工夫没有自己的独立意义。但朱子很快对程允夫修正了自己的说法,朱子提出克己工夫其实就是持敬,他说:"克己乃笃行之事,固资知识之功,然以此言之,却似不切。只合且就操存持养处说,方见用力切要处。"② 朱子提出之前认为克己工夫属于笃行践履,所以要以致知作为辅助,但这样说不够确切,克己工夫的下手处只有从操存持养处说,才能见到工夫用力的关键处。在此可以明确克己工夫属于操存持养,而不是涵养践履,也就是说克己工夫主要通过持敬完成,自《知言疑义》后克己工夫作为涵养工夫的重要补充,但没有单独的工夫意义。

---

① (宋)朱熹著,朱杰人、严佐之、刘永翔主编:《答程允夫》,《朱子全书》,第22册,第1884页。1172年。

② (宋)朱熹著,朱杰人、严佐之、刘永翔主编:《答程允夫》,《朱子全书》,第22册,第1884页。1172年。

（三）克己与持敬并举

在《仁说》后，基于朱子对"仁体"的重视，克己复礼作为为仁的工夫，朱子对克己复礼有了进一步重视，此后朱子将持敬与克己并举，克己工夫成为涵养工夫的重要补充。

> 《仁说》近再改定，比旧稍分明详密，已复录呈矣。……其实亦只是祖述伊川仁性爱情之说，但剔得名义稍分界分、脉络有条理，免得学者枉费心神，胡乱揣摸，唤东作西尔。若不实下恭敬存养、克己复礼之功，则此说虽精，亦与彼有何干涉耶！①

由引文可见，朱子提出《仁说》经过几次改定后比之前更加详细严密，但实质上是尊崇伊川的"仁性爱情说"，只是将性与情的名称义理界定区分得更加清楚、性情的脉络更加有条理化，以免学者胡乱揣摩。朱子又提出如果不将持敬存养和克己复礼工夫落实，则性情之辩说得再精确也没有用。此处朱子将持敬与克己复礼并列，说明二者都是存养工夫，前者为存性，后者为复性，都是操存持养的方法。1174 年，朱子在与张栻论人心私欲之辨的基础上，朱子提出了克己工夫的地位。

> "必有事焉"，却是见得此理而存养下功处，与所谓纯是道心者盖有间矣。然既察本原，则自此可加精一之功而进夫纯耳，中间尽有次第也。"惟精惟一"亦未离夫人心，特须如此克尽私欲，全复天理。倘不由此，则终无可至之理耳。②

---

① （宋）朱熹著，朱杰人、严佐之、刘永翔主编：《答吕伯恭》，《朱子全书》，第 21 册，第 1442—1443 页。1173 年。

② （宋）朱熹著，朱杰人、严佐之、刘永翔主编：《答张敬夫》，《朱子全书》，第 21 册，第 1397 页。1174 年。

由引文可知，朱子认为孟子"必有事"是见到心中所具之理而成为存养工夫的下手处，但未发前的存养与纯是道心的状态还是有距离的。朱子又说虽然存养下工夫处与工夫后的境界是有距离的，但既然已经体察到本原所在，则就从这里进一步做"精一"的工夫使心更加纯粹为道心，中间需要有工夫的先后次第。朱子此时强调涵养本原，即未发前涵养的第一义。朱子同时又提出虽然《中庸》中所言道心"惟精惟一"，但道心也没有离开人心，所以必须也要以克己工夫克尽私欲，恢复天理之全。如果不加以克己工夫，则最终无法达到天理。在此，朱子把克己复理设定为"精一"的工夫，虽然克己工夫相比持敬是第二位的工夫，但"精一"工夫是必需的，虽然有次第先后之分，但克己工夫有了自己的必要性。同年，朱子与廖德明通信中更明确了这一观点。

> 二先生所论"敬"字，须该贯动静看，方得。……礼乐固必相须，然所谓乐者，亦不过谓胸中无事而自和乐耳，非是着意放开一路而欲其和乐也。然欲胸中无事，非敬不能。故程子曰："敬则自然和乐。"而周子亦以为礼先而乐后，此可见也。"既得后，须放开，不然，却只是守"者，此言既自得之后，则自然心与理会，不为礼法所拘而自中节也。若未能如此，则是未有所自得，才方是守礼法之人尔。亦非谓既自得之，又却须放教开也。克己复礼固非易事，然颜子用力，乃在于视听言动礼与非礼之间，未敢便道是得其本心而了无一事也，此其所以先难而后获欤？今言之甚易而苦其行之之难，亦不考诸此而已矣。①

由引文可知，朱子强调持敬要贯彻动静工夫来看，朱子认为礼与乐

---

① （宋）朱熹著，朱杰人、严佐之、刘永翔主编：《答廖德明》，《朱子全书》，第22册，第2078页。1174年。

固然相互需要，但乐只是因为没有外物干扰而心中自然和乐，但不是对欲望的放纵而为乐。但要想心中没有外物干扰，只有敬的工夫才能够做到。所以程子才说"敬则自然和乐"，由此可知周敦颐为什么说礼在乐之先，这都是主敬思想的体现。在此，朱子言礼在乐之先，是将守礼纳入持敬工夫。朱子认为如果能自觉涵养本心，心未发为中，自得本心，也不用受到礼法的规范和约束自然为中节，已发后自然为和。如果不能涵养本心，不能自得本心，如此才需要礼法的约束，通过行为合于礼法使心合于理。朱子道出了持敬是涵养工夫的第一义，如果自得则无须克己，仍然是"敬则无己可克"的思想，持敬先于克己，道德的自律自觉在朱子这里仍然是第一位的，而克己是补持敬之不足，是第二位的工夫，礼法的规范是补充内心自觉所不能解决的问题。朱子进一步提出"既得之，须放开"的意思在于未发前存养是第一义，但不是说本心自得后修养工夫就完成了，心不可能一直停留于未发，本心是否存得需要已发后在礼法的规范中去检验才能知道。所以朱子强调克己复礼当然不是容易完成的工夫，但颜回还是在视听言动的礼和非礼之间做工夫，这说明连颜回也不敢说是本心自得后就没有一毫私欲。这其中的工夫次第体现了孔子所说的"先难后获"，现在总是把克己工夫做得很容易，但又为做不到而苦恼，应该考虑要在视听言动上多做工夫。由此可知，朱子在此明确提出了未发前持敬存养不能完全保证已发后自然中节，克己复礼是存心的重要补充，而克己工夫的困难在于在视听言动上能够合于礼。所以从朱子的表述上看，克己工夫比持敬工夫更难，说明朱子已经不再遵从伊川的"敬则无己可克"的立场了，克己是持敬必不可少的补充。朱子对克己复礼的重视都是在《仁说》之后才有了进一步的认识，次年朱子与王子合通信更明确从未发已发的角度言克己工夫的重要。

大地之心固在于生物，然于生处观之，则偏于动而不知动之所以然，非指其端，无以见生生之理也。在人则恻隐之心是也,乍见孺子将入井,必有怵惕恻隐,此心不远。于此察之,庶可见矣。此心虽非心之本体,然始发见在是,故推此心,则廓乎天地之间,无所不爱。人惟汩于欲而不知复,则是心泯然不见。……在学者工夫,则平日涵养、语默作止须要识得端倪,则心体昭然,可默识矣。故伊川云:"善学者,不若于已发之际观之。"观于已发,识其未发,克己不已,一旦复之,则造次颠沛皆见此心之妙,始可以言仁矣。①

由引文可见,在《仁说》中朱子以天地生物之心为仁,在此他提出天地之心固然在于生物,生固然是天地之心的特点,但如果在生的特点上观天地之心,则偏于动处而不知心之所以能发动的依据。但是如果没有指向生的端绪,则不能看见生生背后的道理。这种端绪在人则是恻隐之心,见孺子入井,就有怵惕恻隐之心,则说明此恻隐之心离仁之本心不远,从恻隐之心体察本心,则可见本心为仁。虽然恻隐之心不是心之本体,是刚开始发见出来的状态,所以从此恻隐之心推至本心全体,则可看到本心未发前寂静存于天地之间,无所不爱。体察此段朱子言恻隐之心,可见朱子对已发后端绪的重视,朱子与湖湘学派辩论至尾声,似乎不再着重强调未发的重要,而比较重视已发后私欲对本心的影响。朱子认为人如果沉浸于私欲而不知恢复天理,则本心就会消失不见。所以为学工夫,要重视平日涵养,平日涵养为已发后的涵养,从察识端倪中体会心之全体的明亮,如此可见,朱子也对已发之际的察识工夫做了肯定,并且,朱子以伊川言善观者来说明观已发之际的端绪则能认识未发前心之全体,不要停止克己工夫,一旦通过克己恢复天理之全,在造次颠沛中都能见到仁心的发用,如此可以说达到仁的境界了。从这里可以看出,朱子在此言在已发之际的端绪处做工夫的重要,肯定察识

---

① (宋)朱熹著,朱杰人、严佐之、刘永翔主编:《答王子合》,《朱子全书》,第22册,第2247页。1175年。

和克己工夫的意义，察识和克己都是平日涵养工夫的重要内容，在工夫次第察识先于克己复礼。

(四) 克己在持敬之上

在《集注》时，朱子提出了克己复礼有超过持敬的优点，由此克己复礼工夫的地位进一步提升。他说："言一日克己复礼，则天下之人皆与其仁，极言其效之甚速而至大也。"① 一日"克己复礼"，天下归仁，说明了克己复礼工夫的成效十分快，作用很大。如此，持敬与克己复礼的关系也发生了改变，朱子提出克己复礼是孔门"传授心法切要之言"②。克己复礼是孔门传授的心法的关键，是孔子亲传，如此克己复礼的地位就很高了。朱子又说："敬以持己，恕以及物，则私意无所容而心德全矣。内外无怨，亦以其效言之，使以自考也。……克己复礼，乾道也；主敬行恕，坤道也。颜、冉之学，其高下浅深，于此可见。然学者诚能从事于敬恕之间而有得焉，亦将无己之可克矣。"③ 朱子认为持敬是对自我的要求，恕道是己所不欲勿施于人，由持敬推广至他者身上，如此则能使私意不存在，涵养心德之全。朱子认为克己复礼是乾道，是主动刚健德，主敬行恕是坤道，是比较慢的，克己复礼是颜回的方法，主敬行恕是冉有的方法，克己复礼比持敬工夫所要求的资质更高，境界也在持敬之上。但朱子还是建议学者能落实主敬行恕的工夫，持敬虽然要渐渐涵养，但平实容易做工夫，并且持敬最后也能解决私意的问题，持敬工夫做好了，也不需要再做另外的克己复礼的工夫。由此可见，虽然克己与持敬有高下浅深之分，但朱子主敬涵养的立场没有改变，持敬仍然是第一义的工夫。

综上分析可知，朱子在"中和新说"时期确立了主敬涵养的

---

① （宋）朱熹：《四书章句集注》，第132页。
② （宋）朱熹：《四书章句集注》，第132页。
③ （宋）朱熹：《四书章句集注》，第133页。

工夫思想，认为持敬则私欲不会产生，在《知言疑义》阶段朱子将克己工夫解释为操存持养，实际上是以持敬解释克己，克己工夫没有独立地位，这都说明朱子在《仁说》前对伊川"敬则无己可克"观点的继承。在《仁说》后朱子将克己与持敬并举，提出克己工夫是对持敬的必要补充，说明克己工夫有了独立的地位。至《集注》时，朱子又提出了克己复礼工夫比持敬更快，克己高于持敬的说法，说明克己复礼的地位进一步提升，但朱子总体的立场仍是主敬涵养，敬则无己可克。

三 诚与敬：以敬代诚

诚的工夫来自朱子对《中庸》中诚的诠释，《中庸》中说："顺乎亲有道：反诸身不诚，不顺乎亲矣；诚身有道：不明乎善，不诚乎身矣。诚者，天之道也；诚之者，人之道也。诚者不勉而中，不思而得，从容中道，圣人也。诚之者，择善而固执之者也。博学之，审问之，慎思之，明辨之，笃行之。……自诚明，谓之性；自明诚，谓之教。诚则明矣，明则诚矣。"① 对此，朱子说："诚者，真实无妄，不待思勉之谓，天理之本然也。"② 朱子认为诚是"真实无妄"的意思，"真实"就是不用去思考和勉强就将本然之天理发见、落实。相比之下，持敬是操存涵养，是存心之全体而不失，诚是落实天理之本然，二者都是涵养"性体"的工夫。对于二者关系，在《章句》前，朱子常常将"诚敬"合说，但重点只在"敬"上。

> 所论诚敬之说，甚善。但钦夫之意，亦非直谓学者可以不诚，盖以为既曰持敬，便合实有持敬之心，不容更有不诚之敬，必待别著诚字然后为诚也。大抵"诚"字在道则为实有之理，在人则为实然之心，而其维持主宰，全在"敬"字。今但实然

---

① （宋）朱熹：《四书章句集注》，第31—32页。
② （宋）朱熹：《四书章句集注》，第31页。

用力于敬，则日用工夫自然有总会处，而道体之中，名实异同、先后本末皆不相碍。若不以敬为事而徒曰诚，则所谓诚者，不知其将何所错？①

由引文可知，朱子认为张栻虽然没有直言可以不用诚的工夫，但如果认为有不诚之敬则是需要另外做诚的工夫的。朱子认为持敬就是真实的持敬，不容得有不诚之敬，持敬本身包含了诚，不需要单独的诚的工夫。朱子认为，诚从天道上说就是真的存有天理，在人身上就是真的为心之全体，诚就是"真实"之意，维持本心为主宰的工夫全在敬上，如此可以看出"诚敬"二字，敬是重点，诚对敬的形容，诚没有独立的工夫意义。朱子提出如果能真实落实持敬工夫，则日用工夫自然有总会处，道体、名实、先后、本末的工夫也不会互相妨碍。朱子在此强调诚敬中以持敬为重点，如果不把持敬作为主要工夫而空言诚，则诚的工夫没有下落处，可见"中和新说"时期诚其实没有独立的工夫意义。1172 年，朱子在与石子重通信中又对诚敬做了区分。

诚敬如何分？顺之曰："'诚'字体面大，'敬'字却用力。"曰："伊川曰：''居处恭，执事敬，与人忠'是彻上彻下语。'如此，敬亦是圣人事。"曰："固是。毕竟将敬做诚不得。到得诚，则恭、敬、忠皆其蕴也。"诚是实理，圣人之事，非专之谓也。推此意，则与"敬"字不同，自分明矣。圣人固未尝不敬，如尧钦明、舜恭己、汤圣敬日跻是也，但自是圣人之敬，与贤人以下不同耳。②

---

① （宋）朱熹著，朱杰人、严佐之、刘永翔主编：《答曾致虚》，《朱子全书》，第 22 册，第 2123—2124 页。1169 年。见陈来《朱子书信编年考证》，第 67 页。
② （宋）朱熹著，朱杰人、严佐之、刘永翔主编：《答石子重》，《朱子全书》，第 22 册，第 1935 页。1172 年。

由引文可知，朱子引许顺之所说，认为诚的工夫比较广泛，敬的工夫则更有用力处。许顺之引伊川言"居处恭，执事敬，与人忠"，认为持敬是彻上彻下的工夫，提出"居处恭，执事敬，与人忠"是孔子所说的，所以不仅诚是圣人的工夫，敬也是圣人的工夫。对此朱子深表赞同，并提出诚不能代替敬的工夫，敬是下手做工夫处，而诚没有单独的工夫，但到了诚的境界，恭、敬、忠都包含在内了。对于顺之所言敬亦是圣人事，朱子认为将理真实发见，是圣人的工夫，但不专属于圣人。相比之下，圣人固然都做敬的工夫，但与贤人以下不同，这说明了诚是不勉而中，而持敬是勉力而行，说明了二者境界的不同。《仁说》后，朱子提出二者都属于涵养工夫，他说："既晓得此意思，须持守相称方有益，'诚敬'二字是涵养它底。"① 在此，朱子认为做工夫需要持和守相互结合才好，而诚敬就是涵养的意思。诚敬都是涵养，可见诚没有单独的工夫。

46岁时，朱子又说："诚，只是去了许多伪；敬，只是去了许多怠慢；欲，只是要窒。"② 在此，朱子从工夫内容上将三者做了区别，诚是去除心中伪的部分，此时朱子言诚还没有落到"意"上说，敬是去除怠慢不合于礼的部分，而寡欲是去除私欲，其实就是克己，三者都是涵养工夫，但工夫的切入点不同，这说明朱子在《仁说》后，开始对涵养工夫的内在关系已有了初步的分辨。但因为朱子在《仁说》前主要与湖湘学派辩论而强调未发前涵养工夫的地位，而持敬工夫能在未发前下手并能贯彻未发已发，彻上彻下，所以承担了涵养工夫的主要工作，朱子在《仁说》前将持敬工夫抬得很高，持敬统摄诚与克己，但《仁说》后克己有了独立的工夫意义，诚是在《集注》后朱子将《孟子》《中庸》中的诚与《大学》的"诚意"贯通，诚与克己工夫地位的提高，成为主敬涵养的重要补充，为此

---

① （宋）黎靖德编，王星贤点校：《朱子语类》，第2768页。廖德明录，朱子44岁后。

② （宋）黎靖德编，王星贤点校：《朱子语类》，第213页。金去伪录，朱子46岁。见《朱子语类》，第14页。

后朱子对诚与克己工夫的进一步重视留下了空间。

四 对志的诠释

朱子对志的理解是基于《论语》《孟子》中对志的讨论，孔子言"吾十有五而志于学"①，朱子说："心之所之谓之志。"② 对"苟志于仁矣，无恶也"③。朱子说："志者，心之所之也。"④ 对孟子所言"尚志"，朱子也说："志者，心之所之也。"⑤ 朱子以"心之所之"解释"志"，与将"意"解释为"心之所发"相对应，志说明了心朝着所希望的方向前进，所以志实际是解决行动的方向和动力的问题，有了志就有明确的方向和足够的克服困难的动力。"心之所之"还说明了志具有明确的指向性，志所指的内容是指向善的而非指向恶，儒家学者言志不离道，志就是对道的追求，《中庸》说"修身以道，修道以仁"⑥。道就是大学之道，正如对"吾十有五而志于学"⑦，朱子说："此所谓学，即大学之道也。"⑧ 朱子认为孔子所志之学不是"洒扫应对进退之节，礼乐射御书数之文"的小学，而是"穷理正心，修己治人"的大学。大学之道，在明明德，在亲民，在止于至善，大学之道的宗旨是修身之后齐家、治国、平天下，体现了儒家内圣外王的理想人格的要求，内圣外王就是儒家所言之志。儒家言志说明每个人作为道德主体的存在是有责任在身的，这也是儒家对成人的要求。

由此分析可见，朱子言志也是如此，只要言志就是"志于道"，对孔子以"大哉问"表扬林放问礼之本，朱子说："孔子以时方逐

---

① （宋）朱熹：《四书章句集注》，第54页。
② （宋）朱熹：《四书章句集注》，第54页。
③ （宋）朱熹：《四书章句集注》，第70页。
④ （宋）朱熹：《四书章句集注》，第70页。
⑤ （宋）朱熹：《四书章句集注》，第359页。
⑥ （宋）朱熹：《四书章句集注》，第28页。
⑦ （宋）朱熹：《四书章句集注》，第54页。
⑧ （宋）朱熹：《四书章句集注》，第54页。

末，而放独有志于本，故大其问。盖得其本，则礼之全体无不在其中矣。"① 在这里，朱子认为林放所志之本即指礼之本，礼之本是仁，以仁作为理想才是大志向，因为仁代表人格的完善。朱子还引用程子之语称赞曾点言志，他说："孔子与点，盖与圣人之志同，便是尧、舜气象也。"② 朱子认为志向最能体现一个人的精神气象和格局，如果一个人立下了圣人之志，那么便具有尧舜气象。朱子言志上承孔子的仁与道，也继承孟子的大丈夫之志，代表了学者人生追求的方向和目标。对于志向的作用，朱子认为只要立下志向，人生的道路就不会走偏，他说："盖学莫先于立志，志道，则心存于正而不他。"③ 志使心专一，立志之后人能专心于理想的追求与实践，不被外物扰乱注意力。立志有使人内心专一的作用，如此则与持敬有了共同性。但朱子在中年时期并没有注意到对持敬与立志关系的讨论，因为朱子中年时期对志的讨论集中在《集注》中，除去《集注》，朱子中年时期较少对志或立志有专门的讨论，在《集注》中虽然有言立志的作用，但没有将立志单独拈出，所以可以说"朱子中年时期对'立志'工夫没有特别的认识"④。在《集注》完成之后，朱子受到湖湘学派的启发，开始注意到立志与持敬的关系，对立志工夫开始重视起来。

第六节 涵养工夫的地位

一 涵养与省察

在"旧说"时期朱子认为性为未发，心为已发，涵养工夫都为

---

① （宋）朱熹：《四书章句集注》，第 62 页。
② （宋）朱熹：《四书章句集注》，第 131 页。
③ （宋）朱熹：《四书章句集注》，第 94 页。
④ 陈双珠：《立志与居敬、诚意——论朱子晚年对"立志"工夫的重视》，《中共福建省委党校学报》2017 年第 8 期，第 100 页。

已发后，而察识是在已发之际下手，所以在涵养与察识的关系中，朱子与湖湘学派一样都重察识，认为要先察识后涵养。"中和新说"后朱子对涵养与察识的关系的理解发生了变化，自1168年朱子作《已发未发说》开始，便开始思考如何重新安顿涵养工夫。1169年朱子与湖湘学者通信就开始质疑张栻先察识后涵养的工夫次第，认为应该以持敬涵养为先，同年朱子作《与湖南诸公论中和第一书》正式将涵养工夫落实于未发之前，在此基础上，1170年朱子在《与张钦夫》中明确提出"涵养先于察识"的观点，1171年朱子在《胡子知言疑义》中详细论述涵养与察识的关系，提出涵养先于察识、涵养与察识二者不可偏废的论点。在这一时期，朱子与张栻、林择之、胡广仲等人的书信往来对涵养与察识关系进行了集中讨论，其中，涵养先于察识的工夫次第，涵养重于察识的观点一以贯之，这都针对湖湘学派先察识后涵养而发。

（一）涵养先于察识

在"旧说"时期，朱子看重察识工夫，认为已发之际的察识要先于平日涵养的工夫。1166年朱子在《答张敬夫书》中就可以看出朱子对涵养与察识关系的理解受到"旧说"时期的心性思想的影响。

> 然则天理本真随处发见不少停息者，其体用固如是，而岂物欲之私所能壅遏而梏亡之哉？故虽汩于物欲流荡之中，而其良心萌蘖亦未尝不因事而发见。学者于是致察而操存之，则庶乎可以贯乎大本达道之全体而复其初矣。不能致察，使梏之反复，至于夜气不足以存而陷于禽兽，则谁之罪哉？……程子曰："未发之前更如何求？只平日涵养便是。"又曰："善观者，却于已发之际观之。"二先生之说如此，亦足以验大本之无所不在、良心之未尝不发矣。[①]

[①]（宋）朱熹著，朱杰人、严佐之、刘永翔主编：《与张钦夫书》，《朱子全书》，第21册，第1315—1316页。1166年。

由引文可见，朱子认为天理如果随处发见都没有停息，则体用都一致，则私欲就会灭亡，在此朱子言天理发见明显是已发后。朱子认为即使已发后心沉迷于物欲之中，但良心之端却能随着事情显现。如果能在此处致察识之功，然后操存涵养此端绪，则可以从端绪处通贯心之全体，使性恢复原本的面貌。可见朱子明确持先察识后操存涵养。朱子认为如果不能做察识工夫，则私欲消灭了还会反复生长，夜气也不能存而最终沦为禽兽。在此，朱子将察识工夫看得很重，认为察识是涵养的前提。朱子又引程子言未发之前不可求来说明涵养都在已发后，即平日涵养。朱子又引程子言"善观者，却于已发之际观之"，来说明在已发之际察识工夫的重要性。朱子认为二程之语说明了已发之际的察识可以体验未发前大本无所不在，也说明了本心良心没有不显现的。在此可以看出朱子对察识工夫的重视，这都是基于朱子以心为已发，涵养被安顿在已发后而言。"中和新说"后涵养与察识的关系发生了变化，自1168年朱子作《已发未发说》开始，便开始思考如何重新安顿涵养工夫。1169年朱子在与张栻、林择之、胡广仲等人的书信中对涵养与察识关系的问题做了重新讨论。

> 近得南轩书，诸说皆相然诺，但先察识、后涵养之论执之尚坚，未发已发条理亦未甚明，盖乍易旧说，犹待就所安耳。"敬以直内"为初学之急务，诚如所谕，亦已报南轩，云择之于此无异论矣。①

由引文可见，朱子说张栻先察识后涵养的观点很坚定，这与张栻对未发已发区分的条理不够清晰有关，朱子认为如果张栻改变旧说，

---

① （宋）朱熹著，朱杰人、严佐之、刘永翔主编：《答林择之》，《朱子全书》，第22册，第1965页。1169年。

则对未发已发的安排就会妥当。张栻对未发已发的区分不够明确，其实就是朱子"旧说"时期以性为未发、心为已发的心性理论，如此心与性的区别不够明晰，察识、涵养都成为已发后的工夫，缺失了未发前一段工夫。所以朱子提出，"敬以直内"即持敬工夫是初学者最要紧的工夫，应该先落实持敬涵养。朱子又说已告知张栻、林择之，并且林择之没有不同意见。由此可知，朱子与林择之通信时已经形成了涵养先于察识的观点，在同年与林择之的多封书信中，朱子都在强调涵养先于察识的工夫次第。

> 古人只从幼子常视无诳以上、洒扫应对进退之间，便是做涵养底工夫了，此岂待先识端倪而后加涵养哉？但从此涵养中渐渐体出这端倪来，则一一便为己物，又只如平常地涵养将去，自然纯熟。今曰即日所学，便当察此端倪而加涵养之功，似非古人为学之序也。……今乃谓"不先察识端倪，则涵养个甚底"，不亦太急迫乎？①

由引文可见，朱子认为古人从孩童之时所学三德三行，所做的洒扫应对进退的工夫，其实就是涵养的工夫，不能等到懂得察识心之端倪后再去涵养。但可以从涵养中体察端倪，则所察识的端倪都为己物，又在人伦日用中再加以涵养，则修养工夫自然纯熟。所以朱子在此提出的工夫次第是小学涵养—察识—平日涵养，朱子以小学工夫先于大学工夫的逻辑提出了涵养要先于察识。朱子认为林择之先察识端倪再做涵养工夫显然不符合古人为学的次序，古人先做小学工夫即涵养，再去格致省察。林择之认为不先察识则没有东西可以涵养，朱子则认为直接从已发处下手，工夫显得太过急迫，因为缺失了未发一段存养工夫，这是湖湘学派的通病，也是朱子在"旧说"

---

① （宋）朱熹著，朱杰人、严佐之、刘永翔主编：《答林择之》，《朱子全书》，第22册，第1980页。1169年

时期的问题。

> 前日"中和"之说看得如何？但恐其间言语不能无病，其大体莫无可疑。数日来玩味此意，日用间极觉得力，乃知日前所以若有若亡，不能得纯熟，而气象浮浅、易得动摇，其病皆在此。湖南诸友，其病亦似是如此。近看南轩文字，大抵都无前面一截工夫也。大抵心体通有无，该动静，故工夫亦通有无、该动静方无透漏。若必待其发而后察、察而后存，则工夫之所不至多矣。惟涵养于未发之前，则其发处自然中节者多，不中节者少，体察之际亦甚明审，易为着力，与"异时无本可据"之说大不同矣。用此意看《遗书》，多有符合，读之上下文极活络分明，无凝滞处。亦曾如此看否？①

由引文可见，朱子提出感觉到日用间涵养工夫很吃力，后来才知道此心若有若亡，涵养不能纯熟，气象肤浅，容易动摇，这些问题的原因皆在于缺失未发前涵养一段工夫。朱子又认为湖湘学者，除林择之外，胡广仲、张栻等人的问题也是如此。朱子说看张栻回信大抵也是缺乏未发一截的工夫。朱子认为心体贯通未发已发、动静，所以工夫也要贯通有无、动静才不会有缺漏。如果都必须等待已发后才去察识，察识后才存养，则要弥补未发这一段工夫做再多工夫都不够。朱子直接提出只有涵养于未发之前，如此则发处中节多，不中节少。如此，察识的时候也更明白，也更容易用力，这与"无本可据"之说大不一样。在此，朱子明确了未发前涵养工夫的地位，也明确了涵养先于察识的工夫次第，也说明了未发前涵养为已发之际的察识提供了依据的作用，使察识工夫更加明白也更有用力处，这都是朱子认为涵养重于察识的体现。朱子提出从"有本可据"的

---

① （宋）朱熹著，朱杰人、严佐之、刘永翔主编：《答林择之》，《朱子全书》，第22册，第1981—1982页。1169年。

观点来看《遗书》，则这一思路与《遗书》相符合，没有冲突的地方，表态自己涵养先于察识思想与二程本旨相符合，为自己的说法提供合理性。

朱子在"中和新说"时期确立未发工夫的基础地位，是朱子言涵养与察识的关系的基本依据，朱子说："'主静'二字，乃言圣人之事，盖承上文'定之以中正仁义'而言，以明四者之中又自有宾主尔。观此则学者用工固自有次序，须先有个立脚处，方可省察，就此进步，非谓静处全不用力，但须如此，方可用得力尔。"① 主静指未发前的涵养工夫，朱子认为《太极图说》中"定之以中正仁义"的"中正仁义"四者有宾主之分，应以中、仁为主，以正、义为客，即以未发为主，以已发为客，未发是工夫的立脚处，先做未发工夫才能开始省察，以静中涵养为基础省察工夫才能有用力处，而湖湘学派所欠缺的未发一段工夫其实就是未发前的持敬涵养，朱子说："比因朋友讲论，深究近世学者之病，只是合下欠却持敬工夫，所以事事灭裂。"② 1171 年，朱子在《胡子知言疑义》中辨析五峰"先识仁体"的说法，提出涵养省察不可偏废，但是涵养更重要。

> 熹按：欲为仁必先识仁之体，此语大可疑。观孔子答门人问为仁者多矣，不过以求仁之方告之，使之从事于此而自得焉尔，初不必使先识仁体也……夫心操存舍亡间不容息，知其放而求之则心在是矣。……及其见而操之，则所操者亦发用之一端耳，于其本源全体未尝有一日涵养之功，便欲"扩而充之，与天同大"愚窃恐其无是理也。……熹谓二者诚不可偏废，然圣门之教详于持养而略于体察，与此章之意正相反，学者审之

---

① （宋）朱熹著，朱杰人、严佐之、刘永翔主编：《答林择之》，《朱子全书》，第 22 册，第 1981 页。1169 年。
② （宋）朱熹著，朱杰人、严佐之、刘永翔主编：《答林择之》，《朱子全书》，第 22 册，第 1968 页。1170 年。

则其得失可见矣。①

由引文可见，朱子反对胡宏的"先识仁体"之说，他认为孔门教人求仁之方都是在事中涵养而自得，刚开始不必先识仁体，只要操存涵养不会间断，就是求放心，如果等到已发后再做操存工夫，则所操存的只是心发用后的一端，而非涵养本原全体，如果想从发用一端后扩而充之，与天理一致这是不可能的，在此朱子否定了"旧说"时期所认为的从已发之际的察识端倪可以扩充的观点。在明确二者先后次第的基础上，朱子还区分了涵养与省察的地位。朱子认为涵养与省察二者固然不可偏废，但是孔门教人持敬涵养比较详细，而教人省察则比较简略，由此可知持敬涵养的地位高于省察，而《知言》中详论省察略论涵养，与圣贤之意不符，在此朱子以孔门正统论辩湖湘学派重省察轻涵养。次年，朱子又批评胡广仲"识真妄"的说法，仍是继续强调要先落实持敬存养。朱子说："来教所谓'正要此处识得真妄'是也。然须是平日有涵养之功，临事方能识得。若茫然都无主宰，事至然后安排，则已缓而不及于事矣。"② 胡广仲对朱子说"正要此处识得是非真妄"即要先察识心已发后的是非真妄，而朱子认为须有平日的涵养工夫，遇到事时此心才能分辨得出是非真妄，朱子在此言察识要以涵养为前提。简而言之，朱子在"中和新说"后确立了涵养先于察识、涵养重于察识的地位，是朱子《仁说》前考察涵养在工夫论中的地位的重点，主要针对湖湘学派而发。

(二) 敬行于省察

由前文分析可知，朱子言涵养先于省察是指涵养工夫要落实于

---

① （宋）朱熹著，朱杰人、严佐之、刘永翔主编：《胡子知言疑义》，《朱子全书》，第24册，第3561—3562页。1171年。

② （宋）朱熹著，朱杰人、严佐之、刘永翔主编：《答胡广仲》，《朱子全书》，第22册，第1899页。1172年。

未发之前，省察作为已发后的工夫，当然在涵养之后，但是持敬还有已发后一段工夫，如此涵养与省察的关系还有已发后一段工夫与省察的关系需要考察，对此朱子常用"敬立义行"，"敬以直内，义以方外"的说法来说明持敬先于省察，是省察的前提并且行于省察之中，强调敬是彻上彻下的工夫，但是未发前的所立敬之体是所有工夫的前提。

> "敬"字通贯动静，但未发时则浑然是敬之体，非是知其未发方下敬底工夫也。既发则随事省察，而敬之用行焉。然非其体素立，则省察之功亦无自而施也，故敬义非两截事。①

由上引文可知，朱子认为持敬工夫贯彻未发已发，未发前心为敬之体，持守本心不失，心之体与敬合为一体，已发后随事省察，敬之用则行于省察之中。如果没有未发前立下敬之体，则省察不能独自实施，所以敬义不是两截事。在此，朱子以省察是敬之用行焉，又以敬义非两截事来说明敬之体与省察的关系，说明朱子以省察为义的工夫，敬义非两截事，有点把省察和敬之用笼统而说，即似乎将省察与已发后持敬视为一个工夫。无论如何，朱子以"敬立义行"说明了未发前持敬是已发后省察的依据，也指出了已发后持敬与省察是不可分割的关系，更准确来说敬之用要行于省察之中，省察才能发挥作用，在这个意义上，持敬与省察不是两截工夫。1170 年，朱子将敬行于省察之间的意思就表达得比较明确了。

> 盖心主乎一身而无动静语默之间，是以君子之于敬，亦无动静语默而不用其力焉。未发之前，是敬也固已主乎存养之实；已发之际，是敬也又常行于省察之间。……此彻上彻下之道，

---

① （宋）朱熹著，朱杰人、严佐之、刘永翔主编：《答林择之》，《朱子全书》，第 22 册，第 1980—1981 页。1169 年。

圣学之本统。①

由引文可知，朱子认为心在动静语默中都为身体的主宰，这是因为君子持敬于动静语默而没有间断。未发之前，持敬主要是为了存养本心，已发之际持敬也要通行于省察工夫中。因为有了未发前的持敬工夫，则本心之全体存而不失，如此已发后省察因为有敬的发用才有了善恶的标准，朱子以"敬立义行"说明了未发前持敬是已发后持敬的依据，表明持敬是彻上彻下的工夫，也说明了省察工夫离不开持敬，已发后持敬仍然是省察的依据。同年朱子在《中庸首章说》中再一次以敬义关系来说明涵养与省察的关系。

> 盖敬以直内，而喜怒哀乐无所偏倚所以致夫中也，义以方外，而喜怒哀乐各得其正，所以致夫和也，敬义夹持，涵养省察无所不用其戒谨恐惧，是以当其未发而品节已具，随所发用而本体卓然，以至寂然感通无少间断则中和在我，天人无间而天地之所以位万物之所以育其不外是矣。②

"敬以直内"就是未发前的致中工夫，"义以方外"就是已发后的致和的工夫，"敬义夹持"说明了涵养与省察都要用戒慎恐惧的方法，这是因为未发前已经具备发用后的品次节目，已发后随事发用但本体已立，未发已发工夫在寂然与感通之间都没有间断，所以能致中和、天地位、万物育。在此朱子以敬为未发前涵养，义为已发后省察，认为未发前涵养和已发后的省察都是必须做的工夫，可以同时使用戒谨恐惧的方法。这说明朱子对已发后涵养与省察的工夫方法的区分还比较笼统，因为照朱子所言，"义以方外"就是省察工夫，

---

① （宋）朱熹著，朱杰人、严佐之、刘永翔主编：《答张钦夫》，《朱子全书》，第 21 册，第 1419 页。1170 年。

② （宋）朱熹著，朱杰人、严佐之、刘永翔主编：《中庸首章说》，《朱子全书》，第 23 册，第 3264 页。1170 年。见束景南《朱熹年谱长编》（上），第 431 页。

也是敬的发用，似乎将省察工夫与已发后持敬涵养工夫为一个工夫，如此可以印证朱子言敬义非两截事不仅要表达持敬贯彻未发已发无间断，也要说明持敬与省察不是两个工夫，这与朱子在这一时期将戒惧与慎独都归于涵养工夫的观点是相一致的。他说："方未有事时，只得说'敬以直内'。若事物之来，当辨别一个是非，不成只管敬去。敬、义不是两事。"① 在未发前只需要持敬以达到内外一致，但已发后事物来时，应当分辨是非对错，就不能只做一个敬的工夫，还要做义的工夫，这个义的工夫就是省察，所以敬义不是两件事，已发后持敬不能单独发挥作用，要行于省察之中，在辨明是非之后再落实为道德行动，在此朱子其实说明了省察对于持敬的辅助作用。持敬与省察在"中和新说"阶段的关系比较紧密。《集注》后朱子将慎独和诚意的完成落到省察上说，所以省察工夫的地位有了提升，与此相应，朱子在《集注》中将戒谨和恐惧区分为未发前涵养和已发后省察，这也说明朱子对省察与持敬从工夫方法上做了比较明确的区分。

（三）戒慎与慎独

1. 戒惧与慎独：涵养

戒惧即戒谨恐惧，慎独出自《中庸》，朱子在"中和新说"时期将戒惧和慎独都归于涵养工夫，1169 年朱子在与林择之通信中说："《中庸》彻头彻尾说个谨独工夫，即所谓'敬而无失，平日涵养'之意。"② 朱子认为《中庸》从头到尾只说了谨独工夫，即所谓未发前敬而无失，已发后平日涵养。如此可见，朱子认为谨独工夫就是涵养工夫，后来朱子将谨独改为慎独，慎独工夫须贯彻未发已发。

---

① （宋）黎靖德编，王星贤点校：《朱子语类》，第 216 页。廖德明录，朱子 44 岁后。

② （宋）朱熹著，朱杰人、严佐之、刘永翔主编：《答林择之》，《朱子全书》，第 22 册，第 1979 页。1169 年。

> 盖"中和"二字皆道之体用，以人言之，则未发已发之谓。但不能慎独，则虽事物未至，固已纷纶胶扰，无复未发之时，既无以致夫所谓中，而其发必乖，又无以致夫所谓和。惟其戒谨恐惧不敢须臾离，然后中和可致，而大本达道乃在我矣。①

由引文可见，朱子认为《中庸》中的"中和"是道之体用，从人身上说是未发已发，如果不能慎独，则在未发前事物没有来临，则心受到外物干扰，不能致中，更不要说等到已发之后能致和了。只有时时刻刻不能离开戒谨恐惧，才能致中和。可见，朱子认为慎独就是涵养，慎独要在未发前就要落实。朱子此处以"戒谨恐惧"解释慎独，二者皆为涵养工夫。所以慎独工夫和持敬工夫一样要贯彻动静，朱子说："慎独须贯动静做功夫始得。"② 以慎独为涵养是朱子40岁时的观点，41岁时朱子在《中庸首章说》中提出"涵养省察无所不用其戒谨恐惧"③，说明朱子认为"戒谨恐惧"是涵养省察的方法，"戒谨恐惧"可以是涵养也可以是省察。由此可见，朱子在"中和新说"时期，将戒惧和慎独都归入涵养工夫中，戒惧可以是涵养也可以是省察，《集注》编订后，朱子正式将慎独归入省察的工夫。

2. 戒慎与慎独：涵养与省察

《四书章句集注》时期，朱子仍然以戒惧为涵养工夫，对《论语》中"君子不动而敬，不言而信"④，朱子解释说："承上文又言君子之戒谨恐惧，无时不然，不待言动而后敬信，则其为己之功益

---

① （宋）朱熹著，朱杰人、严佐之、刘永翔主编：《答林择之》，《朱子全书》，第22册，第1979页。1169年。

② （宋）朱熹著，朱杰人、严佐之、刘永翔主编：《答石子重》，《朱子全书》，第22册，第1927页。1172年。

③ （宋）朱熹著，朱杰人、严佐之、刘永翔主编：《中庸首章说》，《朱子全书》，第23册，第3264页。1170年。见束景南《朱熹年谱长编》（上），第431页。

④ （宋）朱熹：《四书章句集注》，第39页。

加密矣。"① 可见，朱子认为戒惧是无时无刻都要做的工夫，朱子以戒惧解释"不动而敬"，以戒惧为涵养工夫。《集注》后，朱子对慎独的理解发生了变化，朱子把慎独从涵养归入省察，并以戒慎与慎独的关系来说明涵养与省察的关系。

> 言欲自修者知为善以去其恶，则当实用其力，而禁止其自欺。使其恶恶则如恶恶臭，好善则如好好色，皆务决去，而求必得之，以自快足于己，不可徒苟且以殉外而为人也。然其实与不实，盖有他人所不及知而己独知之者，故必谨之于此以审其几焉。②

引文为朱子解《大学·诚意》，诚意并不是在《集注》中提出，朱子在《胡子知言疑义》中为了说明"尽心须假存养"的问题，引入大学中的格物致知和诚意正心的工夫关系进行说明，朱子说："以《大学》之序言之，则尽心知性者，致知格物之事，存心养性者，诚意正心之事，而夭寿不贰修身以俟之者，修身以下之事也。"③ 可见在"中和新说"时期，朱子以诚意为涵养工夫，但在《集注》中朱子对诚意偏重于从省察上去解释，将诚意归入了省察。朱子认为"意"是心之所发，诚意是对"意"之善恶的去伪存真的工夫，对恶的厌恶就好像厌恶恶臭，对善的喜欢就像喜欢美色，真实地落实善意，真实地去除恶意，如此做到不自欺，自足于内心。诚意是诚得无一丝之伪，是不苟且、不随便地做人，其中有没有做到十分的真实只有自己知道，别人无法知道。所以朱子提出要在诚与不诚之间十分谨慎，特别要在几微之处审查检验，在几微处审查即谨独的工夫。如此可见，诚意需要通过省察和慎独完成，如此诚意在《集

---

① （宋）朱熹：《四书章句集注》，第 40 页。
② （宋）朱熹：《四书章句集注》，第 7 页。
③ （宋）朱熹著，朱杰人、严佐之、刘永翔主编：《胡子知言疑义》，《朱子全书》，第 24 册，第 3555 页。1171 年。

注》中被归入省察工夫。除了《大学章句》之外，朱子在《中庸章句》中也提出慎独需要通过省察完成。

> 独者，人所不知而己所独知之地也。言幽暗之中，细微之事，迹虽未形而几则已动，人虽不知而己独知之，则是天下之事无有著见明显而过于此者。是以君子既常戒惧，而于此尤加谨焉，所以遏人欲于将萌，而不使其滋长于隐微之中，以至离道之远也。①

由引文可知，朱子认为独是别人不知而自己独知的心境与场景，在心的幽暗之处，一些细微的事情虽然没有明显的迹象但却有了萌芽，别人不知道却只有自己知道，这叫"人虽不知而己独知"，所以有德行的人常常戒惧，而在几微之处又要更加谨慎，如此将人欲遏止于将要萌发之时，不要使私欲滋长于隐蔽和微小的地方，导致偏离正道太多。在此，朱子一改中年早期将慎独解为涵养，在此将慎独解为"遏人欲于将萌"，即与诚意工夫相通，慎独被归入省察的工夫，而戒惧先于谨独，实际已将戒惧和慎独分为两个工夫。朱子接下来解释"致中和，天地位焉，万物育焉"②一句将戒惧清晰界定为未发前的持守涵养，并将慎独诠释为省察的工夫，他说："自戒惧而约之，以至于至静之中，无少偏倚，而其守不失，则极其中而天地位矣。自谨独而精之，以至于应物之处，无少差谬，而无适不然，则极其和而万物育矣。"③可见，朱子认为戒惧是致中，谨独是致和，戒惧是未发前静中持守的工夫，是"一"，谨独则是应事接物之处的工夫，是"精"。由此朱子通过对戒惧、慎独的区分解释了"惟精惟一"，戒惧是未发前的持敬存

---

① （宋）朱熹：《四书章句集注》，第18页。
② （宋）朱熹：《四书章句集注》，第18页。
③ （宋）朱熹：《四书章句集注》，第18页。

养,而谨独则是已发后的省察。朱子还在此章结尾总结说:"子思述所传之意以立言:首明道之本原出于天而不可易,其实体备于己而不可离,次言存养省察之要,终言圣神功化之极。"① 意思是说《中庸》首章"天命之谓性"说明了性之全体全备于身,次言存养省察之要即阐发了戒惧与慎独的重要,《中庸》中戒惧与慎独的关系其实就是涵养与省察的关系。

对于朱子在《集注》中将诚意与慎独从涵养中分离出来归入省察的变化,亦有学者指出:"朱熹将《中庸》中的慎独和戒惧解读为两种工夫,慎独是已发之后为善去恶的工夫,戒惧是心存敬畏,主敬存养的工夫。"② 但亦有误解朱子的慎独为涵养的观点存在,牟宗三说:"《中庸》言慎独固亦含有'平日涵养'之意,但亦不只是伊川与朱子所谓'敬而无失,平日涵养'之意。盖朱子所谓涵养是空头的,并无察识体证之意在内,而《中庸》之言慎独则正是在不睹不闻之中自觉地要面对森然之性体而体证之。"③ 可见,牟宗三没有注意到朱子在《集注》中是以省察解释慎独,还停留于朱子将慎独解释为涵养阶段。牟宗三又说:"朱子于此看出《中庸》比《乐记》为密,此不错,但其讲'慎独'到致中和,却只把慎独套在其先涵养后察识之格式中看成只是空头的涵养,此即非《中庸》慎独之原意。慎独是自觉地作道德实践之本质的工夫,此是由曾子之守约战兢而开出者。《中庸》之由慎独到致中和只是由形式地说更进一步而为落实地说、具体地说而已,其义理间架是一也。故慎独决非只是平时之涵养,决非涵养、察识分属中之空头的涵养。龟山不失此意,延平亦不失此意。只到伊川'在中'之说乃丧失此意,至朱子之先涵养后察识尤丧失此意。"④ 由此可见,牟宗三判朱子解慎独

---

① (宋)朱熹:《四书章句集注》,第18页。
② 李春颖:《张九成于朱熹慎独工夫的路径及分歧》,《中州学刊》2018年第8期。
③ 牟宗三:《心体与性体》(下),第167页。
④ 牟宗三:《心体与性体》(下),168页。

为涵养，又因其判朱子的涵养是"空头"涵养，故批朱子将慎独解为已发后平日涵养、空头涵养，与慎独作为自觉的道德行动意不符，这是对朱子的错解。实际上正是基于朱子注意到省察对自觉的道德实践的作用，朱子才将诚意从存养工夫中分离出来，将慎独从戒惧持养中分离出来，并以省察作为诚意和慎独工夫完成的关键方法，就落实了诚意和慎独作为自觉的道德实践之意，并且，朱子晚年之后对诚意与慎独有进一步重视。

二 持敬涵养与致知

（一）持敬贯彻大学工夫始终

"中和旧说"时期，朱子以心为已发，涵养从已发处下手，所以持敬是已发后的工夫，但是持敬依然是大学工夫的基础，贯穿大学工夫始终。

> "敬"字之说，深契鄙怀。只如《大学》次序，亦须如此看始得。非格物致知全不用诚意正心，及其诚意正心却都不用致知格物，但下学处须是密察，见得后便泰然行将去，此有始终之异耳。其实始终是个"敬"字，但敬中须有体察功夫，方能行著习察。不然，兀然持敬，又无进步处也。观夫子答门人为仁之问不同，然大要以"敬"为入门处，正要就日用纯熟处识得，便无走作，非如今之学者前后自为两段，行解各不相资也。近方见此意思，亦患未得打成一片耳。①

朱子认为大学工夫中，格物致知需要进一步诚意正心，而到诚意正心时则不用回去做格物致知的工夫，格物致知作为"下学"的工夫需要严密体察，才能成为自觉的道德实践，这说明工夫有始终的区

---

① （宋）朱熹著，朱杰人、严佐之、刘永翔主编：《答石子重》，《朱子全书》，第22册，第1923页。1168年。见陈来《朱子书信编年考证》，第53页。

别，但是始终都离不开持敬。持敬当中必须有体察的工夫，才能将操习和体察落实为行动，否则如果只是持敬，则没有更进一步的地方。朱子提出虽然孔子答门人为仁之方有所不同，但最关键的还是以敬作为修德入门的工夫。朱子还提出要在日用工夫纯熟的时候以持敬为基础，如此日用工夫不会偏差，持敬如果能贯彻大学工夫始终则不会将持敬与大学工夫分为前后两段工夫。由以上分析可以看出朱子在"旧说"时期注重省察的作用，强调格物致知之后诚意正心工夫的必要性，但持敬是贯彻大学工夫始终的地位在"旧说"时期就已经确定。"中和新说"后朱子将持敬落实到未发前，如此更加明确了持敬工夫彻上彻下的地位。

"中和新说"时，朱子确立了未发的地位，将持敬涵养落实到未发之前，如此持敬成为所有已发工夫的基础，也是在此阶段，朱子拈出了伊川"涵养须用敬，进学在致知"作为为学工夫的基本架构，朱子说："是以在昔君子之为学也，庄敬涵养以立其本，而讲于义理以发明之，则其口之所诵也有正业，而心之所处也有常分矣。"① 由此可知，朱子在"新说"时期已经正式确立"持敬立其本，穷理以进其知"的两大工夫路径，对此陈来也说："王懋竑说朱熹'至庚寅始拈出程子涵养进学两语，学问大旨立于此'，其实在己丑中和之悟的同时已经确立了'主敬以立其本，穷理以进其知'的宗旨。"② 朱子对为学宗旨的确立基本上以伊川为据。

> 夫持敬用功处，伊川言之详矣。只云："但庄整齐肃，则心便一。一则自无非僻之干。"又云："但动容貌，整思虑，则自然生敬。只此便是下手用功处，不待先有所见而后能也。须是如此，方能穷理而有所见。惟其有所见，则可欲之几了然在目，

---

① （宋）朱熹著，朱杰人、严佐之、刘永翔主编：《答詹元善》，《朱子全书》，第22册，第2135页。1169年。见陈来《朱子书信编年考证》，第67页。
② 陈来：《朱子哲学研究》，181页。

> 自然乐于从事，欲罢不能，而其敬日跻矣。"伊川又言："涵养须用敬，进学则在致知。"又言："入道莫如敬，未有致知而不在敬者。"考之圣贤之言，如此类者亦众。是知圣门之学别无要妙，彻头彻尾，只是个"敬"字而已。又承苦于妄念而有意于释氏之学，此正是元不曾实下持敬工夫之故。若能持敬以穷理，则天理自明，人欲自消，而彼之邪妄将不攻而自破矣。①

由引文可知，朱子认为伊川对持敬工夫已经说得很详细了，只要动容貌、整思虑，则此心便专一，自然生敬。动容貌、整思虑就是做工夫的地方，不是等到先有所见才能持敬。朱子认为必须先持敬，才能穷理，穷理而使理有发见。等到穷理而理见之后，则"可欲之几"就会明显起来，自然乐于从事，而在此过程中，敬的工夫也是每天增加。在此朱子说明了持敬先于穷理，而穷理也有助于持敬的道理。朱子引伊川言"涵养须用敬，进学则在致知"，又言"入道莫如敬，未有致知而不在敬者"两句话说明了持敬与致知的关系，即为学之道先从持敬开始，没有不持敬的致知，所以持敬贯穿致知始终。在此，因圣贤言敬，认为圣人言做工夫的妙处也只在一个"敬"字。如果能持敬以穷理，则天理自明，人欲自消，邪妄也将不攻自破。在此阶段，朱子以持敬对治人欲，而穷理是明理的工夫，所以朱子说持敬以穷理，则天理自明，人欲自消，人欲自消在天理自明之后，如此表明在工夫入手处以持敬为先，而在工夫结尾处也以持敬为终，持敬贯穿穷理终始，这是朱子"持敬以穷理"的重要内涵。于是朱子修改了"中和旧说"时期持敬与大学工夫的关系。

> 今且论"涵养"一节，疑古人直自小学中涵养成就，所以

---

① （宋）朱熹著，朱杰人、严佐之、刘永翔主编：《答程允夫》，《朱子全书》，第22册，第1872—1893页。1169年。

> 大学之道只从格物做起。今人从前无此工夫，但见《大学》以格物为先，便欲只以思虑知识求之，更不于操存处用力，纵使窥测得十分，亦无实地可据。大抵"敬"字是彻上彻下之意，格物致知乃其间节次进步处耳。①

由引文可知，朱子认为古人在小学阶段就已完成涵养工夫，所以大学之道就从格物开始做起。但今人都普遍缺失了小学阶段的涵养工夫，又只看到《大学》中以格物为先，便以为只通过思虑知识就可以完成大学的修身工夫，更不去做操存本心的工夫，纵使将道理看得十分明白，也缺乏评判善恶的依据。朱子认为大学工夫前应该先做操存涵养的工夫，以补小学阶段本应该完成的涵养工夫。这个操存涵养的工夫就是持敬，敬是彻上彻下的工夫，格物致知是在持敬的基础上进一步扩充的工夫。朱子在此说明了持敬是格物致知的前提，这与大学工夫与格物致知为始没有矛盾。同年，朱子针对胡广仲先致知后持敬的工夫思想，对持敬与大学工夫的关系做了更详细的阐述。

> 近来觉得"敬"之一字，真圣学始终之要，向来之论，谓必先致其知然后有以用力于此，疑若未安。盖古人由小学而进于大学，其于洒扫应对进退之间，持守坚定，涵养纯熟，固已久矣，是以大学之序，特因小学已成之功而以格物致知为始。今人未尝一日从事于小学，而曰必先致其知然后敬有所施，则未知其以何为主而格物以致其知也。故程子曰："入道莫如敬，未有能致知而不在敬者。"又论敬云："但存此久之，则天理自明。"推而上之，凡古昔圣贤之言，亦莫不如此者。②

---

① （宋）朱熹著，朱杰人、严佐之、刘永翔主编：《答林择之》，《朱子全书》，第22册，第1978—1979页。1170年。

② （宋）朱熹著，朱杰人、严佐之、刘永翔主编：《答胡广仲》，《朱子全书》，第22册，第1894—1895页。1170年。

由引文可知，朱子认为敬是圣人为学始终最关键的工夫，表明持敬工夫出自孔门本统，进而对胡广仲先致知后持敬的观点提出质疑。古人为学的次第是由小学工夫进入大学工夫，在洒扫应对进退的学习中持守坚定本心，涵养纯熟之后再进入大学阶段的学习。所以《大学》中的工夫次第是在小学涵养工夫完成的基础上开始格物致知的工夫。但是因为现在的人没有做过一天小学涵养的工夫，就认为必须做致知的工夫以后持敬才能施行，如此则不知道格物以什么为主宰而能致其知。可见，朱子不仅从次序上说明持敬要先于格物，而且从作用上也说明了持敬是《大学》格物穷理的依据，朱子又引程子所说："入道莫如敬，未有能致知而不在敬"，和"但存此久之，则天理自明"，来表明以持敬涵养作为修养工夫的下手处遵从了二程之说，说明了持敬是格物致知的前提，并且贯穿格致工夫的始终。"未有能致知而不在敬"与朱子言"持敬以穷理"说的都是一个意思。1177年，朱子作《大学或问》，又对持敬与大学工夫的关系做了详细的总结。

> 盖吾闻之"敬"之一字，圣学之所以成始而成终者也。为小学不由乎此，固无以涵养本原而谨夫洒扫应对进退之节与夫六艺之教；为大学不由乎此，亦无以开发聪明、进德修业而致夫明德、新民之功也。是以程子发明格物之道，而必以是为说。而不幸过时而后学者，诚能用力于此，以进乎大，而不害兼补乎其小，则其所以进者，将不患于无本而不能以自达矣。①

由引文可见，朱子认为敬是圣人工夫之所以开始与完成的原因，小学工夫也要以持敬贯彻始终，否则不能涵养本原而在洒扫应对进退

---

① （宋）朱熹：《四书或问》，中华书局1983年版，第1页。1177年。见束景南《朱熹年谱长编》（上），第585页。

与六艺的学习中谨慎小心。大学工夫也要以持敬贯彻始终，否则不能进德修业而最终实现明德新民的目标。可见，持敬的彻上彻下不仅贯彻大学工夫始终，也贯彻小学工夫始终。朱子在此提出小学工夫对大学工夫的辅助意义，认为如果能在大学进德修业的过程中兼顾小学涵养工夫，则不用担心大学进德修业、明德新民的工夫没有根本，这就是大学工夫前必须先做持敬涵养工夫的意义所在，更进一步，朱子又解释了持敬为何能贯彻为学工夫的始终。

> 曰："敬之所以为学之始者，然矣。其所以为学之终也，奈何？"
>
> 曰："敬者，一心之主宰而万事之本根也。知其所以用力之方，则知小学之不能无赖于此以为始。知小学之赖此以始，则夫大学之不能无赖乎此以为终者，可以一以贯之而无疑矣。盖此心既立，由是格物致知以尽事物之理，则所谓尊德性而道问学；由是诚意正心以修其身，则所谓先立乎其大者而小者不能夺；由是齐家治国以及乎天下，则所谓'修己以安百姓，笃恭而天下平'，是皆未始一日而乎离乎敬也。然则敬之一字，岂非圣学始终之要也哉！"①

由引文可见，朱子承接上文进一步阐述持敬贯彻为学始终的观点。因为持敬涵养是涵养本心之全体，由此确立一心为主宰的地位，所以持敬也是小学工夫的开始。如果知道小学工夫要依赖持敬作为工夫的开始，而大学工夫也要依靠持敬才能最终完成，如此就可以知道持敬工夫贯彻小学、大学工夫的始终。朱子认为以持敬为先，确立了心的主宰地位之后再做格物致知的工夫，这个次第就是《中庸》中所说的尊德性而道问学。由此需要特别注意，朱子理解的"尊德性"是持敬涵养，而持敬涵养为本的地位在"中

---

① （宋）朱熹：《四书或问》，第 2 页。1177 年。

和新说"时期就已经确立。朱子进一步提出,如果确立本心主宰的地位再去做诚意正心工夫以修身,就是《孟子》所说的"耳目之官不思,而蔽于物,物交物,则引之而已矣。心之官则思,思则得之,不思则不得也。此天之所与我者,先立乎其大者,则其小者弗能夺也"①。孟子所言心之官则思,即"求放心"。如果确立本心主宰的地位再去齐家治国以至于平天下,就是《论语》中孔子所说的修己以安百姓。朱子认为《大学》中每一个工夫始终都不能离开以持敬作为前提,持敬贯彻大学工夫始终,并且这是大学工夫开始与完成的关键,由此可见持敬的地位。在此需要注意的是朱子在《或问》中将持敬与"尊德性"等同,在鹅湖之辩之前朱子并没有明确提出这一观点,由此也说明《集注》《或问》之后,朱子更注重将"四书"中的工夫思想融会贯通,将"四书"中的思想做互相印证,将《论语》中的持敬与《中庸》中的"尊德性"、《孟子》中的"求放心"贯通,以持敬工夫贯彻大学工夫始终,可见朱子虽然在"中和新说"时期已经确立涵养和致知两大基本工夫进路,但在《或问》后其工夫体系才可以说得到了完整的建构。

(二) 谨防支离:持敬为本

朱子对支离的思考在"中和旧说"时就已经开始,38岁时朱子说:"'仁义'二字,未尝相离。今曰'事亲以仁,守身以义',恐涉支离隔截,为病不细。"② 朱子认为仁与义不能分开,如果只以事亲为仁,以守身为义,就是将仁义分为两截工夫,导致支离。同年,朱子又说:"所喻'多识前言往行,固君子之所急',熹向来所见亦是如此,近因反求未得个安稳处,却始知此未免支离。"③

---

① (宋)朱熹:《四书章句集注》,第335页。
② (宋)朱熹著,朱杰人、严佐之、刘永翔主编:《答何叔京》,《朱子全书》,第22册,第1810页。1167年。见陈来《朱子书信编年考证》,第43页。
③ (宋)朱熹著,朱杰人、严佐之、刘永翔主编:《答何叔京》,《朱子全书》,第22册,第1811页。1167年。

此前朱子认为多做察识工夫就能力行，察识是君子首要的工夫，但后来反求诸身则发现本心不够安稳，才意识到如果不先做求放心工夫，则工夫未免支离。此时朱子仍处于"中和旧说"阶段，受到张栻影响，认为涵养工夫在已发后下手，注重察识的作用，但此时已经提出应以持敬工夫为本，否则工夫陷于支离。同年，他对何叔京说："向来妄论持敬之说，亦不自记其云何。但因其良心发见之微，猛省提撕，使心不昧，则是做工夫底本领。本领既立，自然下学而上达矣。若不察于良心发见处，即渺渺茫茫，恐无下手处也。"① 在此，朱子将涵养工夫下落于良心发见处，但持敬仍然是其他工夫的前提，持敬为本的地位在"中和旧说"的时候就已经确立。1168 年朱子作《观过说》，当时已是"中和新说"的酝酿阶段，朱子已提出涵养于未发之前的观点，不能等到已发后而观之，否则工夫陷入支离。

> 盖言因人之过而观其所偏，则亦可以知仁，非以为必如此而后可以知仁也。若谓观已过，窃尝试之，尤觉未稳。盖必俟有过而后观，则过恶已形，观之无及，久自悔咎，乃是反为心害而非所以养心。若曰不俟有过而预观平日所偏，则此心廓然本无一事，却不直下栽培涵养，乃豫求偏处而注心观之，圣人平日教人养心求仁之术，似亦不如此之支离也。②

由引文可见，朱子认为孔子的"观过知仁"是指通过观察人的过失也可以知仁，并不是说一定要通过观过这一个方法来知仁，观过只是知仁的一种途径，但不是唯一途径。朱子进一步从自身的体验提出观过不是观己之过，如果一定要等到人有了过错之后才

---

① （宋）朱熹著，朱杰人、严佐之、刘永翔主编：《答何叔京》，《朱子全书》，第 22 册，第 1822 页。1167 年。
② （宋）朱熹著，朱杰人、严佐之、刘永翔主编：《观过说》，《朱子全书》，第 23 册，第 3271—3272 页。1168 年。

去观察体悟，则过错和邪恶已经形成，通过观察已经来不及，只能自己懊悔自责，反而是伤害本心而不是养心。朱子提出观过的工夫具有滞后性，无法达到养心的目的。所以朱子提出不能等到有了过失再去观察平日所偏，不要只从心已发后为一偏的情况去观察，更应该在本心寂然无事时就直接下手做涵养的工夫，朱子指出孔子平日教人养心求仁的方法是不会如此支离的。在此，此心寂然无事其实就是未发前，朱子在此实际上是指出了未发前的涵养工夫要先于已发后的察识，如果没有未发前的涵养工夫为前提，则做工夫有支离之病。在《知言疑义》中朱子为了落实未发前持敬涵养为本的地位，也提出了涵养先于省察的工夫次第，否则陷入支离。当总体上说，朱子言支离更多的是为了强调持敬与穷理的关系中持敬为本的地位。

> 敬义之说甚善，然居敬、穷理，二者不可偏废。有所偏废，则德孤而无所利矣。"动静，仁智之体"对下文乐寿为仁智之效而言，犹言其体段如此耳，非体用之谓也。学者求为仁智之事，亦只如上章居敬穷理之说，便是用力处。若欲动中求静，静中求动，却太支离，然亦无可求之理也。①

由引文可见，朱子"中和新说"时期言敬义关系是为了说明涵养和省察的关系，涵养与省察的关系是"新说"时期朱子重点关注的问题，但在《知言疑义》朱子进行理欲之辨后，朱子也注意到格物穷理对治人欲和气禀的问题，所以提出涵养与省察的关系固然重要，但不能忽略了持敬和穷理不可偏废的关系，偏废一方则不能成德，说明朱子已经确立涵养与致知作为工夫的两大路径。朱子又提出"动静，仁智之体"是针对下文乐、寿是仁与智的效用来说的，所以

---

① （宋）朱熹著，朱杰人、严佐之、刘永翔主编：《答冯作肃》，《朱子全书》，第22册，第1850—1851页。1172年。见陈来《朱子书信编年考证》，第97页。

"动静，仁智之体"指动静是仁智的体段，居敬穷理就是达到仁与智的境界，二者是同时做工夫的，如果在动中求静，静中求动，即将仁与智分得太开，工夫太过支离。在此，朱子意指仁智一体，居敬穷理工夫是求仁智的工夫，不能以居敬为求仁，以穷理以求智，如果将持敬与穷理截然分成动静两个工夫则太支离，正确的关系应该是静中有动，动中有静。1173 年，朱子又说："要须先以万善之先名仁，而后可以用工致力。若所谓克己复礼、如见如承之类，皆用工致力之道也（要皆当一一剖析，又不敢太成支离，失其全体）。"①在此，朱子提出必须确立仁体的先在性而后才可以做工夫，克己复礼、出门如见大宾之类都是做工夫的地方，但要注意未发前持敬涵养，否则会陷入支离。1174 年，朱子更具体言不"专一"就是支离。

> 主一只是专一，盖无事则湛然安静而不骛于动，有事则随事应变而不及乎他，是所谓主事者乃所以为主一者也。观程子书中所论敬处，类集而考之，亦可见矣。若是有所系恋，却是私意，虽似专一不舍，然既有系恋，则必有事已过而心未忘、身在此而心在彼者，此其支离畔援，与主一无适非但不同，直是相反。②

由引文可见，朱子提出所谓"主一"就只是做到"精神专一"，无事时本心湛然安静而不会乱动，有事则随事应变而不被他物影响，这就是所说的能主宰万物的原因在能以一心为主宰。朱子提出从二程论敬都可以看出以上道理，如果心有所牵绊和留恋的地方就是私

---

① （宋）朱熹著，朱杰人、严佐之、刘永翔主编：《答吕子约》，《朱子全书》，第 22 册，第 2174 页。1173 年。见陈来《朱子书信编年考证》，第 116 页。

② （宋）朱熹著，朱杰人、严佐之、刘永翔主编：《答吕子约》，《朱子全书》，第 22 册，第 2175 页。1174 年。见陈来《朱子书信编年考证》，第 130 页。

意产生,看起来好像专一但既然有了牵绊和留恋的事物,则一定受到万物影响使心不为身之主宰,如此就是支离,与主一无适的状态截然相反。以上朱子所言谨防支离基本上围绕持敬与穷理的关系展开。《仁说》后朱子注意到其与陆学在涵养与致知的关系中的重大分歧,重点开始向陆学强调穷理的重要。

(三)居敬穷理互发

由前文分析可知,持敬为本不仅说明了持敬在穷理之前、持敬贯穿大学工夫始末,还说明了持敬为格物穷理立下了善恶的标准作为依据。朱子中年阶段将持敬工夫抬得很高,但是没有取消穷理的作用。相反,朱子同时强调居敬和穷理二者不能偏废。

> 然尝闻之程夫子之言曰:"涵养须是敬,进学则在致知。"此二言者,实学者立身进步之要,而二者之功,盖未尝不交相发也。然夫子教人持敬,不过以整衣冠、齐容貌为先,而所谓致知者,又不过读书史、应事物之间求其理之所在而已,皆非如近世荒诞怪谲、不近人情之说也。……抑读书之法,要当循序而有常,致一而不懈,从容乎句读文义之间而体验乎操存践履之实,然后心静理明,渐见意味。不然,则虽广求博取,日诵五车,亦奚益于学哉!①

由引文可见,朱子引程子"涵养须是敬,进学则在致知"提出涵养与致知是立身和进步的关键,并且这两个工夫是互相发明的。然而孔子教人持敬以"整衣冠、齐容貌"为先,而致知又不过是读书和在应事接物中寻求其中的道理,并非近世一些荒诞怪谲的说法。朱子提出读书的方法应该循序渐进,而在文义之间体验操存涵养与践

---

① (宋)朱熹著,朱杰人、严佐之、刘永翔主编:《答陈师德》,《朱子全书》,第23册,第2671页。1170年。见陈来《朱子书信编年考证》,第82页。

履是踏踏实实的，然后才能心静理明。如果不在格物中操存践履，则即使读书再多，也对成德没有帮助。在此，朱子提出了不能离开穷理空言持守和践履，要在穷理中存养和践履。同年，朱子又说："持敬正当自此而入，至于格物，则伊川夫子所谓穷经应事、尚论古人之属，无非用力之地。若舍此平易显明之功而必搜索窥伺于无形无迹之境，窃恐陷于思而不学之病，将必神疲力殆而非所以进于日新矣。"① 朱子认为格物工夫从读书、应事等地方完成，如果只是停留于思考则完成不了格物穷理的工夫。1172 年，朱子又言穷理居敬不可偏废，朱子书："敬义之说甚善，然居敬、穷理，二者不可偏废。有所偏废，则德孤而无所利矣。"② 同年，朱子又提出要两进涵养与致知的工夫，但持敬为本的地位不能改变。

> 熹承谕向来为学之病，足见高明所进日新之盛，一方后学蒙惠厚矣。然以熹观之，则恐犹有所未尽也。盖不务涵养而专于致知，此固前日受病之原，而所知不精，害于涵养，此又今日切身之病也。若但欲守今日之所知而加涵养之功以补其所不足，窃恐终未免夫有病而非所以合内外之道。必也尽弃今日之所已知而两进夫涵养格物之功焉，则庶乎其可耳。③

由引文可见，朱子认为湖湘学派问题仍在于不注重涵养而过于偏重致知，这是湖湘学派问题的根源。因为缺失了未发一段涵养工夫，导致致知的工夫也无法"惟精"，最终无法落实为践履，朱子认为如果不先涵养就直接做致知的工夫，则无法达到身心、内外相一致，

---

① （宋）朱熹著，朱杰人、严佐之、刘永翔主编：《答陈师德》，《朱子全书》，第 23 册，第 2671 页。1170 年。
② （宋）朱熹著，朱杰人、严佐之、刘永翔主编：《答冯作肃》，《朱子全书》，第 22 册，第 1850 页。1172 年。见陈来《朱子书信编年考证》，第 97 页。
③ （宋）朱熹著，朱杰人、严佐之、刘永翔主编：《答胡广仲》，《朱子全书》，第 22 册，第 1900 页。1172 年。

最终其所知无法落实为涵养践履，无法达到知行合一。这与朱子言"敬立义行"其实是一个意思，也就是说道德实践的发动离不开格物明理的工夫，也离不开持敬涵养的工夫，这就是朱子言主敬力行的主旨。所以朱子建议胡广仲抛弃没有以持敬涵养为是非前提的已知之理，只有补上未发前的持敬涵养，才能达到身心内外合一，正是因为如此，涵养与致知工夫一定同时进行才行，最终完成自觉的道德实践。朱子又以小学和大学工夫的次第关系来说明居敬与穷理是互相配合的。

> 所喻日用功夫，甚善。然必谓博学详说非初学事，则大不然。古人之学固以致知格物为先，然其始也必养之于小学，则亦洒扫应对进退之节、礼乐射御书数之习而已，是皆酬酢讲量之事也，岂以此而害夫持养之功哉？必曰有害，则是判然以动静为两物，而居敬、穷理无相发之功矣。大抵圣贤开示后学进学门庭、先后次序，极为明备，今皆舍之，而自立一说以为至当，殊非浅陋之所闻也。①

朱子认为古人固然以致知格物为先，但格物致知开始的时候一定涵养于小学工夫之中，小学工夫就是学习洒扫应对进退的礼节、礼乐射御书数的学习与练习，都是以敬交际应酬、研习思量的过程，这对持敬存养是很有帮助的。在此，朱子也确立了致知前的持敬涵养工夫是前提的地位，朱子又提出如果认为小学阶段的工夫不利于持敬，则动静就被区分太开，而居敬、穷理就没有了互相发明的工夫。朱子言居敬、穷理互发，是为了表明居敬与穷理不是可以独立完成的工夫，需要互相配合。朱子说："穷理涵养，要当并进，盖非稍有所知，无以致涵养之功，非深有所存，无以尽义理之奥，正当交相

---

① （宋）朱熹著，朱杰人、严佐之、刘永翔主编：《答吕子约》，《朱子全书》，第22册，第2190页。1173年。见陈来《朱子书信编年考证》，第131页。

为用而各致其功耳。"① 穷理与持敬两个工夫要同时进行、互相配合，如果没有致知则无法进一步涵养，但如果没有持敬穷理也无法达到知至而意诚的境界，居敬与穷理应当各自发挥自己的功用，也应当交互使用、互相配合。在此朱子其实强调的是居敬和穷理两个工夫是同时进行、互相成就的关系，缺失了一方，另一方的工夫也不可能完成。

（四）批陆：涵养不离进学

朱子在45岁前因与湖湘学派论辩未发前涵养一段工夫的重要性，在涵养与致知关系的讨论中倾向于强调持敬的优先性，但从45岁开始朱子注意到其与象山的分歧，所以在涵养与致知关系的论述中注意强调涵养不能离开穷理，1174年朱子在与吕祖俭两封书信中开始言陆学的不足。朱子说："示喻缕缕具悉，但泛说尚多，皆委曲相合，恐更当放下，且玩索所读书，依本分持养为佳耳。陆子静之贤，闻之盖久，然似闻有脱略文字、直趋本根之意，不知其与《中庸》学问思辨然后笃行之旨又如何耳。"② 朱子认为做工夫应以读书和持养为两大进路，但陆子静的思想有"脱略文字、直趋本根"的意思在内，朱子认为这与《中庸》先学问思辨然后再笃行的宗旨不相符合。朱子以《中庸》中"博学之，审问之，慎思之，明辨之，笃行之"以学问思辨为先，笃行为后来说明读书明理工夫的重要性，"脱略文字、直趋本根"是朱子首次对陆学的评价，意指陆学做工夫不重穷理，所以朱子又批评陆学为禅学，强调涵养重在操习存养。

> 所示内外两进之意，甚善。此是自古圣贤及近世诸老先生

---

① （宋）朱熹著，朱杰人、严佐之、刘永翔主编：《答游诚之》，《朱子全书》，第22册，第2061页。1173年。

② （宋）朱熹著，朱杰人、严佐之、刘永翔主编：《答吕子约》，《朱子全书》，第22册，第2190页。1174年。见陈来《朱子书信编年考证》，第131页。

相传进步直诀，但当笃信而力行之，不可又为他说所摇，复为省事欲速之计也。近闻陆子静言论风旨之一二，全是禅学，但变其名号耳。竞相祖习，恐误后生，恨不识之，不得深扣其说，因献所疑也。然想其说方行，亦未必肯听此老生常谈，徒窃忧叹而已。操舍存亡之说，诸人皆谓人心私欲之为乃舍之而亡所致，却不知所谓存者亦操此而已矣。①

朱子认为涵养与进学作为内外两进的工夫是从古代圣贤至近世二程等诸老先生传承的方法，应当真实相信并尽力落实，不能被其他省事图快的学说动摇，这里的省事欲速之计是朱子对象山心学的评价。朱子进一步提出陆子静所言主旨全是禅学，只是将禅家的一些名称改变，很多人竞相传习，误导了后学者，而陆子静未必肯听其劝说，朱子表示很忧心。从"脱略文字、直趋本根"到"全是禅学"，可见朱子对陆学的批评是一贯的，前者批评陆学不重穷理，后者批评其空言涵养。因为朱子提出所谓操舍存亡，很多人只知道人心私欲的产生是因为"放其心"，但是却不知道存心不仅是不"放其心"还要通过操习来存心，朱子在此所言已经可以看出其言涵养与陆学有不同，朱子认为操存涵养是通过操习而存心，这个操习可以在视听言动中也可以在格物穷理中持敬以存心，朱子认为很多人也暗指陆子静只将"不舍本心"理解为存养，如此存养只是内心的心灵活动，故朱子认为陆学"全是禅学"，此两封书信是朱子对陆学最早的判断，也成为朱子今后对峙陆学基本的立场。在此也说明朱子与陆学在涵养与致知关系上的分歧包含了涵养工夫本身的分歧以及对致知与涵养关系的认识的分歧。

基于以上朱子对陆学的判定，次年五月朱陆鹅湖之会二人无法

---

① （宋）朱熹著，朱杰人、严佐之、刘永翔主编：《答吕子约》，《朱子全书》，第22册，第2191页。1174年。见陈来《朱子书信编年考证》，第131页。

言合，不欢而散，论辩观点和内容被载入《象山年谱》。① 其中将鹅湖之辩的立场归为："元晦之意，欲令人泛观博览，而后归之约。二陆之意，欲先发明人之本心，而后使之博览。"意指朱子是先博文后约礼，象山是先发明本心再博文穷理。记录者所言没有错，朱子的涵养与致知的关系，其言朱子先博文后约礼固然没错，这是朱子在中年时期所确立的知先行后的基本知行观，是朱子对大学工夫的入德次序的基本认识，但是在泛观穷理之前，朱子涵养为本的地位并没有改变。《象山年谱》中亦收入朱子多封与象山的佚信，其中有载朱子于淳熙二年鹅湖之会后曾致信象山做出反省，书信失佚，未载入《晦庵文集》。② 因《象山年谱》为陆学后人所编，今人通过考证对比发现陆学后人为证象山与朱子之同，对《年谱》中所引朱子书信存在多处删改："为证明对方服膺己说，朱熹、陆九渊在引录对方

---

① 陆象山年谱："淳熙二年乙未，吕伯恭约先生与季兄复斋，会朱元晦于信之鹅湖寺……邹斌俊父录云：'朱、吕二公话及九卦之序，先生因亹亹言之。大略谓："复是本心复处，如何列在第三卦，而先之以履与谦？盖履之为卦，上天下泽，人生斯世，须先辨得俯仰乎天内，不谦则精神浑流散于外。惟能辨得吾一身所以在天地间举措动作之由，而敛藏其精神，使之在内而不在外，则此心斯可得而复矣。次之以常固，又次之以损、益，又次之以困。盖本心既复，谨始克终，曾不少废，以得其常，而至于坚固。私欲日以消磨而为损，天理日以澄莹而为益。虽涉危陷险，所遭多至于困，而此心卓然不动。然后于道有得，左右逢其源，如凿井取泉，处处皆足。盖至于此则顺理而行，无纤毫透漏，如巽风之散，无往不入，虽密房奥室，有一缝一罅，即能入之矣。"二公大服。'朱享道书云：'鹅湖讲道切诚，当今盛事。伯恭盖虑陆与朱议论犹有异同，欲会归于一，而定其所适从，其意甚善。伯恭盖有志于此语，自得则未也。临川赵守明邀刘子澄、赵景昭。景昭在临安与先生相款，亦有意于学。'又云：'鹅湖之会，论及教人。元晦之意，欲令人泛观博览，而后归之约。二陆之意，欲先发明人之本心，而后使之博览。朱以陆之教人为太简，陆以朱之教人为支离，此颇不合。先生更欲与元晦辩，以为尧舜之前何书可读？复斋止之。赵、刘诸公拱听而已。先发明之说，未可厚诬，元晦见二诗不平，似并不能无我。'"见束景南《朱子年谱长编》，第531—532页。

② 淳熙二年载朱熹与陆九渊书略云："某未闻道学之懿，兹幸获奉余论。所恨匆匆别去，彼此之怀，皆若有未既者。然警切之诲，佩服不敢忘也。还家无便，写此少见拳拳。"见顾宏义《朱陆之争与朱熹陆九渊往来书信的佚缺》，《中原文化研究》2019年第4期。

书信时,屡有删略文字以使对方文字看起来符合己意,此现象在陆氏后学修撰的《象山年谱》中尤为明显。"①《年谱》中所载鹅湖之辩的过程和内容恐被修饰,不作为朱陆异同研究的依据,亦不以《象山年谱》中所载朱子书信为据。鹅湖之会展现了朱陆对涵养与致知关系的分歧,二者都没有自觉到对涵养工夫理解的分歧,更不可能意识到这也可能是造成对涵养与致知关系分歧的根源,朱子在对陆子静、杨敬仲的批评中其实默认江西所言涵养的方法与其一致,因为他只批评陆学不重穷理,却对他们的涵养工夫表示赞赏。

> 学者须是培养。今不做培养工夫,如何穷得理?程子言:"动容貌,整思虑,则自生敬。敬只是主一也。存此,则自然天理明。"又曰:"整齐严肃,则心便一;一,则自是无非僻之干。此意但涵养久之,则天理自然明。"今不曾做得此工夫,胸中胶扰驳杂,如何穷得理?如它人不读书,是不肯去穷理。今要穷理,又无持敬工夫。从陆子静学,如杨敬仲辈,持守得亦好,若肯去穷理,须穷得分明。然它不肯读书,只任一己私见,有似个稊稗。今若不做培养工夫,便是五谷不熟,又不如稊稗也。次日又言:"陆子静杨敬仲有为己工夫,若肯穷理,当甚有可观,惜其不改也!"②

由引文可见,朱子首先提出涵养对穷理的第一义,并引程子的观点对持敬方法做了说明,动容貌、整思虑的过程中会自然产生敬意,敬只是一心为主,就是专一。如果能存此一心,则天理自明,这是持敬对穷理的意义。但如果不做持敬涵养的工夫,则心容易为外物所扰,这也无法完成穷理的工夫。朱子提出有两种情况,一是有人

---

① 顾宏义:《朱陆之争与朱熹陆九渊往来书信的佚缺》,《中原文化研究》2019年第4期。
② (宋)黎靖德编,王星贤点校:《朱子语类》,2984页。廖德明录,为朱子44岁后。

不读书，是因为不肯穷理，二是有人肯穷理但却事先不做持敬工夫，二者都有偏失。杨敬仲从学陆子静，持敬工夫做得很好，只是不肯穷理，如果肯去穷理，则穷理工夫会做得很好。朱子认为杨敬仲不肯读书求义，只是任由自己的意见，结果就如稊稗，不是五谷。朱子又同时提出如果不做涵养工夫，是五谷也不会成熟，那还不如稊稗。在此朱子提出涵养和穷理二者不能偏废一方，但是涵养为先、为重，不涵养弊病大于不穷理的弊病。在此朱子所言涵养与致知两进的观点为50岁后朱子对峙陆学又同时对峙浙中学者做了准备。次日朱子又肯定了陆子静、杨敬仲立下为己之学的志向，说明涵养工夫做得好，只是可惜不愿在穷理上做出努力。基于中年朱子46岁前与湖湘学派的论辩，朱子对涵养工夫有特别的强调，所以也对陆学重视涵养工夫比较肯定，哪怕鹅湖之辩之后，朱子还致信张栻肯定陆学气象甚好，但是基于朱子认为象山不重穷理，不注重致知的过程，其在知行观上必然与陆学产生分歧，这又成为朱陆分歧的又一大内容。由上分析可见，朱子在鹅湖之会前对陆学的判定已经确立了日后与陆学长期论辩的基本立场，淳熙二年（1175）五月鹅湖之会后八月朱子修订《近思录》，十二月开始作《朱子家礼》，故在47岁至49岁期间，朱子鲜少在书信中谈论此事，至50岁后开始与陆学展开集中的、正面的论辩。

综上对朱子言涵养与致知的关系的考察中可知，朱子在"中和新说"后至《仁说》之前，偏向于强调未发前涵养工夫的地位，所以提出持敬贯彻大学工夫终始、持敬是穷理之本等重要观点，在《胡子知言疑义》后，朱子也开始注意格物穷理对私欲和气禀的作用，所以也强调持敬和穷理二者不可偏废，强调持敬和穷理互发，对致知和涵养践履的关系有关照，以上观点在朱子46岁前都已经确立，当时关注的重点在于与湖湘学派论辩，所以在涵养与致知的关系中，朱子更偏重于强调未发前持敬涵养的地位，朱子因此提出谨防支离的问题，也是在强调持敬工夫的优先地位，并不是针对陆学而发。但在《仁说》后朱子言涵养与致知的关系开始转向对陆学的反思，此后所言更注重强调不能空言涵养，穷理工夫不可缺少，至鹅湖之辩时，朱子已经确立了涵养与致知关系同时对峙湖湘学派和陆学的基本立场。这也说明，朱子并没有因与陆学的辩论而轻视涵养工夫。相反，涵养工夫作为修养工夫的前提的立场是朱子在46岁前特别强调的重点。并且需要注意的是，"尊德性与道问学"作为鹅湖之辩的主题，二者的"尊德性"工夫其实是不同的，朱子在《或问》中已经明确"尊德性"是持敬涵养，而陆学所言"尊德性"是发明本心，由此可知二者对涵养工夫的分歧其实在"中和新说"朱子确立持敬涵养的地位时就已经产生，但当时二者论辩的重点并没有在"尊德性"上，而在于关注尊德性与道问学二者孰轻孰重的问题，所以朱陆双方其实对朱陆之分在这点上是不自觉的。

三 知行观的形成

在中年时期，朱子从小学工夫中知先行后的顺序来说明其基本的知行观，也说明了持敬涵养是贯通知行的桥梁。朱子说："盖古人之教，自其孩幼而教之以孝悌诚敬之实，及其少长，而博之以《诗》《书》《礼》《乐》之文，皆所以使之即夫一事一物之间，各有以知其义理之所在而致涵养践履之功也。"[①] 朱子在此解释了小学工夫的次序和意义，朱子认为古人教化的次第是先从孩童时期学习孝悌诚敬的道理，等到稍稍长大后再广泛学习文献，从而知道事事物物的道理，如此之后才在涵养与践履上用力做工夫。朱子提出在小学阶段先明义理才能完成涵养和践履，即说明了小学阶段所要完成的涵养工夫，又说明知先行后的入德次序，这是朱子最早的对知行先后的初步认识。1172年，朱子在对《知言》的讨论中又提出了知易行难、知行一事的观点。

---

① （宋）朱熹著，朱杰人、严佐之、刘永翔主编：《答吴晦叔》，《朱子全书》，第22册，第1914页。1172年。

"知仁"之说,亦已累辨之矣。大抵如尊兄之说,则所以知之者甚难而未必是,而又以知仁、为仁为两事也(所谓"'观过知仁',因过而观,因观而知,然后即夫知者而谓之仁",其求之也崎岖切促,不胜其劳,而其所谓仁者,乃智之端也,非仁之体也。且虽如此,而亦旷然未有可行之实,又须别求为仁之方然后可以守之,此所谓"知之甚难而未必是,又以知与为为两事"者也)。如熹之言,则所以知之者虽浅而便可行,而又以知仁、为仁为一事也。①

朱子不同意胡宏"知难行易"之说,认为胡宏将知行分为两件事。朱子认为胡宏解"观过知仁"是因过而观,因观而知,欠缺未发前的涵养工夫,在已发后想要补救,如此则工夫路径过于曲折,并且气象上急切局促。这是因为胡宏将仁理解为智,智为已发,而不是仁之全体。朱子批评了湖湘学派不先做持敬涵养的工夫,本心不能为主宰,工夫从已发处入手,而"先识仁体"作为求仁的方法,说明了湖湘学派重察识而轻涵养,认为察识工夫比较难,即认为知难行易。朱子认为胡宏没有看到能知必能行的入德顺序,所以以知行为两事。朱子认为从工夫的完成上看一定是先知善知恶,先知为善去恶之理之所以然,知才能自觉发动道德的实践。因为知的工夫比较容易,所以很多知的道理虽浅,但还是能够发于行动,这说明知行合一,知行不能为两件事。中年时期朱子已经确立了知易行难、知先行后的基本知行观。《集注》时对孔子"君子欲讷于言而敏于行",朱子引谢上蔡之语说:"放言易,故欲讷;力行难,故欲敏。"② 朱子中年时期对知行观没有系统的论述,还没有涉及将知行关系贯通到大学工夫上理解,但是知先行后的观点已经奠定了朱子

---

① (宋)朱熹著,朱杰人、严佐之、刘永翔主编:《答胡伯逢》,《朱子全书》,第22册,第2152页。1172年。

② (宋)朱熹:《四书章句集注》,第74页。

以《大学》中致知工夫为基础的思路。45岁时朱子对象山的批评其实就已经注意到象山对穷理工夫不够重视,由此在知行关系上对象山做出批评。鹅湖之会后,朱子致信张栻说:"子寿兄弟气象甚好,其病却是尽废讲学而专务践履,却于践履之中要人提撕省察,悟得本心。此为病之大者。要其操持谨质,表里不二,实有以过人者。惜乎其自信太过,规模窄狭,不复取人之善,将流于异学而不自知耳。"① 在此,朱子认为陆学的问题在于尽废讲学,不重穷理而只在践履上做工夫。说明了朱子与陆学在知行观上的分歧,朱子重视穷理的工夫,遵循知先行后的次第,认为象山只在行上做工夫,又让人在行中省察,领悟本心,这是陆学最大的问题。朱子批评象山太过自信,工夫规模狭窄,不采纳别人的好的观点,可能会落入禅学而不自知。在此朱子批评象山工夫规模狭窄,是指象山只重行的工夫,不重致知,只以《孟子》为宗,没有兼收《论语》与《大学》工夫规模,所以规模狭窄。

---

① (宋)朱熹著,朱杰人、严佐之、刘永翔主编:《答张敬夫》,《朱子全书》,第21册,第1350页。1175年。见陈来《朱子书信编年考证》,第135页。

第 三 章

中晚年涵养工夫的落实和修正

由前文分析可知,朱子在 46 岁前随着心性论的建立,已经确立了主敬涵养的地位。《集注》完成之后,朱子的心性论建构和思想体系已经完整地建立起来,此后侧重于对《集注》的修订和讨论,同时对中年时期言涵养工夫的观点做进一步的补充和修正,最重要的特征体现在对《论语》《孟子》《大学》《中庸》的思想进行贯通,"四书"内部互相诠释、互相佐证,其中工夫优劣、高下可见。朱子说:"论语之书,无非操存、涵养之要;七篇之书,莫非体验、扩充之端。盖孔子大概使人优游餍饫,涵泳讽味;孟子大概是要人探索力讨,反己自求。故伊川曰:'孔子句句是自然,孟子句句是事实。'亦此意也。如论语所言'居处恭,执事敬,与人忠','出门如见大宾,使民如承大祭','非礼勿视听言动'之类,皆是存养底意思。孟子言性善,存心,养性,孺子入井之心,四端之发,若火始然,泉始达之类,皆是要体认得这心性下落,扩而充之。于此等类语玩味,便自可见。"① 由此可见,朱子将《论语》和《孟子》的涵养方法做了对比,认为《论语》是操存涵养的方法,而《孟子》是体验和扩充的方法,孔子顺应自然,孟子遵循经验,方法不同。《论语》

---

① (宋)黎靖德编,王星贤点校:《朱子语类》,第 444—445 页。程端蒙录,朱子 50 岁后。

中的恭、敬、忠、非礼勿视听言动都是存养，孟子的性善、存心养性、求放心、反身而诚也是存养。可见，朱子在中晚年阶段把《论语》的持敬和《孟子》的存养、求放心工夫贯通，并对涵养工夫的内在关系做了大量的修正和补充。

第一节　涵养工夫的落实

一　涵养本原

涵养本原是朱子在《知言疑义》时期就提出的说法，涵养本原是基于朱子对性善的地位的认识，涵养本原是涵养性之全体。朱子在《集注》编订后的十多年时间里，仍然不断以涵养本原说明涵养的重要性，在《语类》《文集》中对本原也有许多讨论，主要针对湖湘学派不重未发前涵养工夫而发。中晚年后朱子继续辨析胡宏"天理人欲，同体异用"的说法，重视天理与人欲的分辨，提出要在本原处辨天理与人欲的说法，确立了本原即天理的地位。

> 问："'天理人欲，同体而异用，同行而异情'，如何？"曰："下句尚可，上句有病。盖行处容或可同，而其情则本不同也。至于体、用，岂可言异？观天理人欲所以不同者，其本原元自不同，何待用也！胡氏之学，大率于大本处看不分晓，故锐于辟异端，而不免自入一脚也。如说性，便说'性本无善恶，发然后有善恶'。'孟子说性善，自是叹美之辞，不与恶为对。'大本处不分晓，故所发皆差。盖其说始因龟山问揽老，而答曰：'善则本然，不与恶对。'言'本然'犹可，今日'叹美之辞'，则大故差了！"①

---

① （宋）黎靖德编，王星贤点校：《朱子语类》，第 2591—2592 页。余大雅录，时为朱子 49 岁后。见《朱子语类》，第 13 页。

朱子对天理与人欲的关系进行了说明，他认为天理与人欲"同行异情"是可以的，但"同体异用"的说法就错了。因为体用来自于一源，如果其用不同，则其体也是不同的。所以天理与人欲的不同是本原上的不同，即体上的不同，更别说发用了。朱子认为五峰的问题在于不识"大本"，即性善为本，认为性本无善无恶，所以在工夫上不重视涵养本原。五峰认为性发用后才有了善恶之分，所以孟子言性善是叹美之语，不与恶相对，这都是不识性善这一大本的体现，所以工夫上缺失了对性体的涵养。朱子此处对五峰的批评仍然延续"新说"时期的观点，湖湘学派重省察、轻涵养，将涵养工夫落实在省察之后，朱子认为是"发处皆差"，所以涵养本原应先于省察。朱子进一步指出湖湘学派不重涵养本原的原因在于"不辨天理人欲"，不识大本，即没有确立性善论的基础，这与朱子中年时期的观点也是一致的。朱子认为能识得"天理人欲之辨"就能识得天理本原，而天理本原就是义利之辨，在应事接物前确立是非、善恶的标准是涵养本原的重要性所在。1180年，朱子又对李叔文强调性善之说，再辨胡宏认为孟子说性善，是叹美之辞。

> 但向来所说性善，只是且要人识得本来固有，元无少欠，做到圣人，方是恰好。才不到此，即是自弃。故孟子下文再引成覸、颜渊、公明仪之言，要得人人立得此志，勇猛向前，如服瞑眩之药以除深锢之病，直是不可悠悠耳。……叹美之辞，乃胡氏说，大非孟子本意，今亦未须论，但看孟子本说足矣。此不是要解说"性"字，盖是要理会此物善恶，教自家信得及，做得功夫，不迟疑耳。①

朱子认为所谓"性善"就是要人认识到此善之性是本来固有的，所

---

① （宋）朱熹著，朱杰人、严佐之、刘永翔主编：《答李叔文》，《朱子全书》，第22册，第2470—2471页。1180年。见陈来《朱子书信编年考证》，第203页。

固有之性没有欠缺，未发前为性体之全，如果最终能做到圣人，就是符合本来之善性，是恰到好处。但如果达不到完善的境界，就是自己对本来之善性的放弃。所以朱子提出孟子引成覸、颜渊、公明仪等人的话就是教人立下成圣的志向，鼓励人做工夫要勇猛向前，不放弃自身本来的善性，就像人服下猛药来治多年的顽疾，不可以放松警惕。也就是说，如果人能认识到自己所具有的善性而立志成德，其实这就是涵养本原，在此朱子引入了立志的工夫，说明朱子注意到立志的作用。朱子最后提出五峰所说的"叹美之辞"与孟子本意不合，可以去看孟子本来的说法，孟子性善说的重点不在理会性是什么东西，而在理会性本然为善还是为恶，以及你信不信的问题。如果首先确定了对性善的信仰，做工夫就不会迟疑，其实也无须另外再做立志的工夫。在此可以看出，朱子言成德首先在于本原处辨天理人欲，即基于对性善的自觉，这就是涵养本原。其次才是立志勇猛精进，这是对涵养本原的补充。确立对性善的信仰，如此就能做到不放弃自身的本性，这就是本原处辨善恶、义利，就是涵养本原的作用。

> 熹之鄙意，窃愿德功放下日前许多玄妙骨董，即就日用存主应接处实下功夫，理会个敬肆义利、是非得失之判。若要读书，即且读《语》《孟》《诗》《书》之属，就平易明白、有事迹可按据处看取道理体面，涵养德性本原，久之渐次踏着实地，即此等说话须自见得黑白，不须如此劳心费力矣。①

朱子劝说江德功放下许多"玄妙"的工夫，在日用中存养本心，在应接处分辨义利、是非、得失，这就是涵养本原。朱子又提出若要读书，就读圣贤之书，平实容易，道理明白，还有圣贤的事迹作为

---

① （宋）朱熹著，朱杰人、严佐之、刘永翔主编：《答江德功》，《朱子全书》，第22册，第2050页。1181年。见陈来《朱子书信编年考证》，第202页。

依据，这样也可以涵养本原。涵养本原就是涵养德性本原，就是涵养性之全体。涵养是在事中涵养，读书求义当中也可以涵养德性本原。本原就是性与天理，是人心遵循的道德准则，如果不去涵养本原就无法分辨义利得失，如此就会陷入事功的问题。

> 示谕汉唐初事，以两家论优劣则然，以三代之天吏言之，则其本领恐不但如此。若子房、孔明之所黾勉，亦正是渠欠阙处，吾辈正当以圣贤为师，取其是而监其非，不当以彼为准则也。今人只为不见天理本原，而有汲汲以就功名之心，故其议论见识往往卑陋，多方迁就，下梢头只是成就一个私意，更有甚好事！①

朱子认为汉唐之学与三代之学相比，在根本上有所欠缺，汉唐之学没有确立以圣贤作为判断得失的标准，朱子认为这是"不见天理本原"，就是欠缺涵养工夫。所以朱子认为不应当以汉唐之学为准则，今人也只是因为不识天理本原，所以在义利之辨时没有标准，又着急求取功名，所以议论、见识皆卑陋，只是为了满足私意，不可能有什么大作为。朱子批评汉唐之学事功其实是隐晦地批评浙中学者，同年他说："所论江西之弊，切中其病。然前书奉告者，非论其人也，乃论吾学自有未至，要在取彼之善以自益耳。谓彼全无本原根柢，则未知吾之所恃以为本原根柢者，果何在邪？幸更思之，复以见教。"② 这是朱子在与吕祖俭讨论象山心学的问题，二者达成了共识，但是对于吕祖俭批评朱子也有不周到的地方，并劝告朱子要善于学习陆学中好的地方，朱子则认为是吕祖俭不识本原，不知朱子为学的本原，即朱子认为吕祖俭误解朱子是因为他不知涵养本原的

---

① （宋）朱熹著，朱杰人、严佐之、刘永翔主编：《答潘叔昌》，《朱子全书》，第22册，第2144页。1184年。见陈来《朱子书信编年考证》，第226页。

② （宋）朱熹著，朱杰人、严佐之、刘永翔主编：《答吕子约》，《朱子全书》，第22册，第2194页。1184年。见陈来《朱子书信编年考证》，第227页。

重要性。朱子与潘叔昌、吕祖俭所讨论的汉唐事功、义利之辨的观点也延续到后面与陈亮的汉唐之辨①，也涉及朱子从不重涵养工夫的角度对浙学的批评。次年，朱子再次致信吕祖俭讨论本原的问题，并澄清本原是"爱之本"，但不是"善之本"，强调本原就是性之全体。

> 向来鄙论之所以作，正为如此。中间钦夫盖亦不能无疑，后来辨析分明，方始无说。然其所以自为之说者，终未免有未亲切处。须知所谓纯粹至善者，便指生物之心而言，方有着实处也。今欲改"性之德，爱之本"六字为"心之德，善之本"，而天地万物皆吾体也，但心之德可以通用，其他则尤不着题，更须细意玩索，庶几可见耳。②

在信中可见朱子与吕祖俭对张栻的判断一致，但朱子认为吕祖俭的表达有不够准确的地方。朱子认为纯粹至善是指天地生物之心，如此善才能落到实处，也就是说至善之性要落到心上才有安放之处，朱子要表达的是善这个词是形容性的词，为虚词。所以朱子认为吕祖俭将"性之德"改为"心之德"是可以的，但将"爱之本"改为"善之本"则不可以，因为善是虚词，须落到心上才能为实，而性是天理本原，是情的本原，也就是爱的本原，故不可将"爱之本"改为"善之本"。次年朱子与吕祖俭又论涵养本原，表明涵养本原不只是未发前的持敬涵养，涵养本原在日用中也可以落实。朱子说："日用功夫，比复何如？文字虽不可废，然涵养本原而察于天理人欲之判，此是日用动静之间不可顷刻间断底事。若于此处见得分明，自

---

① （宋）朱熹著，朱杰人、严佐之、刘永翔主编：《答陈同甫》，《朱子全书》，第21册，第1582页。1184年。陈来认为："答潘叔昌、吕子约论汉唐诸说在答陈亮书稍前。"见陈来《朱子书信编年考证》，第227页。

② （宋）朱熹著，朱杰人、严佐之、刘永翔主编：《答吕子约》，《朱子全书》，第22册，第2200页。1185年。见陈来《朱子书信编年考证》，第237页。

然不到得流入世俗功利权谋里去矣。"① 朱子强调涵养本原之所以重要，是因为能在本原中分辨天理人欲，本原得到涵养，则能在义利之间做好抉择，如果不能涵养好本原，则可能受到私意、人欲的影响而流于事功权谋，最终导致异端之学兴起。

> 所示《孟子》数条，大概得之，但论心处以为此非心之本体，若果如此，则是本体之外别有一副走作不定之心，而孔孟教人，却舍其本体而就此指示、令做工夫，何耶？此等处非解释之误，乃是本原处见得未明，无个涵泳存养田地，所以如此，更愿察之也。世学不明，异端蜂起，大率皆便于私意人欲之实而可以不失道义问学之名，以故学者翕然趋之。②

朱子认为程正思论心不是本体是有偏颇的，此"论心处"是指其与董叔重所说的"论心之存亡"③。程正思认为心若不存就不是心之本体，但朱子认为如此则是在心之本体之外再有一个走作不定之心，如此则有两个心。朱子认为孔孟教人都没有舍弃本心来做工夫，本心就是性善，就是本原。朱子认为正是因为程正思不见本原，所以不能知道性在心中，涵养本原就是存此本心而不失，所以程正思也就不知此本心就是存养的地方。正因为没有涵养本原，所以无法在义利之辨之间做抉择，如此世间才有了异端邪说，大部分是打着道义问学的名义，实际上是为了成全自己的私意、人欲，在此朱子批评功利之学的产生就是因为欠缺了涵养本原的工夫。

---

① （宋）朱熹著，朱杰人、严佐之、刘永翔主编：《答吕子约》，《朱子全书》，第22册，第2205页。1186年。见陈来《朱子书信编年考证》，第238页。
② （宋）朱熹著，朱杰人、严佐之、刘永翔主编：《答程正思》，《朱子全书》，第22册，第2326页。1186年。见陈来《朱子书信编年考证》，第254页。
③ （宋）朱熹著，朱杰人、严佐之、刘永翔主编：《答董叔重》，《朱子全书》，第22册，第2349页。1186年。见陈来《朱子书信编年考证》，第255页。

二 持敬无间断

朱子在中年时期已经确立了主敬涵养、持敬无间断的观点，在中晚年后朱子仍坚持"中和新说"时期所确立的主敬涵养、持敬无间断的立场。朱子言持敬无间断与平日涵养、彻上彻下所说的是一个意思，强调持敬在日用中落实。1179 年朱子致信周舜弼说："似此等处，且须虚心涵泳，未要生说。却且就日用间实下持敬工夫。"① 朱子提出涵养只要在日用间实实在在做持敬工夫就好。中年朱子把持敬工夫解释为"整顿身心、不放纵"，中晚年朱子仍然保持中年对持敬的解释，他说："持守之要，大抵只是要得此心常自整顿，惺惺了了，即未发时不昏昧，已发时不放纵耳。"②

> 所论心之存亡，得之。前日得正思书，说得终未明了，适答之云："此心有正而无邪，故存则正，不存则邪。"不知渠看得复如何也。但来喻所谓深体大原而涵养之，则又不必如此，正惟操则自存。动静、始终，不越"敬"之一字而已。近方见得伊洛拈出此字，真是圣学真的要妙功夫。学者只于此处着实用功，则不患不至圣贤之域矣。③

朱子在此与程正思、董叔重讨论何为存心，其实不必说到深体大原而涵养这么玄妙，只要"操则自存"，操就是日用中"常惺惺法"，也就是持敬无间断。以敬贯彻动静、始终是圣学的最关键、最重要的工夫，主要从持敬上用力做工夫，则不用担心不能成德。朱子在

---

① （宋）朱熹著，朱杰人、严佐之、刘永翔主编：《答周舜弼》，《朱子全书》，第 22 册，第 2333 页。1179 年。见陈来《朱子书信编年考证》，第 170 页。

② （宋）朱熹著，朱杰人、严佐之、刘永翔主编：《答项平父》，《朱子全书》，第 22 册，第 2541 页。1182 年。见陈来《朱子书信编年考证》，第 213 页。

③ （宋）朱熹著，朱杰人、严佐之、刘永翔主编：《答董叔重》，《朱子全书》，第 22 册，第 2349 页。1186 年。见陈来《朱子书信编年考证》，第 255 页。

此指出持敬是伊川拈出的工夫，是属于圣人本统的工夫，朱子想要表达持敬是孔门工夫，持敬方法来自对伊川的继承。同年，朱子在与胡季随的通信中又说："以身验之，乃知伊洛拈出'敬'字，真是学问始终、日用亲切之妙。近与朋友商量，不若只于此处用力，而读书穷理以发挥之，真到圣贤究竟地位，亦不出此。"① 朱子强调敬是贯彻学问、日用始终的工夫，不如只在持敬上用力做工夫，再以读书穷理进一步发挥，到圣人的境界也没有超出这两个工夫。同年，朱子又说："尝谓'敬'之一字乃圣学始终之要，未知者非敬无以知，已知者非敬无以守。"② 持敬是圣贤修养工夫开始和结束的关键，未知之前以敬为前提，已知之后以敬持守，持敬不可间断。次年，朱子对廖子晦通说："来喻盖已得此大意，然持之以久，全在日用工夫勿令间断，久当自有真实见处也。"③ 如此可见，朱子在中晚年期间言持敬已经不再像中年时期对持敬的工夫进行细致的解释，进入中晚年后朱子重点不再强调未发前持敬为本，而强调持敬在日用中落实，持敬无间断。但中年时期所确立的持敬作为圣学始终的最关键的工夫，彻上彻下的地位仍然是朱子强调的。

三 持敬即求放心

求放心是《孟子》中的说法，孟子认为万物皆备于我，良心现在，但是有的人放失良心而不知求，所以孟子认为学问之道无他，在求其放心而已矣。在《孟子集注》之前就已提出求放心思想，并将求放心归入涵养工夫。朱子在《胡子知言疑义》中说："夫心操

---

① （宋）朱熹著，朱杰人、严佐之、刘永翔主编：《答胡季随》，《朱子全书》，第22册，第2515页。1186年。见陈来《朱子书信编年考证》，第257页。
② （宋）朱熹著，朱杰人、严佐之、刘永翔主编：《答符舜功》，《朱子全书》，第23册，第2619页。1186年。见陈来《朱子书信编年考证》，第258页。
③ （宋）朱熹著，朱杰人、严佐之、刘永翔主编：《答廖子晦》，《朱子全书》，第22册，第2099页。1187年。见陈来《朱子书信编年考证》，第266页。

存舍亡间不容息,知其放而求之则心在是矣。"① 朱子认为操存涵养无间断就是求放心,也就是说持敬无间断就是求放心。求放心能与涵养本原同义,这是基于朱子对本心的认识。在《仁说》阶段朱子关注克己工夫,较少讨论求放心,直至《集注》编订后开始较多地讨论到求放心,此时朱子更明确心的统摄地位,甚至以"心上做工夫"来解释多项工夫。

> 今说求放心,说来说去,却似释老说入定一般。但彼到此便死了;吾辈却要得此心主宰得定,方赖此做事业,所以不同也。如中庸说"天命之谓性",即此心也;"率性之谓道",亦此心也;"修道之谓教",亦此心也;以至于"致中和""赞化育",亦只此心也。致知,即心知也;格物,即心格也;克己,即心克也。……所以明道说:"圣贤千言万语,只是欲人将已放之心收拾入身来,自能寻向上去。"今且须就心上做得主定,方验得圣贤之言有归着,自然有契。②

朱子认为今人将求放心理解为佛老的入定是将心说死了,没有认识到心的主宰地位。先确立此心的主宰地位,才能依此主宰之心做工夫,而这是儒家与佛老的不同之处。《中庸》中"天命之谓性""率性之谓道""修道之谓教""致中和""赞化育"实际上说的都只是此主宰之心。而《大学》中致知、格物也是心知、心格,《论语》中克己也是心克,朱子将以上所言《中庸》《大学》《论语》中的工夫都贯通到孟子的求放心上,都是心上的工夫,都与涵养工夫有密切的关系,由此求放心作为确保本心之主宰的地位的工夫意义就凸显出来。朱子此处引明道之语说圣贤千言万语只是教人求放心,又

---

① 《胡子知言疑义》,《朱子全书》,第 24 册,第 3561 页。1171 年。
② (宋)黎靖德编,王星贤点校:《朱子语类》,第 202 页。余大雅录,朱子 49 岁后。见《朱子语类》,第 13 页。

说心如果能为主宰，就能验证圣贤的求放心，这都在说求放心是为了确保心的主宰地位。朱子将求放心纳入涵养工夫之中，并将工夫贯通到"心上的工夫"，是对明道心学思想的采纳，说明朱子在《集注》后对涵养工夫的理解兼收了伊川和明道。所以持敬与求放心、涵养本原为一。朱子说："似此等处，且须虚心涵泳，未要生说。却且就日用间实下持敬工夫，求取放心，然后却看自家本性元是善与不善、自家与尧舜元是同与不同。"① 如此，求放心作为涵养工夫就有了做工夫处，持敬和在本原处辨天理人欲都是求放心，这也说明朱子对求放心工夫的落实。

> 学者须是求放心，然后识得此性之善。人性无不善，只缘自放其心，遂流于恶。"天命之谓性"，即天命在人，便无不善处。发而中节，亦是善；不中节，便是恶。人之一性，完然具足，二气五行之所禀赋，何尝有不善。人自不向善上去，兹其所以为恶尔。……学者之于善恶，亦要于两夹界处拦截分晓，勿使纤恶间绝善端。动静日用，时加体察，持养久之，自然成熟。②

朱子认为学者先要求放心，通过求放心认识到人性的善，人性本无不善，只是因为自己将此本心放失，才流于恶。"天命之谓性"说明了上天赋予人以善性，但后来只是因为性发而中节或不中节才有了善恶之分。人性本来具足于心，无有不善，但是如果自己不往善这个方向努力，最终会流于恶。在此朱子以发而中节和不中节，以往不往善的放心努力来说明人性本为善，恶是后天产生的，恶是因为善的放失。正因为如此，才要界限分明地对待善恶，不要使一丝一

---

① （宋）朱熹著，朱杰人、严佐之、刘永翔主编：《答周舜弼》，《朱子全书》，第22册，第2333页。1179年。
② （宋）黎靖德编，王星贤点校：《朱子语类》，第203页。周谟录，朱子50岁。见《朱子语类》，第15页。

毫之恶断绝了善的端绪，这就是求放心，从做工夫上说就要在动静和日用之间持敬无间断。在此朱子言恶是因为善的放失，说明了求放心的重要，朱子在此并没有从"气质"上来解释恶的产生，所以工夫的重点仍是在持敬涵养上，这与中年时期对心性论和涵养工夫关系的理解没有多大变化。

> 故周先生只说"一者，无欲也"。然这话头高，卒急难凑泊。寻常人如何便得无欲！故伊川只说个"敬"字，教人只就这"敬"字上捱去，庶几执捉得定，有个下手处。纵不得，亦不至失。要之，皆只要人于此心上见得分明，自然有得尔。然今之言敬者，乃皆装点外事，不知直截于心上求功，遂觉累坠不快活。不若眼下于求放心处有功，则尤省力也。①

朱子认为周敦颐所言"一者，无欲也"话头太高，工夫难成，寻常人做不到如此境界，所以伊川教人只说个"敬"字，使本心很快能主宰得定，工夫就有了下手处。纵使持敬不能完全保证存养本心之全，也不至于失去本心，因为只要在本心上分辨天理人欲，最后自然能得此本心。朱子认为现在的人将持敬工夫停留于表面的动容貌，而不知道直接在心上做工夫，除了整思虑外，不如在求放心上多下工夫，这样会省力得多。朱子认为持敬的特点就是平时，工夫有下手处，但是也要避免将持敬停留于表面，持敬要在心上做工夫，那就是在求放心上多用功。朱子将持敬与求放心相贯通，一方面，持敬是求放心，持敬要在心上做工夫，这样避免持敬流于表面；另一方面，求放心是操存涵养，工夫有了下手处，这样避免求放心过于玄妙，正如朱子说："大抵心只操则存，舍则放了，俄顷之间，更不

---

① （宋）黎靖德编，王星贤点校：《朱子语类》，第209页。余大雅录，朱子49岁后。

吃力。"① 在此基础上，朱子提出求放心不是佛老的"定心"，也与陆学的求放心做了区分。

> 求放心固是第一义，然如所谓"轨则一定而浩然独存，使赤子之心全复于此而明义之本先立于此，然后求闻其所未闻，求见其所未见"，则亦可谓凌躐倒置而易其言矣。圣贤示人，模范具在，近世乃有窃取禅学之近似者，转为此说以误后生。后生喜其为说之高，为力之易，便不肯下意读书以求圣贤所示之门户，而口传此说，高自标致，乱道误人，莫此为甚。②

朱子在此认同包敏道所说求放心是第一义之说，但包敏道却将求放心理解为"先复本心，然后求闻见之知"，朱子认为他倒置了工夫。朱子又说近世有人窃取与禅学中相近的话来解释求放心，误导后学，还有很多人喜欢这种高论调学说，认为成德很容易，故不肯下决心读书求义，而只是在口头上说说求放心的重要，自己标榜自己，这是"乱道误人"。朱子在此实是借批评禅学来批评陆学，此时处于朱陆"无极太极之辨"的尾声，二人关系紧张，朱子批判陆学的言辞比较激烈。朱子的用意在于阐明作为第一义的求放心应该在日用中去落实，求放心就是持敬，求放心要与读书穷理相结合，只是求放心而不穷理是不可能成德的，如此将求放心说得太高，将成德工夫说得过于容易，就落入了禅学，这与圣贤所示的下学而上达的成德路径不相符合。可见，朱子所理解的求放心与陆学的求放心不同，朱子强调涵养工夫就是操存涵养，持敬不离穷理，而不能空言持敬、求放心，由此说明了朱陆的分歧不仅在于对穷理的态度，根本上是涵养工夫上的分歧。

---

① （宋）黎靖德编，王星贤点校：《朱子语类》，第2592页。余大雅录，朱子49岁后。

② （宋）朱熹著，朱杰人、严佐之、刘永翔主编：《答包敏道》，《朱子全书》，第23册，第2618页。1187年。见陈来《朱子书信编年考证》，第271页。

四 求放心与克己为一事

朱子在《仁说》中将"克己复礼"诠释为"克己复理",如此把克己工夫纳入涵养工夫当中,当时朱子以持敬解释克己,克己工夫实际上没有独立的工夫地位。进入中晚年阶段,朱子提出求放心和克己是一事,结合朱子以持敬解释求放心,本质上仍是以克己为持敬。

> 今说求放心,说来说去,却似释老说入定一般。但彼到此便死了;吾辈却要得此心主宰得定,方赖此做事业,所以不同也。……致知,即心知也;格物,即心格也;克己,即心克也。非礼勿视听言动,勿与不勿,只争毫发地尔。所以明道说:"圣贤千言万语,只是欲人将已放之心收拾入身来,自能寻向上去。"今且须就心上做得主定,方验得圣贤之言有归着,自然有契。①

由引文可见,朱子认为求放心不是佛老的入定,儒家的求放心是确保此心主宰得定,其他工夫都需要依赖此心主宰的地位才能开展。所以求放心是工夫的前提,知是心之能,情是心之所发,致知即心知,格物即心格,克己即心克,非礼勿视听言动,勿与不勿的区别只在于心克与不克,求放心作为确立心之主宰地位的工夫就显得极为重要。所以朱子引明道说千言万语只是教人求放心,因为心的主宰地位是物能不能格,心能不能知,己能不能克的前提。求放心作为格物、致知工夫的前提,是持敬与穷理的基本关系的体现,但朱子以求放心作为克己复礼的前提,似乎克己复礼作为涵养工夫的地位没有得到体现,后来朱子改变了这一说法,提出"克己复礼"与求放心应当是一件事,这样对二者关系的解释就更为严密。朱子说:"'求其放心'与'克己复礼',恐亦不可分为两事。盖放

---

① (宋)黎靖德编,王星贤点校:《朱子语类》,第202—203页。余大雅录,朱子49岁后。

却心,即视听言动皆非礼,非礼而视听言动,即是放却心。此处不容更作两节,今所论却似太支离也。"① 求放心与克己复礼不能分为两件事,如果本心放失,则视听言动无法合于礼,如果视听言动皆不合于礼,就是本心放失,所以求放心就是克己复礼,克己复礼就是求放心,二者就是同一件事情。联系前文朱子认为持敬就是求放心,以持敬为求放心的工夫,克己与求放心为一事,实质上是将求放心和克己复礼都贯通到持敬上做工夫。

五 就切实处做工夫

朱子中年时期以持敬解释克己复礼,认为克己复礼是通过持敬完成的,中晚年以后朱子提出克己是心克,认为求放心与克己是一事,但从做工夫的角度上说,朱子避免过于言心上工夫,提出克己复礼要在平实处做工夫。朱子说:"故夫子教人,只说习。如'克己复礼',是说习也;视听言动,亦是习;'请事斯语',亦是习。孟子恐人不识,方说出'察'字。而'察'字最轻。'习'字最重也。"② 朱子认为孔子教人只说习,习就是日用中操习,克己复礼作为孔子传授颜回的工夫,当然要在操习中完成,克己复礼是说"习",视听言动也是说"习"。朱子认为到孟子的时候才提出察,体察是心上的工夫,"察"字最轻,"习"字最重,意指道德践履重于内心的体察,在此朱子对孔子和孟子的态度已经有了区分。并且,朱子强调克己复礼为"习"的工夫,即强调涵养工夫要在平实处下工夫,本质上仍是以持敬解释克己复礼。由此也说明了朱子虽然提出持敬即求放心,提出求放心与克己为一事,但做工夫上,仍是主敬的立场。

朱子主敬的立场体现出朱子对孔与孟二人的工夫路径的区分和选择,他说:"孟子教人多言理义大体,孔子则就切实做工夫处教

---

① (宋)朱熹著,朱杰人、严佐之、刘永翔主编:《答吕子约》,《朱子全书》,第22册,第2200页。1185年。

② (宋)黎靖德编,王星贤点校:《朱子语类》,第215页。周谟录,朱子50岁。

人。"① 又说:"孔子教人只从中间起,使人便做工夫去,久则自能知向上底道理,所谓'下学上达'也。孟子始终都举,先要人识心性着落,却下功夫做去。"② 朱子认为孔子教人的工夫更为平实,持敬、克己复礼都是孔门工夫,工夫路径上教人下学而上达,孟子教人先识义理大体,教人先识良心、性善,再做求放心。朱子在此虽然没有区分孔孟工夫之高下,但从他对持敬与克己复礼关系的处理,以及以持敬解释求放心的观点来看,可以知道朱子大体上以孔门工夫为尊。因为过于言高求放心工夫恐有落入禅学的危险,他说:"《论语》不说心,只说实事。节录作:'只就事实上说。'孟子说心,后来遂有求心之病。"③ 联系前文,朱子49岁后有说:"致知,即心知也;格物,即心格也;克己,即心克也。……所以明道说:'圣贤千言万语,只是欲人将已放之心收拾入身来,自能寻向上去。'"④ 但是59岁后朱子就提出不要说心,只说实事,因为孟子说心,后来才有了求心之病,这里主要还是针对陆学而发,朱子50岁后开始与陆学集中论辩,晚年时期仍没有停止,也可以体会到朱陆二人的涵养工夫的不同,朱子强调操存涵养,在平时处下工夫,以持敬为主,陆学遵从孟学求放心,主张发明本心,一方遵从孔学,一方遵从孟学,这是二人分歧的根源。

第二节　涵养工夫之间的关系

一　持敬与主静
(一) 慎言主静

经前文分析可知,朱子主静的观点主要来自周敦颐的主静思想,

---

① (宋)黎靖德编,王星贤点校:《朱子语类》,第429页。程端蒙录,50岁后。
② (宋)黎靖德编,王星贤点校:《朱子语类》,第429页。程端蒙录,50岁后。
③ (宋)黎靖德编,王星贤点校:《朱子语类》,第429页。李方子录,59岁后。
④ (宋)黎靖德编,王星贤点校:《朱子语类》,第202页。余大雅录,朱子49岁后。见《朱子语类》,第13页。

学界对朱子的主静思想是否在"中和新说"以后就为定说有过争论。王懋竑提出标志"中和新说"的《答张钦夫》① 有许多"未定之论",他列举七条,其中有三条关于朱子主静的思想。② 牟宗三持反对意见,他认为"王懋竑所谓'未定之论',无一可通"③。牟宗三认为"中和新说"后朱子主静说法已为定论,他说:"论心学一书(案当云《中和新说》)以为定论。此书在乙丑初悟已发未发之分时,尚多未定之论。如以'静中知觉不昧'为复,'寂而常感,感而常寂','以静为本',诸论皆后来所不言。即如'仁中为静,义正为动',与《太极图解》正相反。岂可据以为定论耶?"④ 在此,牟宗三提出朱子"旧说"时期很多关于主静的说法,后来都不说了,但并没有做进一步梳理,均以《中和新说》为定论,结论似乎过于笼统。朱子至"中和新说"后对静的理解出现了变化。

> 未发之前,是敬也固已主乎存养之实;已发之际,是敬也又常行于省察之间。方其存也,思虑未萌而知觉不昧,是则静中之动,复之所以"见天地之心"也;及其察也,事物纷纠而品节不差,是则动中之静,艮之所以"不获其身,不见其人"也。有以主乎静中之动,是以寂而未尝不感;有以察乎动中之静,是以感而未常不寂。寂而常感,感而常寂,此心之所以周流贯彻而无一息之不仁也。⑤

---

① (宋) 朱熹著,朱杰人、严佐之、刘永翔主编:《答张钦夫》,《朱子全书》,第21册,第1418—1419页。1170年。
② 牟宗三列举七条,其中第三、五、六条为王懋竑对朱子主静的思想的判断:第三条,对"'静中之动,动中之静'动静自是两时,不必互说"。第五条,"以静为本"亦是偏于静。第六条,"以'静中知觉'为复"。见牟宗三《心体与性体》(下),第141页。
③ 牟宗三:《心体与性体》(下),第160页。
④ 牟宗三:《心体与性体》(下),第107页。
⑤ (宋) 朱熹著,朱杰人、严佐之、刘永翔主编:《答张钦夫》,《朱子全书》,第21册,第1419页。1170年。

朱子在此提出未发前主敬存养为静中之动,是为"复卦",已发后敬行于省察之中为动中之静,是为"艮卦",对于以静为"复"的比喻,朱子当年修订《太极图说解》又说:"然静者,诚之复而性之贞者也。"①此后则不以"复"言静,故牟宗三认为朱子后来不以"复"言静的具体时间应是在44岁后。朱子在此所言"寂而常感、感而常寂"即以涵养贯彻未发已发、动静语默,朱子43岁时还说:"心该诚神,备体用,故能寂而感,感而寂。其寂然不动者,诚也,体也;感而遂通者,神也,用也。"② 在此,朱子仍以"寂而感、感而寂"来形容敬贯彻动静的工夫,此后朱子不再有这个说法。对于"中正仁义",朱子在《太极图说解》中以元亨利贞来解释仁义中正,以仁义为动,中正为静。确如牟先生所说,完全颠覆了此前以仁中为动,义正为静的解释。但是朱子至1176年在《太极说》中仍有"以静为本"的说法,50岁时朱子还说:"持敬以静为主。"③ 50岁后朱子基本不言主静。

> 承谕致知力行之意,甚善。然欲以"静敬"二字该之,则恐未然。盖圣贤之学,彻头彻尾,只是一"敬"字。致知者,以敬而致之也;力行者,以敬而行之也。静之为言,则亦理明心定、自无纷扰之效耳。今以静为致知之由,敬为力行之准,则其功夫次序皆不得其当矣。《中庸》所谓博学审问、谨思明辨者,皆致知之事,而必以笃行终之,此可见也。苟不从事于学问思辨之间,但欲以静为主而待理之自明,则亦没世穷年而无所获矣。④

---

① (宋)朱熹著,朱杰人、严佐之、刘永翔主编:《太极图说解》,《朱子全书》第1册,第75页。1170年。见束景南《朱熹年谱长编》(上),第426页。
② (宋)朱熹著,朱杰人、严佐之、刘永翔主编:《答石子重》,《朱子全书》,第22册,第1933页。1172年。
③ (宋)黎靖德编,王星贤点校:《朱子语类》,第151页。周谟录,朱子50岁。
④ (宋)朱熹著,朱杰人、严佐之、刘永翔主编:《答程正思》,《朱子全书》,第22册,第2323页。1181年。见陈来《朱子书信编年考证》,第203页。

朱子认为程正思致知力行之说很好,但如果以"静敬"两字概括致知行则不合适,因为圣贤工夫彻头彻尾只一个"敬"字。致知,是持敬以致知,力行是持敬以行之。朱子认为言静只是为了说明工夫后理明心定、心无纷扰的效验。在此,朱子认为贯彻致知力行的只有持敬一个工夫,静只是为了说明工夫后的效验,不能作为独立的工夫。朱子又提出如果以静作为致知的根据,敬作为力行的准则,则力行在致知之先,违背了大学工夫中的知先行后的工夫次第。朱子又以《中庸》中博学、审问、慎思、明辨作为致知的工夫提出致知要通过学、问、思、辨来完成,通过主静则永远不能完成明理的目的。由此,朱子取消了中年时期言持敬以静为本的意义,将静限定在工夫后的效验上说。1184 年,朱子提出存养工夫不能只在静中做,对延平"静中体验未发"进行了限制,他说:"日用功夫如此,甚善。然须实下功夫,只说得,不济事也。李先生意,只是要得学者静中有个主宰存养处,然一向如此,又不得也。"① 朱子认为涵养工夫应该在日用中进行,而"静中体验未发"只是要求学者在静中有存养本心的地方,但不可能一直在静中。与之相应,朱子以有事无事区分未发已发的标准,由此将静的范围进一步缩小,限制了静中工夫的范围,进入晚年后朱子以思作为未发已发的标准,进一步取消了以动静区分未发已发的意义。

对于朱子对主静谨慎的态度,徐复观以朱子从 48 岁至 64 岁四篇濂溪祠中没有一处提到静作为依据,提出朱子 48 岁后不言周濂溪主静工夫。他说:"元晦毕生推崇周敦颐《太极图说》,在乾道九年夏四月成《太极图说解》,时年四十四岁,顺《图说》'而主静'之意,谓:'此言圣人全动静之德,而常本之于静也。'又谓:'动静周流,而其动也,必主乎静。'但从四十八至六十四止,他作了四篇濂溪祠,阐扬周氏思想,却没有一处提到静,也可窥见词宗消息。

---

① (宋)朱熹著,朱杰人、严佐之、刘永翔主编:《答梁文叔》,《朱子全书》,第 22 册,第 2025 页。1184 年。见陈来《朱子书信编年考证》,第 225 页。

至伊川谓'敬则自虚静,不可把虚静唤作敬',又谓'言静则偏了,而今且只道敬',又谓'若言静便入于释氏之说也',尤为元晦四十三岁以后谨守不失,且视此为儒、释大防之一,深以言静为戒。"①徐复观认为朱子对主静态度的转变主要来自二程的影响,他说:"伊川晚年由静转向敬,也反映出他是以动为人生的基本态度……因此一转换,便更加强了他在工夫中在'事'上用力的意味。二程本来都是主张在事上用力的,伊川以'主一无适'言敬,即是专注于一事而心无旁骛,所以敬主要切合在事上说。这便给元晦最大的影响。"② 由前文分析可知,更准确地说朱子在50岁后不言主静,主要原因并不是受到二程的影响,因为中年时期朱子已知二程"不言静,只言敬",但仍然提出"以静为本",这是因为中年时期集中于与湖湘学派的论辩,针对湖湘学派欠缺未发前一段涵养工夫,朱子的主要任务是要证明涵养于未发前的重要性,故以主静作为论证的依据。二程的操存涵养之说固然是朱子对涵养工夫的基本立场,中晚年后朱子也没有改变操存涵养的工夫思想,可见朱子中晚年对静的态度发生变化显然与二程关系不大,重点还在于中晚年时期朱子关注与陆学的分歧,认为陆学不重视求理而导致工夫过于"一超直入",由此容易陷入禅学的弊端,所以朱子45岁后对主静工夫有很强的防范意识,50岁后基本不言主静工夫,朱子将静限定在工夫后的境界,不以主静言持敬,以持敬为操存涵养的方法,对于求放心也从持敬上去理解,并与佛老的"定心"进行区别,基本上都是针对陆学而发,这也说明了朱子的涵养工夫思想以孔门为宗的特色。对此,徐复观就提出朱子不言主静只言持敬说明了朱子的学术脉络继承于孔子,他说:"这是了解朱元晦的人格与学问的大脉络。这也正式承继孔子的大脉络。《论语》中便有二十一个'敬'字,而'执事敬'

---

① 徐复观:《中国思想史论集续篇》,上海书店出版社2004年版,第387—388页。
② 徐复观:《中国思想史论集续篇》,第386—387页。

'修己以敬'最有概括而深切的意义。"①

需要注意的是，徐复观认为朱子不言主静是因为否定了濂溪的主静之说，实际上并不是。朱子对主静的警惕是反对以静中体验为涵养的主要方法，强调操存涵养，并没有取消静的境界义。朱子59岁时与陆学进行"无极太极"之辩，当时李守约认为《太极图》主静之说出于道家，朱子说他是"比会江西一士人"②，并批评他说："江西士人，大抵皆对塔说相轮之论，未尝以身体之，故敢如此无忌惮而易其言耳。《敬斋箴》云：'须臾有间，毫厘有差。'须臾之间以时言，毫厘之差以事言，皆谓失其敬耳，非两事也。"③ 在此，朱子批评李守约与陆学一样，不做持敬工夫，才会将主静之说列入道学，这是朱子对周敦颐主静之说的维护，静只要以主敬为前提，仍然是儒家立场，所以朱子并没有否定静坐工夫的意义，而是同样地将静坐涵摄于主敬之中。

（二）以敬消解静坐

由前文分析可知，朱子在"中和新说"时以静中存养、主静涵养、持敬以静为本来说明未发工夫的地位，与此相适应，朱子对静坐工夫比较肯定。但朱子从45岁开始慎言主静，牟宗三对此也提出朱子从44岁后言静皆与"中和新说"时期不合，与此相适应，朱子44岁后对静坐工夫进行了重新讨论，这不是巧合。朱子45岁结束与湖湘学派的论辩，开始注意到与陆学的分歧，其中静坐是朱子较早注意到的与象山工夫上的分歧。

> 问："集注云：'告子外义，盖外之而不求，非欲求之于外也。'"曰："告子直是将义摒除去，只就心上理会。"因说：

---

① 徐复观：《中国思想史论集续篇》，第388页。
② （宋）朱熹著，朱杰人、严佐之、刘永翔主编：《答李守约》，《朱子全书》，第23册，第2602页。1188年。见陈来《朱子书信编年考证》，第285页。
③ （宋）朱熹著，朱杰人、严佐之、刘永翔主编：《答李守约》，《朱子全书》，第23册，第2602页。1188年。

> "陆子静云：'读书讲求义理'正是告子义外工夫。"某以为不然。如子静不读书，不求义理，只静坐澄心，却似告子外义。①

《集注》中朱子将告子义外说解释为外义是以义为心外而不做求义工夫，而不是想要在心外求义。在此朱子进一步解释说是告子直接将义摒除，只依靠心去理会。朱子联系陆子静以"读书讲求义理"为告子的义外工夫，朱子表示不认同，他认为陆子静不读书，不做穷理求义的工夫，只是静坐澄心，似乎更类似告子的义外说。朱子批评陆子静只做静坐工夫，不做穷理是告子的义外说，这个观点也成为后来朱子判陆子静为"告子"的依据。无独有偶，朱子44岁后也开始改变对延平静坐的理解，提出持敬比静坐工夫好。

> 淳叟问："方读书时，觉得无静底工夫。须有读书之时，有虚静之时。"曰："某旧见李先生，尝教令静坐。后来看得不然，只是一个'敬'字好。方无事时，敬于自持；凡心不可放入无何有之乡，须收敛在此。及应事时，敬于应事；读书时，敬于读书；便自然该贯动静，心无时不存。"②

朱子否定淳叟认为读书时才有虚静工夫的观点，即否定以读书为静的工夫。朱子提出以前延平曾经教他静坐，后来觉得这样不对，只要一个持敬工夫就好了。无事时，以敬持守，持敬不是将心放入虚无之境，必须将其收敛在此。等到应事接物时，以敬应事，读书时，敬行于读书中。如此则敬贯彻动静，持敬无间断，无时不存心。可以看出，朱子取消了静坐对于读书的意义，以持敬代替静坐。中晚年时期陆学是朱子对话的主要对象，基于朱子对陆学只重静坐的批

---

① （宋）黎靖德编，王星贤点校：《朱子语类》，第1264页。廖德明录，朱子44岁后。见《朱子语类》，第13页。

② （宋）黎靖德编，王星贤点校：《朱子语类》，第2911页。廖德明录，朱子44岁后。

评，朱子强调儒学的静坐是在持敬的统摄之下，与佛教的坐禅进行区分。

> 或问："不拘静坐与应事，皆要专一否？"曰："静坐非是要如坐禅入定，断绝思虑。只收敛此心，莫令走作闲思虑，则此心湛然无事，自然专一。及其有事，则随事而应；事已，则复湛然矣。不要因一事而惹出三件两件。如此，则杂然无头项，何以得他专一！……若不做这工夫，却要读书看义理，恰似要立屋无基地，且无安顿屋柱处。……故程先生须令就'敬'字上做工夫，正为此也。"①

对于静坐与应事是否都要专一的问题，朱子认为静坐不是坐禅入定，断绝思虑，只是收敛此心，不要被思虑影响，如此则此心自然专一。可见，朱子以持敬解释静坐，并将专一作为静坐工夫的效验。朱子认为如果不先做专一的工夫，就去读书求义，就像建屋子没有建在地基上一样不稳固。在此朱子强调持敬是穷理的前提，而不是以静坐为前提。静坐是行动之静，而敬则是精神上专一，静坐实际上也是为了达到精神上的专一，如果持敬已经能达到精神上专一，则静坐工夫也没有太多必要，主要还是在敬上做工夫，如此静坐工夫悄悄被持敬消解。

> 常学持敬，读书心在书，为事心在事，如此颇觉有力。只是瞑目静坐时支遣思虑不去。或云：只瞑目时已是生妄想之端，读书心在书，为事心在事，只是收聚得心，未见敬之体。静坐而不能遣思虑，便是静坐时不曾敬。敬则只是敬，更寻甚敬之

---

① （宋）黎靖德编，王星贤点校：《朱子语类》，第217页。余大雅录，朱子49岁后。

体！似此支离，病痛愈多，更不曾得做工夫，只了得安排杜撰也。①

由引文可见，对熊梦兆所提出的静坐时还会受到思虑影响的问题，朱子认为静坐时没有做持敬工夫的原因。对于熊梦兆所说持敬时只是将心收敛，未见敬之体的说法，朱子提出敬就是收敛身心，不必去求敬之体，否则就是支离、杜撰。朱子提出静坐不能离开持敬，除了持敬之外，其实没有什么另外的静的工夫，可见静坐已经被持敬消解。1188 年，朱子更是直言不需要通过静坐去持敬，他批评李守约说："所说持敬工夫，恐不必如此，徒自纷扰，反成坐驰。但只大纲收敛，勿令放逸，到穷理精后，自然思虑不至妄动，凡所营为，无非正理，则亦何必兀然静坐然后为持敬哉！"② 朱子认为读书之法应该笃志虚心，认真对待，所以要做持敬工夫，持敬只是收敛身心，等穷理到达精一的境界，自然思虑不会妄动，所以没必要通过静坐去完成持敬。朱子认为持敬落实在穷理中，持敬只是收敛，不需要通过静坐完成，可见静坐没有单独做工夫的必要。朱子 45 岁后开始对静坐工夫进行反思，主要是基于对陆学的警惕，陈来说："在朱熹看来，如禅宗顿悟一样，陆学的类似体验虽不是虚假的，但是他所否定的不是这种体验的实在性而是它对于道德提高的可靠性。朱熹指出，如果以为一旦获得某种体验之后，便以为从此本心发明，一切行动思虑都是本心发见，这正是陆门弟子狂妄颠倒的真正根由。朱熹对陆学夸大主体的伦理本能及以静坐反观修养方法的批评，应当承认比较近乎道德生活的实际情况。"③ 由此可知朱子慎言主静，其将静坐统摄于持敬之下，但没有完全否定静坐工夫的意义，这是

---

① （宋）朱熹著，朱杰人、严佐之、刘永翔主编：《答熊梦兆》，《朱子全书》，第 23 册，第 2624 页。1183 年。见陈来《朱子书信编年考证》，第 221 页。

② （宋）朱熹著，朱杰人、严佐之、刘永翔主编：《答李守约》，《朱子全书》，第 23 册，第 2600 页。1188 年。见陈来《朱子书信编年考证》，第 285 页。

③ 陈来：《朱子哲学研究》，第 416 页。

因为儒家肯定静作为工夫境界的意义。朱子否定以主静作为涵养的主要工夫,更准确地说是否定以静求静的涵养方法,本质上是反对将涵养工夫停留于内心的体验,朱子认为这是禅学和心学的特点,也与儒家重视现实的人伦责任相违背,主敬涵养是朱子终生坚守的立场。

二 持敬与克己复礼

(一) 敬以克己

中年时期朱子以持敬解释克己,将持敬与克己并举,《集注》中提出"克己在持敬之上",体现了朱子对克己复礼工夫的进一步重视,但是敬则无己可克、主敬涵养仍然是朱子的基本立场。进入中晚年后朱子主敬的立场没有改变,反复强调持敬是工夫的下手处,朱子说:"大凡学者须先理会'敬'字,敬是立脚去处。"① 持敬是所有工夫的前提,是首先要领会的工夫。朱子认为涵养是通过操存实现的,"操"就是"操习","操习"是涵养工夫的主要方法,持敬是操存涵养,克己复礼工夫亦是,朱子说:"故夫子教人,只说习。如克己复礼,是说习也;视听言动,亦是习;'请事斯语',亦是习。"② 朱子认为孔子只是以习教人,克己复礼,视听言动,都是习,克己复礼就是操习涵养,说明克己复礼偏向持敬而不是求放心。朱子从操习上解释克己复礼,将克己复礼工夫说得更为平实,就是为了避免将克己复礼工夫说得太高,由此可知朱子其实已经在有意避免《集注》时期言"克己在持敬之上"的观点。淳熙十五年朱子在《延合奏札》中又有"敬以克之"的提法,说明朱子仍以持敬解释克己工夫,朱子主敬涵养的立场没有改变。

> 臣愚不肖,窃愿陛下即今日之治效溯而上之,以求其所以

---

① (宋)黎靖德编,王星贤点校:《朱子语类》,第215页。周谟录,朱子50岁。
② (宋)黎靖德编,王星贤点校:《朱子语类》,第215页。周谟录,朱子50岁。

然之故,而于舜禹孔颜所授受者少留意焉,自今以往,一念之萌,则必谨而察之:此为天理耶?为人欲耶?果天理也,则敬以扩之,而不使其少有壅阏,果人欲也,则敬以克之,而不使其少有凝滞。……如此,则圣心洞然,中外融彻,无一毫之私欲得以介乎其间,而天下之事,将惟陛下之所欲为,无不如志矣。①

淳熙十五年朱子上奏宋孝宗,希望皇帝能至下而上地做工夫,多在穷理上做工夫以求事物背后之所以然,少关注舜传授给大禹、孔子传授颜回的所谓"心传",舜传授给大禹的"心传"是"人心惟危,道心惟微"的十六字"心传",孔子传授颜回的"心传"是"克己复礼,非礼勿视听言动",朱子提出少关注"心传",在私欲萌发时,做省察工夫,严辨天理人欲,如果是天理,则以敬的工夫扩充之,如果是私欲,则以敬克除之。在此,朱子强调"下学而上达"的成德路径,强调持敬与省察的配合,认为持敬可以扩充天理、克除人欲,因为无论是舜传给大禹,还是孔子传给颜回的"心传",所要求资质都太高,不适合大多数人,持敬工夫平实,工夫有下手处,由此可见虽然克己复礼的地位高,但是主敬涵养的地位没有改变。

(二) 持敬克己须俱到

朱子中年时期以持敬解释克己复礼,中晚年后又以求放心解释克己复礼,持敬、克己复礼与求放心三者为一事,导致克己工夫没有独立的做工夫的内容。50岁后朱子开始有意对持敬、求放心、诚意和克己复礼从工夫内容上做了区分。

> 求放心,乃是求这物;克己,则是漾着这一物也。②

---

① (宋)朱熹著,朱杰人、严佐之、刘永翔主编:《延和奏札五》,《朱子全书》,第20册,第664—665页。1188年。

② (宋)黎靖德编,王星贤点校:《朱子语类》,第203页。程端蒙录,50岁后。

> 诚、敬、寡欲,不可以次序做工夫。数者虽则未尝不串,然其实各是一件事。不成道敬则欲自寡,却全不去做寡欲底功夫,则是废了克己之功也。但恐一旦发作,又却无理会。譬如平日慎起居,节饮食,养得如此了,固是无病。但一日意外病作,岂可不服药。敬只是养底功夫。克己是去病。须是俱到,无所不用其极。①

> 敬如治田而灌溉之功;克己,则是去其恶草也。②

朱子认为求放心的工夫是求所放失之本心,克己的工夫是克除过多的私欲,求放心是正向的工夫,而克己是反向的工夫。朱子又提出诚、敬、寡欲不可以按次序做工夫,三个工夫要同时进行,诚意、持敬和克己三个工夫虽然有关联的地方,但又各是一个工夫,不可以互相替代。不能认为持敬了欲望就自然减少,就不必做寡欲的工夫,如此则是对克己工夫的废弃。朱子以养病为例,提出持敬就是平日身体的调养,调养得好固然不会生病,但也有意外之病发作,也不能不吃药,所以敬是调养身体的工夫,克己则是服药去病的工夫,两个工夫都要做,都要使用,不能缺失一方。朱子在此说明持敬不能解决所有私欲的问题,克己复礼工夫有自己的独立意义。第三段,朱子认为敬就像整理田地的灌溉的工夫,而克己则像除草的工夫,如此两个工夫内容的关联就没这么大了,也就是克己不受持敬的制约,无论持敬做得好还是不好,私欲的问题都不能解决,克己复礼的工夫都是必要的。朱子将"敬则无己可克"的观点转变为持敬与克己"须是俱到,无所不用其极",这是基于朱子对私欲的认识,体现出朱子对克己工夫的重视。

> 致知、敬、克己,此三事,以一家譬之:敬是守门户之人,

---

① (宋)黎靖德编,王星贤点校:《朱子语类》,第214页。程端蒙录,50岁后。
② (宋)黎靖德编,王星贤点校:《朱子语类》,第214页。程端蒙录,50岁后。

> 克己则是拒盗，致知却是去推察自家与外来底事。伊川言："涵养须用敬，进学则在致知。"不言克己。盖敬胜百邪，便自有克，如诚则便不消言闲邪之意。犹善守门户，则与拒盗便是一等事，不消更言别有拒盗底。若以涵养对克己言之，则各作一事亦可。涵养，则譬如将息；克己，则譬如服药去病。盖将息不到，然后服药。将息则自无病，何消服药。能纯于敬，则自无邪僻，何用克己。若有邪僻，只是敬心不纯，只可责敬。故敬则无己可克，乃敬之效。若初学，则须是工夫都到，无所不用其极。①

朱子将克己、持敬与致知三个工夫进行对比，以家作为比喻，持是守门户的人，就是持守本心，看守自家的财物。克己是对抗盗贼，私欲产生就去克除。致知是去了解家里和外面的道理，即朱子《格物补传》所言因其已知之理而益穷之，以心中本具之理来认识万事万物的道理。朱子在此提出伊川言涵养和致知两大工夫进路而不言克己，是因为其认为"敬胜百邪"，所以敬则无己可克，就像做到诚则不会有闲邪之意，就像守门户与拒盗是一事。在此朱子仍然赞同伊川以涵养和致知作为两大工夫架构，将克己统摄在持敬之内。但是他又提出如果将涵养与克己相对而言则各为一件工夫也是可以的，涵养是调理休息，克己则是服药去病，涵养工夫做得好则自然无病，不需要克己复礼工夫。但如果出现邪僻只能是敬的工夫没有做好，所以"敬则无己可克"是就持敬后的工夫效果而言。如果是初做工夫，则敬与克己都要做，不能缺少。在此朱子对中年时期"敬则无己可克"的说法限定于工夫后的境界上说，从做工夫上看，持敬和克己复礼要同时做工夫，但是持敬是工夫的下手处。

57 岁时朱子说："学莫要于持敬，故伊川谓：'敬则无己可克，

---

① （宋）黎靖德编，王星贤点校：《朱子语类》，第 151—152 页。程端蒙录，朱子 50 岁后。

省多少事。'然此事甚大，亦甚难。"① 显然，朱子赞同伊川的观点，认为虽然持敬是修养工夫的前提，伊川言"敬则无己可克"确实可以省去克己工夫，但要做到"敬则无己可克"是大事，是难事，所以克己复礼工夫有了持敬之外的独立性和必要性，这是朱子中晚年时期对持敬和克己复礼工夫的重要认识，对此钱穆曾说："于伊川涵养用敬，进学在致知两项外，特增入克己一项，几于如鼎足有三。"② 钱穆认为朱子在涵养和致知之外再增克己一项与其并列为三，认为朱子改变了两大基本工夫架构，显然是注意到朱子对克己工夫的重视，克己工夫有了自己独立的工夫内容和工夫意义，但是朱子认为涵养与克己实质上是一等工夫，只是从涵养工夫内部可以分为两项工夫内容，并且在持敬与克己之间，主敬涵养的地位没有改变，这说明克己工夫的地位还不足以动摇涵养与致知两大工夫架构。

三 持敬与诚

（一）不能以敬代诚

朱子诚的工夫思想来自其对《孟子》和《中庸》中诚的思想的诠释，中年时期朱子常常将诚敬合说，以诚形容敬的落实，诚本身没有实质的工夫意义。如1172年朱子说："伊川舟行遇风，端坐不为之变，自以为诚敬之力。"③ 1174年又对连嵩卿说："窃谓'言忠信，行笃敬'，所主者诚敬而已。所主者既诚敬，则所见者亦此理而无妄矣。故坐必如尸，立必如齐，此理未尝不在前也。"④ 可见，朱

---

① （宋）黎靖德编，王星贤点校：《朱子语类》，第208页。邵浩录，朱子57岁。见《朱子语类》，第18页。
② 钱穆：《朱子学提纲》，第110页。
③ （宋）朱熹著，朱杰人、严佐之、刘永翔主编：《答程允夫》，《朱子全书》，第22册，第1877页。1172年。
④ （宋）朱熹著，朱杰人、严佐之、刘永翔主编：《答连嵩卿》，《朱子全书》，第22册，第1856—1857页。1174年。见陈来《朱子书信编年考证》，第125页。

子认为诚敬就是涵养工夫，在这个意义上朱子将二者合说。

对于诚与敬二者的区分，朱子在50岁后仍然延续中年时期的观点，他说："诚只是一个实，敬只是一个畏。"① 又说："妄诞欺诈为不诚，怠惰放肆为不敬，此诚敬之别。"② 可见，朱子仍延续中年时期的观点，以实言诚，以畏言敬。此前不同的是，朱子虽然认为诚、敬两个工夫不同，各为工夫，但并没有工夫的先后之分，他说："诚、敬、寡欲，不可以次序做工夫。数者虽则未尝不串，然其实各是一件事。"③ 朱子认为诚与敬两个工夫虽然可以同时做，但各是一件事，有自己的工夫要求。1180年朱子与江德功通信，他认为江所说诚敬之别是从地位上说，但从本意上看，朱子认为："'诚'是真实，'敬'是畏谨，指意自不同也。"④ 次年，朱子与江德功继续论诚敬之别。他说："前书所论'诚敬'字义不同，正为方此论敬，不当引诚为说，本欲高妙，反成支离耳。"⑤ 在此，朱子强调在讨论诚与敬的关系的时候不能过分拔高诚的地位，不能以诚取代敬，要保证主敬涵养的地位，否则会陷入支离。

1181年朱子与黄直翁通信又继续讨论诚敬异同的问题，他说："则敬者但可为诚之之一事，不可专以敬为诚之之道也，明道先生盖举其一事而言尔。"⑥ 在此，朱子提出敬只能为诚其中的一件事，不能完全以敬作为诚的方法，朱子在此意在强调诚也有自己的工夫内

---

① （宋）黎靖德编，王星贤点校：《朱子语类》，第103页。程端蒙录，为朱子50岁后。见《朱子语类》，第15页。

② （宋）黎靖德编，王星贤点校：《朱子语类》，第103页。黄干录，为朱子47岁后。见《朱子语类》，第15页。

③ （宋）黎靖德编，王星贤点校：《朱子语类》，第214页。程端蒙录，朱子50岁后。

④ （宋）朱熹著，朱杰人、严佐之、刘永翔主编：《答江德功》，《朱子全书》，第22册，第2046页。1180年。见陈来《朱子书信编年考证》，第188页。

⑤ （宋）朱熹著，朱杰人、严佐之、刘永翔主编：《答江德功》，《朱子全书》，第22册，第2047页。1181年。见陈来《朱子书信编年考证》，第202页。

⑥ （宋）朱熹著，朱杰人、严佐之、刘永翔主编：《答黄直翁》，《朱子全书》，第22册，第2053页。1181年。见陈来《朱子书信编年考证》，第202页。

涵，虽然其中有敬的工夫在内，但不能完全被敬替代，如此诚的工夫就具有了自己的独立意义。1182年，朱子甚至改变了中年时期认为诚的工夫没有用力处的说法，他说："诚敬寡欲，皆是紧切用力处，不可分先后，亦不容有所遗也。然非逐项用力，但试着实持守体察，当自见耳。"① 朱子认为诚、敬、寡欲都有自己的工夫内容，不分先后，但也不能遗落任何一个工夫。这三个工夫不是逐项用力，而是以持敬为本。朱子在此一改中年时期认为诚的工夫体面甚大、不可用力的观点，说明了诚有了自己独立的工夫意义。至59岁时，朱子依然合说诚敬来说明涵养工夫的重要，同时又对二者进行辨析。

> 问："程先生所说，格物之要，在以诚敬为主。胡氏说致知、格物，又要'立志以定其本'，如何？"曰："此程先生说得为人切处。古人由小便学来如，'视无诳'，如'洒埽、应对、进退'，皆是少年从小学，教他都是诚敬。今人小学都不曾去学，却欲便从大学做去。且如今格一物，若自家不诚不敬，诚是不欺不妄；敬是无怠慢放荡。才格不到，便弃了，又如何了得！工夫如何成得！"②

由引文可见，朱子认为程子所说"格物之要在以诚敬为主"比胡宏"格致工夫以立志为本"更切中了成德工夫的关键处，朱子认为古人从小学开始做的都是诚敬的工夫，小学工夫所学皆是诚敬工夫，但现在的人不做小学工夫，直接从格物工夫下手做，如此则格物失去了根本，还没有格到事物的道理就放弃了，工夫无法完成。这里朱子也是合说诚敬为涵养工夫，但是朱子这里又特意指出："诚是不欺不妄，敬是无怠慢放荡"，所以可见朱子合说诚敬为涵养工夫，诚与

---

① （宋）朱熹著，朱杰人、严佐之、刘永翔主编：《答任伯起》，《朱子全书》，第22册，第2029页。1182年。见陈来《朱子书信编年考证》，第212页。
② （宋）黎靖德编，王星贤点校：《朱子语类》，第403页。魏椿录，朱子59岁。见《朱子语类》，第16页。

敬的关系为涵养工夫内部的关系，不能以持敬代替诚的工夫，这是朱子中晚年时期言诚敬的基本立场。

（二）持敬与诚意

诚出自《孟子》和《中庸》，诚意出自《大学》，朱子将诚落到意上做工夫就是诚意工夫。所以朱子在合说诚敬的同时也从诚意上区分持敬与诚意，1181年朱子说："前书所论'诚敬'字义不同……意皆因事物而有，然事物外至而意实内生，但于中有邪正耳，难以诚意为内、邪意为外也。"① 朱子将诚的工夫落实到意上做，如此诚的工夫有了下落处，跟原来的"诚体"相比，诚落实到已发后的意上，避免了工夫的空泛，也使诚有了更为独立的工夫地位。并且，朱子提出意虽然受到外部世界的影响，但却在心内产生，产生的时候已经有善恶之分了，所以不能以诚意为心内，以邪意为心外。朱子想要表明意本身已有正邪之分，正因为意在心中已有正邪之分，所以不能等到产生邪意后才开始做诚的工夫，持敬与诚意要同时做工夫。

> 临行请教。曰："凡人所以立身行己，应事接物，莫大乎诚敬。诚者何？不自欺不妄之谓也。敬者何？不怠慢不放荡之谓也。今欲作一事，若不立诚以致敬，说这事不妨胡乱做了，做不成又付之无可奈何，这便是不能敬。人面前底是一样，背后又是一样；外面做底事，内心却不然；这个皆不诚也。学者之心，大凡当以诚敬为主。"②

朱子认为人能够立身处世最重要的工夫就是诚与敬，诚是不自欺，敬就是不怠慢、不放荡。在此朱子以"不自欺"释诚，就是从诚意

---

① （宋）朱熹著，朱杰人、严佐之、刘永翔主编：《答江德功》，《朱子全书》，第22册，第2047页。1181年。见陈来《朱子书信编年考证》，第202页。

② （宋）黎靖德编，王星贤点校：《朱子语类》，第2878页。魏椿录，朱子59岁。

上说。朱子认为如果要做一件事情，如果不立下诚去做敬的工夫，就是胡乱做工夫，所以不诚则不能敬。诚就是人前人后一样，外面做的事与内心的意愿一样，知行合一，内外一致才是诚。在此，朱子指出了诚意对于持敬的作用。由此说明朱子对诚的解释从《孟子》《中庸》的诚转移至《大学》中的诚意，说明朱子以《大学》为工夫规模。正是因为诚的工夫落在诚意上说，由此朱子改变了此前对诚的地位的认识，虽然朱子仍将诚敬合说，诚不再成为形容敬的词，敬不能代替诚，朱子以诚意工夫确立了诚的工夫地位。

四 持敬与立志

（一）开始重视立志

朱子50岁后对立志工夫开始有单独的讨论，逐渐认识到立志对于成德的具体作用，并开始注意到立志与持敬的关系，这是朱子《集注》后对立志工夫的进一步认识。

> 从学者大要立志。所谓志者，不道将这些意气去盖他人，只是直截要学尧舜。"孟子道性善，言必称尧舜。"此是真实道理。"世子自楚反，复见孟子。孟子曰：'世子疑吾言乎？夫道一而已矣。'"这些道理，更无走作，只是一个性善可至尧舜，别没去处了。下文引成覸颜子公明仪所言，便见得人人皆可为也。学者立志，须教勇猛，自当有进。志不足以有为，此学者之大病。[①]

朱子认为为学最重要的就是先要立志，立志不是与他人的意气之争，而是直接向尧舜学习，立下圣人之志。这就是为什么孟子说性善，言必称尧舜，孟子认为人皆性善，所以每个人都具有成为尧舜的可能，相信性善之说，立下成为尧舜的志向，这就是儒家的大道，只

---

① （宋）黎靖德编，王星贤点校：《朱子语类》，第133页。周谟录，朱子50岁。

要志向相通,每个人的道都是一样的。成觊、颜回、公明仪所言,说明了人人都可以为尧舜,学者如果立下了这个志向,就一定教他做工夫勇猛精进,自然会有进步。朱子在此阐明儒者立志就要立下尧舜之志,可以教人勇猛精进,所立之志不足以支撑人的道德行为,这是当今学者最大的问题,在此可知朱子对立志的重视,同年,朱子又言立志工夫的作用。

> 世俗之学,所以与圣贤不同者,亦不难见。圣贤直是真个去做,说正心,直要心正;说诚意,直要意诚;修身齐家,皆非空言。今之学者说正心,但将正心吟咏一晌;说诚意,又将诚意吟咏一晌;说修身,又将圣贤许多说修身处讽诵而已。或掇拾言语,缀缉时文。如此为学,却于自家身上有何交涉?这里须要着意理会。今之朋友,固有乐闻圣贤之学,而终不能去世俗之陋者,无他,只是志不立尔。学者大要立志,才学,便要做圣人是也。①

朱子认为世俗的学问之所以与圣贤的学问不同原因就在于圣贤的学问不停留于知、识的层面,而是直接落实在行动上。说要正心,就真的做到心正;说要诚意,就真的做到意诚;说修身齐家,就真的落实到身修家齐,都不是空话。同时,朱子认为现在的学者说正心、诚意、修身多是放在嘴边而没有真正落到实处,圣贤学问停留在说话、文字上,如此为学就不是在自家身上做工夫。一些人固然有的喜欢圣贤的学问,但最终都不能去除世俗之学的缺陷,将学问停留于口头、文字、语言,没有真正落实到对工夫的完成,根源在于没有立下志向,而学者要立下的最关键的志向就是圣人之志。在此,朱子指出立志的作用在于保证工夫能实实在在地完成,立志以性善

---

① (宋)黎靖德编,王星贤点校:《朱子语类》,第133—134页。周谟录,朱子50岁。

说为前提，以成圣成贤为志，说明了《集注》后立志工夫的进一步重视，立志与其他工夫的关系也开始进入朱子的视野。

(二) "信得及"为第一义

经前文分析可知，立志即立下圣人之志，其工夫的前提是对性善论的坚持。"中和新说"时期朱子提出涵养本原和持敬涵养都是涵养此性善之体，性善论是持敬涵养的前提。由此，持敬与立志的地位就有了高下之分，1179 年朱子说："却且就日用间实下持敬工夫，求取放心，然后却看自家本性元是善与不善、自家与尧舜元是同与不同。若信得及，意思自然开明，持守亦不费力矣。"① 朱子提出在日用中实实在在落实持敬工夫，就是求放心，再去看自家本性善与不善，自家与尧舜同与不同，即是在本原处辨天理人欲。如果"信得及"，持守工夫不费力气，信即相信每个人都有成为圣贤的可能，以"信得及"为前提的涵养工夫是自然自觉、不必勉强的，所以持守工夫仍为第一义。朱子将"信得及"作为《孟子》中的第一节工夫，朱子说："近看《孟子》，见人即道性善、称尧舜，此是第一义。若于此看得透，信得及，直下便是圣贤，更无一毫人欲之私做得病痛。若信不及，孟子又提出第二节工夫，只是引成覸、颜渊、公明仪等人说的三段话，教人如此发愤勇猛向前，日用之间，不得存留一毫人欲之私在这里，此外更无别法。"② 朱子认为如果能对性善、尧舜之说"信得及"则直接就是圣贤，不会有私欲产生。但如果信不及，就要做第二节工夫，就是立志工夫，发愤勇猛，去除私欲。朱子将"信得及"拈出作为成德的第一节工夫对后来阳明产生很大影响，但需要注意的是朱子也说明以持守为第一义是以信为前提，这也就为立志工夫的

---

① (宋) 朱熹著，朱杰人、严佐之、刘永翔主编：《答周舜弼》，《朱子全书》，第 22 册，第 2333 页。1179 年。

② (宋) 朱熹著，朱杰人、严佐之、刘永翔主编：《答梁文叔》，《朱子全书》，第 22 册，第 2026 页。1184 年。见陈来《朱子书信编年考证》，第 225 页。

必要性提供了依据。

(三) 持敬与立志

孟子所说的第二节工夫,就是如颜渊、公明仪等人发愤勇猛向前,这就必须做立志的工夫,以圣人的境界为目标。

> 喻及为学次第,甚慰所怀。但向来所说性善,只是且要人识得本来固有,元无少欠,做到圣人,方是恰好。才不到此,即是自弃。故孟子下文再引成覵、颜渊、公明仪之言,要得人人立得此志,勇猛向前,如服瞑眩之药以除深锢之病,直是不可悠悠耳。①

朱子认为性善之说只是要人认识到善性是人所本有,性体为全,能做到圣人的境界,才是刚刚与本性相符,但如果不能做到圣人的程度就是自我放弃。所以孟子下文再引颜渊、公明仪等人所说就是希望每个人都能立志,勇猛向前,就像对重病要下重药医治,要认真对待。在此,朱子提出立志就是对性善的坚持,而持敬工夫作为对性善的存养,立志对持守有助力作用,立志为成德提供了动力。但是朱子强调志属于知的范畴,要与行动配合才能发挥作用,由此与陆学言立志进行区分。

> 先生问正淳:"曾闻陆子寿'志于道'之说否?"正淳谓:"子寿先令人立志。"曰:"只做立志,便虚了。圣人之说不如此,直是有用力处。且如孝于亲,忠于君,信于朋友之类,便是道。所谓志,只是如此知之而已,未有得于己也。及其行之尽于孝,尽于忠,尽于信,有以自得于己,则是孝之德,忠之德,信之德。如此,然后可据。然只志道据德,而有一息之不

---

① (宋)朱熹著,朱杰人、严佐之、刘永翔主编:《答李叔文》,《朱子全书》,第22册,第2470页。1180年。

仁，便间断了，二者皆不能有。却须'据于德'后，而又'依于仁'。"①

朱子问陆氏门人万正淳有没有听过陆子寿的"志于道"的论说，万正淳说陆子寿先教人立志。朱子在此提出只做立志工夫，工夫就虚了。圣人之说直接就是做工夫的地方，比如孝亲、忠君、信友便是道，志则只是对道的知，志于道并不代表就达道，所以立志要落在行中。等到了尽孝、尽忠、尽信的时候，才是达道，才是成德，此时才可以说"据于德"。朱子又提出如果只完成"志于道"和"据于德"两个工夫，有瞬间不仁的地方，则二者都会间断，所以之后又要做"依于仁"的工夫。在此可以看出，朱子认为立志要在行动中落实才能成德，立志不能单独做工夫，朱子反对陆学空言立志，结果只能是立论过高。

> 但为学虽有阶渐，然合下立志，亦须略见义理大概规模于自己方寸间，若有个惕然愧惧、奋然勇决之志，然后可以加之讨论玩索之功、存养省察之力，而期于有得。夫子所谓志学、所谓发愤，政为此也。若但悠悠泛泛，无个发端下手处，而便谓可以如此平做将去，则恐所谓庄敬持养、必有事焉者，亦且若存若亡，徒劳把捉，而无精明的确、亲切至到之效也。②

朱子认为为学虽然有阶段渐次，但要做立志工夫的时候，还必须略见义理大概，也就是穷理，也就是说立志是要以明理为前提。如果立下了奋然勇决的志向，然后再加上讨论玩索、存养省察的工夫，就能成德。在此，朱子亦强调立志不能"只是立志"，立志前要大概

---

① （宋）黎靖德编，王星贤点校：《朱子语类》，第864页。万人杰录，朱子51岁后。
② （宋）朱熹著，朱杰人、严佐之、刘永翔主编：《答陈超宗》，《朱子全书》，第23册，第2620页。1187年。见陈来《朱子书信编年考证》，第271页。

明理，立志后还要做格物和省察的工夫。孔子志于学，发愤忘食，都是因为立下了志向。如果不做立志工夫，目标太过广泛，则没有开始努力做工夫的地方，如果没有立下志向就直接去做则是盲目的，庄敬持养也是徒劳把捉，没有精确、切身的成效，立志使持敬不间断，在此朱子说明了立志对于持敬的作用。次年，朱子对胡氏"立志以定其本"①的说法做了解释，他说："今人所作所为，皆缘是不去立志。若志不立，又如何去学，又如何去致知、格物中做得事。立志之说甚好。非止为读书说，一切之事皆要立志。"② 朱子点出了立志工夫的作用，立志是道德失败的关键原因，如果不立志则不去做致知、格物的工夫。无论读书还是做其他事情，都要先立志。如此可见，朱子在《集注》后对立志工夫做了进一步强调，提出了立志对于持敬、格物、致知的作用，持敬仍是涵养工夫的第一义，至58岁接近晚年后对立志与持敬在工夫次第等问题上又进行了深入讨论。

第三节 涵养工夫的地位

一 持敬涵养与致知

（一）持敬与求放心为本

朱子在《集注》编订期间以大学工夫作为工夫规模，贯通"四书"，强调以致知作为大学工夫的下手处，知至就是贯通的境界，有偏重穷理致知的倾向。《集注》后，在涵养与致知关系中，朱子首先强调大学工夫之前要落实涵养工夫，强调持敬为穷理之本的地位，这是对中年时期涵养于未发之前的立场的坚持。朱子说："向时每说持敬穷理二事，今日所见，亦只是如此，但觉得先后缓急之处愈分

---

① （宋）黎靖德编，王星贤点校：《朱子语类》，第403页。魏椿录，朱子59岁。
② （宋）黎靖德编，王星贤点校：《朱子语类》，第403页。魏椿录，朱子59岁。

明亲切，直是先要于持守上着力，方有进步处也。"① 朱子提出持敬和穷理两个工夫应该有先后缓急之分，一直在持守上做工夫才能有进一步做大学工夫的地方。次年朱子在与李叔文通信中又再一次讨论为学次第的问题，他说："喻及为学次第，甚慰所怀。但向来所说性善，只是且要人识得本来固有，元无少欠，做到圣人，方是恰好。才不到此，即是自弃。……求放心，不须注解，只日用十二时中常切照管，不令放出，即久久自见功效，义理自明，持守自固，不费气力也。若添着一'求仁'字，即转见支离，无摸索处矣。"② 朱子认为，平常所说的性善就是要人认识到善性是每个人本来就有的，存养本性不失，就能做到圣人的境界，如果不行，就是对本性的放弃。求放心就是照管本心，不令本心放失，义理自然明白，持守自然坚固，不用费力气。如果再另做求仁的工夫，就是支离。在此，朱子的观点与中年时期一致，认为从理论上说，只要持守本性或者求放心，即通过涵养就可以成德，所以涵养为本的地位是不能动摇的。

> 若是圣贤之遗言，无非存心养性之事，决不应反至生病，恐又只是太史公作祟耳。孟子言学问之道惟在求其放心，而程子亦言"心要在腔子里"，今一向耽着文字，令此心全体都奔在册子上，更不知有己，便是个无知觉、不识痛痒之人，虽读得书，亦何益于吾事邪？③

朱子认为圣贤遗言无非是存心养性之事，存心养性也是孟子所言求

---

① （宋）朱熹著，朱杰人、严佐之、刘永翔主编：《答周舜弼》，《朱子全书》，第 22 册，第 2332 页。1179 年。
② （宋）朱熹著，朱杰人、严佐之、刘永翔主编：《答李叔文》，《朱子全书》，第 22 册，第 2470—2471 页。1180 年。
③ （宋）朱熹著，朱杰人、严佐之、刘永翔主编：《答吕子约》，《朱子全书》，第 22 册，第 2202 页。1185 年。

放心，这是朱子对涵养工夫的落实。朱子认为孟子学问之道唯在求放心，二程也说"心要在腔子里"，这都说明圣贤所强调的首要的工夫就是存养。朱子批评吕祖俭只在文字上下工夫，心都在书本上，更不知道什么是为己之学，所以是个没有知觉、不知痛痒的人，即使能读书，也对成德没有任何益处。在此，朱子强调读书须以涵养本原为前提，如此穷理时才有明辨是非的标准，才知道穷理之后修身齐家平天下的责任与担当，所读之书才能得于己，读书才能成为有用之学，人如果不辨善恶、麻木不仁，读再多书也无用。同年，朱子在与符舜功通信时又说："尝谓'敬'之一字乃圣学始终之要，未知者非敬无以知，已知者非敬无以守。"① 持敬工夫是大学工夫开始和完成的关键，持敬贯彻大学工夫始终，致知之前须以持敬为先，致知之后也须以持敬守住所知所得才能发为自觉的道德行动，这就是朱子所说的主敬力行。朱子的以上观点都与中年时期言持敬为本的观点相一致。1188 年朱子又在《延和奏札》中向宋孝宗提出"为学以居敬为本"的观点。

> 盖为学之道，莫先于穷理。穷理之要，必在于读书。读书之法，莫贵于循序而致精。而致精之本，则又在于居敬而持志。此不易之理也。……孔子所谓"君子不重则不威，学则不固"，孟子所谓"学问之道无他，求其放心而已矣"者，正谓此也。诚能严恭寅畏，常存此心，使其终日俨然，不为物欲之所侵乱，则以之读书，以之观理，将无所往而不通，以之应事，以之接物，将无所处而不当矣。此居敬持志所以为读书之本也。②

朱子提出大学路径要以穷理为先，而穷理的关键是读书，而读书

---

① （宋）朱熹著，朱杰人、严佐之、刘永翔主编：《答符舜功》，《朱子全书》，第 23 册，第 2619 页。1186 年。
② （宋）朱熹著，朱杰人、严佐之、刘永翔主编：《行宫便殿奏札二》，《朱子全书》，第 20 册，第 668—670 页。1188 年。

的方法最重要的就是循序渐进而达到精一的境界，精一就是意诚。朱子又提出精一的根本在于居敬而持志，在此加上了持志，说明持志对居敬的补充。朱子认为读书应该遵循先致知后诚意的次第，但是居敬与持志又是诚意的根本。说明了持敬工夫贯彻读书始末。朱子又引孔子"君子不重则不威，学则不固"和孟子"学问之道无他，求其放心而已矣"这两句话来说明孔子以持敬为本，孟子以求放心为本，实际上都是以涵养工夫为成德的根本。朱子认为如果能恭敬、畏惧就能存心，物欲不会从外界进入而影响本心，依此心读书、观理则无理不通，如果依此心应事接物，则事事物物都合于理而无不当，正是因为如此，居敬持志才成为读书之本。在此，朱子也是以持敬存心能解决私欲的问题来说明持敬对穷理的帮助。同年，朱子在《乞进德札子》中又向宋孝宗建议日用之间以涵养为本，他说："故窃以为陛下诚能于此深留圣意，日用之间，语默动静，必求放心以为之本，而于玩经观史、亲近儒学已用力处益用力焉。"①

（二）朱陆之辩：涵养不离进学

涵养与致知的关系问题是"鹅湖之辩"的核心问题，"鹅湖之辩"只是朱陆之辩的开始，49岁之后朱陆展开集中论辩，直至朱子晚年象山去世，朱子对陆学的批评和讨论仍然没有停止，涵养与致知的关系是朱陆之辩的核心问题，只务涵养不重穷理是朱子批评陆学的主要立场，在这个过程当中朱子对陆学的态度经历了一个变化的过程。

1. 49—51岁：肯定与期待陆学转变

"鹅湖之辩"后的三年间，朱陆再没有直接对话，至朱子49岁时收到陆九龄兄弟的两封书信，朱子认为这是陆家兄弟对鹅湖之会上的偏见之说所做的自我批评，他说："近两得子寿兄弟书，却自讼

---

① （宋）朱熹著，朱杰人、严佐之、刘永翔主编：《乞进德札子》，《朱子全书》，第20册，第675页。1188年。

前日偏见之说，不知果如何。"① 朱子认为陆家兄弟二人有反省之意，但又存在疑虑，不敢十分肯定。次年，朱子与陆子寿于铅山会面②，并与象山门人曹立之会面。朱子很肯定曹立之，甚至认为他知道象山的问题所在，他对吕祖谦说："子静近得书，其徒曹立之者来访，气质尽佳，亦似知其师说之误。持得子静近答渠书与刘淳叟书，却说人须是读书讲论，然则自觉其前说之误矣，但不肯翻然说破今是昨非之意，依旧遮前掩后，巧为词说，只此气象，却似不佳耳。"③ 子静的门人曹立之来访与朱子见面，朱子对他十分肯定，认为曹立之应该是认识到了自己老师的问题。朱子又认为陆子静在与他人的书信中指出必须做读书讲论的工夫，是已经自觉到以前说法的错误，但不肯幡然说破今是昨非，遮遮掩掩，气象不佳。从朱子所言可以看出朱子在鹅湖之会后的几年并没有改变自己的立场，反而认为象山改变了立场，只是没有说破，也体现出朱子希望象山能与自己归同。

次年，朱子又去信吕祖谦再一次论及子静教人读书讲学，他说："子寿学生又有兴国万人杰字正纯者，亦佳，见来此相聚，云子静却教人读书讲学。亦得江西朋友书，亦云然。此亦皆济事也。"④ 朱子称赞了子寿门人万人杰，并说与万人杰的会面，万人杰也说子静教人必须读书讲学，江西其他朋友的信上也这么说，朱子认为这对应

---

① （宋）朱熹著，朱杰人、严佐之、刘永翔主编：《答吕伯恭》，《朱子全书》，第21册，第1476页。1178年。见陈来《朱子书信编年考证》，第159页。

② 束景南说："三月，陆九龄偕刘尧夫来访于铅山观音寺，讲论三日，有和陆九龄当年鹅湖寺韵。"见束景南《朱子年谱长编》，第613页。朱子作《鹅湖寺和陆子寿》："德义风流夙所钦，别离三载更关心。偶扶藜杖出寒谷，又枉蓝舆度远岑。旧学商量加邃密，新知培养转深沉。却愁说到无言处，不信人间有古今。"见《朱子全书》，第20册，第365页。

③ （宋）朱熹著，朱杰人、严佐之、刘永翔主编：《答吕伯恭》，《朱子全书》，第21册，第1493页。1179年。见陈来《朱子书信编年考证》，第168页。

④ （宋）朱熹著，朱杰人、严佐之、刘永翔主编：《答吕伯恭》，《朱子全书》，第21册，第1501页。1180年。见陈来《朱子书信编年考证》，第183页。

事接物很有帮助，可见朱子十分期待陆子静能有明确的转变。他期待与陆家兄弟的再一次会面，他对吕祖谦说："子寿兄弟得书，子静约秋凉来游庐阜……闻其门人说子寿言其虽已转步而未曾移身，然其势久之亦必自转。回思鹅湖讲论时是甚气势，今何止什去七八耶！"① 陆子静约朱子秋天时来庐山一游，但未成行，万正淳告知朱子，陆子寿说自己虽已经转步，但还没有移身，意思是说法发生了改变，但立场还没有发生改变，朱子对此比较乐观，他认为按照这样的趋势久了自己会自然转变。朱子在此还调侃了子寿，说鹅湖之会时的论辩非常有气势，现在不止去了七八分。由此说明朱子在49岁至51岁这段时间对陆学的变化持比较乐观的态度，但对陆学的问题朱子仍然没有放松警惕。

> 陆子寿兄弟近日议论，却肯向讲学上理会。其门人有相访者，气象皆好，但其间亦有旧病。此间学者却是与渠相反，初谓只如此讲学渐涵，自能入德，不谓末流之弊，只成说话，至于人伦日用最切近处，亦都不得毫毛气力，此不可不深惩而痛警也。②

朱子认为陆子寿兄弟近日肯向讲学求义上做工夫，并评价说来访的陆学门人即曹立之、万正淳的气象都很好，但还是存在过去的弊病。在此，朱子认为子寿、子静也重视穷理，是好事，门人气象很好，但还是留有过去的问题。问题就在于不反思末流的弊端，最后工夫只停留于口头之上，以至于人伦日用中最关键的地方，没有发挥作用，朱子认为对这点不可以不深刻反省与警惕。在此，朱子一方面肯定了子寿、子静愿意做穷理工夫，但另一方面又指出其门人仍然有陆学过去的问题，即空言涵养，没有将涵养工夫在人伦日

---

① （宋）朱熹著，朱杰人、严佐之、刘永翔主编：《答吕伯恭》，《朱子全书》，第21册，第1504页。1180年。见陈来《朱子书信编年考证》，第183页。
② （宋）朱熹著，朱杰人、严佐之、刘永翔主编：《答林择之》，《朱子全书》，第22册，第1983页。1180年。见陈来《朱子书信编年考证》，第187页。

用中落实。52 岁朱子见到子静后，认识到陆子静仍然存在过去的问题，所以对陆学乐观的态度发生了转变。

2. 52—54 岁反省与商讨：不堕一边

朱子 52 岁时陆子寿突然去世，陆子静亲自来访请朱子为子寿作墓志铭，朱子对吕祖谦说："子寿之亡，极可痛惜，诚如所喻。近得子静书，云已求铭于门下，属熹书之，此不敢辞。"① 朱子后作《祭陆子寿教授文》，表达了对陆子寿突然去世的惋惜，朱子说："厌世学之支离，新易简之规模。顾予闻之浅陋，中独疑而未安。始听莹于胸次，卒纷缴于谈端。徐度兄之不可遽以辨屈，又知兄必将返而深观。遂逡巡而旋返，怅犹豫而盘旋。……属者乃闻兄病在床，亟函书而问讯，并裹药而携将。曾往使之未返，何来音之不祥。惊失声而陨涕，沾予袂以淋浪。呜呼哀哉！"② 朱子肯定了子寿注意到支离的问题，提出新的易简的工夫规模，这说明朱子对子寿的批评是有自我反省的。朱子认为与子寿的论辩不着急分出高下，但他相信子寿最后一定与之归同，很可惜没有等到这一天。朱子最后对子寿的去世表示了深切的悲痛，说明了朱子与陆学的论辩只是为学方法上的切磋，在感情上朱子仍将子寿视为好友、兄长，并且子寿去世，子静亲自来请朱子写祭文，可以看出此时朱子与陆门关系非常好，观点冲突没有那么激烈。子静与朱子见面后，二人直面相论，语气也比较客气委婉，可知朱子在 52 岁至 53 岁这两年对陆学的态度褒贬相间。

对于陆子静到访后二人的讲论情况，朱子对吕祖谦说："子静近日讲论比旧亦不同，但终有未尽合处。幸其却好商量，亦彼此有益也。"③ 朱子认为子静近日讲论与过去已经有不同之处，但并没有转

---

① （宋）朱熹著，朱杰人、严佐之、刘永翔主编：《答吕伯恭》，《朱子全书》，第 21 册，第 1512 页。1181 年。见陈来《朱子书信编年考证》，第 200 页。

② （宋）朱熹著，朱杰人、严佐之、刘永翔主编：《祭陆子寿教授文》，《朱子全书》，第 21 册，第 1512 页。1181 年。

③ （宋）朱熹著，朱杰人、严佐之、刘永翔主编：《答吕伯恭》，《朱子全书》，第 21 册，第 1514 页。1181 年。

变到与朱子全部相合的程度。并且朱子又说幸好陆子静与其好商量，所以二人兼收对方的观点，对彼此都有益处。在此可以看出，朱陆二人虽然没有完全相合，但子静已经有所改变，并且两个人还是有商有量，说明双方都坚持己说，朱子对这次对话还是比较肯定的，同年，朱子又向吕祖谦细说二人论说的过程，言语中收紧了对子静的肯定，认为子静还是旧日规模。

> 子静旧日规模终在，其论为学之病，多说如此即只是意见，如此即只是议论，如此即只是定本。熹因与说既是思索，即不容无意见；既是讲学，即不容无议论；统论为学规模，亦岂容无定本？但随人材质病痛而救药之，即不可有定本耳。渠却云："正为多是邪意见、闲议论，故为学者之病。"熹云："如此即是自家呵叱亦过分了，须着'邪'字'闲'字方始分明，不教人作禅会耳。又教人恐须先立定本，却就上面整顿，方始说得无定本底道理。今如此一概挥斥，其不为禅学者几希矣。"……子静之病，恐未必是看人不看理，自是渠合下有些禅底意思，又是主张太过，须说我不是禅，而诸生错会了，故其流至此。①

朱子认为陆子静虽然有所改变，但旧日规模仍在，陆子静认为意见、议论、定本是为学之病，但朱子认为既然有思考求索，就不能没有意见，既然有讲学就不能没有议论，统论为学规模则不能没有定本。朱子也指出从不同的人因为才情、气质的不同而以不同的方法解决不同的问题来说，不可以有定本之说。而陆子静却认为正是因为有很多邪意见、闲议论，如此才成为为学的弊病。朱子却认为这种批评过分了，必须在"邪"和"闲"字上分辨才能分明，这不是教人参禅，什么都不说。朱子又认为为学须先立定本，整顿好本心后，

---

① （宋）朱熹著，朱杰人、严佐之、刘永翔主编：《答吕伯恭》，《朱子全书》，第 21 册，第 1515 页。1181 年。

才能开始说没有定本时的道理,如果像陆子静所说一概都不要定本,就与禅学没什么两样了。由此可知,二人所讨论的核心仍在对读书穷理的态度上,朱子认为既然要为学与讲学,就要有意见、议论和定本之说,如果真正做到去意见、去议论、去定本就是完全撇开讲论道理,不辨是非、对错,最后沦为禅学。朱子最后又较温和地为子静之失说明原因,他认为陆子静的问题未必是看人不看理,而是他有禅的倾向,又因为说法太过偏向禅学,又要澄清自己不是禅学,所以让别人误会了。可见,虽然朱子与陆子静在观点上有比较大的分歧,但他对子静的批评还是保持商榷的态度,认为是他在言语间没有处理好,被别人误会了。相对于陆学重涵养,朱子强调涵养与致知不落一边。

> 示喻"此心元是圣贤,只要于未发时常常识得,已发时常常记得",此固持守之要。但圣人指示为学之方,周遍详密,不靠一边,故曰:"敬义立而德不孤。"若如今说,则只恃一个"敬"字更不做集义工夫,其德亦孤立而易穷矣。须是精粗本末随处照管,不令工夫少有空阙不到之处,乃为善学也。此心固是圣贤本领,然学未讲,理未明,亦有错认人欲作天理处,不可不察。识得、记得,不知所识所记指何物而言?若指此心,则识者记者复是何物?心有二主,自相攫挐,圣贤之教,恐无此法也。持守之要,大抵只是要得此心常自整顿,惺惺了了,即未发时不昏昧,已发时不放纵耳。愚见如此,不知子静相报如何?因风录示,或可以警所不逮也。伊川先生云:"涵养须用敬,进学则在致知。"此两句,与从上圣贤相传指诀如合符契。①

---

① (宋)朱熹著,朱杰人、严佐之、刘永翔主编:《答项平父》,《朱子全书》,第23册,第2540—2541页。1182年。见陈来《朱子书信编年考证》,第213页。

朱子认为项平父所说"此心元是圣贤，只要于未发时常常识得，已发时常常记得"，这固然是持守的关键，但圣人所指示的为学方法周遍详密，不靠一边，持守工夫也不是只识得和记得，所以要"敬立义行"，持敬贯彻未发已发。朱子同时指出已发后敬完成不了"集义"的工作，必须通过讲学明理来辨别天理人欲，固然还要察识。只是识得、记得此心是圣贤，则不知所识所记是指何物这是不行的，并且如果"识心"，则心会陷入二心的地位。最后，朱子提出持守就是整顿身心，此心常惺惺，不放纵，也就是未发时不昏昧，已发时不放纵。朱子强调已发后穷理与察识工夫的必要，强调持守不是"识心"，这说明朱子不仅在涵养与致知的关系上与子静区别，在涵养工夫的方法上也与子静不同，对此前文已有讨论。次年，朱子又致信项平父强调涵养与致知不可落于一边，在批评象山的同时也对自己做出反省。

> 大抵子思以来教人之法，惟以尊德性、道问学两事为用力之要，今子静所说，专是尊德性之事，而熹平日所论，却是问学上多了。所以为彼学者多持守可观，而看得义理全不子细，又别说一种杜撰道理遮盖，不肯放下。而熹自觉虽于义理上不敢乱说，却于紧要为己为人上多不得力。今当反身用力，去短集长，庶几不堕一边耳。①

朱子提出子思教人即以《中庸》中"尊德性""道问学"两件事作为做工夫的关键，而子静所说专在"尊德性"上，而自己平日所论偏重"道问学"，都是偏于一方。子静门人在持守工夫上值得赞赏，但义理工夫做得不够细密，又以别的道理来杜撰遮盖。朱子认为自己虽然在穷理工夫上比较扎实，但在紧要为己工夫上不够有力，则

---

① （宋）朱熹著，朱杰人、严佐之、刘永翔主编：《答项平父》，《朱子全书》，第23册，第2541页。1183年。见陈来《朱子书信编年考证》，第219页。

是持守不足。朱子提出应当返回自己身上做工夫，反求诸己，即多在持守上用功，"去短集长"，使涵养与致知不偏向一方。在此，检讨自己持守不够，提出象山穷理不足，显然态度比较客观，他提出双方都应该"去短集长"，说明朱子对象山是商讨的语气，对陆子静的态度比较温和。此处朱子言"去短集长"成为后世"朱陆晚同说"的重要依据，撇开此时朱子才54岁，尚未步入晚年不谈，其实此处更多的是朱子对象山的委婉劝说和表达，也可以说是一种劝说的技巧。由前文分析可知，朱子"中和新说"时期已经确立涵养为本的立场，中晚年仍是以持敬落实涵养为本的地位，朱子对持守的强调其实并没有不足，只是他所强调的侧重点因人而发，基于陆学不重穷理，故与陆学论辩中多言穷理。在此，他只是希望通过这种各退一步的劝说技巧建议子静能够多在穷理工夫上用力。朱子意识到在与陆学的论辩中过于强调穷理一方是无法说服陆学的，所以"去短集长"是基于朱子对涵养和致知关系的基本立场上的劝说，并非立场的转变，故不能成为"朱陆晚同"的论据。

3. 55—56岁严厉批判：高视大言

55岁后，朱子在与江西"清江学派"刘子澄长达几年的通信中展开对陆学的批评，并开始关注受到陆学影响的后辈学者，朱子说："到泉南宗司，教官有陈葵者，处州人，颇佳，其学似陆子静而温厚简直过之，但亦伤不读书讲学，不免有杜撰处，又自信甚笃不可回耳。"① 朱子认为陈葵的工夫方法过于温厚和简单直接，妨碍了读书讲学，对自己又过于自信，这种为学的方法与陆子静相似，所以朱子对自己学问的传承感到担忧，他说："后生中亦有一二可教，其一已入陈君保社，其一度今岁当来此，然亦恐只堪自守，未必可大望。自余则更是难指望，此甚可虑。盖世俗啾喧，自其常态，正使能致

---

① （宋）朱熹著，朱杰人、严佐之、刘永翔主编：《答刘子澄》，《朱子全书》，第21册，第1542页。1184年。见陈来《朱子书信编年考证》，第223页。

焚坑之祸，亦何足道？却是自家这里无人接续，极为可忧耳。"① 朱子认为后辈学生中有资质不错的，但大部分都很难指望，自己的学问无人接续是他最担心的事情。其实朱子所言也包括刘子澄，其身在江西，受到陆学影响自然不小，所以朱子在此后的几年时间与刘子澄通信的主旨都在于阐明陆学之弊。为了不混淆后学视听，朱子希望与陆学做更明显的区分，他对子静的批判更加严厉起来，语气中少了几分客气。

> 读所寄文字，切切然有与世俗争较曲直之意，窃谓不必如此。若讲学工夫实有所到，自然见得。圣人所谓不知不愠不是虚语，今却为只学人弄故纸，要得似他不俗过了光阴，所以于此都无实得力处。又且心知其为玩物丧志而不能决然舍弃，此为深可惜者。……而埋没身心于此，不得超脱，亦无惑乎子静之徒高视大言，而窃笑吾徒之枉用心也。②

由引文可见，朱子认为如果能将讲学工夫落到实处，自然能见得道理分明，他告知刘子澄不必与世俗之说过于计较。朱子认为孔子的"人不知而不愠"不是虚说，现在却成为学者玩弄文字、浪费光阴的依据，所以最终没有将知的工夫落到实处。并且，朱子又说心里面知道这是玩物丧志却不能下决心舍弃，这是最可惜的。最后朱子又说如果不去穷理讲学最终将是埋没身心、不得超脱，对于子静门人"高视大言"，还嘲笑朱学门人枉费心力。朱子仍在强调要落实穷理致知的工夫，不能以孔子言"人不知而不愠"作为不做求知学问的依据，子静门人，好高骛远，不踏实求学，还嘲笑别人读书求义，是十分无知的表现。基于这个铺垫，朱子对子静的批评也更进一步，

---

① （宋）朱熹著，朱杰人、严佐之、刘永翔主编：《答刘子澄》，《朱子全书》，第 21 册，第 1542 页。1184 年。
② （宋）朱熹著，朱杰人、严佐之、刘永翔主编：《答刘子澄》，《朱子全书》，第 21 册，第 1542—1543 页。1184 年。

次年朱子对陆子静说:"其规模宏大而源流深远,岂腐儒鄙生所能窥测!……语圆意活,浑浩流转,有以见所造之深、所养之厚,益加叹服。但向上一路未曾拨转处,未免使人疑着恐是葱岭带来耳。"①在此,朱子肯定陆子静的涵养十分深厚,但工夫一路向上向高处求,会使人怀疑他的学问是从葱岭带来的,葱岭是西域高山,佛教由此传入,朱子暗指子静为禅,但是又没有明说,说明此时朱子的立场逐渐鲜明,但语气还是比较委婉的,朱子对别人说"葱岭"之说只是"戏说",是借"戏说"来区分立场,但也说明朱子此时认为与子静的论辩并没有十分紧张。

> 子静寄得对语来,语意圆转浑浩,无凝滞处,亦是渠所得效验,但不免些禅底意思。昨答书戏之云:"这些子恐是葱岭带来。"渠定不伏。然实是如此,讳不得也。近日建昌说得动地撑眉努眼,百怪俱出,甚可忧惧。渠亦本是好意,但不合只以私意为主,更不讲学涵养,直做得如此狂妄。……公度书来,似有此病痛,不知季章如何?②

朱子对刘子澄说陆子静虽然语意圆融浑厚,没有凝滞的表现,说明涵养工夫做得好,但难免有禅的感觉,故戏说这是从葱岭带来的,但实际上不是开玩笑,事实如此,没必要避讳。可见,此处朱子言子静之学为禅学是说得比较开了,说明朱子的立场已经很明白。朱子认为陆子静立论过高且不重读书,类似于禅学,又说今日建昌说得十分卖力,百怪俱出,显然是针对陆学门人而发。朱子认为陆子静倡涵养的出发点本是好的,但其门人却以私意为主,又不通过讲学去涵养,才会如此狂妄。朱子认为从刘公度的来信中发现他也有

---

① (宋)朱熹著,朱杰人、严佐之、刘永翔主编:《答陆子静》,《朱子全书》,第21册,第1564页。1185年。见陈来《朱子书信编年考证》,第266页。

② (宋)朱熹著,朱杰人、严佐之、刘永翔主编:《与刘子澄》,《朱子全书》,第21册,1549—1550页。1185年。

与陆学一样的问题，故问刘子澄是否也是有这样的问题。

> 示喻为学之意，终觉有好高欲速之弊，其说亦已见令叔书中矣，愿更详之。讲学不厌其详，凡天下事物之理、方册圣贤之言，皆须子细反复究竟。至于持守，却无许多事。若觉得未稳，只有默默加功，着力向前耳。今闻废书不讲而反以持守之事为讲说之资，是乃两失其宜，下梢弄得无收杀，只成得杜撰捏合而已。①

此处朱子认为刘公度始终有好高求速的问题，其中说法已经在早前的书信中向他叔叔刘子澄说明，现在可以更详细地说明。朱子提出讲学求义不要厌烦过于详细，凡是天下事物的道理、书册经典、圣贤的言论都必须反复讨论其背后的道理。至于持守工夫，其中没有这么多事情，如果觉得不够稳当，只要默默增加工夫，向前去做就可以。在此，朱子强调穷理工夫是更详细周密的工夫，要不厌其烦地去做，而持守工夫中没有这么多详细的事情，只要努力去做就可以了。在厘清持守和穷理如何做工夫的基础上，朱子进一步对刘公度做出批评，认为他废弃讲学读书反而以持守工夫作为讲学的内容，导致持守和穷理两个工夫都没有做好，最终下学照管不到，义理不明，做什么事情也只是模仿。从朱子与刘子澄、刘公度等人的书信来看，朱子在56岁时对子静的评价基本没有肯定的方面，都是批评的观点，他甚至认为陆学是对儒学道统的割裂，他说："大抵近年学者求道太迫，立论太高，往往嗜简易而惮精详，乐浑全而畏剖析，以此不见天理之本然，各堕一偏之私见，别立门庭，互分彼我，使道体分裂，不合不公，此今日之大患也，不识明者以为如何？"② 朱

---

① （宋）朱熹著，朱杰人、严佐之、刘永翔主编：《答刘公度》，《朱子全书》，第22册，第2485页。1185年。见陈来《朱子书信编年考证》，第239页。

② （宋）朱熹著，朱杰人、严佐之、刘永翔主编：《答沈叔晦》，《朱子全书》，第22册，第2530页。1185年。

子认为陆学喜欢工夫简易不喜欢精一详尽,喜欢言本心之全体不喜欢剖析义理,只重涵养践履,立论太高,工夫太过急迫,堕入私见,另立门庭,是对儒家道体的分裂,是现在最大的问题,可见朱子已经在质疑陆学的儒家立场的问题了。

次年朱子在与陆子美通信中也直言陆学不重明理求义,朱子说:"大抵古之圣贤,千言万语,只是要人明得此理。此理既明,则不务立论,而所言无非义理之言;不务正行,而所行无非义理之实,无有初无此理而姑为此言以救时俗之弊者。不知子静相会,曾以此话子细商量否?"① 朱子提出古代圣贤只是教人明理,明理即明德,如能明得此理,则所言、所行无非都是义理之言、义理之实,不需要另外去立论、正行,在此朱子其实认为通过穷理致知的积累就可以到达贯通的境界,不是嘴上说先立一个道理就能解决当今世俗的问题。在此朱子对陆子美言语似乎客气一些,但是朱子在与胡季随的通信中也言及子静之失,语词开始严厉。

> 元善书说与子静相见甚款,不知其说如何?大抵欲速好径是今日学者大病,向来所讲,近觉亦未免此。以身验之,乃知伊洛拈出"敬"字,真是学问始终、日用亲切之妙。近与朋友商量,不若只于此处用力,而读书穷理以发挥之,真到圣贤究竟地位,亦不出此。坦然平白,不须妄意思想顿悟悬绝处,徒使人颠狂粗率,而于日用常行之处反不得其所安也。②

朱子提出"欲速好径"是当今学者最大的问题,显然是针对子静而发,并且朱子认为胡季随也有这个问题。朱子认为从自己的体会来看,才知道二程单独拈出持敬工夫以贯彻学问始终、亲切落实于日

---

① (宋)朱熹著,朱杰人、严佐之、刘永翔主编:《答陆子美》,《朱子全书》,第 21 册,第 1561 页。1186 年。见陈来《朱子书信编年考证》,第 247 页。

② (宋)朱熹著,朱杰人、严佐之、刘永翔主编:《答胡季随》,《朱子全书》,第 22 册,第 2514—2515 页。1186 年。见陈来《朱子书信编年考证》,第 257 页。

用当中的妙方法。朱子认为不如就在持敬涵养上做工夫，然后以读书穷理来发挥所涵养的道理，哪怕是圣贤做工夫都不会超出涵养与致知这两个基本方法。朱子认为不要去妄自猜想是否有顿悟的时候，否则只会导致癫狂粗率，则日用常行之处本心不能得到安放。在此，朱子强调涵养工夫也需要以持敬渐渐涵养，还要将涵养落实于日用常行中，加以穷理致知的工夫，如此涵养工夫才不会悬空，如果希望能不做穷理工夫只是发明本心就能顿悟，最后只是癫狂粗率。在此，一方面朱子指出陆学不重穷理，另一方意指子静不以持敬作为涵养的方法，恐将涵养工夫悬空，没有下学工夫作为基础，则涵养工夫过于粗率，不够细密。

4. 57 岁有意调停：当虚心平气

对于朱子的批评，陆子静及其门人显然不会接受，在论辩中朱陆双方及双方门人也有辞气激烈之说，加重了双方关系的紧张程度，对此朱子还检讨了自己，希望陆学门人能心平气和地讨论，不要将彼此视为仇敌，希望能调和双方。朱子对陆子静说："所幸迩来日用功夫颇觉有力，无复向来支离之病，甚恨未得从容面论，未知异时相见，尚复有异同否耳。"[①] 朱子对子静说近来日用涵养工夫很有效果，不再有支离的问题，很希望能与陆子静再次当面讨论，不知以后相见时，二者还会不会有异同之争。支离最早是子寿对朱子的批评，朱子提出自己已经改正，有意与陆子静缓和关系，甚至还期待二者有消除异见的可能。同年，朱子在与诸葛诚之的两封书信中表达了希望能调和这场长期的论辩。

> 示喻竞辩之端，三复惘然。愚意比来深欲劝同志者兼取两家之长，不可轻相诋訾，就有未合，亦且置勿论而姑勉力于吾之所急，不谓乃以曹表之故反有所激，如来喻之云也，不敏之

[①] （宋）朱熹著，朱杰人、严佐之、刘永翔主编：《答陆子静》，《朱子全书》，第 21 册，第 1564—1565 页。1186 年。

故，深以自咎。然吾人所学吃紧着力处，正在天理、人欲二者相去之间耳。……子静平日所以自任，正欲身率学者一于天理，而不以一毫人欲杂于其间，恐决不至如贤者之所疑也。义理天下之公，而人之所见有未能尽同者，正当虚心平气，相与熟讲而徐究之，以归于是，乃是吾党之责。而向来讲论之际，见诸贤往往皆有立我自是之意，厉色忿词，如对仇敌，无复长少之节，礼逊之容，盖尝窃笑，以为正使真是仇敌，亦何至此！但观诸贤之气方盛，未可遽以片辞取信，因默不言，至今常不满也。①

"竞辩之端，三复悯然"表达了朱子长期纠缠于与陆门的论辩而没有达成共识的无奈，朱子本来希望诸葛诚之能"兼取两家之长"，不要互相诋毁。对于不能达成一致的地方，他希望能暂且搁置一边不要急着去争辩，先致力于去做自己最紧要的工夫，没有想到因为为曹立之作墓表之事②反使争论更加激烈，朱子对自己做得不好的地方，深深自责。然而朱子认为责任并不在他这一方，陆子静平日以带领学者一于天理、不杂人欲作为自己的责任，义理虽天下共有，但每个人所理解的未必能完全相同，应当虚心平气，多讲论研究，最终找到最正确的答案，这才是学者真正的责任。但是朱子很失望，在讲学论辩过程中见到很多人往往认为只有自己是对的，神色严厉、语词愤恨，盛气凌人，就像对待仇敌一样，连一点礼貌谦逊的容貌都没有了。朱子认为没有必要如此，劝诸葛诚之等人虚心平气，不要以片面的言辞为据，陷于意气之争。

同年朱子还说："所喻子静不至深讳者，不知所讳何事？又云销融其隙者，不知隙从何生？愚意讲论义理，只是大家商量，寻个是

---

① （宋）朱熹著，朱杰人、严佐之、刘永翔主编：《答诸葛诚之》，《朱子全书》，第 23 册，第 2539—2540 页。1186 年。见陈来《朱子书信编年考证》，第 257 页。
② （宋）朱熹著，朱杰人、严佐之、刘永翔主编：《曹立之墓表》，《朱子全书》，第 24 册，第 4175 页。1183 年。

处，初无彼此之间，不容更似世俗遮掩回护，爱惜人情，才有异同，便成嫌隙也。如何如何。所云粗心害道，自知明审，深所叹服。然不知此心何故粗了？恐不可不究其所自来也。"[①] 朱子认为自己并不知与陆子静存有深讳和嫌隙，讲论义理只是大家商量，寻找正确的答案，没有彼此的分别，不存在世俗人情的遮掩维护，如果因为人情的原因才有异同之分，便真产生嫌隙了。对于诸葛诚之批评朱子"粗心害道"，朱子反驳不知道何是"粗心"，提出他应该为批评朱子的"粗心"提供依据。同年，朱子又去信项平父说："朋友论议不同，不能下气虚心以求实是，此深可忧。诚之书来，言之甚详，已略报之，可取一观，此不复云也。闻宗卿、子静踪迹，令人太息。然世道废兴，亦是运数，吾人正当勉其在己者以俟之耳，不必深愤叹，徒伤和气，损学力，无益于事也。"[②] 在此，朱子对朋友之间讲论义理不能虚心平气而感到忧虑，朱子仍将象山视为朋友，强调论学不要陷入意气之争。并且，朱子对项平父归同陆学感到遗憾，但又安慰自己说世道废兴也是运数，应当在勉励自己中等待世道的转变，不必因此愤恨叹息，不然只是伤了和气，对二者达成一致也于事无补。由此可见，陆学门人已经开始对朱子发起激烈的论争，为了极力维护陆门，已经有不顾事实只顾立场的意气用事，朱子与陆门的论辩已经无法调和，对此朱子是很担忧的，也提醒自己不要被情绪左右，也对陆学门人苦苦相劝，然而更激烈的论争已经无法避免。

5. 58 岁后全面否定：乱道误人

即便朱子对二人的辩论做了十分努力的调停，一再强调不要陷入意气之争，伤了和气，然而朱陆论辩最终也没有得到缓和，58 岁后朱子对陆学的批判更加严厉了。

[①] （宋）朱熹著，朱杰人、严佐之、刘永翔主编：《答诸葛诚之》，《朱子全书》，第 23 册，第 2540 页。1186 年。

[②] （宋）朱熹著，朱杰人、严佐之、刘永翔主编：《答项平父》，《朱子全书》，第 23 册，第 2542 页。1186 年。

> 示喻已悉。求放心固是第一义,然如所谓"轨则一定而浩然独存,使赤子之心全复于此而明义之本先立于此,然后求闻其所未闻,求见其所未见",则亦可谓凌躐倒置而易其言矣。圣贤示人,模范具在,近世乃有窃取禅学之近似者,转为此说以误后生。后生喜其为说之高,为力之易,便不肯下意读书以求圣贤所示之门户,而口传此说,高自标致,乱道误人,莫此为甚。三复来喻,恐未免此,因便布闻,未知明者以为如何,第深僭率之愧而已。①

由引文可见,朱子对项平父提出求放心固然是第一义,但是如项平父所说的先复赤子之心再去求见,即先恢复了本心之全体再做格物穷理工夫,就是将工夫倒置了。朱子在此仍强调涵养与进学两个工夫要并进,涵养是致知之本,但是须等涵养完成才开始做格致工夫。朱子认为圣贤教人的模范并不是如此,但是有人却窃取禅学中与圣贤教人相近的地方来教导后人,这是误导,在此朱子又批评子静的工夫方法近于禅,并且已经没有肯定的一面了,全部都是批评。朱子认为陆氏门人喜欢子静立论很高,做工夫很容易,所以不肯下决心去读书穷理,不仅没有遵循圣贤所立下的成德的次第,还口传高论,把自己标榜得很高,没有比这更乱道误人的了。朱子认为与项平父多次通信往来中发现他都不能免于这个问题,基于朱子常常将项平父与陆门放在一起批评,故有学者将项平父划为陆学门人。在此,朱子对陆学批评的核心观点仍在于不重穷理,立论太高。但朱子认为陆学是窃取禅学、乱道误人,说明朱子的批评是很重的,已经是全面推翻了。在同一年朱子与陆子静直接的通信中也可以感受到他对陆学的批评更加直接,态度上也更加严厉。

---

① (宋)朱熹著,朱杰人、严佐之、刘永翔主编:《答包敏道》,《朱子全书》,第23册,第2618页。1187年。

> 税驾已久，诸况想益佳，学徒四来，所以及人者在此而不在彼矣。来书所谓利欲深痼者，已无可言，区区所忧，却在一种轻为高论、妄生内外精粗之别，以良心日用分为两截，谓圣贤之言不必尽信而容貌词气之间不必深察者。此其为说，乖戾狠悖，将有大为吾道之害者，不待他时末流之弊矣。不审明者亦尝以是为忧乎？此事不比寻常小小文义异同，恨相去远，无由面论，徒增耿耿耳。①

朱子认为对陆子静来信所说的"利欲深痼"已经没什么好讨论的了，其所忧虑的只是因为自己轻言高论，妄生内外精粗之别而产生的。朱子认为陆子静将良心和日用分为两截，认为不应该完全相信圣贤所说的话，在容貌词气上也没必要深刻体察，这种论说简直是"乖戾狠悖"，对儒家道统有很大的伤害，更不要等到陆门末学产生弊病了。朱子认为子静只言良心本体，不重日用工夫，只讲发明本心，没有将涵养落实在日用工夫中。朱子认为这样的错误不比平常小小的文义的异同，与圣贤之言违背甚远。朱子在此对子静的批评又加入了"乖戾狠悖"的判断，可以说是全盘否定了。次年朱子又去信陆子静说："学者病痛，诚如所谕，但亦须自家见得平正深密，方能药人之病。若自不免于一偏，恐医来医去，反能益其病也。"②朱子劝告陆子静要纠正他人的问题首先必须自家的学问"平正深密"，如自家学问已落入一偏，再去纠正他人，反而更加重了他人的弊病。

> 季章盖所谓为切问近思之学者，真不易得。但似有迫切狭吝之意，见得道理到处十分到，不到处亦十分不到，想见都不

---

① （宋）朱熹著，朱杰人、严佐之、刘永翔主编：《答陆子静》，《朱子全书》，第21册，第1565页。1187年。

② （宋）朱熹著，朱杰人、严佐之、刘永翔主编：《答陆子静》，《朱子全书》，第21册，第1565页。1188年。

读书理会文义,虽理会,亦是先将己意向前搀断,扭捏主张,所以有来喻云云之病。……公度向时得见,资质尽过诸人,但后来觉得亦有局促私吝之意,不知今又如何也。……今将实践履事却作闲言语说了……以愚见观之,似不若将圣贤之书大家讲究一件,有疑即问,有见即答,无疑无见者,不必拘以课程。如此,却似实有功夫,不枉了闲言语。①

朱子肯定刘季章的切问近思之学,肯去穷理求义已十分难得,但气象上又似乎过于迫切狭隘。对道理要么就完全理解,要么就完全不理解,这是因为不去读书明义,虽然理会了文义,但之前已经有了自己的主观意见。朱子对刘子澄说与刘公度刚刚见面的时候,资质过人,但后来觉得有局促私吝的问题,不知道现在怎么样了。朱子批评刘子澄将道德实践停留于闲话,而没有真正践行,还不如去研究圣贤之书的道理,有疑问就提问,有意见就解答,无疑问、无意见就不必拘泥于课本,如果能这样落实穷理工夫,则道德实践就不会成为闲话。由此可见,朱子对陆学的批评一直延续两个思路,一是不重视穷理,二是没有将涵养落实于人伦日用。同年,朱子与俞寿翁通信也直言陆学涵养工夫有虚谈之弊,他说:"来喻有志未勉,有见未彻,此见贤者自知之明,见子静曾扣之否?愚意则以为且当损去浮华,还就自己分上切近着实处用功,庶几自有欲罢不能、积累贯通之效。若未得下手处,恐未免于臆度虚谈之弊也。"②朱子认为俞寿翁的志向未能实现,意见未能透彻,说明他已经自知自己的问题,朱子建议俞寿翁去除浮华的言论,在人伦日用的平实处做工夫,不久就能看到工夫积累贯通的成效,朱子主要强调涵养工夫在人伦日用中落实,强调积累至贯通的成德路径,否定顿悟之说。由

---

① (宋)朱熹著,朱杰人、严佐之、刘永翔主编:《与刘子澄》,《朱子全书》,第21册,第1554—1555页。1188年。见陈来《朱子书信编年考证》,第280页。

② (宋)朱熹著,朱杰人、严佐之、刘永翔主编:《答俞寿翁》,《朱子全书》,第23册,第2548页。1188年。见陈来《朱子书信编年考证》,第284页。

此说明至子静晚年，朱子对陆学门人说话相对缓和，但对子静本人则比较直接。

1189年朱子再一次与象山通信，对二陆都做了批评，当时朱子与陆子美正在进行"无极太极"之辩，故朱子首先批评了陆子美，他说："子美尊兄自是天资质实重厚，当时看得此理有未尽处，不能子细推究，便立议论，因而自信太过，遂不可回，见虽有病，意实无他。"① 朱子认为陆子美不先明理就立下高论，是自信太过的表现，在此朱子对陆九韶的评价与1186年所言一致，"立论太高""自信太过"似乎成了朱子批评陆家三兄弟的高频词汇。朱子对象山也是如此，他说："老兄却是先立一说，务要突过有若、子贡以上，更不数近世周、程诸公，故于其言，不问是非，一例吹毛求疵，须要讨不是处，正使说得十分无病，此意却先不好了，况其言之粗率又不能无病乎？"② 朱子直言象山另立一说，想要超过有若、子贡，更不用说近世周敦颐、二程等诸位先生，为了显示自己的高论，对别人的学说不管是非，一律吹毛求疵，都要找出不对之处，哪怕说得很有道理，但是这个出发点已经很不好了，况且论争十分粗糙草率，怎么能没有问题。朱子在此批评子静所立高论都与先圣先贤所言不符，朱子主要以孔门工夫为据，而象山以孟子为宗，这是二者思想来源上的分歧。

> 夫子之圣，固非以多学而得之，然观其好古敏求，实亦未尝不多学，但其中自有一以贯之处耳。若只如此空疏杜撰，则虽有一而无可贯矣，又何足以为孔子乎？颜、曾所以独得圣学之传，正为其博文约礼，足目俱到，亦不是只如此空疏杜撰也。子贡虽未得承道统，然其所知，似亦不在今人之后，但未有禅

---

① （宋）朱熹著，朱杰人、严佐之、刘永翔主编：《答陆子静》，《朱子全书》，第21册，第1576页。1189年。见陈来《朱子书信编年考证》，第297页。

② （宋）朱熹著，朱杰人、严佐之、刘永翔主编：《答陆子静》，《朱子全书》，第21册，第1576页。1189年。

学可改换耳。周、程之生，时世虽在孟子之下，然其道则有不约而合者。反复来书，窃恐老兄于其所言多有未解者，恐皆未可遽以颜、曾自处而轻之也。①

朱子认为孔子教人虽然没有以多学作为成德的标准，但从孔子信而好古、敏以求之来看，孔子实际上也没有不多学。但是，学习的过程中有一以贯之之道的存在，这个一以贯之是通过持敬涵养实现的。但是，朱子又提出如果不学习则道理流于空疏杜撰，虽然有道但也无处可贯，如此也成就不了孔圣人。颜回、曾点之所以说得到孔子的真传，并不是所谓"心传"和曾点之志，而是因为二人的博文约礼的工夫，并不是像象山说得如此空疏杜撰。子贡虽然没有继承道统，但其所知所学也比今人，禅学也无法将其替代。周敦颐和二程两位先生，虽然在孟子之后，但他们所言之道也是不约而合。朱子认为象山以颜回、曾点自居，其实并没有真正领会颜回、曾点能得孔子真传的原因，而以二人高论为据，轻视下学工夫，没有将道贯于学中，实质上没有继承孔门真传。此封信是朱子与象山的最后一封信，此处可见，朱子的语气已经恢复平和，更显自信，此后朱子与陆子静绝笔，但并没有停止对陆学的批评和讨论，朱子晚年言涵养和致知的关系主要还是针对陆学而发。

（三）批浙中学者持守不足

由上文分析可知，朱子对陆学的批评除了直接与陆门对话之外，有一大部分是在与刘子澄等江西学者和浙中吕氏门人的讨论中展开，在对穷理的态度上，朱子与浙中学者比较一致。1181年吕祖谦去世，1184年陈亮入狱后，朱子开始注意到浙学穷理不重义利之辨的问题，此后在与浙中学者的交流中开始重点强调读书应以"四书"为规模，强调涵养的重要性。

---

① （宋）朱熹著，朱杰人、严佐之、刘永翔主编：《答陆子静》，《朱子全书》，第21册，第1576页。1189年。

大抵诸经文字有古今之殊，又为传注障碍，若非理明义精，卒难决择，不如且读《论》《孟》《大学》《中庸》，平易明白而意自深远，只要人玩味寻绎，目下便可践履也。陆学固有似禅处，然鄙意近觉婺州朋友专事闻见，而于自己身心全无工夫，所以每劝学者兼取其善，要得身心稍稍端静，方于义理知所决择，非欲其兀然无作以冀于一旦豁然大悟也。吾道之衰，正坐学者各守己偏，不能兼取众善，所以终有不明不行之弊，非是细事。①

陈肤仲本从游于张栻、吕祖谦，后师从朱子。朱子向陈肤仲提出儒家经典有古文经与经文经的区别，又因为受到各家传注的影响，除非自己已经理明义精，其实是很难抉择的。朱子在此提出了读书之法，不要先去读"五经"，不如先去读"四书"，因为"四书"的文字平易明白，并且其中的道理深远，只要多下工夫去体会寻找，当下就可以落实到道德行动中。在此，朱子体现出今文经学的立场，也说明了他注重"四书"的原因在于适合阐明义理，说明了义理先于文字的立场。朱子进一步认为，陆学固然有近似禅学的地方，但是近来发现婺州朋友专求闻见之学，而在自己身心涵养上都不做工夫。在此，朱子批评吕氏门人注重知见之学，而不做涵养工夫，从文辞中可知，朱子认为婺州吕氏门人的问题更为严重。朱子认为学者应该要兼取众长，先整顿身心才能知道在义理间如何抉择，不是想不做工夫就能一下子豁然顿悟。朱子表明了涵养和致知不可偏废一方的立场，涵养是致知之本，穷理致知也很必要，说明了朱子否定顿悟之说，倡导积累至贯通的成德路径，在此朱子同时针对陆学与婺学而发。朱子感慨道学衰落的原因在于他们的门人各守一偏，

---

① （宋）朱熹著，朱杰人、严佐之、刘永翔主编：《答陈肤仲》，《朱子全书》，第 22 册，第 2267—2268 页。1184 年。见陈来《朱子书信编年考证》，第 230 页。

不能兼采众长，最终在知与行上都没有做好。同年，朱子在与吕子约的通信中也对其强调读书要以涵养为根本。

> 大率向外底意思多，切己底意思少，所以自己日用之间都不得力。前书因论陆子静处及说韩岩时话，似已详说此病，奈何都不见察，至今日然后始觉身心欠收拾乎？……大抵读书，宽平正大者多失之不精，而精密详审者又有局促奸巧之病，虽云人之情伪有不得不察者，然此意偏胜，便觉自家心术亦染得不好了。近年此风颇盛，虽纯诚厚德之君子，亦往往堕于其中而不自知，所以区区常窃忧之而不愿子约之为之也。子约何不试取《论语》《孟子》《中庸》《大学》等书读之，观其光明正大、简易明白之气象，又岂有如此之狡狯切害处邪？①

朱子认为吕子约向外求义的工夫多，而切身涵养的工夫做得较少，所以在人伦日用中的帮助不大。朱子说他在之前的讨论中已经很详细地指出吕子约的问题，没想到也不去体察，至今也没有收拾整顿身心。朱子认为在读书的问题上，泛观博览的人多在"精一"上有所欠缺，精密详审的人气象又局促狭隘，虽然也说情的真伪要去省察，但如果私意偏胜天理，则本心也受到私意沾染，如此再精密详审也没有用。事先如果没有收拾好身心，则读书明义要么失于精一，要么气象狭隘，在此朱子说明了持敬涵养是省察和穷理的前提。朱子认为近年不重涵养的风气颇盛，哪怕是德行淳厚的君子，也往往有以上毛病而不自知，以此提醒吕子约。如同建议陈肤仲一样，朱子也建议吕子约尝试读"四书"以观圣人正大光明、简易明白之气象，以补收拾身心的不足，说明朱子所言读书进学也在道德修养的范围之内，以涵养为根本的穷理就能使修养工夫向内多一点，向外

---

① （宋）朱熹著，朱杰人、严佐之、刘永翔主编：《答吕子约》，《朱子全书》，第22册，第2195页。1184年。

少一点。向内的工夫是涵养，完全向内，那就是陆学的空言涵养，完全向外，那就是吕氏门人的不辨王霸义利。在此可见朱子对吕子约本人还是比较客气地提意见，但对吕氏后学的批评就很严厉，他说："子约为人固无可疑，但其门庭近日少有变异，而流传已远，大为学者心术之害，故不得不苦口耳。近日一派流入江西，蹴踏董仲舒而推尊管仲、王猛，又闻有非陆贽而是德宗者，尤可骇异。"① 不辨王霸义利是吕氏后学的根本问题，朱子认为他们贬低董仲舒而推尊管仲、王猛，价值观颠倒，让人讶异。其实在这一时期，朱子同时对峙陆学与婺学，朱子认为陆学门人与婺学门人都各堕一偏，各立门庭，实际上是对儒家道体的分裂，朱子需要对一些根本性问题达成相对一致的认识，以保证道统的传承。同年，朱子在与刘子澄的两封书信中也表达了这个意思。

> 近年道学外面被俗人攻击，里面被吾党作坏，婺州自伯恭死后，百怪都出，至如子约别说一般差异底话，全然不是孔孟规模，却做管商见识，令人骇叹。然亦是伯恭自有些拖泥带水，致得如此，又令人追恨也。子静一味是禅，却无许多功利术数，目下收敛得学者身心，不为无力。然其下梢无所据依，恐亦未免害事也。②

朱子在此表达了他对儒家道统的忧虑，认为儒家道统在外受到攻击，在内受到破坏，朱子所说"近年道学外面被俗人攻击"③，这个俗人就是指陈贾。朱子在此批评陈贾是外道之人，陈贾对此积怨很深，十年后庆元党禁期间，时任兵部侍郎的陈贾联合监察史沈继祖上疏

---

① （宋）朱熹著，朱杰人、严佐之、刘永翔主编：《答沈叔晦》，《朱子全书》，第 22 册，第 2530 页。1185 年。
② （宋）朱熹著，朱杰人、严佐之、刘永翔主编：《与刘子澄》，《朱子全书》，第 21 册，第 1546 页。1185 年。
③ 陈来：《朱子哲学研究》，第 380 页。

宋宁宗，列理学人物十大罪状，导致朱子被罢免祠职。而朱子所说的"里面被吾党破坏"，则指陆学门人和婺学门人，朱子认为从吕祖谦去世后吕氏门人出了许多千奇百怪的人，甚至其弟吕祖俭也是别为一说，全然不是孔孟的为学规模，跟从管仲、商鞅的功利之学，令人惊骇，在此朱子对吕子约的批评就比较直接了。朱子为此也寻找原因，认为是因为吕祖谦之前对义利之辨阐述得不够清晰才导致吕氏门人流于功利之学，朱子表示十分遗憾。朱子认为在陆学和婺学之间，还是吕氏门人的问题更严重一些，陆子静固然是禅，却没有功利术数，能够收敛身心。而吕氏门人因不重涵养，读书求义无据可依，不辨大是大非，可以说吕氏门人的事功之说对儒家道统的伤害更大。朱子在与刘子澄多次通信中都在批评吕氏后学从根本上没有做好涵养工夫的问题。

> 伯恭无恙时爱说史学，身后为后生辈糊涂说出一般恶口小家议论，贱王尊霸，谋利计功，更不可听。子约立脚不住，亦曰吾兄盖尝言之云尔。……学问固是须着勇猛，然此勇猛却要有个用处。若只两手握拳，努筋着力，枉费十分气力，下梢无可成就，便须只是怪妄而已。①

朱子认为吕祖谦生前喜欢史学，身后为其门人糊涂发表小家议论作了不好表率，那些贱王道尊霸道，谋利计功的言论更不能听。吕祖俭根本上的工夫没有做好，也只是盲从其兄。朱子剖析吕氏后学事功的原因，虽对吕祖谦不置可否，其实也是在说吕祖谦不辨王霸义利，从总体上，浙中学派的特点就是没有在本原处辨天理人欲，涵养工夫没有做好。中间略去一段是朱子批子静为禅，最后又回到对婺学的批评，可见朱子55岁后对婺学的批评重于陆学。朱子提出做

---

① （宋）朱熹著，朱杰人、严佐之、刘永翔主编：《与刘子澄》，《朱子全书》，第21册，第1549—1550页。1185年。

学问固然需要精进勇猛,但勇猛要有用处,即要先立下是非善恶的判断标准,否则所做的学问对成德没有好处,最终也只是枉费力气。59岁时朱子仍以读书穷理没有以持敬为本批评浙中学者,他说:"日用之间,且更力加持守,而体察事理,勿使虚度光阴,乃是为学表里之实。近至浙中,见学者工夫议论多靠一边,殊可虑耳。"① 朱子强调在日用之间多在持守上做工夫,如此持守与体察事理互为表里,而浙中学者工夫多靠穷理一边,欠缺根本上的持守工夫,这是朱子特别担忧的。从朱子55岁开始论及吕祖谦及与其后人通信的内容来看,日用工夫中以持敬为本是朱子一再强调的重点,这是朱子对小学涵养工夫的重视。朱子1183年开始编《小学》,至1187年朱子58岁时修订完成②,其在《序》中说:"今颇芜集以为此书,授之童蒙,资其讲习,庶几有补于风化之万一云尔。"③

(四)反省与批评:谨防支离

中年时期朱子讨论到支离的问题主要针对湖湘学派而发,强调持敬为本的地位,将涵养工夫落实于省察之前。中晚年时期朱子言支离主要围绕涵养与致知的关系展开,由于陆子寿批评朱子支离,故朱子在中晚年阶段对支离的问题思考较多,一方面反省自己的支离的问题,另一方面以支离批评浙中婺学不重视持守本心。1178年,朱子对王钦之说:"所须问目,窃谓不必如此,但取一书从头逐段仔细理会,久之必自有疑有得。若平时泛泛,都不着实循序读书,未说义理不精,且是心绪支离,无个主宰处,与义理自不相亲。"④朱子建议读书要遵循次序,本心没有确立主宰的地位心绪就支离,

---

① (宋)朱熹著,朱杰人、严佐之、刘永翔主编:《答黄子耕》,《朱子全书》,第22册,第2376页。1188年。见陈来《朱子书信编年考证》,第283页。

② 束景南先生认为《小学》"最终乃成于朱熹之手"。见束景南《朱熹年谱长编》(上),第774页。

③ (宋)朱熹著,朱杰人、严佐之、刘永翔主编:《题小学》,《朱子全书》,第24册,第3671页。

④ (宋)朱熹著,朱杰人、严佐之、刘永翔主编:《答王钦之》,《朱子全书》,第23册,第2761页。1178年。见陈来《朱子书信编年考证》,第160页。

如此义理不能自得，这里的支离即心不专一。1181 年，朱子在讨论诚与敬的关系中也谈到支离的问题，他说："前书所论'诚敬'字义不同，正为方此论敬，不当引诚为说，本欲高妙，反成支离耳。"① 朱子认为在诚与敬之间不能以诚为主导，应以持敬为主导，否则支离。所以可见支离的问题多体现为没有确立持敬为本的地位，而对于持敬工夫本身也要注意支离的问题，朱子说："敬则只是敬，更寻甚敬之体！似此支离，病痛愈多，更不曾得做功夫，只了得安排杜撰也。"② 中年时期，朱子已经提出未发前此心与敬同体，未发之前不容安排，敬以持守不是以敬持守，持中不是"求中"，若是"求中"则有两个心，就是支离。朱子在 55 岁后开始批评婺学不以持敬为本，但尚未开始批评婺学支离，首先是对自身支离的问题做自我检查。

> 近来吕陆门人互相排斥，此由各徇所见之偏而不能公天下之心以观天下之理，甚觉不满人意。应之盖尝学于两家，不知其于此看得果如何？因话扣之，因书喻及为幸也。熹近日亦觉向来说话有太支离处，反身以求，正坐自己用功亦未切耳，因此减去文字功夫，觉得闲中气象甚适。每劝学者亦且看《孟子》"道性善"、"求放心"两章，着实体察收拾为要，其余文字，且大概讽诵涵养，未须大段着力考索也。③

由引文可见，朱子对周叔谨说近来吕氏和陆氏门人互相排斥都是因为他们各自有偏见而不能以公正之心去看待天下的道理，周叔谨曾

---

① （宋）朱熹著，朱杰人、严佐之、刘永翔主编：《答江德功》，《朱子全书》，第 22 册，第 2047 页。1181 年。
② （宋）朱熹著，朱杰人、严佐之、刘永翔主编：《答熊梦兆》，《朱子全书》，第 23 册，第 2624 页。1183 年。
③ （宋）朱熹著，朱杰人、严佐之、刘永翔主编：《答周叔谨》，《朱子全书》，第 23 册，第 2551—2552 页。1184 年。见陈来《朱子书信编年考证》，第 240 页。

问学于浙吕两家，朱子问其是否能做出判断。朱子接着就做了自我检讨，认为自己之前说话有太支离的地方，现在回到自己身上找原因，是因为做工夫不够切己，即涵养不够，在减去文字义理的工夫后，觉得气象比较合适。朱子建议学者多看《孟子》"道性善"和"求放心"两章，就是强调要落实收拾本心的工夫，其余文字工夫，大概诵读涵养就够了，不需要大段考索。在此，朱子强调不要过分拘泥于文字索义的工夫，涵养本心才是根本的工夫。基于朱子的自我检讨，他认为自己的支离问题得到了解决。57岁时他致信陆子静说："所幸迩来日用功夫颇觉有力，无复向来支离之病，甚恨未得从容面论，未知异时相见，尚复有异同否耳。"① 朱子认为近来日用涵养得力，不再有支离之病，此后朱子对支离的讨论转向对吕氏门人的批评。同年朱子在与吕子约的三封书信中集中论其支离的问题，建议其在日用中多下涵养工夫。

> 日用功夫，比复何如？文字虽不可废，然涵养本原而察于天理人欲之判，此是日用动静之间不可顷刻间断底事。若于此处见得分明，自然不到得流入世俗功利权谋里去矣。熹亦近日方实见得，向日支离之病虽与彼中证候不同，然其忘己逐物、贪外虚内之失，则一而已。程子说："不得以天下万物挠己，己立后，自能了得天下万物。"今自家一个身心不知安顿去处，而谈王说霸，将经世事业别作一个伎俩商量讲究，不亦误乎！②

由引文可知，朱子提出文字求义工夫虽然不能废弃，但在本原处辨析天理人欲的工夫在人伦日用动静之间都不能间断，如果能明白这一点，自然不会流入功利权谋里去。朱子提出最近才明白自己的支

---

① （宋）朱熹著，朱杰人、严佐之、刘永翔主编：《答陆子静》，《朱子全书》，第21册，第1564—1565页。1186年。
② （宋）朱熹著，朱杰人、严佐之、刘永翔主编：《答吕子约》，《朱子全书》，第22册，第2205页。1186年。

离虽然与吕子约的表现不同，但二者都忘记本心而追逐外物，在外的工夫多，在内的工夫少。朱子再次批评吕子约没有安顿本心就去谈王霸义利，将治国事业别做一个工夫来讨论，是很大的错误。同年，他又对吕子约说："日用功夫，不敢以老病而自懈，觉得此心操存舍亡，只在反掌之间，向来诚是太涉支离。盖无本以自立，则事事皆病耳。"① 朱子提出日用间的涵养，不能因为年老体病而有所懈怠，本心是操存还是舍亡只是在于有没有持敬的问题，以前因为太过支离，本心没有主宰，所以其他工夫都做不好。如此可见朱子批评浙学支离，其实是自己的经验之谈，是比较真诚的建议。他又对吕子约说："示喻授学之意，甚善。但更须小作课程，责其精熟，乃为有益。若只似日前大餐长啜，贪多务速，即不济事耳。洒扫应对乃小子之学，今既失之于前矣，然既壮长，而专使用力于此，则恐亦无味而难入。要须有以使之内外本末两进而不偏，乃为佳耳。"② 朱子一是建议吕子约做工夫要有耐心，不要求快，今人多失了洒扫应对的小学涵养工夫，年长后再专于小学工夫，效果不好，所以涵养与致知两个工夫须齐头并进，不能偏废一方。

朱子对婺学支离的批评也有严厉的时候，他说："浙中后来事体大段支离乖僻，恐不止似正似邪而已，极令人难说，只得皇恐痛自警省，恐未可专执旧说以为取舍也。"③ 又说："子约书来，说得大段支离，要是义理太多，信口信笔纵横去得，说得转阔，病痛转深也。"④ 朱子认为浙中学者因为事功和本体支离，恐怕不只是儒家立场不明的问题，希望他们能自警自省，改正旧说。朱子认为吕子约

---

① （宋）朱熹著，朱杰人、严佐之、刘永翔主编：《答吕子约》，《朱子全书》，第22册，第2208页。1186年。

② （宋）朱熹著，朱杰人、严佐之、刘永翔主编：《答吕子约》，《朱子全书》，第22册，第2210页。1186年。

③ （宋）朱熹著，朱杰人、严佐之、刘永翔主编：《与刘子澄》，《朱子全书》，第21册，第1552页。1186年。

④ （宋）朱熹著，朱杰人、严佐之、刘永翔主编：《答周叔谨》，《朱子全书》，第23册，第2552页。1187年。

将体段说得支离是因为在义理上用功太多,并且这个问题没有改正反而加深了。

> 大抵学问专守文字、但务存养者,即不免有支离昏惰之病。欲去此病,则又不免有妄意躐等、悬空杜撰之失,而平日不曾仔细玩索义理,不识文字血脉,别无证佐考验,但据一时自己偏见,便自主张……一向自以为是,更不听人说话,此固未论其所说之是非,而其粗厉激发,已全不似圣贤气象矣。……但如仲升,则又堕在支离昏惰之域,而所以攻彼者,未必皆当于理,彼等所以不服,亦不可不自警省,更就自己身心上做功夫,凡一念虑、一动作,便须着实体认此是天理耶、是人欲耶,仔细辨别,勇猛断置,勿令差误。①

朱子回复刘仲升言刘季章所论工夫之误,朱子认为刘季章不会有这样的错误,应该是刘仲升自己听得不分明,误解了季章本意。朱子认为大致来说做学问专于文字则难免支离,专务涵养则难免昏惰。想要去除这个支离,专于涵养,则又难免矫枉过正,将涵养悬空,这是因为平常没有仔细做格物穷理的后果。导致只是根据自己一时的偏见,便固执己见,自以为是,与人激烈辩论,没有一点圣贤气象。朱子认为刘仲升本身有支离昏惰的问题,批评他人虽然未必都合理,可以不服,但也是反省自警的好机会。朱子建议刘仲升回到自己身心上做工夫,在事中辨天理人欲,勇猛精进,去除支离的问题。

综上分析可知,朱子在"中和新说"时期已经确立了涵养与致知的关系的基本立场,46岁前因与湖湘学派论辩,重点在于确立涵养于未发、持敬为本的地位。朱子在45岁时已经开始注意到与陆学

---

① (宋)朱熹著,朱杰人、严佐之、刘永翔主编:《答刘仲升》,《朱子全书》,第22册,第2488—2489页。1188年。见陈来《朱子书信编年考证》,第284页。

的分歧，故在鹅湖之会前已经对陆学做出了基本的判定。进入中晚年时期后，朱子仍坚持中年时期所确立的以持敬为先、为本，居敬穷理不可偏废的基本观点，但因为同时对峙陆学与婺学，为了纠偏，基于不同的论辩对象，强调的重点也不一样。朱陆论辩是朱子阐述涵养与致知关系的重点内容，朱子的主要观点在于批评陆学不重穷理，只重涵养，工夫似禅，朱陆论辩延续到朱子晚年象山去世时都没有停止。此外，朱子从55岁开始注意到浙中学者不重涵养，不重王霸义利之辩，故强调持敬为本，否则有支离之弊。由此可见，朱子在对涵养与致知关系的阐述中同时对峙陆学与婺学，不仅没有偏废一方，反而恰恰说明了朱子言涵养与致知关系的完整性。

二 涵养与省察

中晚年时期朱子对涵养与省察关系的阐述，是与湖湘学派辩论为核心，强调未发前涵养一段工夫，强调涵养先于察识的工夫次序，不从未发已发的区分上过于言二者之分，而更侧重从涵养与省察的作用中探讨二者的相互关系。他说："大抵未发已发，只是一项工夫，未发固要存养，已发亦要省察。遇事时时复提起，不可自息，生放过底心。无时不存养，无事不省察。"① 朱子认为，存养要落实于未发之前，已发后还要省察，无事不省察，涵养要无间于动静语默，无时不涵养，而省察则因事而发，这是朱子中晚年言涵养与省察的基本观点。朱子更多地从二者相互的工夫意义言二者的工夫关系，中年时期主要言分的关系，现在言分的关系，也言合的关系。

（一）持敬为主，省察为助

涵养与省察的关系是朱子"中和时期"着重论述的内容，主要针对湖湘学派而发，已经确立了涵养先于省察的工夫次序，也体现出朱子中年时期对未发前涵养工夫的强调。中晚年时期，朱子延续

---

① （宋）黎靖德编，王星贤点校：《朱子语类》，第1511页。万人杰录，朱子51岁后。

此前的观点,继续对胡宏《知言》中的一些问题做深入辨析,继续强调涵养先于省察的工夫次第。

> 因论湖湘学者崇尚知言,曰:"知言固有好处,然亦大有差失……如论齐王爱牛,此良心之苗裔,因私欲而见者,以答求放心之问;然鸡犬之放,则固有去而不可收之理;人之放心,只知求之,则良心在此矣,何必等待天理发见于物欲之间,然后求之!如此,则中间空阙多少去处,正如屋下失物,直待去城外求也!……况操存涵养,皆是平日工夫,岂有等待发见然后操存之理!"①

朱子认为湖湘学者崇尚《知言》,《知言》固然有好的地方,但也有很大偏差,如其中以受到私欲影响的已发之心来解释"求放心",将"求放心"工夫定位于已发后。朱子认为已发之心已经受到私欲影响,如果"求放心"等到天理发见后才去求,就像房屋丢失了财物,到城外去抓贼,显然已经来不及。朱子认为正确的方法是在贼还没来时守好房门,即在未发前守好本心,则本心不会放失,也就不用外求了。朱子认为操存涵养是平日工夫,不能等到已发后再去操存,涵养于未发之前是朱子对于涵养与省察关系的基本立场。朱子在面对湖湘学派时注重强调涵养工夫的重要性,中年时期以孔门教人详于持敬而略于省察来说明持敬的地位高于省察,中晚年时期朱子仍以孔子论说为据,从习与察的关系来说明涵养重于省察。

> "习矣不察",人多错看此一语。人固有事亲孝,事兄弟,交朋友亦有信,而终不识其所以然者,"习矣,而不察也"。此"察"字,非"察物"之"察",乃识其所以然也。习是用功夫

---

① (宋)黎靖德编,王星贤点校:《朱子语类》,第2588—2589页。周谟录,朱子50岁。见《朱子语类》,第15页。

> 处，察是知识处。今人多于"察"字用功，反轻了"习"字。才欲作一事，却又分一心去察一心，胸中扰扰，转觉多事。……故夫子教人，只说习。……孟子恐人不识，方说出"察"字。而"察"字最轻。"习"字最重也。①

由引文可见，朱子认为常人往往对"习察"的认识有误解，比如很多人固然有孝、亲、信的行为，却常常不知道之所以要孝顺的道理，这就是"习矣不察"。察是"识其所以然之理"，而不是普通的观察，所以习和察的区别在于习是做工夫的地方，而察是知道、认识的地方，道德修养的重点落实在习而不是在知上，所以习是重于察的。但是今人却往往多在知与识上用功，而轻视了习的工夫，而孔子教人也是重习而轻察，孟子因为怕人不识本心之善才说出察，实际上孟子"求放心"也是习，不是察。由此可见，在操存涵养和省察之间，朱子重涵养的立场没有改变，成德最主要靠的在操习中持守本心而不是只停留于察识。在确立持敬为本的基本立场的基础上，朱子也肯定省察对持敬有辅助作用。

> 大凡学者须先理会"敬"字，敬是立脚去处。程子谓："'涵养须用敬，进学则在致知。'此语最妙。"或问："持敬易间断，如何？"曰："常要自省得。才省得，便在此。"或以为此事最难。曰："患不省察尔。觉得间断，便已接续，何难之有！'操则存，舍则亡'，只在操舍两字之间。要之，只消一个'操'字。到紧要处，全不消许多文字言语。若此意成熟，虽'操'字亦不须用。"②

朱子认为首先要落实持敬的工夫，持敬是立脚处，是所有修养工夫

---

① （宋）黎靖德编，王星贤点校：《朱子语类》，第215页。周谟录，朱子50岁。
② （宋）黎靖德编，王星贤点校：《朱子语类》，第215页。周谟录，朱子50岁。

的根据。朱子还是以程子言"涵养须用敬,进学则在致知"作为基本的成德路径。在此基础上,朱子对于持敬容易间断的问题,提出要通过常常自省来解决,如果常常省察,持敬就不会间断。对于有人提出要做到持敬不间断是最难的地方,朱子也是回答说问题在于有没有省察,省察时就能发现持敬工夫有间断,发现的时候实际上已经接续上了,所以持敬无间断也不是很难。朱子又引孟子所说"操则存,舍则亡"一句来说明持敬只是在操和舍之间,所以最关键的还是操习,由此操存涵养主要还是操习而不是省察,朱子提出如果能将持守本心的工夫做得纯熟,甚至都不需要刻意去操习,都是自然而然的事。在此,朱子说明了省察对持敬不间断具有辅助的意义,但是主要还是依靠操习本身,因为省察也要在操习中才能落实,朱子说:"示喻静中私意横生,此学者之通患,能自省察至此,甚不易得。此当以敬为主,而深察私意之萌多为何事,就其重处痛加惩窒,久之纯熟,自当见效,不可计功于旦暮而多为说以乱之也。"[①]私意是学者不可避免的通病,省察到私意是很不容易的,但省察到私意时更应该以持敬为主,深刻体察私意萌发的原因,如此将私意去除。可见,在持敬和省察之间,持敬仍然是根本的工夫,省察只是持敬的辅助,二者在已发后互相发明,持敬行于省察之中,二者互相配合。

相比之下,朱子在中年时期言涵养与省察主要是强调涵养要先于省察,重点在于明确涵养于未发之先地位。中晚年时期朱子除了坚持涵养先于省察的立场之外,更主要从工夫所发挥的作用的角度区分二者的主次地位,并且也肯定了省察对持敬的意义。肯定持敬与省察的互相发明,说明朱子对省察作用的进一步肯定。所以当湖湘学派胡季随说:"涵养工夫实贯初终,而未发之前只需涵养,才发

[①] (宋)朱熹著,朱杰人、严佐之、刘永翔主编:《答任伯起》,《朱子全书》,第22册,第2029页。1182年。

处便须用省察工夫。至于涵养愈熟，则省察愈精矣。"① 朱子表示赞同，可见胡季随已经完全接纳了朱子涵养于未发的工夫思想，也认同了涵养工夫对省察工夫的意义，也认同了朱子涵养与省察互相发明之说，这是朱子对湖湘学派影响的体现。晚年后，随着省察地位的进一步提升，朱子对涵养与省察关系的论述有了进一步的变化。

（二）戒惧与慎独

前文已指出，朱子在《集注》时期改变了以戒惧和慎独为涵养的观点，将慎独从涵养中分离出来，以戒惧为涵养，以慎独为省察，所以戒惧与慎独的关系也是涵养与省察关系的重要部分。在中晚年阶段，朱子延续了《集注》时期的讨论，继续对此前的修正做进一步的说明，多次提出自己"旧说"有误，如今已改定。

> 所示诸说，似于《中庸》本文不曾虚心反复详玩，章句之所绝、文义之所指尚多未了，而便欲任意立说，展转相高，故其说枝蔓缠绕，了无归宿。……恭叔所论，似是见熹旧说而有此疑，疑得大概有理，但曲折处有未尽耳。当时旧说诚为有病，后来多已改定矣。大抵其言"道不可离，可离非道。是故君子戒慎乎其所不睹，恐惧乎其所不闻"，乃是彻头彻尾、无时无处不下工夫，欲其无须臾而离乎道也。又言"莫见乎隐，莫显乎微，故君子谨其独"，乃是上文全体工夫之中，见得此处是一念起处、万事根原又更紧切，故当于此加意省察，欲其自隐而见，自微而显，皆无人欲之私也。此是两节，文义不同，详略亦异。……前段即卒章所谓"不动而敬，不言而信"，后段即卒章所谓"内省不疚，无恶于志"，文义条理大小甚明，从来说者多是不察，将此两段只作一段相缠说了，便以戒慎恐惧、不睹不闻为谨独，所以杂乱重复，更说不行，前后只是粗瞒过了，仔

---

① （宋）朱熹著，朱杰人、严佐之、刘永翔主编：《答胡季随》，《朱子全书》，第22册，第2510—2511页。1186年。见陈来《朱子书信编年考证》，第256页。

细理会，便分疏不下也。①

由引文可知，朱子认为胡季随对《中庸》文本没有反复琢磨，对其中章句、文义的意思没有了解透彻，所以其说过于枝蔓缠绕。朱子此处提及潘恭叔似乎看到朱子"旧说"而产生疑问，肯定其疑惑得有道理，但在一些转折的地方还没有把意思表达出来。朱子认为"旧说"诚然有问题，但后来大多已经改定了。大致上说《中庸》中的戒慎工夫是彻头彻尾、无时无处不下的工夫，而谨独是在一念起处开始的省察工夫。可见朱子明确将戒惧和慎独阐释为持敬和省察。朱子进一步提出戒惧和谨独两节的文义不同，详略也不同。前段所说"戒惧"是"不动而敬"的"敬"，后段所说的"谨慎"则是"内省不疚"的"省察"，文义条理都已十分明白。朱子解释说因为没有好好体察其中的分别，结果将两段工夫混为一段工夫缠绕地说，把戒慎恐惧理解为慎独，所以会出现杂乱重复的说法。朱子此处说"从来说者多是不察"将两段工夫缠绕地说，是与开头其批评胡季随对《中庸》的理解枝蔓缠绕相互呼应，显然胡季随的问题在于混淆了戒惧和慎独的工夫，将戒惧和慎独都理解为涵养而没有认识到慎独是省察的工夫。

同年，朱子又致信胡季随，在信中引用了多种关于戒惧和省察关系的观点，并做了点评，如潘恭叔说："戒惧者，所以涵养于喜怒哀乐未发之前。慎独者，所以省察于喜怒哀乐已发之后。"② 朱子对此认为："此说甚善。"可见朱子以戒惧为涵养工夫以慎独为省察的思想十分明确。对林一之所说："戒惧乃所以慎独也，涵养省察之际，皆所当然，未发之前，不容着力，只当下涵养工夫。来教得之。'省察于已发之时'，此句之病，恭叔已言之矣，正所以存天理、遏

---

① （宋）朱熹著，朱杰人、严佐之、刘永翔主编：《答胡季随》，《朱子全书》，第22册，第2507—2508页。1186年。见陈来《朱子书信编年考证》，第256页。

② （宋）朱熹著，朱杰人、严佐之、刘永翔主编：《答胡季随》，《朱子全书》，第22册，第2509页。1186年。

人欲也，恐不可分。"① 朱子提出："作两事说，则不害于相通；作一事说，则重复矣。不可分中却要见得不可不分处，若是全不可分，《中庸》何故重复说作两节？"② 在此，林一之提出戒惧是慎独工夫的原因，戒惧和慎独不可以分开，但朱子认为戒惧和慎独分为两个工夫不影响二者互相贯通，如果作为一件事来看，则重复了，应该从不可分中去理解二者不可以不分开的地方在哪里，如果二者真的不可以分开，那《中庸》没必要重复将戒惧和慎独作两节说。在此，朱子强调要将戒惧和慎独分为两个工夫来认识，但又要看到两个工夫的相通之处，胡季随说："戒谨、恐惧、慎独，统而言之，虽只是道都是涵养工夫，分而言之，则各有所指。独云者，它人不知己所独知之时，正友恭所谓'已发之初'者。不睹不闻，即是未发之前，未发之前无一毫私意之杂，此处无走作，只是存天理而已，未说到遏人欲处。已发之初，天理、人欲由是而分，此处不放过，即是遏人欲，天理之存有不待言者。如此分说，自见端的。"③ 朱子对此回应说："此说分得好，然又须见不可分处。如兵家攻守相似，各是一事，而实相为用也。"④ 胡季随认为虽然戒惧和慎独都属于涵养工夫，但二者有分别，戒惧的工夫是未发前没有私意出现的时候，还没有开始做遏止人欲的工夫。但慎独的工夫是在已发后，是遏止人欲的工夫。朱子认为胡季随分说得极好，但也要看到他们不可分的地方，二者不可分的地方就像兵家的攻守工夫，各是一个事情却互相配合使用，互相贯通，戒惧是慎独的前提，同时戒惧行于慎独之中，而慎独又是戒惧的助益，这与朱子阐述持敬与省察的关系是完

---

① （宋）朱熹著，朱杰人、严佐之、刘永翔主编：《答胡季随》，《朱子全书》，第 22 册，第 2509—2510 页。1186 年。
② （宋）朱熹著，朱杰人、严佐之、刘永翔主编：《答胡季随》，《朱子全书》，第 22 册，第 2510 页。1186 年。
③ （宋）朱熹著，朱杰人、严佐之、刘永翔主编：《答胡季随》，《朱子全书》，第 22 册，第 2510 页。1186 年。
④ （宋）朱熹著，朱杰人、严佐之、刘永翔主编：《答胡季随》，《朱子全书》，第 22 册，第 2510 页。1186 年。

全一致的。也可以看出，朱子中晚年时期言涵养与省察的关系，更多地从做工夫上进行分析，言二者之分，也言二者之合，此后朱子更注重言持敬与省察之合，这个变化应该是从57岁开始的。

1186年朱子在《答胡季随》① 中说潘恭叔似乎是看到自己之前的"旧说"而产生疑问，当时的"旧说"确实有问题，但后来大多已改定。对朱子所言的"旧说"，朱子在同年与潘恭叔的通信中同时言及对省察的认识和对《集注》的修改，由此可知此"旧说"应是朱子在《集注》中对涵养与省察关系认识的变化，朱子对潘恭叔说："示喻为学之意，甚善。然不须如此计较，但持守省察，不令间断，则日用之间不觉自有得力处矣。……近年读书，颇觉平稳不费注解处意味深长，修得《大学》《中庸》《语》《孟》诸书，颇胜旧本。"② 此处，朱子将持守省察合说。同年，朱子又说："学问根本，在日用间持敬集义工夫，直是要得念念省察，读书求义乃其间之一事耳。旧来虽知此意，然于缓急先后之间终是不觉有倒置处，误人不少，今方自悔耳。"③ "持敬集义"即持敬省察，朱子在此强调省察，认为读书求义只是省察中的一件事，可见朱子此时已经开始强调省察，晚年后朱子对省察又有进一步的重视。

三 成德路径

（一）致知为先，力行为重

朱子在中年时期已经提出了知先行后、知易行难的基本知行观，与湖湘学派和陆学的知行观都做了区分。《集注》编订以后，朱子将"四书"中的工夫次序进行了贯通，确立了以大学为工夫规模的知行

---

① （宋）朱熹著，朱杰人、严佐之、刘永翔主编：《答胡季随》，《朱子全书》，第22册，第2507—2508页。1186年。

② （宋）朱熹著，朱杰人、严佐之、刘永翔主编：《答潘恭叔》，《朱子全书》，第22册，第2307页。1186年。见陈来《朱子书信编年考证》，第252页。

③ （宋）朱熹著，朱杰人、严佐之、刘永翔主编：《答潘恭叔》，《朱子全书》，第22册，第2307—2508页。1186年。

观。朱子说："致知、力行,用功不可偏。偏过一边,则一边受病。……论先后,当以致知为先;论轻重,当以力行为重。"① 朱子认为知是道德实践必不可少的环节,从次第上说先知才能发为行动,但并不能停留于知,知是手段,是过程,行才是目的,道德行动才是道德修养的最终目的和结果,所以朱子说要以力行为重。牟宗三引《朱子语类》中"致知力行"② 一条作为依据,评价朱子学是"以《大学》为规模"③。致知与力行包含了《大学》中的格物、致知、诚意、正心的修身工夫以及修身以下的笃行工夫,所以朱子对知行关系的阐述遵循大学的工夫次第。除了《大学》之外,朱子还从《论语》中博文与约礼的关系,《中庸》中学问思辨与笃行的关系来说明知行关系,体现了朱子中晚年时期对知行观的比较全面的论证。

朱子在中晚年时期的知行观主要针对陆学而发,核心在于强调知先行后的入德次序,强调穷理致知的重要性,这与朱陆围绕涵养与致知关系的论辩中朱子批评陆学不重穷理具有一贯性,说明朱子认为陆学的问题是一贯的。基于朱子的知行观以《大学》为工夫规模,陆学以《孟子》为宗,认为涵养就是践履,朱陆知行观必然产生分歧。

> 王子充问:"某在湖南,见一先生只教人践履。"曰:"义理不明,如何践履?"曰:"他说:'行得便见得。'"曰:"如人行路,不见,便如何行。今人多教人践履,皆是自立标致去教人。自有一般资质好底人,便不须穷理、格物、致知。圣人作个大学,便使人齐入于圣贤之域。若讲得道理明时,自是事亲

---

① (宋)黎靖德编,王星贤点校:《朱子语类》,第148页。程端蒙录,朱子50岁后。见《朱子语类》,第15页。
② (宋)黎靖德编,王星贤点校:《朱子语类》,第148页。程端蒙录,朱子50岁后。
③ 牟宗三:《心体与性体》(下),第321页。

不得不孝，事兄不得不弟，交朋友不得不信。"①

王子充说在湖南见一先生只教人践履，这里指象山。朱子则认为义理不明，不能践履，不知不能行，是朱子的基本立场。对于象山所说的能行就代表已知，行就是知，朱子则比喻说就像人走路，看不见则不能行路。朱子批评陆子静教人践履，不遵从圣贤之说，都是自己立一个标准去教人。朱子认为虽然不否认有一些天资很好的人，不用必须做穷理、格致、致知的工夫，只要涵养就可以成圣。但是大部分都是普通人，都要通过明理才能在行动上落实，朱子在此强调穷理对普通人成德的重要作用，在晚年的时候基于对气禀和私欲的影响的认识，朱子对穷理的作用更加强调。朱子认为学习道德的知识义理是落实为道德行动的必然阶段，只有少数天资卓越的人涵养发明本心就能为行，这说明了朱陆的知行观的根本分歧。其实朱陆知行观的分歧背后的实质是对涵养和致知关系的理解不同，朱子认为涵养不离进学，持敬贯彻知行始终，但是陆学认为涵养只要发明本心，如此就能践履，能行就是已知。朱子又以《论语》《中庸》为据，对陆学提出批评。

> 圣人教人，博文约礼、学问思辨而力行之，自洒扫应对、章句诵说以至于精义入神、酬酢万变，其序不可诬也。若曰学以躬行心得为贵而不专于简编则可，若曰不在简编而惟统宗会元之求，则是妄意躐等以陷于邪说诐行之流，而非圣贤所传之正矣。抑观来书词气之间，轻扬傲诞，殊无谨厚笃实之意，意者吾子于下学之功有未尝加之意者，不知往年见张陆二君子，其所以相告者果何事也？②

---

① （宋）黎靖德编，王星贤点校：《朱子语类》，第152—153页。黄干录，朱子47岁后。

② （宋）朱熹著，朱杰人、严佐之、刘永翔主编：《答颜子坚》，《朱子全书》，第23册，第2622页。1183年。见陈来《朱子书信编年考证》，第220页。

朱子以孔子言博学以文,约之以礼,以《中庸》言博学、审问、慎思、明辨、笃行,以先做洒扫应对、章句诵读的小学工夫再做精义的大学工夫为依据,说明了圣人教人的工夫次第都是知先行后,工夫次序不可以改变。朱子提出可以通过学习再去躬行,心中所得为贵不专于简编。但如果心不在简编而只想达到统宗会元的境界,则是妄想走捷径,那就是邪说诐行,而不是圣贤所传输的正说正行。朱子在此强调可以居敬而行简,但不能以简作为目的,朱子强调工夫次序和积累,认为儒家的修养方法不走捷径。朱子认为颜子坚在词气之间表现出傲慢怪诞、缺少谨慎笃实的态度,就是因为穷理、致知等下学的工夫积累,朱子反问颜子坚以前见张栻、陆子静时,二人是如何相告的,以此隐晦地批评湖湘学派和江西陆学。同年朱子又致信林伯和强调没有做好知的工夫的危害,仍然针对陆学而发。

> 大抵圣人之教,博之以文,然后约之以礼。而大学之道,以明明德为先,新民为后。近世语道者,务为高妙直截,既无博文之功,而所以约之者又非有复礼之实,其工于记诵文词之习者,则又未尝反求诸身,而嚣然遽以判断古今、高谈治体自任,是皆使人迷于入德之序而陷于空虚博杂之中。……为老兄今日之计,莫若且以持敬为先,而加以讲学省察之助。①

朱子认为圣贤教人先博之以文然后约之以礼,遵循知先行后的次序。大学工夫以明明德为先,以新民为后,亦是遵循知先行后的次序。朱子提出近世有人喜欢"高妙直截"的成德方法,不做博文的工夫,所以约之者也没有以复礼作为准则。在读书记诵上的工夫又没有返回到自己身上要求自己,以己见判断古今得失,高谈阔论,使人迷

---

① (宋)朱熹著,朱杰人、严佐之、刘永翔主编:《答林伯和》,《朱子全书》,第22册,第2264—2265页。1183年。

失入德的次序，使人陷入空虚博杂的境地。在此，朱子其实是兼对陆学和浙中婺学都做了批评，一是不做博文致知的工夫，不以复礼作为行动的准则，不知就能行，这是批评陆学不做下学工夫就想上达，工夫过于高妙空虚；二是格物穷理没有反身而诚，不以持敬为本，陷于支离驳杂，这是批评浙中吕氏后人。对此，朱子提出最周密的工夫方法是以持敬为本，以《大学》为工夫规模，遵循知先行后的工夫次第，以持敬贯彻知行始终。所以朱子又有主敬格物，主敬力行之说，主敬涵养不能越过知的环节就成为践履，这是朱子特别要强调的。他说："前书所谓格物主敬者，甚善。但主敬方是小学存养之事，未可便谓笃行，须修身齐家以下乃可谓之笃行耳。"① 主敬涵养补今人小学存养工夫之失，主敬不能直接等于笃行，大学工夫以致知作为入手处，以修身为本，到了修身以下才是笃行阶段。朱子以持敬贯彻知行始终，不能直接将主敬涵养等同于笃行，这与陆学的涵养就是践履的观点有根本的不同，正是基于朱子对行的环节的重视，朱子认识到知行之间有省察和诚意的环节，二者对修身的完成有重要作用，所以朱子在中晚年时期还特地分析了格物致知和省察的关系。

（二）持敬、格物与省察

在持敬、格物和省察三者关系当中，持敬为本的地位是朱子在"中和新说"时期就已经确立的，朱子说："为老兄今日之计，莫若且以持敬为先，而加以讲学省察之助。"② 持敬涵养是修身的根本，讲学和省察都起辅助的作用，这是因为持敬涵养在本原处确立了性善论的基础，是成德的根据。所以朱子说："'敬'之一字，万善根

---

① （宋）朱熹著，朱杰人、严佐之、刘永翔主编：《答黄子耕》，《朱子全书》，第22册，第2376页。1188年。见陈来《朱子书信编年考证》，第283页。

② （宋）朱熹著，朱杰人、严佐之、刘永翔主编：《答林伯和》，《朱子全书》，第22册，第2264—2265页。1183年。

本，涵养省察、格物致知种种功夫皆从此出，方有据依。"① 朱子认为明白了成德的工夫次第，才能有针对性地做工夫，不会白费力气，他说："以熹观之，此殆师友之间所以相告者未必尽循圣门学者入德之序，使贤者未有亲切用力之处而然耳。"② 朱子言入德之序，是指工夫完成的次序，并不是从做工夫入手来说的。对于格物与省察的关系，朱子以"四书"的读书法进行说明，应该是针对浙中婺学而发。

> 盖人心之病，不放纵，即昏惰。如贤者，必无放纵之患，但恐不免有昏惰处。若日用之间务以整齐严肃自持，常加警策，即不至昏惰矣。讲学莫先于《语》《孟》，而读《论》《孟》者又须逐章熟读，切己深思；不通，然后考诸先儒之说以发明之。如二程先生说得亲切处，直须看得烂熟，与经文一般，成诵在心，乃可加省察之功。盖与讲学互相发明，但日用应接、思虑隐微之间，每每加察其善端之发，慊于吾心而合于圣贤之言，则勉厉而力行之，其邪志之萌，愧于吾心而戾于圣贤之训，则果决而速去之。大抵见善必为，闻恶必去，不使有顷刻悠悠意态，则为学之本立矣。异时渐有余力，然后以次渐读诸书，旁通当世之务，盖亦未晚。今不须预为过计之忧，以失先后之序也。③

朱子认为人心的问题不是放纵，就是昏惰，即使是贤德的人虽然不会放纵，但也难免有时会有昏惰的问题。如果能在日用之间整齐严

---

① （宋）朱熹著，朱杰人、严佐之、刘永翔主编：《答潘恭叔》，《朱子全书》，第 22 册，第 2313 页。1186 年。

② （宋）朱熹著，朱杰人、严佐之、刘永翔主编：《答林伯和》，《朱子全书》，第 22 册，第 2264 页。1183 年。见陈来《朱子书信编年考证》，第 219 页。

③ （宋）朱熹著，朱杰人、严佐之、刘永翔主编：《答林伯和》，《朱子全书》，第 22 册，第 2265 页。

肃以持守本心，常常加以警醒鞭策，就不至于昏惰。在此，朱子所强调的是修身以持敬为本。朱子又提出讲学工夫都要以《论》《孟》为先，而读书除了熟读近思，还需要进一步省察。在此，朱子认为省察与讲学的工夫需要互相发明，特别是在日用应接、思虑隐微之间加以省察的工夫，如果能与圣贤之旨相符合，就勉力而行之，但如果有违于圣贤之训，则果断停止。朱子在此指出了省察对穷理的帮助作用，即穷理后的省察是为了达到自足于心，即说明省察是诚意阶段的工夫，意诚则能力行。最后朱子提出如果能做到见善必为、闻恶必去就立下了为学之本，说明了朱子认为诚意是修身的根本，到了意诚阶段知就能化为自觉的行动。朱子以穷理与省察互相发明的道理说明了致知和诚意的关系，也提升了诚意的地位。朱子晚年时期对致知和诚意的关系又做了集中论述，以诚意为贯通知行的桥梁，省察、诚意的地位得到提高。

第四章

晚年涵养工夫的修正和完善

　　淳熙十六年（1189），朱子被任命为漳州知州，次年（1190）正月赴任前题词自警。绍熙二年（1191）长子朱塾去世，朱子卸任返乡。绍熙三年（1192）六月，迁居考亭。绍熙五年（1194），两湖瑶民起义，朱子任潭州（今长沙）知州兼荆湖南路安抚使，八月被任命为焕章阁待制兼侍讲，十月四日，朱子奉旨上殿奏事。十月十四日，朱子受诏赴经筵讲义进讲《大学》之旨，数日后，又连讲六次，受到宁宗嘉奖。韩侂胄为首的反理学权贵向宁宗进奏谗言，绍熙五年（1194），朱子被逐出御前经筵。庆元元年（1195）秋，宁宗将儒道视为伪学，庆元党禁开始。次年十二月二十六日，朱子被罢免祠职。回到考亭之后，朱子身患重病，但仍完成了《周易参同契》考异和《楚辞后语》六卷、《楚辞辩证》二卷及《楚辞集注》，修订了《韩文考异》十卷，编订了《礼书》，考订了《尧典》《舜典》《大禹谟》。庆元六年（1200）二月，朱子自题"苍颜已是十年前，把镜回看一怅然。履薄临深谅无几，且将余日付残编"①。三月初二至初九，朱子为弟子讲太极图义、《西铭》，修改《书经集传稿》，在生命的最后三天仍在修改《大学诚意章》，三月八日，朱子留下"艰苦工夫，牢固着脚力"的遗训，次日午时与世长辞，享

---

①　（宋）朱熹著，朱杰人、严佐之、刘永翔主编：《南城吴氏社仓书楼为余写真如此，因题其上》，《朱子全书》，第20册，第541页。1200年。

年七十一岁。朱子晚年阶段是其思想发展最成熟的阶段，不仅是朱子一生的思想积淀，更是对自己一生思想的反省和检查。特别在65岁后，因庆元党禁，学术氛围十分压抑，有更多的时间反观自身，所以对朱子晚年阶段的论说要特别注意。对此陈来也提出："朱熹晚年思想的这种演变若归结为'狡猾'那就难免失之于简单和浅薄。……而研究这些哲学家的学说、矛盾、演变同样应采取严肃而认真的态度。"① 钱穆以《语类》中沈僩与朱子讨论修改《大学·诚意》为依据，认为朱子晚年思想有更为细密的特点，他说："以上四条，语繁不杀，乃以见朱子为《大学章句》之一字不苟，至老而屡改不辍，与夫学之讲而益明，义理之究而益细。前一年蔡元定赴贬所，党禁益哗，或劝朱子谢绝生徒，俭德避难。朱子拒之，精舍讲学不辍。关于此章之问辨，则正在其时。"② 钱穆也把朱子晚年对《大学·诚意》的修改与其晚年生活境遇相互关联，也有学者提出："朱熹60岁以后一方面重视对'四书'的修订，另一方面在'庆元党禁'中开展儒学研究，吸收并评论诸子之学以丰富自己的理学理论体系。"③ 本章从朱子晚年对心性论的完善与涵养工夫的落实、涵养工夫的地位的关系对朱子晚年的涵养工夫思想做出最后的判定。

第一节　心性论的补充和完善

一　心性论的三个核心命题

（一）心具众理

1. "心具众理"的提出与诠释

朱子"心具众理"的思想最早在1171年的《尽心说》中提出，

---

① 陈来：《朱子哲学研究》，第97—98页。
② 钱穆：《朱子新学案》（一），第530页。
③ 张勇：《朱熹理学思想的形成与演变》，博士学位论文，西北大学，2008年，第185页。

其主旨是诠释《孟子》"尽其心者,知其性也"一段,朱子认为:"心则人之主于身而具是理"①,陈来以此为标志,提出:"朱子在己丑之悟和'仁说'之辨前,心性论的思想基本形成。"②《仁说》后朱子完整表述"心具众理"的命题,朱子说:"心具众理,变化感通,生生不穷,故谓之易。"③朱子以"心具众理"强调了心的主宰地位,1177年在《孟子集注》中进一步阐述"心具众理"的思想,他说:"心者,人之神明,所以具众理而应万事者也。"④"心具众理"命题是朱子论证性善论的重要命题,也是确立本心主宰地位的重要命题,也是对涵养工夫必要性的确认。《集注》编定后,朱子在49—59岁主要集中于涵养与格致等关系的讨论,所以其对心性论的建构没有再花费心力,朱子在这一时期的书信中较少讨论心性思想,《语类》中有若干与周舜弼的集中讨论。

"心统性情者也。""寂然不动",而仁义礼智之理具焉。动处便是情。有言静处便是性,动处是心,如此,则是将一物分作两处了。心与性,不可以动静言。凡物有心而其中必虚,如饮食中鸡心猪心之属,切开可见。人心亦然。只这些虚处,便包藏许多道理,弥纶天地,该括古今。推广得来,盖天盖地,莫不由此,此所以为人心之妙欤。理在人心,是之谓性。性如心之田地,充此中虚,莫非是理而已。心是神明之舍,为一身之主宰。性便是许多道理,得之于天而具于心者。发于智识念虑处,皆是情,故曰"心统性情"也。⑤

---

① (宋)朱熹著,朱杰人、严佐之、刘永翔主编:《尽心说》,《朱子全书》,第23册,第3273页。1171年。
② 陈来:《朱子哲学研究》,第189页。
③ (宋)朱熹著,朱杰人、严佐之、刘永翔主编:《问张敬夫》,《朱子全书》,第21册,1395页。1174年。
④ (宋)朱熹:《四书章句集注》,第349页。
⑤ (宋)黎靖德编,王星贤点校:《朱子语类》,第2514页。周谟录,朱子50岁。

朱子认为"心具众理"是在心寂然不动之时，是心之未发，而此时仁义礼智之理已具。朱子强调心性的贯通，认为不能以性为静，以心为动，如此则心性分离。"心具众理"说明了理本然具于心而为性，心体为虚而能包藏理的心性一体的关系，同时又强调了心为主宰的地位。朱子后来又提出："心之全体湛然虚明，万理具足。"①"心具众理"说明了心未发前为心之全体的状态，但当心发于智、识、念、虑处之后，则为情，情是心之所发，所以"心具众理"是"心统性情"命题的一部分。"心具众理"说明了"心统性情"中未发之心与性的关联，成为未发前涵养工夫重要的心性论基础。朱子说："未发之前，万理备具。才涉思，即是已发动；而应事接物，虽万变不同，能省察得皆合于理处。盖是吾心本具此理，皆是合做底事，不容外面旋安排也。今说为臣必忠、为子必孝之类，皆是已发。然所以合做此事，实具此理，乃未发也。"② 朱子指出未发之前本心已具全理，成为已发后万事万物合于理的根据，如此也证明了涵养于未发之前是已发工夫的基础。未发前涵养工夫的地位得到落实。

2. 晚年对"心具众理"的重视

对于"心具众理"的命题，朱子进入晚年后有了大量的讨论，这是他对心与理关系的进一步完善，刚开始他以邵雍的说法描述心是理的存放处，他说："理之在心，即所谓性，故邵子下文又曰：'心者，性之郭郭也。'"③ 朱子想要说明理以心为载体，这说明了心与理的结构关系。但后来他对邵雍的说法又不满意了，因为不能说明心与理从功能上的关联，同年他对姜权叔说："如邵子又谓'心者

---

① （宋）黎靖德编，王星贤点校：《朱子语类》，第94页。程端蒙录，朱子50岁后。

② （宋）黎靖德编，王星贤点校：《朱子语类》，第1509页。万人杰录，朱子51岁后。

③ （宋）朱熹著，朱杰人、严佐之、刘永翔主编：《答方宾王》，《朱子全书》，第23册，第2660页。1190年。见陈来《朱子书信编年考证》，第318页。

性之郭郭'，乃为近之。但其语意未免太粗，须知心是身之主宰而性是心之道理，乃无病耳。"① 朱子认为邵雍的说法与自己比较接近，但邵雍所言未免太粗，朱子认为只从结构上言心与性的关系过于粗糙，不仅从结构上说心是性之载体，从功能上说心之所以居于主宰地位是因为性作为天理存于心中，所以言心不能离性，心具有主动义。在中年时期朱子言"心具众理"就是为了说明心的主宰地位，但心的主宰地位是因为理本具于心是先在的。朱子64岁时，又对"心具众理"中心的状态做了进一步讨论，他说："圣人此心虚明，自然具众理"②，又说："自天之生此民，而莫不赋之以仁义礼智之性，叙之以君臣父子、兄弟夫妇朋友之伦，则天下之理，固已无不具于一人之身矣。"③ 可见朱子区分了普通人与圣人具理的不同方式，普通人是"本具众理"，圣人则是"自然具众理"，都是"心具众理"，从心与理的关系上看普通人与圣人是一样的，这是人之所以为人的依据，也是能够成德的依据，只是成德的方式不同罢了，普通人如果不做工夫就会失去此具理之心，而圣人只要发明此心就能自然成德，不用担心气质的影响。"心具众理"是每个人成德的依据，也是人之所以为万物之灵的原因，朱子说："然惟人心至灵，故能全此四德而发为四端。物则气偏驳而心昏蔽，固有所不能全矣。"④ 在此，朱子认为只有人心至灵，其能所禀赋的四德为全，而物因为气偏而四德不全，故不能发为四端。在朱子这里"心具众理"是成德的依据，他说："此心虚明，万理具足，外面理会得者，即里

---

① （宋）朱熹著，朱杰人、严佐之、刘永翔主编：《答姜叔权》，《朱子全书》，第22册，第2460页。1190年。见陈来《朱子书信编年考证》，第316页。

② （宋）黎靖德编，王星贤点校：《朱子语类》，第1926页。暧渊录，朱子64岁。见《朱子语类》，第14页。

③ （宋）朱熹著，朱杰人、严佐之、刘永翔主编：《经筵讲义》，《朱子全书》，第20册，第691页。1194年。

④ （宋）朱熹著，朱杰人、严佐之、刘永翔主编：《答徐子融》，《朱子全书》，第23册，第2768页。1194年。见陈来《朱子书信编年考证》，第374页。

面本来有底，只要自大本而推之达道耳。"① 未发前具理之心是大本，所穷之理是心内本具之理，所以从大本推出去才能实现达道，"心具众理"在朱子这里是成德的起点，是涵养工夫的依据。65 岁后，朱子为纠正辅广为学过于轻率的问题，又以虚实关系进一步对"心具众理"中心和理的关系做出说明。

> 先生良久举伊川说曰："'人心有主则实，无主则虚'。又一说却曰：'有主则虚，无主则实。'公且说看是如何？"广云："有主则实，谓人具此实然之理，故实；无主则实，谓人心无主，私欲为主，故实。"先生曰："心虚则理实，心实则理虚。'有主则实'，此'实'字是好，盖指理而言也；'无主则实'，此'实'字是不好，盖指私欲而言也。以理为主，则此心虚明，一毫私意着不得。譬如一泓清水，有少许砂土便见。"②

朱子提问辅广说伊川有"心有主则实，无主则虚"和"有主则虚，无主则实"两个说法，辅广认为"有主则实"是说人心所具之理是实然之理，所以实，"无主则实"是说心没有主宰，以私欲为主，所以为实。对此朱子没有反对，并进一步提出"心具众理"说明了心虚则理实，心实则理虚的状态，"有主则实"即理实，实是好的说法，"无主则实"则是私欲充实本心，实是不好的说法。如果心中以理为主，则此心虚明，则私欲的影响就较小，就像水清澈见底，有少许沙土就很明显，很快就能被清理。此处，朱子说明心之虚实与心为主宰的关系，对"心具众理"中心与理的关系又做进一步分析。同一时期，朱子也与廖子晦大量讨论心的虚实关系，唐臣请教朱子《中孚传》中所言虚实关系："大抵虚根于实，实出于虚，及其虚

---

① （宋）黎靖德编，王星贤点校：《朱子语类》，第 2763 页。训潘时举，朱子 64 岁后。见《朱子语类》，第 13 页。

② （宋）黎靖德编，王星贤点校：《朱子语类》，第 2745—2746 页。训辅广，朱子 65 岁后。见《朱子语类》，第 13 页。

也,实之理未尝不在焉;于其实也,虚之义未尝不存焉。"① 对此,廖德明表示反对,他说:"'有主则实''有主则虚',虚实二说虽不同,然意自相通,皆谓以敬为主也。敬则其心操存而不乱,虚静而能照。操存不乱,外患自不能入;虚静而能照,外物自不能干,无有二事。"② 廖德明认为无论是"有主则实",还是"有主则虚",都要以持敬为主,但是朱子则提出廖德明的说法有不周之处。

> 所云"实出于虚",此尤无理。至谓执虚忘实、泥实失虚,皆极有害。大抵如今一念之间,中无私主便谓之虚,事皆不妄便谓之实,不是两件事也。其说又以存养于中为虚、应接于外为实,亦误矣。子晦之言,大抵近之,但语有未亲切处耳。后段虚实之说亦类此。子晦之说甚善,但敬则内欲不萌、外诱不入,自其内欲不萌而言则曰虚,自其外诱不入而言故曰实,只是一时事,不可作两截看也。③

由引文可见,朱子也认同唐臣对"虚中有实,实中有虚"的理解,但反对"实出于虚"的说法,并且认为"执虚忘实""泥实失虚"的说法十分有害。朱子认为一念当中,心没有被私欲主宰称作"虚",事情皆合于理称作"实",虚与实说的不是两件事,也就不能直接以未发已发来区分虚与实,所以"存养于中为虚,应接于外为实"这个说法不够准确。朱子又指出廖子晦以"敬则内欲不萌、外诱不入"言虚实也不妥,因为内欲不萌与外诱不入二者是一时之事,不能分开说。朱子对"心具众理"之心的状态做细致的辨析主

---

① (宋)朱熹著,朱杰人、严佐之、刘永翔主编:《答廖子晦》,《朱子全书》,第 22 册,第 2093 页。1195 年。见陈来《朱子书信编年考证》,第 391 页。

② (宋)朱熹著,朱杰人、严佐之、刘永翔主编:《答廖子晦》,《朱子全书》,第 22 册,第 2095 页。1195 年。

③ (宋)朱熹著,朱杰人、严佐之、刘永翔主编:《答廖子晦》,《朱子全书》,第 22 册,第 2096 页。1195 年。

要为了说明"心具众理"中心为虚的结构,但又有主宰的能力,这与心为虚灵明觉是一样的意思。1198 年李孝述致信朱熹说:"明德者,人之所得乎天,而虚灵不昧,以具众理而应万事者也。窃疑人得正且通之气,故心体中虚,虚则灵,如水之清,火之明,鉴之光,皆是体虚所以透明,心亦然。……似亦主虚灵者为说,彻头彻尾许多工夫皆欲全此心之虚灵,以融会众理,酬酢万事而已,以此观之,恐虚灵不昧乃心之所以为心,而圣学之基本也,不知是否?"① 李孝述认为明德就是虚灵不昧之心,具众理而应万事,心之虚灵是心之所以为主宰的原因,也是圣贤之学的根基。对此,朱子表示"同上"②。"心具众理"与明德都是朱子"性善论"的另一种表达,朱子在晚年仍然在确立性善论的地位,为涵养工夫提供依据,涵养就是涵养此虚灵不昧之心,虚灵不昧主要从心的功能义上说,相比中年时期重在从性之全体言心,心的主动义、自觉性更加凸显。

> 问:"或谓'虚灵不昧',是精灵底物事;'具众理',是精灵中有许多条理;'应万事',是那条理发见出来底。"曰:"不消如此解说。但要识得这明德是甚物事,便切身做工夫,去其气禀物欲之蔽。能存得自家个虚灵不昧之心,足以具理,可以应万事,便是明得自家明德了。若只是解说'虚灵不昧'是如何,'具众理'是如何,'应万事'又是如何,却济得甚事!"③

由引文可知,朱子认为不必要分别以"虚灵不昧""具众理""应万

---

① (宋)朱熹著,朱杰人、严佐之、刘永翔主编:《答李孝述继善问目》,《朱子全书》,第 25 册,第 4805 页。1198 年。见陈来《朱子书信编年考证》,第 487 页。
② (宋)朱熹著,朱杰人、严佐之、刘永翔主编:《答李孝述继善问目》,《朱子全书》,第 25 册,第 4805 页。1198 年。见陈来《朱子书信编年考证》,第 487 页。
③ (宋)黎靖德编,王星贤点校:《朱子语类》,第 265 页。吕焘录,朱子 70 岁。见《朱子语类》,第 17 页。

事"解释"心具众理"中心的状态，只要识得明德就是此虚灵不昧之心，切实在自己身上做工夫，去除气禀与物欲对本心的遮蔽，可见朱子在此所说即涵养工夫。晚年时朱子注重对支离的警惕，将涵养落实于日用中，如果只说"虚灵不昧"是什么，"具众理"是什么，"应万事"是什么，这对做工夫没有什么帮助。可见，朱子晚年对"心具众理"做详细讨论不在于对心、性、理做名义上的区分，而是为了明确本心主宰的地位，是对性善论的地位的确认，目的也在于为涵养工夫的落实提供依据。

对于朱子"心具众理"的命题，牟宗三、唐君毅、陈来等几位朱子学者都有不同的解释，并根据各自对"心具众理"的理解而对朱子的道德形态做出判定。牟宗三认为朱子的"心具众理"不是"本具"而是通过认知而"外具"，他说："'具'，是认知地、管摄地、关联地具，并非是'心即理'之实体性的心之自发自律地具。"① 基于这样的理解，牟宗三认为朱子的心不具有能动性，属于他律道德，他说："朱子不加分别，一概由存在之然以推证其所以然为理，而此理又不内在于心而为心之所自发，如是其所言之理或性乃只成一属于存有论的存有之理，静摆在那里，其于吾人之道德行为乃无力者……而最大之弊病即在不能说明自发自律之道德，而在流于他律之道德。此即为性之道德义之减杀。"② 牟宗三认为朱子的"心具众理"之具是"后具"，理不内在于心而为心之所自发，显然是只从"认知义"上理解朱子之心，而忽略了朱子"心具众理"的结构义，心所认知之理是本具之理，而心能认知也是基于理具于心后心的虚灵明觉，所以心有能动义，而具有本具和自具的能力在里面，显然牟先生对朱子的"心具众理"诠释有所偏失。

唐君毅与牟宗三不同，他认同朱子"心具众理"是心性论的命题，他说："朱子在心性论上，确定此心体之自存自由，而依此心体

---

① 牟宗三：《心体与性体》（下），第339页。
② 牟宗三：《心体与性体》（下），第221页。

之虚灵明觉，以言其内具万理，以主乎性，外应万事，以主乎情。"① 唐先生认为"心具众理"是心体灵明，心体是自存自由的，所以能内具万理，成为性情的主宰。唐君毅承认朱子心与理的关系是"自具"、"内具"，他强调心有"能具""自具"的能力，他说："由朱子之重言此心之能具理以为性，尽心以知此性，而此理即天理；故有心之人与万物，即不同其类。万物虽亦依此理以生，然不似人之有此心者，能自觉其内具此理为其性，而自尽其心以知之。"② 可以看出，唐先生认为朱子的心是自觉具理，能够自尽其心而知之，即尽心、知性都是自觉的发动，所以其实认同朱子的道德形态为道德自律。但是，需要注意的是唐先生虽然认为朱子之心是"能具""自具"，但却不是"本具"而是"后具"，他说："朱子之以心为气之灵，无形中即显出一重心与气之关系，而轻心与理之关系之色彩……即吾人之生乃先由天以禀得此气，而后可言理具于其中，以为其性。"③ 唐先生认为心与理的关系是先有了心的现实性，只要是现实之心必定是气禀之后而言，此后才可以说理具于心，唐先生强调的是心承载理的关系，所以必须先有了真实的心的存在，才有承载理的可能，唐先生从现实层面理解心与理的关系，但是朱子所言"心具众理"中心与理是同时性的存在，甚至理具于心的结构义先于心的认知义，所以"心具众理"是"自具"，也是"本具"。

陈来与牟、唐两位先生有不同的理解，陈来说："朱子'心具众理'命题是建立在其对心与理、心与性既区别又联系的认识基础上的。心与理的区别从构成论上说是'心包万理'，心是一个系统，而理却只是这一系统的一个方面、一种属性或本质，而不是整个系统

---

① 唐君毅：《中国哲学原论·原教篇》，台北：台湾学生书局1990年版，第204页。
② 唐君毅：《中国哲学原论·导论篇》，台北：台湾学生书局1986年版，第501页。
③ 唐君毅：《中国哲学原论·导论篇》，第502页。

本身。"① 他又说:"'心具众理'是指人的内心先天地具有道德的品质和属性。所以'心具众理'是指'理'先天地内在人心,并不是说'心具众理'是经过修养之后才达到的一种道德境。朱熹认为'心具众理'即孟子万物皆备之说。……这些都是强调理先天具备于人心之中。"② 陈来又对"心具众理"与"心与理一"做了区分,为"心具众理"命题的意义做了证明,他说:"人心昏蔽之时,道德本性不能完全得到表现,意识活动也就不可能完全合理。这时候虽是'心具众理',但不是'心与理一',更不是'心即理'。"③ 陈来认为"心具众理"是存有层面上的"心与理一",是人之为人所先天具备的道德原则和潜在的能力,而"心与理一"则是工夫后的境界。从"心具众理"到实现"心与理一"要通过艰难的工夫,陈来说:"人心中包含各种不合理义的思维情感,但理作为本质始终在心中潜存,为了使人的现实意识完全变为道德意识,受到性理的完全支配,理学要求人要在修养境界上作到'心与理一'。"④ 由此可见,陈来从"本具"角度诠释朱子的"心具众理",指出"心具众理"是其对性善论的表达符合朱子本意。

(二) 心如谷种

1. 以"心如谷种"释仁

"中和新说"时期,朱子尚未以伊川"心如谷种"来说明心性关系,中晚年时期朱子开始借用伊川"心如谷种"的命题对心、性、情的关系做进一步分辨,可以说是对中年时期《仁说》思想的深化。朱子说:"须知所谓'心之德'者,即程先生谷种之说,所谓'爱之理'者,则正谓仁是未发之爱,爱是已发之仁尔。只以此意推之,不须外边添入道理。"⑤ 朱子在《仁说》时期就以"心之德,爱之

---

① 陈来:《朱子哲学研究》,第222页。
② 陈来:《朱子哲学研究》,第224页。
③ 陈来:《朱子哲学研究》,第224—225页。
④ 陈来:《朱子哲学研究》,第224页。
⑤ (宋)黎靖德编,王星贤点校:《朱子语类》,第470页。周谟录,朱子50岁。

理"释仁,在此又以"心如谷种"来解释"心之德",以"已发之仁"解释爱,可以看出朱子是以未发释仁,以已发释爱,延续《仁说》时期以仁等同于性体、仁体、天心的观点。朱子还以二程"仁包四德"的说法与"心具众理"相贯通,仁作为心之德包含了仁义礼智四德,也包含了仁、义、礼、智、信五常,这都与《仁说》相一致。50岁后,朱子所言与此前发生了变化。

> 明道"医书手足不仁"止"可以得仁之体"一段,以意推之,盖谓仁者,天地生物之心,而人物所得以为心,则是天地人物莫不同有是心,而心与德未尝不贯通也。虽其为天地,为人物,各有不同,然其实则有一条脉络相贯。故体认得此心,而有以存养之,则心理无所不到,而自然无不爱矣。才少有私欲蔽之,则便间断,发出来爱,便有不到处。……故求仁之切要,只在不失其本心而已。……然又尝以伊川"谷种"之说推之,其"心犹谷种,生之性便是仁,阳气发动乃情也",盖所谓"生之性",即仁之体,发处即仁之用也。①

由引文可知,朱子在此以"天地生物之心,而人物所得以为心"来解释仁,这与《仁说》时期并无不同。但是,朱子不再将仁直接等同于"天心",而是直接落到"人心"上说。朱子认为天地人物都有此心,而心与德都互相贯通,所以天地人物都有此心,都有此德,仁成为每个人心都具有之德。朱子认为虽然天地、人物都各有不同,但是其中都有一条脉络相贯,所以人物之心能够得到天地之心的德。因为天地人物都具有此仁心,所以要存养此心,如此则心已发后都能为爱。如果本心被私欲遮蔽,则不能都发为爱,所以做工夫最重要的地方只在不失本心而已,如此朱子说明了修养工夫还是主要依

---

① (宋)黎靖德编,王星贤点校:《朱子语类》,第2424—2425页。程端蒙录,朱子50岁后。

靠涵养工夫，朱子仍是从性善论上确立涵养工夫的地位。朱子进一步以伊川"谷种"之说解仁，提出心犹如谷种，以生之性作为仁之体，发动后为仁之用、为情，如此朱子就将仁与心等同。1185 年，朱子与吕子约再论仁说。

> 然窃恐所谓"只就发用之端而言，则无由见仁之本体"，只此一句，便是病根也。盖孟子论仁虽有恻隐人心之殊，程子于此亦有偏言专言之别，然若实于恻隐之偏言处识得此人心专言者，其全体便可见。今只为于此认得不真，故不能有以识其全体，乃欲广大其言以想象而包笼之，不知言愈广大而意愈不亲切也。程子之言，惟"谷种"一条最为亲切，而"非以公便为仁"者亦甚缜密。①

由引文可见，朱子认为吕子约所说如果只在发用之端言仁，则不能见仁之本体的说法本来就有问题，朱子认为孟子论仁、二程论仁都有偏言专言的区别，如果在恻隐处能识得此恻隐之心，则此心之全体便可见，现在只是认得不认真，所以不能识全体之心。朱子认为伊川"心如谷种"言心最贴切，而其"非以公为仁"的说法也十分缜密，朱子在中年时期着重分析过"非以公为仁"，其在中晚年时期不做特别解释。1188 年，朱子与周舜弼再论仁。

> 所论"仁"字，殊未亲切，而语意丛杂，尤觉有病。须知所谓"心之德"者，即程先生"谷种"之说；所谓"爱之理"者，则正所谓"仁是未发之爱，爱是已发之仁"耳。只以此意推之，更不须外边添入道理，反混杂得无分晓处。若于此处认得"仁"字，即不妨与天地万物同体。若不会得而便将天地万

---

① （宋）朱熹著，朱杰人、严佐之、刘永翔主编：《答吕子约》，《朱子全书》，第 22 册，第 2203 页。1185 年。

物同体为仁，却转见无交涉矣。①

这是朱子50岁后第二次与周舜弼论仁，朱子仍以二程的"谷种"之喻为据，认为周舜弼论仁有误。朱子一再强调"心之德"就是伊川所说的"谷种"，是未发之仁体，"爱之理"说明了爱是"已发之仁"，就这样区分已经很清楚了，不需要再做过多的解释。如果能理解这一点，则不会妨碍仁与天地万物同体，如果不能，就是将万物同体为仁，就是以公为仁。此时朱子接近晚年，晚年后朱子仍对性情之辨十分注意。

2. 以"心如谷种"辨仁爱

进入晚年后，朱子更多地关注性情之辨，与方宾王多次围绕仁的理解展开论辩，辨析以方宾王"四端为性"即认情为性的观点。

> 然而仁难言也，尝即圣贤言心处及程子讲论及此者观之，亦随有所见。比因读程子曰"心譬如谷种，生之性便是仁，阳气发处乃情也"此语，以身体之，似有省处，而后于圣贤之言与程子之说似可类推。夫仁者，天理之统体而存乎人者，盖心德之合而流动发生之端绪也。心之具众理，犹谷种之包容生意，而其流动发生之端即此谓生之性，故曰"恻隐之心，仁之端"而"元者，善之长"也。夫谷之生而苗、长而秀、成而实，根条花叶、形色臭味，各有定体，不可相错，然莫不根于种而具于生之性。譬之万事万物之理、父子之亲、君臣之义，以至于履屦之微、语默之暂，亦皆有为当然不易之理，莫不根于心而具于流动发生之端，此义之名所以立而体用所以兼备也，故曰"理一而分殊"。②

---

① （宋）朱熹著，朱杰人、严佐之、刘永翔主编：《答周舜弼》，《朱子全书》，第22册，第2333—2334页。1188年。

② （宋）朱熹著，朱杰人、严佐之、刘永翔主编：《答方宾王》，《朱子全书》，第23册，第2657—2658页。1190年。见陈来《朱子书信编年考证》，第318页。

引文是方宾王亦以伊川"心如谷种"之喻来解释仁，认为仁是天理之统体而存于心，是心与德相结合而流动发生的端绪，如此即将仁解释为端绪。在此，方宾王以"流动发生之端"解释仁，又以同样的思路解释"心具众理"，认为理具于心流动发生之端，认为"心具众理"就像伊川所说的"谷种之包容生意"，此流动发生之端就是伊川所言"生之性便是仁"。并且，方宾王亦以此解孟子"恻隐之心，仁之端也"的说法，以恻隐之心为生之性。方宾王又提出万事万物当然之理都存于心流动发生之端，这是体用所以兼备的原因，其以仁为体、以义为用，认为心包仁义就是心兼体用。对此，朱子做了详细辨析。

> 所论"仁"字，大概近之。而以发生流动之端绪为仁，则是孟子所谓"恻隐之心"、程子所谓"阳气发处"皆指情而言之，不得为仁之体矣。又所谓事物之理皆"具于流动之端"，然后见"义之名所以立而体用所以兼备"，此语亦似微有义外之病。大抵"仁"字专言之则混然而难名，必以仁义礼智四者兼举而并观，则其意味情状互相形比，乃为易见。……仁义礼智同具于性，而其体浑然，莫得而见。至于感物而动，然后见其恻隐、羞恶、辞逊、是非之用，而仁义礼智之端于此形焉，乃所谓情，而程子以谓"阳气发处"者此也。但此四者同在一处之中，而仁乃生物之主，故虽居四者之一，而四者不能外焉。此《易传》所以有"偏言则一事，专言则包四者"之说，固非独以仁为性之统体而谓三者必已发而后见也。大抵仁义礼智，性也；恻隐、羞恶、是非、辞逊，情也；心则统乎性情者也。以此观之，则区域分辨而不害其同，脉络贯通而不害其别，庶乎其得之矣。①

---

① （宋）朱熹著，朱杰人、严佐之、刘永翔主编：《答方宾王》，《朱子全书》，第23册，第2658—2659页。1190年。

由引文可见，朱子并没有对方宾王全面否定，他认为方宾王论仁与自己大概意思相近，并且认同其"心如谷种""生之性谓仁"等说法。但是，方宾王最主要的问题在于不辨性情，以流动发生之端为仁，就是以仁义礼智为四端，本质上是认性为情。朱子认为孟子所说的"恻隐之心"和伊川所说的"阳气发处"都属于从情上言，并不是仁之体。朱子进一步指出方宾王将"心具众理"解释为"具于流动之端"，亦是犯了认性为情的错误，因为仁如果从"专言"上说，仁包四德，容易混淆而难以解释，所以仁一般从"偏言"上说，但如果要对仁做出定义则必须结合仁义礼智四者而言才比较全面。仁义礼智同具于性，而与性浑然一体，未发前而不可见，但与外物发生感通之后，恻隐、羞恶、辞逊、是非则是仁义礼智所发出的端绪，就是情的部分，也是伊川所言的"阳气发处"。但仁义礼智四者之中应以仁为主，所以仁居四者之中，四者都不能离开仁而言，故不能只以仁为性之体，而将义、礼、智三者为情之用，仁义礼智皆是性。朱子认为应以仁义礼智为性，恻隐、羞恶、辞让、是非为情，这样就不会将性情混同且知性情二者脉络相通。次年，朱子又与李尧卿围绕仁的解释展开性情之辨。

> 《集注》"仁者爱之理、心之德也"。……爱乃仁之一事，理属乎性，而理乃仁道之大全，故爱不是仁而爱之理则仁也。理者性也，爱者情也，性则体，情则用。仁之为道，本性而该情，而心乃性情之主乎！主乎性，则所以然之理莫不具于心；主乎情，则所当然之爱莫不发于心。由是而理完于此，由是而爱行于彼，皆心有以主之，则仁岂非心之德欤？①

---

① （宋）朱熹著，朱杰人、严佐之、刘永翔主编：《答李尧卿》，《朱子全书》，第23册，第2698页。1191年。见陈来《朱子书信编年考证》，第343页。

引文是李尧卿讨论朱子《集注》中仁的解释，李尧卿认为"仁者爱之理、心之德"说明了爱是仁的一部分，理属于性，理是全部的仁道，所以爱不是仁，爱之理为仁。接着，李尧卿认为理就是性，爱就是情，性为体，情为用，仁本于性包括情，心是性情的主宰。心以性为主时，则万理具于心，心以情为主时，则爱发于心，无论未发已发，心都是主宰，仁是心之德。对此，朱子说："'爱之理'，所说近之。'心之德'，更以程子'谷种'之譬思之。"① 可见，朱子赞同李尧卿以爱为情、仁为性的观点，但认为应该从伊川"谷种"之喻来理解"心之德"比较贴切。可见，朱子认为"心如谷种"更能说明心包仁义礼智四德，比"心统性情"的解释更为准确，因为"心如谷种"体现了性与情的区别。

（三）心统性情

朱子晚年对性情关系的阐述强调性情脉络相通，但更加注重辨析性情之别。对于性情的区分，朱子晚年仍是延续中年时期以性为未发、以情为已发的观点，他说："有这性，便发出这情；因这情，便见得这性。因今日有这情，便见得本来有这性。"② 性与情的关系是情从性发出，从发出的情可以看到性本然是什么样子，这是朱子的四端之说。所以朱子更准确地落实在心的未发已发、体用上区分性情，他说："性是心之道理，心是主宰于身者。四端便是情，是心之发见处。四者之萌皆出于心，而其所以然者，则是此性之理所在也。"③ 同年，履之又问未发之前心性之别，朱子又说："心有体用，未发之前是心之体，已发之际乃心之用，如何指定说得！盖主宰运用底便是心，性便是会恁地做底理。性则一定在这里，到主宰运用

---

① （宋）朱熹著，朱杰人、严佐之、刘永翔主编：《答李尧卿》，《朱子全书》，第23册，第2698页。1191年

② （宋）黎靖德编，王星贤点校：《朱子语类》，第89页。李方子录，朱子59岁后。见《朱子语类》，第13页。

③ （宋）黎靖德编，王星贤点校：《朱子语类》，第90页。杨道夫录，朱子60岁后。见《朱子语类》，第14页。

却在心。情只是几个路子,随这路子怎地做去底,却又是心。"① 62岁时朱子又说:"性不可言。所以言性善者,只看他恻隐、辞逊四端之善则可以见其性之善,如见水流之清,则知源头必清矣。四端,情也,性则理也。发者,情也,其本则性也,如见影知形之意。"② 67岁时朱子还说:"孟子谓情可以为善,是说那情之正,从性中流出来者,元无不好也。"③ 以上朱子所言,皆从心之未发已发、体用结构上区分性情,明确未发之前是心之体,已发之际为心之用,心是性情的主宰,性是心的道理,情是心的发见处。朱子在此以心之未发已发、心之体用言心、性、情三者的关系比中年时期表述得更清楚。

中年时期朱子以"心主性情""心兼性情"等说法说明心对于性情的贯通和主宰地位,晚年时期朱子大量以"心统性情"的命题对心、性、情的关系做出讨论,强调心统贯性情,突出心的统贯地位。61岁时,朱子以太极、阴阳之同异比喻心性关系,他说:"性犹太极也,心犹阴阳也。太极只在阴阳之中,非能离阴阳也。然至论太极,自是太极;阴阳自是阴阳。惟性与心亦然。所谓一而二,二而一也。"④ 朱子以心为阴阳,以性为太极,太极在阴阳之中,不能离阴阳而言太极。心与性也是从存在上说是一,但从功能来说各有存在的意义。62岁时朱子进一步揭示心与性的一而二、二而一的关系,他说:"性对情言,心对性情言。合如此是性,动处是情,主

---

① (宋)黎靖德编,王星贤点校:《朱子语类》,第90页。杨道夫录,朱子60岁后。

② (宋)黎靖德编,王星贤点校:《朱子语类》,第89页。王力行录,朱子62岁。见《朱子语类》,第16页。

③ (宋)黎靖德编,王星贤点校:《朱子语类》,第94页。董铢录,朱子67岁。见《朱子语类》,第13页。

④ (宋)黎靖德编,王星贤点校:《朱子语类》,第87页。刘砥录,朱子61岁。见《朱子语类》,第18页。

宰是心。大抵心与性，似一而二，似二而一，此处最当体认。"① 性与情相对，心与性情又相对，性是发动之后心合于理的原因，而发动处则是情，心则是性情之主宰。心与性从存在来说是一，从发动来说又是不同的，朱子说："动处是心，动底是性。"② 发动的地方是心，所发动的东西是性，如此就能知道性是心的内容和本质，心是承载性的地方，性没有形体为虚，性的发动需要借助心这个实体来完成。如此说明"心统性情"是"心主性情"和"心兼性情"两个含义的集合，既能说明心与性的结构关系，也能说明心与性的功能关系，这也是朱子晚年服膺张载的"心统性情"的原因。

> 问性、情、心、仁。曰："横渠说得最好，言：'心，统性情者也。'孟子言：'恻隐之心，仁之端；羞恶之心，义之端。'极说得性、情、心好。性无不善。心所发为情，或有不善。说不善非是心，亦不得。却是心之本体本无不善，其流为不善者，情之迁于物而然也。性是理之总名，仁义礼智皆性中一理之名。恻隐、羞恶、辞逊、是非是情之所发之名，此情之出于性而善者也。其端所发甚微，皆从此心出，故曰：'心，统性情者也。'性不是别有一物在心里。心具此性情。心失其主，却有时不善。"③

由引文可见，朱子认为对于心、性、情三者关系的说明，张载的"心统性情"和孟子的"四端说"都是极好的说法。朱子认为性无不善，情为心之所发，可能会有不善，但不能就依此认为此不善不

---

① （宋）黎靖德编，王星贤点校：《朱子语类》，第89页。郑可学录，朱子62岁。见《朱子语类》，第16页。
② （宋）黎靖德编，王星贤点校：《朱子语类》，第88页。徐寓录，朱子61岁后。见《朱子语类》，第14页。
③ （宋）黎靖德编，王星贤点校：《朱子语类》，第93页。廖谦录，朱子65岁。见《朱子语类》，第15页。

是心所发出的。心本然没有不善，已发后流于不善是因为情受到物欲的影响。性是理的总名，仁义礼智都是性中的条理，恻隐、羞恶、辞逊、是非都是已发之情，因为情出于性所以为善，但都是由心所发出的，所以说"心统性情"。同年，朱子又说："性、情、心，惟孟子横渠说得好。仁是性，恻隐是情，须从心上发出来。'心，统性情者也。'"① "心统性情"说明了心未发和已发时与性、情的关系，也说明了心包性情的结构，这与"心具众理"的命题相互贯通，朱子说："心以性为体，心将性做馅子模样。盖心之所以具是理者，以有性故也。"② 心以性为本体，即性在心中，性是心的馅子。心之所以能具此理，就是因为性在心中，如此"心具众理"之理是"所当然之理"而非"所以然之理"，这就说明朱子的穷理工夫始终都在道德修养的领域中，没有泛化到知识领域。

因为"心统性情"诠释了心与性情关系的结构义和功能义，朱子晚年后将张载"心统性情"的观点作为心、性、情关系的定论，他说："因言，心、性、情之分，自程子张子合下见得定了，便都不差。如程子诸门人传得他师见成底说，却一齐差！"③ 朱子晚年还依此批评五峰没有将心、性、情三分，导致情没有下落处，他说："旧看五峰说，只将心对性说，一个情字都无下落。后来看横渠'心统性情'之说，乃知此话有大功，始寻得个'情'字着落，与孟子说一般。孟子言：'恻隐之心，仁之端也。'仁，性也；恻隐，情也，此是情上见得心。又曰'仁义礼智根于心'，此是性上见得心。盖心便是包得那性情，性是体，情是用。"④ 朱子认为孟子以仁为性，恻

---

① （宋）黎靖德编，王星贤点校：《朱子语类》，第93页。袭盖卿录，朱子65岁。见《朱子语类》，第14页。
② （宋）黎靖德编，王星贤点校：《朱子语类》，第89页。袭盖卿录，朱子65岁。
③ （宋）黎靖德编，王星贤点校：《朱子语类》，第95页。沈僴录，朱子69岁后。见《朱子语类》，第15页。
④ （宋）黎靖德编，王星贤点校：《朱子语类》，第91页。沈僴录，朱子69岁后。

隐为情，为仁之端绪，性是体，情是用，而五峰以性为未发，心为已发，心与性相对，情没有下落处，"心统性情"最大的功劳就是将心、性、情三分，情的地位得到了落实。朱子晚年对上蔡等程子门人和胡五峰心性论批评皆以张载的"心统性情"和孟子的"四端说"为依据，并且从朱子的表述中可知朱子晚年对情的重视，也正是基于对情的作用的认识，朱子证明了已发工夫的重要性。

二 心之理与气之灵

（一）心为气之灵而能知觉

朱子中年时期主要针对大程门人"以觉训仁"提出因知觉为心之用故不能以觉训仁的观点，晚年对心之知觉的问题又做了集中讨论。朱子从结构和功能上阐释心与理的关系，区分了心所觉和能觉的关系，60岁时朱子说："'由太虚有天之名'，至'知觉有心之名'。横渠如此议论，极精密。"① 朱子认为张载提出因为太虚才有了天之名、因为知觉才有了心之名，这是极其精密的说法。朱子认为知觉是人与动物区分的标准，他说："天下之物，至微至细者，亦皆有心，只是有无知觉处尔。"② 天下之物中，哪怕最细微的也都有心，但是区别在于物心有没有知觉的地方，人之所以为万物之灵长，是因为人心能知觉，而人心能知觉的原因在于心是"气之灵"，朱子说："心者，气之精爽。"③ 心与物皆由气组成，但心却是气中最精爽的一部分，此处的气不是道德意义上的概念，而是宇宙论角度的气，牟宗三也是据此认为朱子从宇宙论角度解心，是从实体上言心。当心作知觉解时，心与理的关系是知觉主体与知觉对象的关系，朱

---

① （宋）黎靖德编，王星贤点校：《朱子语类》，第1432页。杨骧录，朱子60、65岁。

② （宋）黎靖德编，王星贤点校：《朱子语类》，第60页。杨道夫录，朱子60岁。

③ （宋）黎靖德编，王星贤点校：《朱子语类》，第85页。甘节录，朱子64岁后。见《朱子语类》，第14页。

子说："所觉者，心之理也；能觉者，气之灵也。"① 在此，朱子说明了理是知觉的对象，而心能知觉则是由于心是气当中最灵明的部分。接着，朱子又进一步指出心是气之灵，心与理是两个东西，但二者并不是分离为二的，他说："所知觉者是理。理不离知觉，知觉不离理。"② 也就是说，朱子认为心与理不相离的原因不仅在于理是心的对象，更在于理本具于心中，因为理具于心故心才能知觉，所以理具于心是心与理关系的第一义，是结构义，心知觉理是心与理关系的第二义，是功能义，但是结构义是功能义的前提。《语类》记载："问：'心是知觉，性是理。心与理如何得贯通为一？'曰：'不须去着实通，本来贯通。''如何本来贯通？'曰：'理无心，则无着处。'"③ 心是理的载体，如果没有心，理就没有安放的地方，所以心与理本来贯通。简而言之，心之所以能知觉是因为"心具众理"。

基于对知觉与心关系的认识，朱子进一步认识到张载"合太虚与气有性之名，合性与知觉有心之名"不够严密，65岁时朱子对其重新做了检查，他说："虚，只是说理。横渠之言大率有未莹处。有心则自有知觉，又何合性与知觉之有！"④ 可见，朱子此时已不认同张载对性与心的定义，他认为太虚只是说理，理就是性，不需与气言，而有心就自然有知觉，知觉是心的功能，知觉对心没有先在性，心天然就有知觉的能力，所以在心与性之间，性是虚的，而心是实体，朱子说："心比性，则微有迹；比气，则自然又灵。"⑤ 朱子认

---

① （宋）黎靖德编，王星贤点校：《朱子语类》，第85页。甘节录，朱子64岁后。
② （宋）黎靖德编，王星贤点校：《朱子语类》，第85页。甘节录，朱子64岁后。
③ （宋）黎靖德编，王星贤点校：《朱子语类》，第85页。甘节录，朱子64岁后。
④ （宋）黎靖德编，王星贤点校：《朱子语类》，第1432页。袭盖卿录，朱子65岁。
⑤ （宋）黎靖德编，王星贤点校：《朱子语类》，第87页。廖谦录，朱子65岁。

为心对性而言，心有迹可循，因为心是实体，会受到气质的影响，而性则无迹无形。朱子认为与气相比，心自然是最灵的部分，因为灵明，才能知觉。66 岁后，朱子又对张载名性与心做了重新解释，认为张载没有说错。

> 问："当无事时，虚明不昧，此是气。其中自然动处，莫是性否？"曰："虚明不昧，此理具乎其中，无少亏欠。感物而动，便是情。横渠说得好。'由太虚有天之名，由气化有道之名'，此是总说。'合虚与气有性之名，合性与知觉有心之名'，此是就人上说。"①

对于有人提出无事时心虚明不昧是气，而其中发动的地方是不是性，朱子回答说无事时，虚灵不昧，万理具于此虚灵不昧之心，与物感通发动后就是情。张载所说的"由太虚有天之名，由气化有道之名"是总说，而张载"合虚与气有性之名，合性与知觉有心之名"这是从每个人身上说的。朱子在此没有再提出张载"合性与知觉有心之名"的说法不够准确，提出从每个人的身上而言，知觉不是先在的，就像气质之性不是纯善的一样，所以要做工夫恢复灵明知觉。对于虚灵不昧是不是气的问题，朱子认为虚灵不昧之中只是理，说明气只是宇宙义、实体义，而没有道德义。

> 又曰："'合虚与气有性之名'，有这气，道理便随在里面，无此气，则道理无安顿处。如水中月，须是有此水，方映得那天上月；若无此水，终无此月也。心之知觉，又是那气之虚灵底。聪明视听，作为运用，皆是有这知觉，方运用得这道理。所以横渠说：'人能弘道'，是心能尽性；'非道弘人'，是性不

---

① （宋）黎靖德编，王星贤点校：《朱子语类》，第 1431 页。林赐录，朱子 66 岁后。见《朱子语类》，第 17 页。

知检心。"又邵子曰：'心者，性之郭郭。'此等语，皆秦汉以下人道不到。"①

朱子认为张载所说"合虚与气"中的气是承载道理的地方，没有气则道理无安顿处，就像水中月一样，先有水，才能将天上的月亮映照在水中，否则虽然天上的月亮早已存在，却看不到水中月。显然，朱子在这里所说"有这气"就是指实体意义上的物质存在，朱子以理气关系说明心性关系，这是很值得注意的，很容易将气理解为气质之气，但实际上不是。朱子进一步提出心之知觉就是气当中虚灵的部分，聪明视听作为心之运用，是因为有知觉的功能，才能运用这个道理，所以横渠才说："人能弘道，非道弘人"，意思就是心能尽性，将性发用，心是主动义，而性无法检查心。心的主宰地位是由心能知觉决定的，而心能知觉的原因从宇宙论的解释上是因为心是气之灵，但从"理之所以然"的角度，心能知觉是因为"理本具于而为心之全体"，这体现在朱子曾对邵雍心性关系的说法做检讨上，他说："如邵子又谓'心者性之郭郭'，乃为近之。但其语意未免太粗，须知心是身之主宰而性是心之道理，乃无病耳。"② 可见，朱子认为心性关系中最重要的在于心虽是主宰而性是心之所以为主宰的道理，也就是说，心能主宰的原因在于"性是心的道理"。

基于以上分析可知，朱子晚年在讨论心性关系时，更强调知觉的原因在于"理本具于心而为心的道理"。《语类》载："问：'知觉是心之灵固如此，抑气之为邪？'曰：'不专是气，是先有知觉之理。理未知觉，气聚成形，理与气合，便能知觉。譬如这烛火，是因得

---

① （宋）黎靖德编，王星贤点校：《朱子语类》，第1430页。沈僴录，朱子69岁后。

② （宋）朱熹著，朱杰人、严佐之、刘永翔主编：《答姜叔权》，《朱子全书》，第22册，第2460页。1190年。

这脂膏,便有许多光焰。'问:'心之发处是气否?'曰:'也只是知觉。'"① 在此,对于陈淳所问知觉是不是气的问题,朱子首先做了明确否定,朱子认为心不只是气,知觉之理在气之先,但是理不能知觉,气聚成形,理与气结合之后,理便能知觉。可见,如果只是气,则心也不能知觉,必然是气与理结合之后,气才成为气之灵,此心才能知觉。由此可见,朱子所言气心只是从宇宙论的角度,并没有落到气质上说。牟宗三认为朱子从宇宙论上释心固然没错,但牟宗三又认为朱子之心只是认知义则不妥。朱子认为心之知觉是心自然具有的能力,是心的功能义,但不同于认知。知觉义以本体义为前提,心能知觉是因为理具于心而为心体之全的结构义,结构义作为第一义是牟先生所没有注意的。在朱子这里,知觉虽然是心的能力,但前提是此心并不能专是气,更不能说心属气,心是气与理相结合的产物,而理是决定之所以为气之灵的前提,理对气具有先在性,所以不能只以朱子之心为认知义的气心,对于朱子心的认识要与朱子"心具众理"命题相结合来看。对此,唐君毅则认为朱子的心是兼管理气的概念,他说:"朱子之言心,实以心为贯通理气之概念。心乃一方属于气,而为气之灵,而具理于其内,以为性者。心之具理以为性,即心之体之寂然不动者。……故依朱子,心之所以为心,要在其为兼绾合理气。"② 唐先生认为朱子言心是为了贯通理气,但认为朱子心一方属气,一方属理似乎说得过于支离。又将气之灵与"心具众理"混说,实际是将心的宇宙义和本体义混说,以至于最后认为朱子心理为二,他说:"然如以其通于气为起点,则必归于即气之灵而言心之说。故朱子虽屡言佛氏以心与理为二,吾儒以心与理为一,而终不能真建立心与理之合一。"③ 唐君毅认为朱子的心与理一只能是工夫后的境界,而非本一,象山则心理为一,

---

① (宋)黎靖德编,王星贤点校:《朱子语类》,第 85 页。陈淳录,朱子 61、70 岁。见《朱子语类》,第 16 页。
② 唐君毅:《中国哲学原论·导论篇》,第 501 页。
③ 唐君毅:《中国哲学原论·导论篇》,第 498 页。

他说:"唯在象山重在教人自悟其心与理之一,则为一正面的直接工夫,而不同于朱子之欲去此使心理不一之间隔,以使心与理一。"① 唐君毅以朱子之心为兼气说,认为心理之间不能直接为一,有气的存在,所以要做工夫使心理重新为一,而象山教人自悟心与理一,涵养就是涵养此心此理,为正面直接工夫。但是唐君毅没有认识到朱子以气之灵言心之知觉是以"心具众理"为前提的,此心本具万理故为气之灵,所以气之灵只说明心与气的关系的宇宙义,还没有进入道德义。朱子的工夫建立于心具众理的前提上,所涵养的是具理之心,是未发前心理合一之心,也是正面工夫,而不是反面工夫,只是朱子基于已发后心受到私欲和气质的影响,而与已发后使心与理为一的工夫相结合,但涵养工夫是第一义,并不能依此判象山工夫为正面,朱子工夫为反面。

(二) 不以知觉言仁

"不以知觉言仁"是朱子中年至晚年的一贯立场,说明了朱子晚年依然对心性之辨的问题十分重视。朱子说:"仁固有知觉;唤知觉做仁,却不得。"② 朱子认为仁固然有知觉的能力,但不能将知觉等同于仁。"不以知觉为仁"是朱子心性之辨的重要命题,朱子在《仁说》时期就已经指出"以知觉言仁"的错误,当时主要针对大程门人而发,朱子晚年后又对上蔡等人以知觉言仁的问题与门人进行了大量讨论,最后引申到对陆学的批判上。朱子晚年在对徐子融以枯槁之性为气质之性的问题的讨论中还提出这也是以知觉为性的表现,下文另做分析。

> 或疑上蔡"孝弟非仁也"一句。先生曰:"孝弟满体是仁。内自一念之微,以至万物各得其所,皆仁也。孝弟是其和合做

---

① 唐君毅:《中国哲学原论·原教篇》,第205页。
② (宋)黎靖德编,王星贤点校:《朱子语类》,第118页。李闳祖录,朱子59岁后。见《朱子语类》,第13页。

底事。若说孝弟非仁，不知何从得来。上蔡之意，盖谓别有一物是仁。如此，则是性外有物也。"或曰："'知此心，则知仁矣。'此语好。"曰："圣门只说为仁，不说知仁。或录云'上蔡说仁，只从知觉上说，不就为仁处说。圣人分明说"克己复礼为仁"，不曾说知觉底意。上蔡一变'云云。盖卿录云'孔门只说为仁，上蔡却说知仁。只要见得此心，便以为仁。上蔡一转'云云。上蔡一变而为张子韶。上蔡所不敢者，张子韶出来，尽冲突了。盖卿录云：'子韶一转而为陆子静。'近年陆子静又冲突出张子韶之上。"①

由引文可知，朱子对谢上蔡言"孝悌非仁"表示质疑，朱子认为孝悌本身就是仁，从心中的念头到万物各得其所都可以称为仁。如果依上蔡以孝悌非仁，则要另外别取一物来定义仁，如此则是仁在性外。朱子认为孔门教人只说为仁，不说知仁，为仁就是要践行，而不是停留在知的层面，但是谢上蔡只是从知觉上说仁，而不是从为仁的工夫上说。更进一步，朱子指出从工夫上说，孔门也是教人"克己复礼为仁"，也没有教人以知觉为仁，如果说只要认得此心就是为仁，显然与孔门思想不符。在此可以看出，朱子辨上蔡"以知觉言仁"是为了在工夫上落实为仁的工夫，为操存涵养、诚意与克己复礼等工夫做心性论上的论证，体现出对心学的警惕。在此基础上，朱子转向对陆学的批评。朱子认为谢上蔡一变而为张子韶，张子韶一转而为陆子静，显然也是认为张子韶和陆子静都有"以知觉为仁"的问题。由此可以看出，朱子晚年对上蔡的问题重新进行讨论主要是因为认识到陆学有同样的问题，"不以知觉言仁"主要针对陆学而发。

朱子认为如果将知觉等同于仁，则工夫就会落入禅学，他说：

---

① （宋）黎靖德编，王星贤点校：《朱子语类》，第478页。袭盖卿录，朱子65岁。

"且如'仁'之一字，上蔡只说知仁，孔子便说为仁。是要做工夫去为仁，岂可道知得便休！今学问流而为禅，上蔡为之首。今人自无实学，见得说这一般好，也投降；那一般好，也投降。许久南轩在此讲学，诸公全无实得处。胡乱有一人入潭州城里说，人便靡然从之，此是何道理！"① 可见，朱子批评上蔡只说知仁与孔子言为仁的思想不合，朱子强调成德工夫要落实于行动，不能停留于知的层面，朱子认为上蔡"以知觉言仁"要对现今陆学为禅负首要责任。朱子批评当时的学问风气不做实学，后学则盲目跟从。朱子在此借批评谢上蔡来批评陆子静也有以知觉为仁从而将工夫落入禅学，对当时的学风造成不好的影响。如此可见，朱子晚年强调不以知觉为仁，主要针对陆学而发，也说明了朱陆心性论上的不同导致的对成德工夫的工夫。

对于仁与知觉的关系，朱子晚年又对知觉与合于理的关系是在外还是在内的问题做了说明，有人问："'仁是合知觉与理而为之与，舍知觉而为之与？'曰：'仁自是知觉。'又问：'知觉是仁中之一件否？'久之，曰：'生底是仁。'"② 对于为仁是否需要将知觉与理结合的问题，朱子认为仁本身就有知觉的能力，不需要再另有一个知觉去为仁。在此，朱子提出仁心自然具有知觉的能力，为仁对知觉的发用是从自身而发的，不需要再另有一个知觉去为仁，实际上说明了知觉在仁之内的问题，所以其门人就接着提问是否可以说知觉属于仁，朱子对此回答比较谨慎，提出仁自有知觉的能力，但知觉不是仁的本质，因为仁的本质是生，故可以说"生生之为仁"但不能说知觉为仁。更清楚地说，仁包四德，知觉应属于智的本质。在朱子这里，"仁性爱情"是解释仁的基本观点，知觉不能成为仁的本质。

---

① （宋）黎靖德编，王星贤点校：《朱子语类》，第93页。廖谦录，朱子65岁。
② （宋）黎靖德编，王星贤点校：《朱子语类》，第606页。甘节录，朱子64岁后。

> 问：“程门以知觉言仁，《克斋记》乃不取，何也？”曰：“仁离爱不得。上蔡诸公不把爱做仁，他见伊川言：'博爱非仁也，仁是性，爱是情。'伊川也不是道爱不是仁。若当初有人会问，必说道'爱是仁之情，仁是爱之性'，如此方分晓。惜门人只领那意，便专以知觉言之，于爱之说，若将浼焉，遂蹉过仁地位去说，将仁更无安顿处。'见孺子匍匐将入井，皆有怵惕恻隐之心'，这处见得亲切。圣贤言仁，皆从这处说。”又问：“知觉亦有生意。”曰：“固是。将知觉说来冷了。觉在知上却多，只些小搭在仁边。”①

由引文可见，陈淳问朱子为何在《克斋记》中不取程氏门人"以知觉言仁"的说法，对此朱子认为不能离爱言仁，谢上蔡等人不从爱的角度去理解仁是不对的，因为伊川说过："博爱不是仁，仁是性，爱是情"，但是伊川也并没有说爱不是仁。如果当时有人问，伊川必会继续说："爱是仁之情，仁是爱之性"，如此仁爱关系才清楚。朱子认为可惜程氏门人只知仁爱之分，不知仁爱脉络相通，所以专"以知觉言仁"，不知以爱言仁，如此直接越过仁的地位从知觉上说仁，仁则无处安顿。圣贤言仁，皆从恻隐之心上说，即以爱言仁。后来朱子又补充说，知觉固然有生意，但知上多，觉上少，只是小部分属仁，还不足说明仁的本质。可见，在朱子这里，知觉不在仁之外，但知觉也不是为仁的主要方法，因为为仁的主要工夫是仁本身的扩充与涵养，还有克己复礼等情上的工夫，知上的工夫不能作为为仁的主要工夫，成德不能主要靠知觉来完成。所以牟宗三将朱子的心理解为认知心，以朱子的知觉为认知义，认为朱子心理合一是通过心对理的认知来完成的，最终判朱子的道德形态为他律道德，但从以上分析来看，朱子在心性论上批评上蔡和象山"以知觉为仁"，在工夫上也反对以知觉作为为仁的主要途径，持敬涵养仍

---

① （宋）黎靖德编，王星贤点校：《朱子语类》，第119页。陈淳录，朱子70岁。

是成德工夫的第一义,并且朱子强调仁中自有知觉,知觉的发用也不在仁之外,所以牟先生以认知义和认知心对朱子的知觉做出判定是有偏差的。

三 对心、性、情、才、意、志、欲的辨析

"心统性情"是朱子言心性结构的基本理论,情作为心之所发是朱子心性结构中不可或缺的一部分,中年时朱子言情主要是批评五峰以未发为性、以已发为心的观点,如此情则没有下落处。至晚年时,朱子言情则从意、志、欲等概念的辨析中对情的影响做了深入讨论,这是朱子晚年心性思想完善的体现。

(一) 对心、性、情、才的辨析

朱子晚年在《语类》中对心与情的关系,特别是对情的结构做了集中的辨析,可以看出朱子晚年对心性情三分的心性结构的补充和完善,体现出朱子对心的结构和功能的系统建构。对于心与情的关系,朱子常以水流作比喻,朱子说:"心如水,情是动处,爱即流向去处。"① 水与水流的关系是朱子晚年论述心性情关系的重要比喻,心就像水,情就像水的流动,爱是水往一个方向流去,朱子认为水的流动本来是有方向的,只是后天的原因改变了水流的方向。心与情相同之处在于都会受到后天因素的影响,61岁时朱子说:"心、意犹有痕迹。如性,则全无兆朕,只是许多道理在这里。"② 心兼性情而说,意是情之所发,二者都受到气的影响,有为善为恶的可能,性即天理,纯善无恶。朱子又以水流的比喻对心、性、情、才做了分辨。

> 问:"情与才何别?"曰:"情只是所发之路陌,才是会恁

---

① (宋)黎靖德编,王星贤点校:《朱子语类》,第95页。"粗"在原文中作"麤"。魏椿录,朱子59岁。

② (宋)黎靖德编,王星贤点校:《朱子语类》,第95页。刘砥录,朱子61岁。

地去做底。且如恻隐,有恳切者,有不恳切者,是则才之有不同。"又问:"如此,则才与心之用相类?"曰:"才是心之力,是有气力去做底。心是管摄主宰者,此心之所以为大也。心譬水也;性,水之理也。性所以立乎水之静,情所以行乎水之动,欲则水之流而至于滥也。才者,水之气力所以能流者,然其流有急有缓,则是才之不同。伊川谓'性禀于天,才禀于气',是也。只有性是一定。情与心与才,便合着气了。心本未尝不同,随人生得来便别了。情则可以善,可以恶。"①

由引文可知,对于情与才的关系,朱子认为情是心之所发之后的路径,而才是会这样去做的能力。就如恻隐是情,但有恳切的和不恳切的区别,这是因为才的不同。如此,才很容易被理解为与情同类,但朱子提出才是心的力量,有了才就有了发用的力气,才决定了心发用的力量,如此朱子将才与情做了区分。更进一步,朱子继续提出心对于情与才都是管摄主宰的地位,心像水一样,性就是水之为水的道理,性是心还没有发用的时候就已具备的本质,是水还没有流动的时候就已经具备的性质,情是水之所以流动的原因,欲则是水流泛滥。才是水之所以能流动的原因,但是水流有缓有急,是因为才不相同。由此可知,性是每个人都具有的,而才是因人而异的,朱子又以伊川"性禀于天,才禀于气"来说明性与才的区别,性是天理,是人之为人的本质,是每个人共有的,是天命之性,心、情、才都是受到气质的影响之后的存在。心本来没有不同,本心全体,但落到人身上后受到气质的影响就有了不同。情也是如此,本然为善,但受到气质影响后可以为善,也可能发为恶。朱子将才合于气说也是承于伊川的思想,此才非孟子所说的才,下文会再做分析。朱子在67岁后又以同样的比喻辨析了情与欲的关系,说明了欲对情的影响。

---

① (宋)黎靖德编,王星贤点校:《朱子语类》,第97页。刘砥录,朱子61岁。

> 心如水，性犹水之静，情则水之流，欲则水之波澜，但波澜有好底，有不好底。欲之好底，如"我欲仁"之类；不好底则一向奔驰出去，若波涛翻浪；大段不好底欲则灭却天理，如水之壅决，无所不害。孟子谓情可以为善，是说那情之正，从性中流出来者，元无不好也。①

朱子认为心就像水，性就像水流动前静的状态，情为心之所发，是水流动后的样子，欲是水之波澜，是情之所发之后不受控制的状态，就像波澜有好的和不好的，欲也有好的和不好的，"我欲仁"是往好的方向发用，如果是不好的欲，就像波涛翻船一样，大段私欲灭去天理，影响本心，就像流水泛滥，什么都会被水冲走，成为水灾。在此，朱子指出了欲作为情的一部分，也是有善恶的可能，但朱子说私欲时一般即为不好的欲。朱子最后强调孟子所说的情是指"四端"，是从情发为正的角度上说的，情直接从性上发出本来无所不善，但由于私欲和气质的影响才发为不善。正是基于重视欲对心与情产生的影响，朱子晚年对克己复礼工夫也有了进一步的重视。

（二）对情、意、志的辨析

朱子晚年对情的结构的分析更为精细，除了欲之外，朱子还对情、意、志三者进行了细致的辨析。朱子说："性者，即天理也，万物禀而受之，无一理之不具。心者，一身之主宰；意者，心之所发；情者，心之所动；志者，心之所之，比于情、意尤重；气者，即吾之血气而充乎体者也，比于他，则有形器而较粗者也。又曰：'舍心无以见性，舍性无以见心。'"② 这句话体现了朱子晚年对心性情结构比较完整的说明，性即天理，万物都禀此天理而有了自己的性，

---

① （宋）黎靖德编，王星贤点校：《朱子语类》，第93—94页。董铢录，朱子67岁后。

② （宋）黎靖德编，王星贤点校：《朱子语类》，第96页。魏椿录，朱子59岁。

人也是如此，心具众理，未发前性具于心则心为主宰，意是心之所发，情是心所发动的地方，志是心往一个方向去，志比情、意对心的影响更为重大。气是血气充满身体，是对有形器的东西而言的，所以有形器的事物都会受到气禀的影响。在此基础上，朱子晚年多次讨论心与意、情与意、意与志的关系，说明了意与志的特点，为晚年强调诚意、省察、立志等工夫提供了心性论基础。

对于心与意的关系，《语类》记载："问：'意是心之所发，又说有心而后有意。则是发处依旧是心主之，到私意盛时，心也随去。'曰：'固然。'"① 因为意是心之所发，从顺序上说先有心后有意，心本为主宰，但如果私意过盛，本心也会受到私意影响，因为私意对本心会产生影响，所以诚意的工夫就十分必要。此后朱子又对情与意的关系做了详细讨论，意的作用被凸显出来。朱子说："情是性之发，情是发出恁地，意是主张要恁地。如爱那物是情，所以去爱那物是意。情如舟车，意如人去使那舟车一般。"② 在此，朱子说明了情是性的发动，而意是之所以发动的原因，情要这样发或那样发是由意主导的，可见情本身没有方向，意使情有了方向。但是从存在的先后顺序来说，必须情先发动后，意才决定是这样发或者那样发，所以意的作用在情之后，朱子说："情是会做底，意是去百般计较做底，意因有是情而后用。"③ 朱子又说："因是有情而后用其意。"④ 坐车行船，先有舟车才有人去行驶和发动，舟车才能行走，所以说先有情意才能发动，意决定了情发动的方向，如此意对"情"的作用就被凸显出来。朱子还说："性、情则一。性是不动，

---

① （宋）黎靖德编，王星贤点校：《朱子语类》，第95—96页。疑刘砥录，朱子61岁。

② （宋）黎靖德编，王星贤点校：《朱子语类》，第95页。徐寓录，朱子61岁后。

③ （宋）黎靖德编，王星贤点校：《朱子语类》，第96页。黄义刚录，朱子64岁后。

④ （宋）黎靖德编，王星贤点校：《朱子语类》，第96页。林夔孙录，朱子68岁后。

情是动处，意则有主向。如好恶是情，'好好色，恶恶臭'，便是意。"① 朱子认为心统性情，性是未发，情是已发，情是发动的地方，意有主导和方向，就像好好色，恶恶臭。基于意对情的影响，所以诚意工夫才重要，这是朱子晚年重视诚意的心性论基础。

除了心与意、情与意的关系，朱子晚年还对意与志的特点做了详细的分辨，在心性论上明确了志的作用，这也是朱子晚年重视立志工夫的原因。朱子说："志是公然主张要做底事，意是私地潜行间发处。志如伐，意如侵。"② 志是表达出来的公开的主张，意是私下隐藏地发挥作用。志就像伐，意就像侵，就如打仗，师有钟鼓曰伐，无曰侵，大张旗鼓为伐，悄然发动战争为侵，志是公开的主张，意是私下的主张。除此之外，朱子还借鉴了张载对意志的区分，他说："横渠云：'以"意、志"两字言，则志公而意私，志刚而意柔，志阳而意阴。'"③ 可见，朱子认为志是公开的，意是私下的，志像公开的讨伐，意像偷偷的侵略，志具有阳刚的特点，意具有阴柔的特点。

> "志是心之所之，一直去底。意又是志之经营往来底，是那志底脚。凡营为、谋度、往来，皆意也。所以横渠云：'志公而意私。'"问："情比意如何?"曰："情又是意底骨子。志与意都属情，'情'字较大，'性、情'字皆从'心'，所以说'心统性情'。心兼体用而言。性是心之理，情是心之用。"④

---

① （宋）黎靖德编，王星贤点校：《朱子语类》，第96页。黄士毅录，朱子67岁后。见《朱子语类》，第19页。
② （宋）黎靖德编，王星贤点校：《朱子语类》，第96页。黄升卿录，朱子62岁。
③ （宋）黎靖德编，王星贤点校：《朱子语类》，第96页。黄卓录，朱子62岁后。黄卓师事朱子在绍熙二年（1191）、四年（1193）、庆元四年至五年（1198—1199），朱子62岁后。见陈荣捷《朱子门人》，华东师范大学出版社2007年版，第177页。
④ （宋）黎靖德编，王星贤点校：《朱子语类》，第96页。沈僩录，朱子69岁后。

朱子认为志是心之所之，是心一直去的力量，意是志经营往来的东西，意思是说志是对意的坚持，意是志的出发点和基础，营为、谋度、往来的东西都是意的内容，志是对意的推动和坚持，有了意才有进一步的志。朱子又以张载言"志公而意私"来说明意与志的特点，认为志发生作用是公开的、表面的，意发生作用是私下的谋度，但意和志都归属于情，先有情才有意。情范围较大，性、情都服从于心的主宰，所以说"心统性情"，心兼体用而言，性是心之理，为心之本体，情是心之用。由此可知，朱子对心、性、情、意、志的作用和特点做了十分清晰的阐述和总结，说明了朱子晚年对心、性、情三分的心性结构的进一步完善，补充了意、志、欲在心性情当中的位置和作用，说明了朱子晚年对心性结构阐述的系统性和严密性，也为诚意、立志、克己复礼等工夫的落实提供了心性论的基础。

四　气禀对才、心、性的影响

（一）气禀对才的影响

朱子晚年延续《集注》中气禀对性与才的影响来解释人与物、人与人的不同，朱子说："性如水，流于清渠则清，流入污渠则浊。气质之清者、正者，得之则全，人是也；气质之浊者、偏者，得之则昧，禽兽是也。气有清浊，人则得其清者，禽兽则得其浊者。人大体本清，故异于禽兽；亦有浊者，则去禽兽不远矣。"[①] 朱子认为人与禽兽的区别在于从根本上所禀之气为清、为正，而禽兽所禀之气为浊、为偏，朱子又说："盖谓人也有许多知觉运动，物也有许多知觉运动，人、物只一般。却不知人之所以异于物者，以其得正气，

[①]　（宋）黎靖德编，王星贤点校：《朱子语类》，第73页。甘节录，朱子64岁后。

故具得许多道理；如物，则气昏而理亦昏了。"① 朱子认为如果人所禀的气质为浊则与禽兽相近，这也说明了不同的人基于气禀的不同程度的影响也有差异。他说："性者万物之原，而气禀则有清浊，是以有圣愚之异。"② 朱子又以五行言气禀的不同，他说："人性虽同，禀气不能无偏重。有得木气重者，则恻隐之心常多，而羞恶、辞逊、是非之心为其所塞而不发；有得金气重者，则羞恶之心常多，而恻隐、辞逊、是非之心为其所塞而不发。水火亦然。唯阴阳合德，五性全备，然后中正而为圣人也。"③ 朱子以木金水火之气对四端的影响来说明气禀的偏重对成德的影响，木气重则恻隐之心多，金气重则羞恶之心多，五行影响五德，偏重一方都影响成德，只有中正才是圣人的德行。由此可以看出气禀对性的影响程度是根据其中理气关系而变化的。朱子说："生而知者，气极清而理无蔽也；学知以下，则气之清浊有多寡，而理之全缺系焉耳。"④ 朱子认为生而知之的人所禀之气极清，所以天理没有被遮蔽，学而知之以下，气之清浊有多有少，所以理之或缺或全就随气而定，气质之性随气对理的影响程度而各有不同。

> 问："人有强弱，由气有刚柔，若人有技艺之类，如何？"曰："亦是气。如今人看五行，亦推测得些小。"曰："如才不足人，明得理，可为否？"曰："若明得尽，岂不可为，所谓'克念作圣'是也，然极难。若只明得一二，如何做得！"曰："温公论才德如何？"曰："他便专把朴者为德。殊不知聪明、

---

① （宋）黎靖德编，王星贤点校：《朱子语类》，第 1377 页。吕焘录，朱子 70 岁。见《朱子语类》，第 17 页。

② （宋）黎靖德编，王星贤点校：《朱子语类》，第 76 页。程端蒙录，朱子 50 岁后。

③ （宋）黎靖德编，王星贤点校：《朱子语类》，第 74 页。李闳祖录，朱子 59 岁后。

④ （宋）朱熹著，朱杰人、严佐之、刘永翔主编：《答郑子上》，《朱子全书》，第 23 册，第 2691 页。1191 年。见陈来《朱子书信编年考证》，第 342 页。

果敢、正直、中和，亦是才，亦是德。"①

由引文可见，朱子认为人有强弱的不同，这是因为人所禀赋之气有刚柔之分，人有某方面的特长也是因为禀赋的气不一样。对于才不如人，是否可以通过明理来弥补的问题，朱子认为如果能明得理尽，那完全可以通过工夫来弥补气禀的不足，就如有所谓"克念作圣"的说法，但成德艰难。朱子提出如果只能明理一二分，则不可能化解气禀的影响，在此朱子其实表明了气禀对人影响的程度以及限度，表明了成德的艰难以及做工夫的必要性，朱子认为明理的工夫要做到精一的境界才能最终消除气禀对才的限制，虽然这很困难，但却是变化气质唯一的途径。朱子最后提出司马光所论才德只是专门以朴为德，这是不够完善的，聪明、果敢、正直、中和等都是才的内容，都受到气禀的影响，如此更说明了气禀对人的影响的复杂性，也说明了成德的艰难。68岁时，朱子又说："气禀之殊，其类不一，非但清浊二字而已。今人有聪明通达，事事晓了者，其气清矣；而所为或未必皆中于理，则是其气不淳也。人有谨厚忠信，事事平稳者，其气醇矣；而所知未必能达于理，则是其气之不清也。推此类以求之，才自见矣。"②气禀的分类很多，并不是只分清浊这么简单，有人聪明通达，是其气清，但其所为未必皆合于理，则是因为气不够醇厚。有人谨厚忠信，事事平稳，是因为其所禀之气醇厚，但是其知理未必能通达，这是因为所禀之气不清，如此可见气禀对人影响的复杂性。对于气禀与才的关系，殴阳希逊言："才固有昏明强弱之不同"③，

---

① （宋）黎靖德编，王星贤点校：《朱子语类》，第75页。郑可学录，朱子62岁。

② （宋）朱熹著，朱杰人、严佐之、刘永翔主编：《答殴阳希逊》，《朱子全书》，第23册，第2956页。1196年。见陈来《朱子书信编年考证》，第422页。

③ （宋）朱熹著，朱杰人、严佐之、刘永翔主编：《答殴阳希逊》，《朱子全书》，第23册，第2955页。1196年。

对此朱子提出："昏明是气，强弱是才。"① 朱子以昏明言气，以强弱言才，强调气之昏明会影响才之强弱。

（二）气禀对心的影响

朱子在"中和新说"时已经提出涵养工夫能变化气质的观点，后来在《集注》中对气禀的影响有较多的讨论，朱子在《中庸章句序》中提出气禀对心的影响，他说："盖尝论之：心之虚灵知觉，一而已矣，而以为有人心、道心之异者，则以其或生于形气之私，或原于性命之正，而所以为知觉者不同，是以或危殆而不安，或微妙而难见耳。然人莫不有是形，故虽上智不能无人心，亦莫不有是性，故虽下愚不能无道心。二者杂于方寸之间，而不知所以治之，则危者愈危，微者愈微，而天理之公卒无以胜夫人欲之私矣。"② 又说："利心生于物我之相形，人欲之私也。"③ 可见朱子中年时期已经提出了形气之私是造成人心私欲的原因，但是当时并没有将气禀作为私欲产生的主要原因，而是更多地以本心的放失来解释恶的产生，朱子说："不仁之人，失其本心，久约必滥，久乐必淫。"④ 又说："仁者，心之德。心不违仁者，无私欲而有其德也。"⑤ 又说："为仁者，所以全其心之德也。盖心之全德，莫非天理，而亦不能不坏于人欲。"⑥ 由此可见，中年时期朱子并没有以气禀作为私欲产生的主要原因，或者说私欲是在本心之外的影响，私欲在未发前没有从心内产生说明气禀并没有影响心性结构，至朱子晚年时才开始大量讨论气禀对心性结构的影响，有学者指出："《四书章句集注》及《四书或问》的不足之处在于单方面强调形气的重要性，却始终没有对

---

① （宋）朱熹著，朱杰人、严佐之、刘永翔主编：《答殴阳希逊》，《朱子全书》，第23册，第2955页。1196年。
② （宋）朱熹：《四书章句集注》，第14页。
③ （宋）朱熹：《四书章句集注》，第202页。
④ （宋）朱熹：《四书章句集注》，第69页。
⑤ （宋）朱熹：《四书章句集注》，第86页。
⑥ （宋）朱熹：《四书章句集注》，第131页。

物心做出具体的说明。这个问题被搁置了一段时间，直到绍熙五年（1194）至庆元元年（1195），门人余大猷向朱子请教'枯槁有性'的困惑，朱子才对万物的心性做了重新的思考，并引发了一系列的讨论。"① 实际上朱子从进入晚年后就开始注意到气禀对心性结构的影响，主要原因是基于对儒释之异和朱陆之异同的思考，这是朱子晚年心性论进一步严密的表现，也说明朱子对陆学的批评从工夫论上升至心性论。

朱子认为是否承认气禀对心的影响是儒释的区别，也是朱陆的分歧所在，朱子说："儒释之异，正为吾以心与理为一而彼以心与理为二耳。然近世一种学问，虽说心与理一，而不察乎气禀物欲之私，故其发亦不合理，却与释氏同病，又不可不察。"② 朱子认为儒释的区别在于心理为一与心理为二，而陆学虽言心与理一，却没有体察到气禀和私欲对人心的影响，这与禅学是一样的问题。朱子又说："吾以心与理为一，彼以心与理为二，亦非固欲如此，乃是其所见处不同，彼见得心空而无理，此见得心虽空而万物咸备也。虽说心与理一，而不察乎气禀物欲之私，亦是见得不真，故有此病。此《大学》所以贵格物也。"③ 可见，朱子进一步解释说禅学以心理为二不是它本来想要如此，而是因为对心的认识不一样，禅学认为心为空，理不在心内，是心理为二。陆学认为心虽然为空但"万理具备"，虽说心与理为一，但是没有注意到气禀与物欲对心的影响，也是对心没有准确的认识。正是基于对气禀和私欲的影响，朱子提出这是《大学》重视格物工夫、以格物致知为工夫入手处的原因。由此也可以看出，朱子晚年在象山去世之后仍然继续批评陆学不重穷理，说明朱子对陆学的批评从工夫论上升至心性论。朱子晚年重视气禀对

---

① 胡雨章：《朱子思想中"人与万物的差异"》，《中国哲学史》2021年第2期。
② （宋）朱熹著，朱杰人、严佐之、刘永翔主编：《答郑子上》，《朱子全书》，第23册，第2689页。1191年。见陈来《朱子书信编年考证》，第342页。
③ （宋）朱熹著，朱杰人、严佐之、刘永翔主编：《答郑子上》，《朱子全书》，第23册，第2691页。1191年。

心的影响，还以此作为人禽之分的原因。

> 敬之问"人之所以异于者几希"。曰："人与万物都一般者，理也；所以不同者，心也。人心虚灵，包得许多道理过，无有不通。虽间有气禀昏底，亦可克治使之明。万物之心，便包许多道理不过，虽其间有禀得气稍正者，亦止有一两路明。如禽兽中有父子相爱，雌雄有别之类，只有一两路明，其他道理便都不通，便推不去。人之心便虚明，便推得去。就大本论之，其理则一；才禀于气，便有不同。"①
>
> 人物之所同者，理也；所不同者，心也。人心虚灵，无所不明；便昏了，只有一两路子明。人之虚灵皆推得去，禽兽便推不去。人若以私欲蔽了这个虚灵，便是。人与禽兽只争这些子，所以谓之"几希"。②

由引文可见，朱子认为人与万物都一样的地方在于理，人与物之所以不同是因为心不同。人心虚灵，包含许多道理，万理俱于心中，心与理没有不贯通的。虽然中间有气禀的影响使之昏暗，也可以通过克己工夫来对治气禀的影响，最终使心恢复虚灵明觉。但是万物之心即便包含了许多道理，虽然中间也有禀赋正气，心也只有一两分光明。就像禽兽中也有父子相爱、雌雄有别，但只有部分之心是光明的，其他道理与心都无法贯通，无法推己及人，无法扩充此心达到贯通的境界，但是人的本心虚灵明觉，可以推己及人，通过扩充、穷理达到贯通的境界。从根本上看，人与物之理是一样的，一旦禀于气，人与物便有了不同。第二段是潘时举所录，朱子认为人与物所不同的是心，人心虚灵，无所不明，所以人能推类而扩充本

---

① （宋）黎靖德编，王星贤点校：《朱子语类》，1347页。叶贺孙录，朱子62岁后。

② （宋）黎靖德编，王星贤点校：《朱子语类》，1347页。潘时举录，朱子64岁后。

心,但物不能推。如果人心被私欲遮蔽,则人与物一样,所以人之所以异于禽兽就在于本心。在此可以看出,朱子认为人与物之所以不同是因为人与物所禀之气不同,人心能与理贯通,物心不能与理贯通,人心如果被气禀遮蔽则本心昏聩,但人可以通过修养工夫来克治气禀的影响。由此可知朱子认为气禀对心的影响是可以通过修养工夫来克治的,说明了气禀对心影响的限度,因为人心至灵,可以复本性之全,但是动物就没有这个能力。

> 伊川先生言:"性即理也。"此一句,自古无人敢如此道,心则知觉之在人而具此理者也。横渠先生又言:"由太虚,有天之名;由气化,有道之名;合虚与气,有性之名;合性与知觉,有心之名。"其名义亦甚密,皆不易之至论也。盖天之生物,其理固无差别,但人物所禀,形气不同,故其心有明暗之殊而性有全不全之异耳。若所谓仁,则是性中四德之首,非在性外别为一物而与性并行也。然惟人心至灵,故能全此四德而发为四端。物则气偏驳而心昏蔽,固有所不能全矣。①

由引文可知,朱子认为伊川"性即理"的观点第一次说明了心有知觉的能力在于本具万理,认为张载合虚与气言性、合性与知觉言心是对心、性等名词做了十分严密的定义,都是至论,可见朱子晚年仍十分尊崇二程和张载的心性论说。朱子认为天生万物,在天理上没有分别,但由于人物之所禀的形气不同,所以才有了人与物之心有明暗之分,性有全与不全的分别。但是,仁作为四德之首,不是在性外别为一物而与性并行,只有人心最灵明,能全此四德发为四端,动物则因为所禀之气不全且驳杂而使心昏蔽,所以不能复德性之全。由此说明,虽然人心必然受到气禀的影响,人性也必然受到

---

① (宋)朱熹著,朱杰人、严佐之、刘永翔主编:《答徐子融》,《朱子全书》,第 23 册,第 2767—2768 页。1194 年。

气质的影响，但是由于本心有灵明的能力，所以能够恢复德性之全，这也论证了后天通过修养工夫变化气质的重要性。所以朱子强调不要过分执着于气禀如何影响，指出气禀的影响主要在于证明修养工夫的必要性。故当万正淳说，"陷溺之恶，比比皆是。气禀之恶，则如子越椒之类，不常有也"①，朱子则说："气禀物欲之陷溺，此不必论其常有不常有，但当致其澄治之功耳。"② 可见，朱子认为对气禀物欲的影响，不必去细究哪一种更为常见，最关键的是去做澄明克治的工夫。朱子认识到气禀对人心影响是很复杂的，所以强调不要过多纠结于气禀如何影响，只需要最终落实修养工夫。

> "气禀所拘，只通得一路，极多样：或厚于此而薄于彼，或通于彼而塞于此。有人能尽通天下利害而不识义理，或工于百工技艺而不解读书。……是他性中只通得一路，故于他处皆碍，也是气禀，也是利害昏了。"又问："以尧为父而有丹朱，以鲧为父而有禹，如何？"曰："这个又是二气、五行交际运行之际有清浊，人适逢其会，所以如此。如算命推五行阴阳交际之气，当其好者则质美，逢其恶者则不肖，又非人之气所能与也。"③

由引文可见，朱子认为气禀对人心的影响是十分多样的，有的人是厚于此而薄于彼，有的人通于彼而塞于此，有的人虽能尽通天下利害但不识义理，有的人能工于百艺但不读书。性中有部分贯通，有在别的地方阻塞，这也是气禀的影响，这都说明气禀对于人影响的复杂性。而对于尧父而有丹朱，鲧父而有大禹的情况，朱子认为是

---

① （宋）朱熹著，朱杰人、严佐之、刘永翔主编：《答万正淳》，《朱子全书》，第22册，第2412页。1198年。见陈来《朱子书信编年考证》，第470页。

② （宋）朱熹著，朱杰人、严佐之、刘永翔主编：《答万正淳》，《朱子全书》，第22册，第2412页。1198年。

③ （宋）黎靖德编，王星贤点校：《朱子语类》，第75页。沈僩录，朱子69岁后。

二气、五行交错运行的过程中有清浊之分，人恰好遇到五行阴阳交际的地方，所以才会如此。如果遇到好的则质美，如果遇到不好的则不孝，这不是人之气禀所能给予的，而是由五行阴阳来决定善恶。因为气禀对人影响的复杂性，朱子更加体会到成德的艰难和穷理工夫的重要，并认识到单靠涵养工夫不能对治气禀的影响。

（三）气禀对性的影响

1. 气质之性与本然之性

朱子《集注》时期结合伊川和张载言性的观点已经区分了天命之性和气质之性，认为天命之性本然为善，气质所禀之性则有善有恶。进入晚年后朱子更加重视气禀的作用，延续了对之前问题的讨论，更加清晰地讨论了天命之性和气质之性的关系。朱子晚年继续强调孟子言性与伊川言性的不同，他说："孟子所言，不是气禀之性，但是性自不容说，才说性时，便只说个善字。所谓'天下之言性，则故而已'者，正谓此也。"① 朱子强调孟子言性是天命之性，本然为善，不是气禀之性。朱子言气质之性主要来源于伊川和张载，朱子晚年时期又对二者言性做了比较详细的阐述。

> 道夫问："气质之说，始于何人？"曰："此起于张程。某以为极有功于圣门，有补于后学，读之使人深有感于张程，前此未曾有人说到此。如韩退之《原性》中说三品，说得也是，但不曾分明说是气质之性耳。性那里有三品来！孟子说性善，但说得本原处，下面却不曾说得气质之性，所以亦费分疏。诸子说性恶与善恶混。使张程之说早出，则这许多说话自不用纷争。故张程之说立，则诸子之说泯矣。"因举横渠："形而后有气质之性。善反之，则天地之性存焉。故气质之性，君子有弗性者焉。"又举明道云："论性不论气，不备；论气不论性，不

---

① （宋）朱熹著，朱杰人、严佐之、刘永翔主编：《答潘谦之》，《朱子全书》，第23册，第2595页。1189年。

明,二之则不是。"且如只说个仁义礼智是性,世间却有生出来便无状底,是如何?只是气禀如此。若不论那气,这道理便不周匝,所以不备。若只论气禀,这个善,这个恶,却不论那一原处只是这个道理,又却不明。此自孔子曾子子思孟子理会得后,都无人说这道理。①

对于气质之说的来源,朱子认为开始于张载与二程,并且肯定他们提出气质之说有功于圣门,有补于后学。前人如韩愈言性三品说的也是气质之性的意思,但没有明白说出气质之性的概念。孟子言性善,是从性之本原处说,没有说到本原以下的气质之性,所以要对性做分疏比较费力,所以后来才有扬雄等人言性善与恶相混,如果张载、二程早提出气质之性的说法,也不会引起这么多纷争。所以张、程的说法确立之后,则诸子言性的纷争就没有了。在此,朱子对于张载、二程的气质之说给予了极大的肯定。朱子引张载言形而后有气质之性,善于反身诸己则天地之性能存,又以明道言论性不论气不备、论气不论性不明来说明天命之性与气质之性的关系。朱子认为如果只说仁义礼智是性,如此则无法解释世间有人没有表现出仁义礼智之性,对此,只有气禀才能解释原因。朱子认为如果不考虑气质的影响,则人性的道理就不完备。但如果只论气禀,只有气质之性的善恶,而没有看到本原处的天命之性,却又无法明白性善之理。在此,朱子其实是在孟子和明道之间选择了明道的立场,但是他没有直接指出孟子论性不备的缺陷,他认为这些道理孔子、曾子、孟子、子思等先贤都已经理会,只是没有明确地表述出来。在此,朱子还是希望能为明道的说法提供合理性的支持,并对明道与孟子论性的矛盾存而不论。但是气质之性是宋明理学对先秦儒学言性的一大发展,是对儒家论性的完善,朱子非常认可这一点,所

---

① (宋)黎靖德编,王星贤点校:《朱子语类》,第70—71页。杨迪天录,朱子60岁。

以朱子后来还是对孟子论性做了检查。

> 先生言气质之性，曰："性譬之水，本皆清也。以净器盛之，则清；以不净之器盛之，则臭；以污泥之器盛之，则浊。本然之清，未尝不在。但既臭浊，猝难得便清。故'虽愚必明，虽柔必强'，也煞用气力，然后能至。某尝谓《原性》一篇本好，但言三品处，欠个'气'字，欠个来历处，却成天合下生出三般人相似！孟子性善，似也少个'气'字。"（砥）。伯羽录云："大抵孟子说话，也间或有些子不睹是处。只被他才高，当时无人抵得他。告子口更不曾得开。"①

由引文可知，朱子认为性如水，水本来清澈，就如性本来的面目纯善无恶一样。如果以干净的容器盛水，水则十分清澈，如果以不干净的容器盛水，水就会发臭；如果以污浊的容器盛水，则水会浑浊，但是本然清澈的水仍在里面，可是水如果已经发臭浑浊，就很难清澈。就如气质之禀对性的影响，气质之性有善有恶，禀得气清，则为善，禀得气浊则为恶，无论气质之性为善或者为恶，都不能改变本然之性为善的前提，但是如果所禀赋的气质已经为恶，则要恢复为本然之性的状态就很难。这也说明了气质之性对人成德的影响，如果所禀赋之气不好的比较多，则修养工夫就很难。朱子提出，韩愈《原性》大体上是很好的，但是其中所言性三品的问题在于没有讨论气质对性的影响，故缺少了对性三品的来源的解释，就像天生有三种人一样。同时，朱子也对孟子言性做了检查，认为孟子言性善也没有考虑气质对性的影响。后伯羽所录一段话说明了朱子认为孟子论性有不完善的地方，朱子认为孟子说话有时候也有偏差，只是当时孟子辩才高，当时没有人能与之辩驳，告子连开口的机会都

---

① （宋）黎靖德编，王星贤点校：《朱子语类》，第72页。刘砥、童伯羽录，朱子61岁。

没有。由此可知，朱子进入晚年后对孟子是有反思的态度在里面的。随着朱子对气质之性讨论的深入，朱子晚年又再一次讨论气禀对人与物的影响的限度问题，区分了气禀对人、知觉之生物和无知觉之生物的不同影响，同时强调气质之性与本然之性不是分别的两个性，强调气质之性中还有本然之性，并对门人徐子融只认气质之性为性、认知觉为性的观点做了检查。

> 盖天之生物，其理固无差别，但人物所禀，形气不同，故其心有明暗之殊而性有全不全之异耳。若所谓仁，则是性中四德之首，非在性外别为一物而与性并行也。然惟人心至灵，故能全此四德而发为四端。物则气偏驳而心昏蔽，固有所不能全矣。然其父子之相亲、君臣之相统间亦有仅存而不昧者，然欲其克己复礼以为仁、善善恶恶以为义，则有所不能矣，然不可谓无是性也。若生物之无知觉者，则又其形气偏中之偏者，故理之在是物者，亦随其形气而自为一物之理，虽若不复可论仁义礼智之仿佛，然亦不可谓无是性也。此理甚明，无难晓者。自是方叔暗昧胶固，不足深责，不谓子融亦不晓也。①

朱子提出天生万物，在本原处的天理本是没有差别的，但是人与物所禀赋的形状、气质不同，所以心有明暗的区别，性也有全与不全的不同。仁是仁、义、礼、智四性当中的首要之性，并不是在性外别有一个叫仁的性与天命之性并行，仁本身就是性。因为人心至灵所以能全其四德而发为四端，物则因为所禀之气为偏所以不能恢复本性之全。在此朱子区分了气禀对人、有知觉之生物和无知觉之生物的不同影响，对于有些人来说，还有存而不昧的父子之亲、君臣之义，希望通过克己复礼、诚意来恢复仁与义的本性，也有

---

① （宋）朱熹著，朱杰人、严佐之、刘永翔主编：《答徐子融》，《朱子全书》，第 23 册，第 2767—2768 页。1194 年。

可能做不到，但是不能说他没有仁义的本性。而对于没有知觉的生物，所禀之形气则是偏中又偏的，则其理在物中随其形自为一物之理，虽然没有人之仁义礼智四性，但也不能说它没有性。由此可知，朱子对本然之性的坚持，哪怕是没有知觉的生物也有其本然之性，人与动物的区别在于人虽然受到气禀的影响，但因为心有至灵的能力，能通过工夫恢复本性为全的状态。接着朱子便对徐子融认为枯槁之性只有气质之性而没有本然之性的观点做了批评。

> 又谓"枯槁之物，只有气质之性而无本然之性"，此语尤可笑。若果如此，则是物只有一性，而人却有两性矣。此语非常丑差，盖由不知气质之性只是此性堕在气质之中，故随气质而自为一性，正周子所谓"各一其性"者。向使元无本然之性，则此气质之性又从何处得来耶？况亦非独周程张子之言为然，如孔子言"成之者性"，又言"各正性命"，何尝分别某物是有性底、某物是无性底？①
>
> 徐子融以书问："枯槁之中，有性有气，故附子热，大黄寒，此性是气质之性？"陈才卿谓即是本然之性。先生曰："子融认知觉为性，故以此为气质之性。性即是理。有性即有气，是他禀得许多气，故亦只有许多理。"②

由引文可见，朱子十分反对徐子融认为枯槁之性只有气质之性而无本然之性，因为如果这样，则物只有气质之性这一种性，而人则有本然之性和气质之性两种性。朱子认为徐子融这个说法偏差太大，就是因为不知道气质之性只是此本然之性堕在气质之中，所以随气质而自然成为一性，这就是周敦颐所言"各一其性"。朱子提出如果

---

① （宋）朱熹著，朱杰人、严佐之、刘永翔主编：《答徐子融》，《朱子全书》，第23册，第2768页。1194年。
② （宋）黎靖德编，王星贤点校：《朱子语类》，第61页。辅广录，朱子65岁。

说没有本然之性，则气质之性又从哪里来呢？朱子认为气质之性并不是只有周、二程、张四先生如此说，孔子言"成之者性"和"各正性命"也从来没有对人与物直接分为有性与无性。同年，徐子融问朱子枯槁当中有性有气，而附子热与大黄寒，此热与寒之性是不是气质之性，对此陈才卿认为此寒与热就是本然之性，朱子则认为徐子融是认知觉为性，所以将寒热等知觉作为气质之性。朱子提出性即理，有性就有气，本然之性必然受到气质的影响而为气质之性，而有许多气亦只有许多理，说明了气质之性不在本然之性之外，气质之性中本然之性仍然存在。朱子认为徐子融以为枯槁之物只有气质之性也是认知觉为性的表现，因为枯槁之物没有知觉，徐子融又以知觉为性，所以认为枯槁之物没有本然之性。在此朱子以理气关系来说明本然之性与气质之性是一个性，也从本然之性与气质之性的关系上说明了不能认知觉为性。

2. 气质之性与生之谓性

气禀无论是对人还是对物的影响都很大，这不仅决定了人与物的不同，还决定了人与人的不同，基于朱子对气质之性的重视，朱子晚年对告子的"生之谓性"的观点做了重新讨论，并将气质之性与告子的"生之谓性"做了精细的区分，62岁时朱子重新理解告子言性，他说："《集注》所疑亦甚精密，但天之生物，不容有二命，只是此一理耳，物得之者自有偏正开塞之不同，乃其气禀使然，此理甚明。程张论之，亦甚详悉，可更详考，当见其意。告子之失，乃是不合以'生'为'性'，正是便认气为性，故其禀不能不同，此亦当更细消详也。"① 在此，朱子首先说明了万物本是一理，但是万物所禀之气有偏和正、通和塞的不同，这是造成人与物相区别的原因，对此程、张已详细论述过。朱子进一步强调程、张所论气质之性与告子的"生之谓性"有本质上的不同，气质之性是合气与理

---

① （宋）朱熹著，朱杰人、严佐之、刘永翔主编：《答林一之》，《朱子全书》，第23册，第2696页。1191年。见陈来《朱子书信编年考证》，第342页。

来说，告子言性不合于理，只以生言性，如此便是"认气为性"，这是告子的偏失，由此说明气质之性与"认气为性"有本质上的不同。朱子认为言气质之性的重点就是不能"认气为性"，这与朱子批评上蔡等大程门人乃至陆学门人"以知觉言仁"其实是同一个问题，朱子认为二者都犯了告子"生之谓性"的错误。70岁时，朱子又说："'生之谓性'，只是就气上说得。盖谓人也有许多知觉运动，物也有许多知觉运动，人、物只一般。却不知人之所以异于物者，以其得正气，故具得许多道理；如物，则气昏而理亦昏了。"① 朱子认为告子的"生之谓性"只是从气禀的角度来说的，人与物的区别只在于所禀赋的气有不同。朱子晚年也通过理气关系来说明气质之性与生之谓性的区别。

> 问云："'生之谓性'，它这一句，且是说禀受处否？"曰："是。性即气，气即性，它这且是衮说；性便是理，气便是气，是未分别说。其实理无气，亦无所附。"又问："'人生气禀，理有善恶云云，善固性也，然恶亦不可不谓之性也。'看来'善固性也'固是。若云'恶亦不可不谓之性'，则此理本善，因气而鹘突；虽是鹘突，然亦是性也。"曰："它原头处都是善，因气偏，这性便偏了。然此处亦是性。如人浑身都是恻隐而无羞恶，都羞恶而无恻隐，这个便是恶德。这个唤做性邪不是？如墨子之心本是恻隐，孟子推其弊，到得无父处，这个便是'恶亦不可不谓之性也'。"②

由引文可见，朱子认为"生之谓性"只是从气禀上说，"性即气，气即性"，这是将性与气合说。而性即理，气只是气，这是将理气分

---

① （宋）黎靖德编，王星贤点校：《朱子语类》，第1377页。吕焘录，朱子70岁。见《朱子语类》，第17页。
② （宋）黎靖德编，王星贤点校：《朱子语类》，第71—72页。林夔孙录，朱子68岁后。

别开来说，其实也就是因为理没有气则没有地方附着，理气不相离，气承载理，所以说性即气。而对于"恶不可不谓之性"，朱子认为从源头上说性皆为善，因为所禀之气有偏，所以气质之性便偏了，但气质之性也是性，就像人浑身都是恻隐而无羞恶，这种偏失也是恶。就像墨子之心本来是恻隐之心，但是其言兼爱，推到无父之处，也是恶，恶不能不说是性，气质之性有善恶之分，也是性。由此可知，朱子晚年十分注意将本然之性与气质之性做区别，也十分警惕只以气质之性为性，十分强调气质之性与本然之性为一性而不是二性，体现出朱子晚年心性论的严密性。

3. 气强理弱与理同气异

对于气禀的影响，朱子不仅强调气禀对心、性、才影响的复杂性，说明了受到气禀影响后成德工夫的艰难，但是朱子依然强调本然之性的重要，朱子以理气关系来说明气禀对性影响的程度，64岁后还以"气强理弱"来说明气质之性与本然之性的关系，也说明了气质之性有不善的问题。

> 谦之问："天地之气，当其昏明驳杂之时，则其理亦随而昏明驳杂否？"曰："理却只恁地，只是气自如此。"又问："若气如此，理不如此，则是理与气相离矣！"曰："气虽是理之所生，然既生出，则理管他不得。如这理寓于气了，日用间运用都由这个气，只是气强理弱。……又如父子，若子不肖，父亦管他不得。圣人所以立教，正是要救这些子。"时举。柄录云："问：'天地之性既善，则气禀之性如何不善？'曰：'理固无不善，才赋于气质，便有清浊、偏正、刚柔、缓急之不同。盖气强而理弱，理管摄他不得。'"①

由引文可见，对于气的昏明驳杂是否会影响理的问题，朱子认为气

---

① （宋）黎靖德编，王星贤点校：《朱子语类》，第71页。潘时举录，朱子64岁后。

的昏明驳杂只是气的状态,理是不变的,理不会随气而有昏明驳杂的变化。对于理不随气而变化是否说明理气相离的问题,朱子提出这不能说明理气不相离,因为气虽然是理所生,但已经产生之后理无法管控气,如果这个理载于气,日用间运用都随气决定,只是说明气强理弱,虽然气发挥的作用比理更强,但理本身没有改变。朱子举例说理气关系就像父子关系,子为父所生,但儿子不孝,父亲无法管他,只是父亲比儿子更弱,但父亲还是父亲,儿子还是儿子,父亲并没有听从儿子。朱子提出正是因为有气强理弱的情况,所以圣人要设立学校进行教化,就是要转变气不受理管控的状况。对于有人提出天地之性为善而气质之性为何有不善的情况,朱子回答说理固然没有不善,但是一旦禀赋到气质就有了清浊、偏正、刚柔、缓急的不同,这是因为气强理弱,理管摄气不得。如此可见,气质之性为不善是因为气强理弱,所禀赋的气质有偏失。在此,朱子提出了所禀赋的气质对天命之性影响的复杂性,"气强理弱"说明了人与人的理同而气异。"理同气异"是朱子区分人与物、人与人的重要命题,但是朱子也有"气同理异"的说法,对此,黄商伯提出了疑问。

《中庸章句》谓:"人物之生,各得其所赋之理以为健顺五常之德。"《或问》亦言:"人物虽有气禀之异,而理则未尝不同。"《孟子集注》谓:"以气言之,则知觉运动,人与物若不异;以理言之,则仁义礼智之禀岂物之所得而全哉!"二说似不同,岂气既不齐,则所赋之理亦随以异欤?①

由引文可知,黄商伯提出朱子在《中庸章句》中言人与万物的生命都是各自禀赋其理而具有了五常之德,《中庸或问》中说人与物虽然

---

① (宋)朱熹著,朱杰人、严佐之、刘永翔主编:《答黄商伯》,《朱子全书》,第 22 册,第 2129—2130 页。1198 年。

所禀之气不同，但理没有不同，都是"理同气异"的观点。但是，《孟子集注》中说从气上看，则人与物都有知觉，没有不同；从理上看，则人与物所禀赋的仁义礼智之理有全与不全的区别，这就是"气同理异"的说法了。对此，黄商伯提出"理同气异"与"气同理异"的说法是否矛盾，是不是因为气不一样，而导致理也随之不同。在此，黄商伯实质上是质疑朱子是否将理气二分，也就是说"气强理弱"与"理气不相离"看起来是相互矛盾的。对此朱子回答："论万物之一原，则理同而气异；观万物之异体，则气犹相近而理绝不同也。气之异者，粹驳之不齐；理之异者，偏全之或异。幸更详之，自当无可疑也。"① 朱子对理气关系做了比较经典的总结，他提出从万物的本原上看，人与万物都有存在之理，但形气不同，气不相同，有粹杂之分，这是"理同气异"。如果从万物不同的个体来看，万物都禀气而生，但所禀之理有区别，理不相同，有偏全之分，这是"气同理异"。朱子的"气强理弱"则说明了"理同气异"的观点，表明了气禀的影响造成了人与物、人与人的区别，也说明了气质之性与本然之性为一个性的观点。

> 有是理而后有是气，有是气则必有是理。但禀气之清者，为圣为贤，如宝珠在清冷水中；禀气之浊者，为愚为不肖，如珠在浊水中。所谓"明明德"者，是就浊水中揩拭此珠也。物亦有是理，又如宝珠落在至污浊处，然其所禀亦间有些明处，就上面便自不昧。如虎狼之父子，蜂蚁之君臣，豺獭之报本，雎鸠之有别，曰"仁兽"，曰"义兽"是也。②

由引文可知，朱子认为理气关系首先是先有此理后有此气，但是有

---

① （宋）朱熹著，朱杰人、严佐之、刘永翔主编：《答黄商伯》，《朱子全书》，第23册，第2130页。1198年。
② （宋）黎靖德编，王星贤点校：《朱子语类》，第73页。李儒用录，朱子70岁。见《朱子语类》，第15页。

此气则必有此理。从存在先后来看是理先气后，理同气异，从强弱来看，则是气强理弱。朱子认为如果所禀之气为清，则为圣贤，就像宝珠在清水中。所禀之气如果为浊，则为愚为不孝，就像宝珠在浊水中。此宝珠便是本然之性，而圣贤、愚不孝则为气质之性，"明明德"的工夫便是擦拭此宝珠。而物也有理，就像宝珠虽落入污浊中，然而所禀之气也有些是清明的，在此清明之气上看自然不会昏昧，就像虎狼之父子、蜂蚁之君臣等，所以被称为仁兽、义兽。由此可知，朱子晚年以理气关系说明了气禀对人与物的影响，朱子的"气强理弱"说明了气质之性兼善恶而言，说明了朱子对气禀的影响的重视，也为涵养工夫的可能性和穷理工夫的必要性提供了心性论上的证明。对此，有学者研究指出："朱子认为人人因气禀之殊，而有气质之性，此气质之性兼含有善恶的成分，固然已提供了修养之必要的理论基础。但是严格而论，这种理论基础似乎仍欠扎实周遍，尚有待'气强理弱说'来加以补充。"① 这是因为："气质之有昏浊偏驳者固然必须做修养工夫；即使真有气质'清明纯粹，绝无渣滓'的圣人，虽然先天为纯善，但在后天也有可能'用之不善而为恶'，所以仍须做修养工夫。论道德修养，而无人可以例外，'气强理弱说'已为此修养必要的理论，提供了充分而周全的理由。"②

五 未发已发的重新区分和阐释

（一）以"应事"区分未发已发

"中和新说"时期朱子已经确立了未发已发的基本观点，至《仁说》时对未发已发的分疏进一步清晰，成为朱子中年时期心性论的重要组成部分，也是朱子工夫思想的重要基础。朱子晚年在对心性论的进一步完善的基础上，对未发已发重新进行了讨论，成为朱子晚年心性思想的重要组成部分，也说明了朱子晚年工夫思想的

---

① 董金裕：《朱子学术考论》，台北：里仁书局2008年版，第38页。
② 董金裕：《朱子学术考论》，第41页。

变化。

> "中者无过不及之谓",又曰"和者中之异名",若就已发处言之,则可,盖所谓时中也;若就未发处言之,则中只是未有偏倚之意,亦与"和"字地位不同矣。未发只是未应物时,虽市井贩夫、厮役贱隶,亦不无此等时节,如何讳得?方此之时,固未有物欲泥沙之汩,然发而中节,则虽应于物,亦未尝有所汩。直是发不中节,方有所汩。若谓未汩时全是未发,已汩后便是已发,即喜怒哀乐之发永无中节之时矣,恐不然也。①

由上文可见,朱子认为"中者无过不及之谓"之中可以从已发未发两个方面来说,作为已发来说,中指"时中",从未发处说,则未发之中是"不偏倚"的意思,与和地位不同。朱子认为未发只是指未应事接物的状态,未发在每个人身上都是一样的,没有区分。在未发时,还没有受到物欲的影响,如果是发而中节,虽然有应事接物,也一样不受物欲的影响,如果发而不中节,才有受到物欲影响。所以朱子提出不能以是否受到物欲影响来区分未发、已发,如果以未受到物欲影响为未发,以受到物欲影响为已发,则已发后不可能中节。在此,朱子表明了未发已发的区分标准在于是否应事接物,而不在于是否受到物欲影响,这说明朱子晚年对未发已发的界定更为清晰,也说明:"透过朱子晚年对已发未发理解的变化,可以发现朱子的工夫思想在晚年有所发展与完善,朱子晚年不再执着已发未发之间的先后时间界限,而把已发未发融会贯通起来,强调以心在应事接物时是否顺理而为来区分已发未发,由此朱子的工夫思想在晚年也就走向了更为圆融之境。"②

---

① (宋)朱熹著,朱杰人、严佐之、刘永翔主编:《答徐彦章》,《朱子全书》,第23册,第2583页,1191年。
② 陈林:《朱子晚年工夫思想的发展与完善——以"已发未发"为中心》,《江淮论坛》2015年第6期。

需要注意的是，除了以未发已发言心之状态之外，朱子晚年仍从性的角度言未发已发。朱子在《玉山讲义》中说："盖仁则是个温和慈爱底道理，义则是个断制裁割底道理，礼则是个恭敬撙节底道理，智则是个分别是非底道理。凡此四者，具于人心，乃是性之本体，方其未发，漠然无形象之可见；及其发而为用，则仁者为恻隐、义者为羞恶、礼者为恭敬、智者为是非，随事发见，各有苗脉，不相肴乱，所谓情也。故孟子曰：'恻隐之心，仁之端也；羞恶之心，义之端也；恭敬之心，礼之端也；是非之心，智之端也。'"①朱子认为仁义礼智皆是心所具之理，未发时是性之本体，性发而为用则为情，对此陈荣捷先生认为这体现出朱子晚年工夫思想的特点，他说："以体用言，则二者相为体用。若认得熟，看得透，则日用之间，无不是著工夫处。此处体用兼顾，明理实践，乃朱子一生教育之典型。晚年经大变而益信。"②

（二）对程门言已发未发的检查

"中和新说"时期，朱子未发已发的思想主要来自于二程，基于朱子晚年对未发已发的重新界定，也开始了对程门未发已发思想的检查。68岁时朱子致信吕祖俭，对程门后学言未发已发说进行检查，提出要遵从孟子与子思的观点。

> 盖今所论虽累数百言之多，然于《中庸》但欲守程门问者之说，谓未发时耳无闻、目无见而已……故今奉劝，不若只取子思、孟子之言虚心平看，且勿遽增他说……夫未发已发，子思之言已自明白，程子数条引寂然感通者，皆与子思本指符合，更相发明。但答吕与叔之问，偶有"凡言心者，皆指已发"一言之失，而随即自谓未当，亦无可疑。至《遗书》中"才思即

---

① （宋）朱熹著，朱杰人、严佐之、刘永翔主编：《玉山讲义》，《朱子全书》，第 24 册，第 3588—3589 页。1194 年。见束景南《朱熹年谱长编》（下），第 1194 页。
② 陈荣捷：《朱子新探索》，台北：台湾学生书局 1988 年版，第 383 页。

是已发"一句，则又能发明子思言外之意，盖言不待喜怒哀乐之发，但有所思，即为已发。此意已极精微，说到未发界至十分尽头，不复可以有加矣。①

由引文可见，朱子告诉吕祖俭不要固守程门以未发为耳无闻、目无见的论说，建议他从子思、孟子之言去体会未发已发，不要着急增加别人的说法。朱子认为未发已发，子思已说明白，程子以寂感言未发已发皆与子思相符。朱子指出程子言"凡言心者，皆指已发"为口误，随即认为不恰当，后已改正为以未发已发为心之体用。后在《遗书》中言"才思即是已发"是对子思的发明，说明了不要等到喜怒哀乐之发为已发，只要有所思，就为已发。朱子认为二程在《遗书》中以思区分未发已发，已经说到顶了，不需要再过多诠释。由此说明，朱子晚年采纳二程以思来区分未发已发，而不以情区分未发已发，实质上是将未发的部分压缩，将已发的部分扩大。并且朱子强调以"不思"为未发并不是"不闻不见"，认为程门后学没有理解程子之意，才错误记录为"耳无闻、目无见"。

> 问者不能言下领略，切己思惟，只管要说向前去，遂有无闻无见之问。据此所问之不切与程子平日接人之严，当时正合不答，不知何故却引惹他，致他如此记录，前后差舛，都无理会。后来读者若未敢便以为非，亦且合存而不论。今却据守其说，字字推详，以为定论，不信程子手书，此固未当之言；而宁信他人所记自相矛盾之说，强以已发之名侵过未发之实，使人有生已后、未死已前更无一息未发时节，惟有烂熟睡着可为未发而又不可以立天下之大本，此其谬误，又不难晓，故《或

---

① （宋）朱熹著，朱杰人、严佐之、刘永翔主编：《答吕子约》，《朱子全书》，第 22 册，第 2222—2223 页。1197 年。见陈来《朱子书信编年考证》，第 434 页。

问》中粗发其端。①

朱子认为，程子门人之所以将"耳无闻、目无见"作为未发，是因为他们没有领会二程的意思，因为其门人所问不确切而程子当时没有回答，导致记录前后有差却不理会，后来读者不敢以此为非，就存而不论。现在吕子约却守此说，以为定论，不相信程子亲笔，宁愿相信他人所记录的自相矛盾的说法，以"耳无闻、目无见"作为未发是强行以已发的名义侵占未发，如此则人一生中都没有未发的时候，除非在睡着的时候有这种情况。朱子进一步指出如此理解未发，则未发为性的说法是不成立的，所以这种错误不难分晓。从工夫上说，朱子强调不能以"耳无闻、目无见"为未发，因为这是区分儒家的持敬与佛家坐禅工夫的关键处。

> 盖心之有知与耳之有闻、目之有见为一等时节，虽未发而未尝无；心之有思乃与耳之有听、目之有视为一等时节，一有此，则不得为未发。故程子以有思为已发则可，而记者以无见无闻为未发则不可。若苦未信，则请更以程子之言证之。如称许渤持敬，而注其下云："曷尝有如此圣人！"又每力诋坐禅入定之非，此言皆何谓邪？若必以未发之时无所见闻，则又安可讥许渤而非入定哉？此未发已发之辨也。②

由引文可见，朱子提出心知与耳闻、目见同时存在，有心知，就有耳闻、目见，所以虽然心为未发，但知觉不蔽，耳闻、目见一直都有，当心去思考以后，耳有听、目有视，则为已发。所以程子以有思为已发是可以的，程门学者以无见闻为未发是不对的。朱子又说

---

① （宋）朱熹著，朱杰人、严佐之、刘永翔主编：《答吕子约》，《朱子全书》，第22册，第2223页。1197年。

② （宋）朱熹著，朱杰人、严佐之、刘永翔主编：《答吕子约》，《朱子全集》，第22册，第2223页。1197年。

怕吕祖俭不相信，可以从程子所说的话中证明，朱子说许渤持敬，程子称许之为圣人，而对坐禅入定之人，程子每次都大力批判其为邪，所以如果未发为无所见闻，则程子不会称赞许渤持敬工夫而批判坐禅入定之说。同年，吕祖俭又致信朱子说其早前是将"无有闻见"理解为"未有闻见"，是否可以以未发为"未有闻见"，朱子则回答："谓未有闻、未有见为未发，所谓'冲漠无朕，万象森然已具'，不知众人果能有此时乎？学者致知居敬之功，积累涵养，而庶几有此尔。"① 由此可见，朱子十分强调不能将未发理解为"无有闻见""未有闻见"是为了保证工夫不落入佛家的坐禅入定，朱子还是强调未发前的持敬涵养与佛家坐禅工夫的区别。

"未发之前，唯当敬以持养；既发之后，又当敬以察之。未发之中，不待推求而已了然于心目，一有求之之心，则其未发者固已不得而见矣。"剖析可谓明白。吕氏欲求中于未发之前而执之，诚无是理。然既发之情是心之用，审察于此，未免以心观心。②

由引文可见，朱子认为未发之前持敬以存养，已发之后持敬以省察，未发之中则不用等到去求就在心中，未发之中不可以安排，未发前敬与心为一体为敬之体，一旦去求，思虑发动就是已发了。朱子在此针对吕大临"求中""执中"而发，延续至中年时期的立场，已发之情已经是心之用，在心发用后省察可能陷入"以心观心"的错误，在此也能看出朱子晚年将省察移至未发，并且认为在已发处观之也是伊川的问题。

---

① （宋）朱熹著，朱杰人、严佐之、刘永翔主编：《答吕子约》，《朱子全集》，第 22 册，第 2235 页。1197 年。
② （宋）朱熹著，朱杰人、严佐之、刘永翔主编：《答黄商伯》，《朱子全集》，第 22 册，第 2131 页。1198 年。

先生问铢曰:"伊川说:'善观者,却于已发之时观之。'寻常看得此语如何?"铢曰:"此语有病。若只于已发处观之,恐无未发时存养工夫。"先生曰:"杨吕诸公说求之于喜怒哀乐未发之时,伊川又说于已发处观,如此则是全无未发时放下底。今且四平着地放下,要得平帖,湛然无一毫思虑。及至事物来时,随宜应接,当喜则喜,当怒则怒,当哀乐则哀乐。喜怒哀乐过了,此心湛然者,还与未发时一般,方是两下工夫。若只于已发处观,则是已发了,又去已发,展转多了一层,却是反鉴。看来此语只说得圣人之止,如君止于仁,臣止于敬,是就事物上说理,却不曾说得未发时心,后来伊川亦自以为未当。"①

由引文可见,董叔重认为伊川所言"善观者,却于已发之时观之"有缺失,因为如果只是从已发处观之,则会失了未发前涵养一段工夫。对此,朱子则提出杨时、吕大临等诸公言求中于未发之时,而伊川又说从已发处观之,如此则都没有未发前的放下。朱子说暂且平稳放下,湛然无思虑,等事物来时,用适合的方法应接,应接过后,此心湛然,还与未发时一样,才是两下工夫。如果只在已发处观,则心已发了,又以一个已发之心观之,工夫没有直接在心上做。朱子最后对伊川的说法进行了解释,认为伊川是说圣人的境界,没有说未发时的工夫,后来伊川自己也觉得不够妥当。由此可见,朱子晚年对未发已发的区别从应事接物转变成思,提出未发已发不是刻意安排的,相对未发已发工夫也不是刻意安排的,而是随事而发,讲究一个"宜"字。朱子想要强调做工夫也不可太过拘泥于未发已发之分,朱子晚年提出无时不涵养、无时不省察的观点,又重新处理了涵养与省察的关系,说明了朱子晚年对未发已发的重新界定为工夫思想的变化提供了心性论基础。

---

① (宋)黎靖德编,王星贤点校:《朱子语类》,第1513页。董铢录,朱子67岁后。

第二节　涵养工夫的落实

一　涵养本原

涵养本原的说法是朱子早在《知言疑义》中就已提出的，本原即性之全体，涵养本原的工夫思想以性善论为心性论前提，涵养本原说明了朱子对未发前涵养工夫的重视与落实。基于朱子与陆学的长期论辩，朱子在中晚年阶段也曾自我检讨不够重视涵养本原，强调在本原处辨天理人欲，同时也针对浙学功利思想而发，这说明了朱子中晚年时期仍然坚持涵养本原的观点，进入晚年后朱子以"心具众理""心如谷种""心统性情"等命题确立了儒家的基本性善论，虽然注意到气禀对心性论的影响，但并没有动摇性善论的基础，气质之性的善恶并没有取消本然之性为善的地位，所以朱子晚年继续坚持涵养本原的说法，说明了涵养工夫是成德的第一义。1191年朱子致信吴伯丰说："吾侪幸稍平正，然亦觉欠却涵养本原工夫，此不可不自反也。所寄疑义，盖多得之，已略注其间矣。小差处不难见，但却欲贤者更于本原处加功也。"[①] 1195年朱子又致信吴伯丰说："所望于伯丰者不浅，更望于本原上益加涵养收敛之功耳。"[②] 朱子认为虽然吴伯丰言工夫相对平和中正，但在涵养本原上还是有所欠缺，希望吴伯丰能在本原处多做工夫。朱子68岁时还曾致信方宾王强调涵养本原的工夫不能间断，他说："所喻涵养本原之功，诚易间断，然才觉得间断，便是相续处。只要常自提撕，分寸积累将去，久之自然

---

① （宋）朱熹著，朱杰人、严佐之、刘永翔主编：《答吴伯丰》，《朱子全书》，第22册，第2433页。1191年。见陈来《朱子书信编年考证》，第335页。

② （宋）朱熹著，朱杰人、严佐之、刘永翔主编：《答吴伯丰》，《朱子全书》，第22册，第2443页。1195年。

接续打成一片耳。"① 朱子认为涵养本原的工夫容易间断,但是刚刚发觉间断就是接续的地方。只要常常提醒自己,慢慢积累,涵养久了就能将心与理贯通。如此说明,朱子晚年涵养本原的观点没有改变,并且朱子强调涵养本原要通过长期的坚持和积累才能达至贯通的境界。平日涵养、涵养无间断都是朱子中年时期所确立的立场,朱子说:"平日涵养之功,临事持守之力。涵养、持守之久,则临事愈益精明。平日养得根本。固善,若平日不曾养得,临事时便做根本工夫,从这里积将去。若要去讨平日涵养,几时得!"② 可见,朱子晚年时期仍是将涵养工夫定位为根本的工夫,强调涵养是涵养本原、涵养性之全体,所以是成德的根本工夫。

二 气禀与涵养

朱子晚年言涵养工夫没有改变中年时期已提出的"涵养须用敬""敬为彻上彻下""敬贯动静""持敬无间断"等基本观点,朱子晚年后重视气禀对心性的影响,以气禀的影响说明了成德的艰难。基于对气禀的重视,朱子晚年更加强调明理体察的工夫以对治气禀的影响,强调穷理工夫要做到贯通的境界,体现对穷理致知和省察诚意工夫的重视。由此说明,朱子晚年基于对气禀的影响强调穷理工夫,朱子改变了中年时期认为只要涵养就能变化气质,认为持敬可以去除私欲,敬则无己可克。但是需要注意的是,气禀的影响不能推翻朱子以"心具众理""心如谷种""心统性情"等命题所确立的性善论,气质之性的善恶不能改变本然之性为善的基础,所以朱子晚年基于气禀的影响而强调穷理工夫,但没有改变朱子在"中和新说"时期所确立的主敬涵养作为成德工夫第一义的地位。

---

① (宋)朱熹著,朱杰人、严佐之、刘永翔主编:《答方宾王》,《朱子全书》,第23册,第2670页。1196年。见陈来《朱子书信编年考证》,第420页。

② (宋)黎靖德编,王星贤点校:《朱子语类》,第204页。沈僴录,朱子69岁后。

> 大抵人之一心，万理具备，若能存得，便是圣贤，更有何事？然圣贤教人，所以有许多门路节次，而未尝教人只守此心者，盖为此心此理虽本完具，却为气质之禀不能无偏，若不讲明体察，极精极密，往往随其所偏堕于物欲之私而不自知。是以圣贤教人，虽以恭敬持守为先，而于其中又必使之即事即物考古验今，体会推寻，内外参合。盖必如此，然后见得此心之真、此理之正，而于世间万事、一切言语，无不洞然了其白黑。①

由引文可知，朱子认为大抵上每个人都"心具万理"，如果能存得此心便是圣贤，除此之外没有什么工夫。但是圣贤教人之所以有许多不同的工夫路径，而没有教人只持守本心，就是因为此心虽然本具万理，但是因为气质的禀赋而使心难免有偏失，如果不去做讲明体察的精密工夫，心往往会随着气质之偏而堕入私欲当中而不自知。所以圣贤教人做工夫，虽然以恭敬持守为先，但在持敬当中又必须使心在事事物物中考古验今，体会推寻，在此朱子说明了持敬为先，但是因为气禀的影响，又要在持敬中做穷理工夫，持敬穷理二者互发，内外合作。朱子以气禀的影响说明了格物穷理工夫的必要性，但没有取消持敬为先的地位。同年，朱子与陈安卿在通信中也表达了这个思想，朱子说："人之所以欲全体此心而常为一身之主者，必致知之力到而主敬之功专，使胸中光明莹净，超然于气禀物欲之上。"② 可见，朱子认为人如果要保持本心之全而使心为一身之主宰就要做主敬致知的工夫，从而使内心洁净光明，甚至能超出气禀物欲对成德的限制。可以看出，这与朱子"中和新说"时期将变化气质和消除私欲的工夫都落在持敬上已经不同，朱子强调穷理明义对

---

① （宋）朱熹著，朱杰人、严佐之、刘永翔主编：《答项平父》，《朱子全书》，第22册，第2543页。1191年。见陈来《朱子书信编年考证》，第336页。

② （宋）朱熹著，朱杰人、严佐之、刘永翔主编：《答陈安卿》，《朱子全书》，第2739页。1191年。见陈来《朱子书信编年考证》，第344页。

克治气禀影响的重要性，在对治私欲的工夫上补充了克己复礼的工夫，但是持敬涵养仍然是成德的第一位的工夫。当有学生提出是否需要以持敬工夫来对治气禀的影响时，朱子则回答说："也是如此。天地也似有个主宰，方始恁地变易，便是天地底敬。天理只是直上去，更无四边渗漏，更无走作。"① 在认识到气禀的影响之后，朱子仍以持敬涵养确立心之主宰的地位，持敬涵养作为成德的根本工夫的地位没有改变。除了持敬和致知，朱子还引入克己、立志等其他工夫作为补充，说明了朱子晚年工夫思想的严密性。

> 自仁道之不明也，人惟拘于气禀，蔽于私欲，则生道有息而天理不行，否隔壅塞，不能贯通。如人疾病，血气不运于四支，则手足顽麻，不知痛痒，而医者亦谓之不仁。人能有以体乎仁，必其无一毫之私得以间其生生之体，使之流行贯注，无有不达，无有不遍，然后为能全其心之德、爱之理也。此颜子之克己、仲弓之敬恕与圣人居处恭、执事敬、博学笃志、切问近思等处，正欲使工夫缜密也。②

由引文可知，朱子认为人心不明的原因在于被气禀拘束、被私欲遮蔽，如此则生生之道停止，天理不能发用，心理不能贯通。就像人身患疾病，血气运行不流畅则手脚麻痹没有知觉，不知痛痒，医生则认为这就是不仁。人本有体察仁的能力，心之全体必须没有一毫私欲才能流行发用，通达周遍，如此才能全此心之全德，全此性之全体。朱子在此指出气禀和私欲对本心的影响，强调要以克己、敬恕、博学笃志、切问近思等工夫来对治气禀和私欲，如此则工夫更加缜密。此处体现了朱子晚年认识到成德的艰难后，对圣人及先贤

---

① （宋）黎靖德编，王星贤点校：《朱子语类》，第2464页。叶贺孙录，朱子62岁后。见《朱子语类》，第13页。
② （宋）朱熹著，朱杰人、严佐之、刘永翔主编：《答徐居甫》，《朱子全书》，第23册，第2788页。1191年。见陈来《朱子书信编年考证》，第346页。

所言修养工夫全面的重视，持敬、致知是去除气禀物欲的工夫，克己、立志、恭敬、省察都是对涵养工夫的重要补充，如此体现了朱子晚年工夫思想的系统化和严密化。但是，持敬和穷理是最主要的两大工夫，朱子说："人亦全得此理，只是气禀物欲所昏，故须持敬治之，则本然之理，自无间断。"① 又说："此心本来虚灵，万理具备，事事物物皆所当知。今人多是气质偏了，又为物欲所蔽，故昏而不能尽知，圣贤所以贵于穷理。"② 可见，朱子认为正是因为气禀和私欲的影响，所以持敬工夫不能间断，也正是基于气质和私欲的影响，所以要重视穷理工夫。65岁时，朱子在《经筵讲义》中还提出小学、大学工夫都是为了去除气禀和物欲的影响。

> 臣又尝窃谓：自天之生此民，而莫不赋之以仁义礼智之性，叙之以君臣父子、兄弟夫妇朋友之伦，则天下之理，固已无不具于一人之身矣。但以人自有生而有血气之身，则不能无气质之偏以拘之于前，而又有物欲之私以蔽之于后，所以不能皆知其性，以至于乱其伦理而陷于邪僻也。是以古之圣王设为学校，以教天下之人，使自王世子、王子、公侯卿大夫元士之适子，以至庶人之子，皆以八岁而入小学，十有五岁而入大学，必皆有以去其气质之偏、物欲之蔽，以复其性、以尽其伦而后已焉。……又曰："《大学》乃初学入德之门。于今可见古人为学次第者，赖有此篇尚存。其他则莫如《论》《孟》。"③

由引文可见，朱子认为每个人自生来就有仁义礼智之性，说明了万

---

① （宋）黎靖德编，王星贤点校：《朱子语类》，第2464页。叶贺孙录，朱子62岁后。

② （宋）黎靖德编，王星贤点校：《朱子语类》，第1425页。叶贺孙录，朱子62岁后。

③ （宋）朱熹著，朱杰人、严佐之、刘永翔主编：《经筵讲义》，《朱子全书》，第20册，第691—692页。1194年。

理本具于心，但人自从出生就有了血气肉身，不可避免地受到气质之偏的限制，并且在后天又受到私欲的遮蔽，所以人心虽本具万理但不能都认识到自己的本性，导致最后乱其伦理，陷于邪僻。正因为如此，古代圣王才要设置学校，对天下之人进行教化。八岁入小学，十五岁入大学，坚持做工夫，必定能去除气质和物欲的影响，最终恢复本性，恢复人伦秩序。对于为学次第，朱子以《大学》为成德的入门之学，其他还有《论语》和《孟子》，由此可以看出，朱子晚年以"四书"为工夫规模。除此之外，朱子还强调了省察工夫对治气禀的作用。

> 讲学固不可无，须是更去自己分上做工夫。若只管说，不过一两日都说尽了。只是工夫难。且如人虽知此事不是，不可为，忽然无事又自起此念。又如临事时虽知其不义，不要做，又却不知不觉自去做了，是如何？又如好事，初心本自要做，又却终不肯做，是如何？盖人心本善，方其见善欲为之时，此是真心发见之端。然才发，便被气禀物欲随即蔽锢之，不教它发。此须自去体察存养，看得此最是一件大工夫。①

由引文可见，朱子提出讲学求义的工夫不可以缺少，但必须从自己身上做工夫。如果只是从口上说，不过一两天就完成了，难在做工夫上。就像人虽然知道这件事不对，不可以做，忽然无事时又自己起来这个念头。又比如临事时虽然知道这件事不对，明知不能做，却又不知不觉去做了。又如做好事，初心本来自己要做，最终又不肯去做。以上朱子所言三个情况都是不诚意和自欺的表现，朱子认为人心本善，见善欲为是善心的发见之端，但是此心才发出，便受到气禀的禁锢、物欲的遮蔽，无法发出善端，所以必须自己去做体

---

① （宋）黎靖德编，王星贤点校：《朱子语类》，第228—229页。辅广录，朱子65岁后。

察存养的工夫，这里的体察存养指省察以完成诚意的工夫，除了持敬存养，朱子晚年也将省察列为存养工夫的范围。

由上分析可知，朱子晚年基于对气禀和物欲的影响的重视，其修养工夫都不能绕过气禀和物欲而言，基于气禀对心性的影响，朱子晚年更加认识到成德的艰难，说明了持敬涵养、致知、克己、省察、立志等各个工夫的必要性，也是基于气禀的影响，朱子强调穷理和省察等已发后的工夫，但是持敬涵养作为成德的根本工夫的地位没有动摇，如此说明了朱子晚年工夫体系的缜密。在这一点上，唐君毅对朱子存在误解，唐君毅亦认识到朱子重视涵养工夫以对治气禀的影响，但却认为朱子的涵养劣于象山。他说："朱子盖早已意谓其前诸贤之以直下识仁，或察识本心为工夫者，皆不知人之气禀物欲之杂，而其工夫乃皆不能无弊者。由是而后，朱子有其涵养主敬，致知格物穷理为先，而以察识省察为后之工夫论，以救其弊。然朱子则未知其所言之工夫论，亦不能无弊；复未知欲救一切功夫之弊，则正有待于象山所谓自信其本心，而发明其本心之工夫。"① 唐君毅认为朱子因为认识到气禀的影响而提出了主敬、穷理致知和省察等多个工夫，但是无法做到完全的缜密，因为要真正解决一切问题，只有依从象山的发明本心的工夫。但是，朱子认为象山发明本心的提出是因为他不言气禀对心的影响，所以相信发明本心就可以成德，唐君毅自己也说："所谓象山之发明本心之工夫，即具有朱子所谓涵养工夫，而自有其胜义者，即象山所谓发明本心，此本心之自明自立，亦即其所以自保养。……此中贤之不同，亦唯在朱子之言涵养，乃是相对于此气质之昏蔽，而用此工夫为对治，却未能信此工夫即此本心之自呈用，或本心所自起。然象山之发明本心，则要在自种种限隔中拔出，既能拔出，即可不见有气禀物欲之蔽，为所对治。"② 朱子曾在中晚年言立志工夫时提出"信得及"是第

---

① 唐君毅：《中国哲学原论·原性篇》，第553—554页。
② 唐君毅：《中国哲学原论·原性篇》，第652—653页。

一义工夫，对本心的认识和相信当然是成德的第一动力，持敬涵养是成德的根本，但不能完成修养的所有要求。气禀和私欲对人的影响是必然的现实，是无法绕开的问题，朱子认为气禀使本心昏聩，道理不明，本心无法自明自立，或者已经明理，相信本心自明，但在行动中做不到，或是不自觉地流出的念头，这都是气禀影响的体现，所以不得不做穷理和省察的工夫，克己复礼、立志工夫也是如此，朱子对以上修养工夫的地位的落实其实是符合前人的工夫思想的。可以说，正是基于气禀的认识，朱子认识到成德的艰难，才对涵养工夫做了许多补充，体现出朱子晚年工夫思想的缜密。

三 持敬即精神专一

朱子在"中和新说"时期确立了以敬为主一、直内的基本观点，说明了操存涵养的主要方法是通过动容貌、整思虑来完成身心的整顿。朱子晚年后对持敬仍然保持这一基本观点，但朱子进入晚年后不再强调以"身心为一"来解释主一，而更偏向以"精神专一"来解释主一。朱子61岁时说："持守得定而不驰骛走作，即是主一，主一即是敬，只是展转相解，非无适之外别有主一，主一之外又别有敬也。"① 朱子认为持守本心就是主一，就是敬，主一之外没有其他敬的工夫，说明朱子以主一为持敬工夫的唯一解释。同年，朱子又说："主一又是'敬'字注解。要之，事无小无大，常令自家精神思虑尽在此。遇事时如此，无事时也如此。"② 朱子认为主一是敬的注解，主一就是精神专一，说明朱子晚年更倾向于从精神状态上言持敬。62岁时朱子又说："所谓敬者，只是要专一耳，初不偏在

---

① （宋）朱熹著，朱杰人、严佐之、刘永翔主编：《答方子实》，《朱子全书》，第23册，第2820页。1190年。见陈来《朱子书信编年考证》，第320页。

② （宋）黎靖德编，王星贤点校：《朱子语类》，第206页。童伯羽录，朱子61岁。见《朱子语类》，第16页。

静处也。"① 又说："敬，莫把做一件事看，只是收拾自家精神，专一在此。"② 在此，朱子提出不要单独把持敬当作一件事情来做，持敬只是收拾自己的精神，将精神专一在一件事上。朱子强调持敬只是精神专一，不要偏向静处去理解持敬，无论动静只要做到精神专一。所以朱子也认同徐居甫说："主一盖兼动静而言。"③ 敬为精神专一，所以无论在动或是静的情况下都可以做工夫，由此以动静区分持敬的意义就被弱化。由此可知，朱子晚年以主一解释持敬，朱子不再强调持敬是"由外直内"，而是直接在精神上做工夫，持敬工夫向内收敛。

基于朱子晚年对持敬的重新理解，其在65岁《经筵讲义》中对大程门人做了重新肯定，朱子说："论其所以为敬之方，则其言又曰：'主一之谓敬，无适之谓一。'又曰：'但庄整齐肃，则心便一。一则自无非僻之干，存之久而天理明矣。'至其门人谢良佐之言，则曰：'敬是常惺惺法。'尹焞之言，则曰：'人能收敛其心，不容一物，则可以谓之敬矣。'此皆切至之言，深得圣经之旨。传文虽亡，然于此可以得其梗概矣。"④ 朱子十分认同大程门人以主一解释持敬，又以"无适""庄整齐肃"解释主一，认为谢上蔡以"常惺惺"解释持敬、尹靖和以"收敛其心"言敬都是至切之言，都深得圣人经典宗旨。可以说，这是朱子对大程门人最高的评价了。与中年时期相比，朱子的态度有了极大的转变，中年时期朱子十分警惕大程门人的心学，在此却肯定他们深得圣人宗旨，这是基于朱子晚年对持敬的理解发生了变化，注重以精神专一解释持敬，将持敬工夫收

---

① （宋）朱熹著，朱杰人、严佐之、刘永翔主编：《答杨仲思》，《朱子全书》，第23册，第2753页。1191年。见陈来《朱子书信编年考证》，第345页。

② （宋）黎靖德编，王星贤点校：《朱子语类》，第215—216页。叶贺孙录，朱子62岁后。

③ （宋）朱熹著，朱杰人、严佐之、刘永翔主编：《答徐居甫》，《朱子全书》，第23册，第2789页。1191年。

④ （宋）朱熹著，朱杰人、严佐之、刘永翔主编：《经筵讲义》，《朱子全书》，第20册，第708页。1194年。

归心内做，与大程门人对持敬的理解比较契合。朱子 68 岁时又说："所以程子论《中庸》未发处，答问之际，初甚详密，而其究意，只就'敬'之一字都收杀了。其所谓'敬'，又无其他玄妙奇特，止是教人每事习个专一而已，都无许多闲说话也。"① 朱子认为大程论未发十分详细缜密，未发工夫只"敬"一个字就可以概括了，持敬没有其他玄妙的地方，只是教人学习专一而已。朱子在此指出未发工夫只有持敬工夫，实际上是对中年时期所言的其他如静坐等主静工夫的消解，精神专一实际上已经超越了动静上区分持敬工夫的限制，所以朱子晚年少言敬为彻上彻下、敬贯动静的说法，这是因为朱子晚年不以应事接物区分未发已发，以思为已发，取消了以动静区分未发已发的意义，所以不需要像中年时期对持敬只停留于未发前阶段保持警惕，不再强调通过身心上的收拾达到专一，精神专一的工夫不再受到身体上的应事接物和动静的限制，这也是朱子不再反对大程门人在心上言持敬工夫的原因。朱子晚年不再侧重强调持敬是动容貌，整思虑，不再言持敬是通过由外直内的身心上的整顿而达到主一，直接将主一诠释为精神专一，这是朱子晚年对持敬工夫理解的一大转变。

四 对"克己复礼"的重新诠释

由前文分析可知，克己复礼工夫主要对治已发后私欲的问题，朱子中年时期将克己复礼诠释为"克己复理"，将克己复礼工夫纳入涵养工夫的范围，朱子晚年更具体地提出克己复礼是涵养工夫的细则，朱子说："涵养之则，凡非礼勿视听言动，礼仪三百，威仪三千，皆是。"② 基于晚年对气禀和私欲的影响的认识，朱子越发认识到成德的艰难，故对克己复礼工夫也有了进一步的重视，

---

① （宋）朱熹著，朱杰人、严佐之、刘永翔主编：《答吕子约》，《朱子全书》，第 22 册，第 2238 页。1197 年。见陈来《朱子书信编年考证》，第 434 页。

② （宋）黎靖德编，王星贤点校：《朱子语类》，第 204 页。沈僩录，朱子 69 岁后。

朱子晚年对克己复礼又做了重新诠释，重在以克己工夫解决内在的内容和外在的规范，最终确立以礼作为克己工夫的内容和规矩准绳，这是朱子晚年对克己复礼工夫的重新落实，体现了朱子晚年重视外在规范的伦理精神和理性精神。

（一）复礼不是"复理"

中年时期朱子以"克己复理"解释"克己复礼"，如此"克己复礼"实质只是克己工夫，"复理"是克己的结果，并没有独立的工夫意义，如此朱子必然要面临复礼工夫没有着落的问题。朱子《仁说》时期将复礼诠释为"恢复天理"是继承二程的观点，对此，朱子在《集注》后就已有所认识，在《集注》中朱子将"克己复礼"之礼解释为"天理之节文"①，他又对张仁叔说："'约之以礼'，'礼'字便作'理'字看不得，正是持守有节文处（'克己复礼'之'礼'亦然）。"② 可见朱子48岁时已提出不能将"克己复礼"之"礼"直接解释为天理，与《仁说》时期相比已经有了变化，但是朱子仍是以复礼作为克己的效验，《集注》中说："仁者必有以胜私欲而复于礼。"③ 50岁时又说："'克己复礼'，只是一事。外书所载，殊觉支离，此必记录之误。向来所以别为一编，而目之曰'外书'者，盖多类此故也。伊川尝曰：'非礼处，便是私意。既是私意，如何得仁！须是克尽己私，皆归于礼，方始是仁。'此说最为的确。"④ 此处朱子不将复礼解释为"复理"，而以礼作为克己的标准，但是克己复礼仍是被解为克尽己私、复归于礼，复礼是克己的结果，所以克己复礼从工夫上说仍只是克己工夫。晚年后朱子开始明确取消以"复理"来解释复礼的说法。

---

① （宋）朱熹：《四书章句集注》，第131页。
② （宋）朱熹著，朱杰人、严佐之、刘永翔主编：《答张仁叔》，《朱子全书》，第23册，第2750页。1177年。见陈来《朱子书信编年考证》，第155页。
③ （宋）朱熹：《四书章句集注》，第131页。
④ （宋）黎靖德编，王星贤点校：《朱子语类》，第1065页。周谟录，朱子50岁。

> 正淳问:"程子曰:'礼,即理也。不是天理,便是人欲。'尹氏曰:'礼者,理也。去人欲,则复天理。'或问不取尹说,以为失程子之意,何也?"曰:"某之意,不欲其只说复理而不说'礼'字。盖说复礼,即说得着实;若说作理,则悬空,是个甚物事?如谢氏曰:'以我视,以我听,以我言,以我动。'"①

由引文可知,程子和尹焞的区别在于尹焞以"去人欲,则复天理"解释复礼,而程子以"不是天理,便是人欲"来解释复礼,二人都将礼直接等同于理,对此有人询问朱子不取尹焞之说,认为其有失程子本意的原因,朱子解释说礼虽然是天理,但是对于复礼不能只说"复理"而不说礼,如果说复礼,则克己工夫有落脚的地方,如果只说"复理",则克己工夫悬空,不知道如何下手,就像谢上蔡所说的以我视、听、言、动,以我作为标准,则视、听、言、动没有礼作为规范准绳,无从下手。如此可见,朱子刚进入晚年后便明确了不能以"复理"来说明复礼的观点,因为礼学是朱子学说外化的途径,礼学在朱子学说当中的重要地位在于"朱子认为礼与理的关系是下学与上达的关系,如果只谈理,那么只能落空于悬空缥缈、不可把握"②。

(二) 克己的内容是复礼

前文分析可知,朱子反对以"复理"直接解释复礼,以复礼作为克己的内容和规范,克己工夫才不会悬空,所以朱子晚年提出孔子所言非礼勿视听言动就是克己工夫的内容,克己就是在视听言动上去除

---

① (宋)黎靖德编,王星贤点校:《朱子语类》,第1065页。吴必大录,朱子59、60岁。见《朱子语类》,第16页。
② 延玥:《朱熹论礼与理的关系》,硕士学位论文,南京大学,2011年,第240页。

非礼的行为，使自己合于礼，如此克己工夫不会落入意念上的工夫而悬空，这是朱子晚年十分注意的问题，主要针对程氏门人杨时、尹焞等人而发。朱子说："近日学者又有一病，多求于理而不求于事，求于心而不求于身。如说'一日克己复礼，天下归仁'。既能克己，则事事皆仁，天下皆归仁于我，此皆有实迹。而必曰'天下皆归吾仁之中'，只是无形无影。自龟山以来皆如此说。徐承叟亦云，见龟山说如此。"① 朱子认为自龟山以来，许多学者做工夫停留于内心，而不在自己的行为上规范自己，比如对克己复礼的理解，认为既能克己就能事事皆仁而复于礼，如此则将克己工夫说得太高，朱子认为这个观点影响了后学。针对学者克己工夫悬空不实的问题，朱子强调克己工夫要在视听言动上落实，不能停留于意念上做工夫。

> 先生问元昭："近来颇觉得如何？"曰："自觉此心不实。"曰："但不要穷高极远，只于言行上点检，便自实。今人论道，只论理，不论事；只说心，不说身。其说至高，而荡然无守，流于空虚异端之说。且如'天下归仁'，只是天下与其仁，程子云'事事皆仁'是也。今人须要说天下皆归吾仁之中，其说非不好，但无形无影，全无下手脚处。夫子对颜子'克己复礼'之目，亦只是就视听言动上理会。凡思虑之类，皆动字上包了，不曾更出非礼勿思一条。……浙中王苹信伯亲见伊川来，后来设教作怪。舒州有语录之类，专教人以'天下归仁'。才见人，便说'天下归仁'，更不说'克己复礼'！"②

由引文可知，对于元昭自觉自己的心不踏实的情况，朱子建议他做工夫不要穷高极远，要在具体的言行上检查自己，如此则心自然为

---

① （宋）黎靖德编，王星贤点校：《朱子语类》，第2904页。郑可学录，朱子62岁。

② （宋）黎靖德编，王星贤点校：《朱子语类》，第2904—2905页。滕璘录，朱子62岁。

实。朱子提出现在的人讨论成德的道路方法,只从理论上空谈,不在具体的事上落实,只说从心上做工夫,不说从身上做工夫,空有高论,最终流于空虚异端之说。在此,其实可以看出朱子看似批评大程门人,实际也在批评陆学,认为大程门人心学的倾向造成了陆学的问题。朱子认为"天下归仁"就如程子所说"事事皆仁",从具体的事上看是否合于仁的标准,但现在的人必须说"天下皆归吾仁之中",这种说法并不是不好,但是却无形无影,"天下皆归吾仁之中"其实就是上文朱子所言上蔡"以我视听言动",朱子认为只以个体的我为标准,没有外在一致的标准和规范,克己工夫没有下手处,必然停留于心内做工夫。所以朱子提出孔子对颜回提出具体的克己复礼的节目就是"非礼勿视、听、言、动",就是在视听言动上理会做工夫。朱子认为凡是思虑,都包含在视听言动里面,没有另外的"非礼勿思"一条,所以克己复礼不是停留于意念上的工夫。朱子在此也批评了浙中学者王苹信,认为他只教人"天下归仁",而不懂教人在克己复礼上做工夫,从而将克己工夫说得太高,过于悬空。因为复礼是克己的内容,己就是非礼的内容,所以朱子还具体提出克己主要就是克除"耳目鼻口之欲",《语类》载:"或问:'克己之私有三:气禀,耳目鼻口之欲,及人我是也。不知那个是夫子所指者?'曰:'三者皆在里。然非礼勿视听言动,则耳目口鼻之欲较多。'"① 朱子认为气禀、耳目鼻口之欲及人我都是克己的对象,但因为视听言动是克己复礼的具体节目,与此相对应,克己的对象主要是耳目口鼻之欲,又说:"如颜子'克己复礼',亦须是'非礼勿视,非礼勿听,非礼勿言,非礼勿动',不成只守个克己复礼,将下面许多都除了!"② 由此可见,朱子晚年强调克己复礼工夫要在视听言动中进行,复礼是克己工夫的内容,

---

① (宋)黎靖德编,王星贤点校:《朱子语类》,第 1044 页。林学蒙录,朱子 65 岁后。见《朱子语类》,第 17 页。
② (宋)黎靖德编,王星贤点校:《朱子语类》,第 2821 页。黄义刚录,朱子 64 岁后。

这与朱子反对将复礼诠释为"复理"的观点是相互呼应的，朱子以"事事归于仁"解释天下归仁，将克己复礼的效验落实在具体的现实世界而不是内心世界，将克己复礼工夫落实在事情中进行，杜绝了以克己复礼为意念的工夫，与明道及门人以及佛老言克己复礼的观点相区别，体现出朱子晚年对克己复礼工夫的重视与落实。

（三）克己在复礼中完成

前文分析可知，朱子为了避免克己工夫的悬空，以复礼作为克己工夫的内容，如此实际上就把克己工夫落实在复礼上完成，这就说明克己工夫完成也代表了复礼工夫的完成，也就是说克己与复礼实际上是同时完成的，所以朱子晚年常常强调克己与复礼不是两节工夫。朱子说："只克己，便是复礼。'克己复礼'，便似'着诚去伪'之类。盖己私既克，无非天理，便是礼。大凡才有些私意，便非礼。若截为两段，中间便有空阙处。"① 又必大录此云："'着诚去伪'，不彼即此。非克己之后，中间又空一节，须用复礼也。"② 朱子认为克己复礼就像"着诚去伪"一样，已私既克，便是复礼，如果有一点私意存在，就不是复礼，复礼是克己的标准和结果，克己的完成即复礼，克己与复礼之间没有间隙，如果有间隙的话就是两节工夫。朱子又补充说"着诚去伪"就是非诚即伪，克己与复礼的关系就像诚与伪的关系，克己即复礼，不是克己之后，中间又空一节再去复礼，如此说明克己与复礼就是同时完成的两个工夫，只是一个是正说，一个是反说。对此，朱子又说："克己，则礼自复；闲邪，则诚自存。非克己外别有复礼，闲邪外别有存诚。"③ 在

---

① （宋）黎靖德编，王星贤点校：《朱子语类》，第1060页。吴必大录，朱子59、60岁。

② （宋）黎靖德编，王星贤点校：《朱子语类》，第1060页，吴必大录，朱子59、60岁。

③ （宋）黎靖德编，王星贤点校：《朱子语类》，第1042页。叶贺孙录，朱子62岁后。

此，朱子仍以"着诚去伪"比喻克己复礼，认为克己则礼自复，就像闲邪则诚自存一样，二者本质上是一件工夫的不同说法，除了克己之外没有别的复礼的工夫。在此朱子十分明确说明了克己与复礼的关系，复礼是克己的内容，克己就是复礼，除了克己没有其他的复礼工夫，二者是一件事情、一个工夫，朱子将克己和复礼完全等同，二者同时完成，不能截然二分，也没有先后之分。正如朱子对陈淳说："'克己复礼'，不是克己了，又复礼。只克去己私，便是礼。有是有非，只去了非，便是是。所以孔子只说非礼勿视听言动。只克去那非，便是礼。"① 朱子强调不是克己后又另外做复礼工夫，克己就是做复礼的工夫，克己的完成就代表复礼的完成。

对于克己与复礼的关系，朱子又说："'克己复礼'，一如将水去救火相似。又似一件事，又似两件事。"② 朱子认为克己与复礼二者似乎是一件事又像是两件事，就像水去救火，实际上说明了工夫的正反两个方面是同时完成。64岁后，朱子与亚夫围绕克己与复礼的关系做了非常详细的讨论，《语类》中所录三段，详略不同，但核心都是在强调克己以复礼为工夫的准则，强调克己在复礼上完成，二者不是两节工夫。

> 亚夫问"克己复礼"章。曰："今人但说克己，更不说复礼。夫子言非礼勿视听言动，即是'克己复礼'之目也。颜子会问，夫子会答，答得来包括得尽。'己'字与'礼'字正相对说。礼，便有规矩准绳。且以坐立言之；己便是箕踞，礼便是'坐如尸'；己便是跛倚，礼便是'立如齐'。但如此看便见。"又曰："克己是大做工夫，复礼是事事皆落腔窠。克己便能复礼，步步皆合规矩准绳；非是克己之外，别有复礼工夫也。

---

① （宋）黎靖德编，王星贤点校：《朱子语类》，第1074页。陈淳录，朱子61、70岁。

② （宋）黎靖德编，王星贤点校：《朱子语类》，第1042页。潘时举录，朱子64岁后。

释氏之学，只是克己，更无复礼工夫，所以不中节文，便至以君臣为父子，父子为君臣，一齐乱了。吾儒克己便复礼，见得工夫精细。圣人说得来本末精粗具举。下面四个'勿'字，便是克与复工夫皆以礼为准也。"①

此段是南升所录，是最简略的一段，对于亚夫所问"克己复礼"章，朱子批评了今人言克己复礼的问题表现在只言克己不言复礼，朱子认为孔子所言非礼勿视、听、言、动就是克己复礼的具体节目，说明了非礼是克己复礼的工夫对象，复礼是克己工夫的内容。朱子认为克己复礼中己与礼是相对的，因为有礼，克己才有规矩准绳，说明了克己与复礼是同一个工夫的正反说法，也说明了复礼作为克己的内容和准则的意义。以坐立为例，己是箕踞，礼便是"坐如尸"；己是"跛倚"，礼便是"立如齐"，己以礼作为标准，克己必须按照礼的规范来做工夫，克己在复礼上完成。对于克己与复礼的对比，朱子提出克己是大的方面，复礼是事事都落在心里，克己了便能复礼，以规矩准绳作为克己复礼的标准，所以克己之外没有另外的复礼的工夫。朱子认为是否以礼作为规矩准绳是儒释言克己的区别，佛家只是克己，不言复礼，不以复礼为目的，所以乱了伦常，而儒家的克己工夫最终能复于礼，说明儒家工夫更加精细，说明了儒家工夫本末精粗兼具，非礼、勿视、听、言、动说明了克己复礼工夫以礼作为规矩准绳的意义。此外，《语类》中对于亚夫问"克己复礼"章的第二段记载说明了朱子以礼作为克己复礼的规矩准绳的工夫特点。

亚夫问："'克己复礼'，疑若克己后便已是仁，不知复礼还又是一重工夫否？"曰："己与礼对立。克去己后，必复于礼，

---

① （宋）黎靖德编，王星贤点校：《朱子语类》，第1045—1046页。郑南升录，朱子64岁。

然后为仁。若克去己私便无一事,则克之后,须落空去了。且如坐当如尸,立当如齐,此礼也。坐而倨傲,立而跛倚,此己私也。克去己私,则不容倨傲而跛倚;然必使之如尸如齐,方合礼也。故克己者必须复此身于规矩准绳之中,乃所以为仁也。"……又问:"'克己复礼'如何分精粗?"曰:"若以克去己私言之,便克己是精底工夫,到礼之节文有所欠阙,便是粗者未尽。然克己又只是克去私意,若未能有细密工夫,一一入他规矩准绳之中,便未是复礼。如此,则复礼却乃是精处。"①

由引文可见,此段记载所言意思与前文大致一致,都说明了朱子以复礼作为克己的内容,以礼作为克己复礼的规矩准绳,克己在复礼上完成,二者是一个工夫的观点。相比上段记载,在此朱子明确表达了儒家的克己工夫是因为有复礼作为规矩准绳,所以克己工夫更精细。对于克己复礼如何区分精粗,朱子认为克去己私是精的工夫,行为上复礼便是粗的工夫,但是如果克己复礼只是去除私意,没有以复礼作为规矩准则,则工夫不够细密,如此看来复礼才是克己复礼工夫中工夫精细的要求和体现。在此,朱子极为精微地分析了以复礼作为克己工夫内容和准则的意义之所在,体现了朱子晚年工夫思想细密的特点。前段倾向于强调克己以复礼作为规范准绳,潘时举所录第三段则更倾向于强调克己和复礼都要做工夫,因为有克己之后还没有复礼的情况,但二者不是两节工夫,因为克己在复礼上完成。

时举曰:"先生向所作《克斋记》云:'克己者,所以复礼;非克己之外,别有所谓复礼之功。'是如何?"曰:"便是当时也说得忒快了。明道谓:'克己则私心去,自能复礼;虽不

---

① (宋)黎靖德编,王星贤点校:《朱子语类》,第1046—1047页,潘时举录,朱子64岁后。

学礼文，而礼意已得。'如此等语，也说忒高了。孔子说'克己复礼'，便都是实。"曰："如此，则'克己复礼'，分明是两节工夫。"曰："也不用做两节看。但不会做工夫底，克己了，犹未能复礼；会做工夫底，才克己，便复礼也。"①

《克斋记》作于1172年朱子43岁时，因朱子晚年对克己与复礼的解释出现变化，潘时举便对朱子早前在《克斋记》中所言"克己者，所以复礼；非克己之外，别有所谓复礼之功"②提出疑问，很明显在《克斋记》中朱子认为克己是复礼的原因，克己之外没有别的复礼的工夫，如此将克己复礼的重点落在克己上，以克己作为复礼的标准，不需要做复礼的工夫，对此，朱子直接检讨自己当时将克己复礼说得太早了，同时朱子还批评了明道克己自能复礼的观点，明道认为能克己就不需要学习礼文制度，自然能复礼，朱子认为明道将克己说得太高。这就说明在克己复礼中朱子将重点转移到复礼上，复礼是克己的内容和准则，也是克己完成的标准。潘时举的问题在于如果否定了"克己自能复礼"，则克己与复礼是否分为两节工夫，对此朱子提出不用将克己与复礼做两节工夫看，并解释说不会做工夫的是克己后不能复礼，会做工夫的人才克己便能复礼。在此，朱子仍然强调不能将克己与复礼作为两节工夫来看，但是也提出了克己与复礼关系的另外一种可能，就是克己后还有不能复礼的情况，如此说明了复礼有自己的工夫意义，克己复礼要同时在克己和复礼上做工夫，但二者从境界上说是同时完成的，后来朱子更明确地阐述了这一问题。

"克己，须着复于礼。"贺孙问："非天理，便是人欲。克

---

① （宋）黎靖德编，王星贤点校：《朱子语类》，第1047页，潘时举录，朱子64岁后。

② （宋）朱熹著，朱杰人、严佐之、刘永翔主编：《克斋记》，《朱子全书》，第24册，第3710页。1172年。

尽人欲，便是天理。如何却说克己了，又须着复于礼?"曰："固是克了己便是理。然亦有但知克己而不能复于礼，故圣人对说在这里。却不只道'克己为仁'，须着个'复礼'，庶几不失其则。下文云：'非礼勿视，非礼勿听，非礼勿言，非礼勿动。'缘本来只有此礼，所以克己是要得复此礼。若是佛家，尽有能克己者，虽谓之无己私可也，然却不曾复得礼也。圣人之教，所以以复礼为主。若但知克己，则下梢必堕于空寂，如释氏之为矣。"①

由引文可见，朱子提出克己需要在复礼上做工夫，贺孙则提出克尽己私，便是天理，为何克己之后又必须复礼。朱子回答说从道理上看固然是克己了便是理，但是也有心上知克己但在行动上不能复礼的情况，在此朱子以知而不行的道理来说明有知克己但行不能复礼的情况，克己复礼最终的要求和准则要落在复礼上完成，所以朱子指出孔子没有只说"克己为仁"而说"克己复礼为仁"，下文又紧接着说非礼勿视听言动，显然克己必须落在复礼上完成，克己的目的就是要复礼。朱子认为这也是儒家与佛家言克己工夫的区别所在，佛家认为克己就是克去己私，没有以复礼作为准则，但是圣人的教化却以复礼为主。如果只知道克己而不知复礼，则工夫必堕入空寂，落入禅学。朱子在此所言应是针对陆学而发的，工夫悬空、落入禅学，这是朱子晚年对陆学的一贯评价，朱子不仅从不穷理的角度批评陆学，也从涵养的具体方法上与陆学相区别。

需要注意的是，朱子晚年以复礼作为克己的内容和准绳，复礼也是克己的目的和结果，这与中年时期以"复理"作为克己的效验是不同的。中年时期，朱子以"复理"解释复礼，复礼没有单独的工夫意义，只是克己的结果，克己复礼从工夫上被简化为克己，

---

① （宋）黎靖德编，王星贤点校：《朱子语类》，第 1045 页。叶贺孙录，朱子 62 岁后。

"复理"只是克己的结果，不能成为克己的规范，也就是说中年时期的克己工夫是没有外在的规范作为要求和标准的，其工夫内容只是自己的私欲，如此不仅复礼没有存在的意义，克己工夫也有悬空的倾向，这是朱子晚年时特别注意的。朱子晚年对复礼的地位的落实说明了朱子晚年工夫思想的细密以及伦理化的理性主义精神，这与朱子晚年重视《仪礼》是一贯的。1197年3月朱子《仪礼集传集解》大成，后来更名为《仪礼经传通解》，《大学章句》《中庸章句》也被统摄其中，这说明朱子有意将理与礼贯通，礼是理的内容，理是礼的灵魂与精神，这也体现了朱子晚年的理性主义的精神："朱熹晚年礼学研究最鲜明的特点是对《仪礼》的重视。与弥漫于宋代学界中的疑古思潮相比，朱熹似乎是要恢复对《周礼》的迷信，实则不然，朱熹正是以理学的理性主义重新认识到了《仪礼》《周官》中所蕴含的儒学真精神，而这种精神正是自己新儒学所揭示的'道统'所在。"①

第三节 涵养工夫之间的关系

朱子晚年对涵养工夫的落实延续了中年时期、中晚年时期的基本立场，但又对诚、静坐等涵养工夫做了大量讨论，并对持敬与克己复礼、诚、静坐、立志等涵养工夫内在的关系做了深入的阐述，使涵养工夫内在的关系进一步清晰，体现了朱子晚年工夫思想进一步修正和完善。

一 持敬与主静
（一）不以主静言敬
中年时期朱子明确提出未发前持敬是主静的工夫，因朱子在

---

① 张勇：《朱子理学的形成与演变》，第174页。

"中和新说"时期对未发前涵养工夫的重视，未发前涵养工夫是修养工夫的前提，所以朱子提出持敬应以静为本，基于朱子中晚年开始对主静工夫的警惕，朱子50岁后基本不言主静，朱子晚年也不以主静言持敬。朱子首先将静限制在工夫后的境界上说，朱子60岁时序定《大学》，对于《大学》中的知止而后有定、静、安、虑、得的次序，他说："所论《大学》之要，甚善。但定静只是知止之效，不须言养之以定静，又别做一项工夫也。"① 朱子认为"定静"是"知止"后的工夫效验，不必专门另外做养静的工夫，朱子避免以静为工夫，而将静限定在工夫后的境界而言。所以朱子晚年对延平的"静中体验未发气象"的批评没有之前激烈，但还是对静中工夫保持比较警惕的态度。《语类》载："或问：'延平先生何故验于喜怒哀乐未发之前而求所谓中？'曰：'只是要见气象。'陈后之曰：'持守良久，亦可见未发气象。'曰：'延平即是此意。若一向这里，又差从释氏去。'"② 可见，朱子认为延平"静中体验未发气象"并不是为了"求中"，而只是为了见气象，但如果只往未发上静中体验下去，则可能落入禅学。朱子避免以主静言敬，认为持敬工夫包含了动静两个方面，对于徐居甫说："主一盖兼动静而言"③，朱子十分赞同，其实是取消了以主静言未发工夫的意义，基于朱子晚年取消了以动静区分未发已发，由此也取消了以动静区分未发已发工夫的必要，体现出朱子晚年对主静继续保持警惕的态度。同年，对于有人提出的存养要多用静的说法，朱子进行了否定。

一之问："存养多用静否？"曰："不必然。孔子却都就用

---

① （宋）朱熹著，朱杰人、严佐之、刘永翔主编：《答李时可》，《朱子全书》，第23册，第2612页。1189年。

② （宋）黎靖德编，王星贤点校：《朱子语类》，第2604页。陈淳录，朱子61、70岁。

③ （宋）朱熹著，朱杰人、严佐之、刘永翔主编：《答徐居甫》，《朱子全书》，第23册，第2788页。1191年。

处教人做工夫。今虽说主静，然亦非弃事物以求静。既为人，自然用事君亲，交朋友，抚妻子，御僮仆。不成捐弃了，只闭门静坐，事物之来，且曰：'候我存养！'又不可只茫茫随他事物中走。二者须有个思量倒断始得。"①

由引文可知，朱子认为存养不必多用静的工夫，因为孔子教人都是在用处做工夫，虽然说主静，也并非为了求静便抛弃应事接物。既然作为人，自然要去完成人伦日用的责任，如果只是闭门静坐，等事物来时不去应接，只说存养，这不是正确的涵养方法。朱子在此指出了人在人伦日用中的责任，静中存养不能作为儒家主要修养方法的原因在于儒家是入世哲学，每个人都要在人伦日用中承担相应的责任，不应事接物的纯粹的静中工夫不符合儒家对人的要求，朱子强调涵养也是在事中存养，而非静中存养。并且，朱子强调所谓的静中存养也不是纯静无动的，他说："事物之来，若不顺理而应，则虽块然不交于物以求静，心亦不能得静。惟动时能顺理，则无事时能静；静时能存，则动时得力。须是动时也做工夫，静时也做工夫，两莫相靠，使工夫无间断，始得。"② 事物来时，如果心像一块木头一样去应接，只是一味求静，则心也不可能真的达到静的境界。只有在静时能存养，则动时就有力量，只有在动时能顺理，则无事时就能静，无论动静都要做工夫，动静工夫不能互相代替，也不能间断。

对于静中工夫的认识，朱子晚年做了很多讨论，都是在强调静中不是纯粹的静，静中有动，应该兼以动静言持敬。62岁时说："盖未发之前，万理皆具，然乃虚中之实、静中之动，浑然未有形影

---

① （宋）黎靖德编，王星贤点校：《朱子语类》，第218页。刘砥录、徐㝢录，朱子61岁。

② （宋）黎靖德编，王星贤点校：《朱子语类》，第218页。刘砥录、徐㝢录，朱子61岁。

着莫,故谓之中。及其已发,然后所具之实理乃行乎动者之中耳。"① 同年,朱子又说:"于本有操持涵养之功,便是静中工夫,所谓'静必有事'者,固未尝有所动也。但当动不动,动必中节,非如释氏之务于常寂耳。"② 又说:"良仲示喻敬字工夫甚善,凡圣贤之言皆贯动静,如云求其放心亦不是闭眉合眼死守此心不令放出也,只是要识得此心之正,如恻隐羞恶之类于动静间都无走失耳。"③ 68 岁时朱子还说:"存养是静工夫。静时是中,以其无过不及,无所偏倚也。……其静时,思虑未萌,知觉不昧,乃复所谓'见天地之心',静中之动也。"④ 朱子认为存养是静工夫,是指未发前的存养,静中存养是涵养的一部分,但静时并不只是静,静时思虑未萌,知觉灵明,是静中有动。从朱子晚年的阐述来看,朱子最终取消了主静存养的意义,取消了以静为本的涵养思想。其实朱子中年时期常借张栻"敬字贯通动静,而以静为本"⑤来说明静中工夫的重要性,但晚年朱子将主静限制在"闲时"的状态,他说:"那是就那主静上说。闲时若静坐些小,也不妨。"⑥ 朱子晚年不以主静来言持敬,这是因为朱子晚年把持敬的重点落到精神专一上解释,精神专一不只限于静的场景,无论动静只要精神上专一就是持敬,这就弱化以动静区分未发已发工夫的必要性。

问:"敬通贯动静而言。然静时少,动时多,恐易得挠乱。"

---

① (宋)朱熹著,朱杰人、严佐之、刘永翔主编:《答徐彦章》,《朱子全书》,第 23 册,第 2580 页。1191 年。见陈来《朱子书信编年考证》,第 338 页。

② (宋)朱熹著,朱杰人、严佐之、刘永翔主编:《答徐彦章》,《朱子全书》,第 23 册,第 2583 页。1191 年。

③ (宋)朱熹著,朱杰人、严佐之、刘永翔主编:《答杜仁仲》,《朱子全书》,第 23 册,第 3001 页。1191 年。见陈来《朱子书信编年考证》,第 347 页。

④ (宋)黎靖德编,王星贤点校:《朱子语类》,第 1517 页。曾祖道录,朱子 68 岁。见《朱子语类》,第 15 页。

⑤ (宋)黎靖德编,王星贤点校:《朱子语类》,第 217 页。胡泳录,朱子 69 岁。

⑥ (宋)黎靖德编,王星贤点校:《朱子语类》,第 217 页。胡泳录,朱子 69 岁。

曰:"如何都静得!有事须着应。人在世间,未有无事时节;要无事,除是死也。自早至暮,有许多事。不成说事多挠乱,我且去静坐。敬不是如此。若事至前,而自家却要主静,顽然不应,便是心都死了。无事时敬在里面,有事时敬在事上。有事无事,吾之敬未尝间断也。且如应接宾客,敬便在应接上;宾客去后,敬又在这里。若厌苦宾客,而为之心烦,此却是自挠乱,非所谓敬也。故程子说:'学到专一时方好。'盖专一,则有事无事皆是如此。程子此段,这一句是紧要处。"①

由引文可知,朱子提出持敬贯彻动静,但是静时少动时多容易扰乱本心,朱子认为人不可能一直都处于静的状态,有事必须去应接。人只要活着就不可能无事,想真的无事,除非是死了。从早到晚人都会有许多事,不能说怕事情很多会扰乱本心就姑且去静坐,持敬不是这样。因为如果事情来临,自家却要主静,心如顽石一般不去应接,就像心死了,更谈不上涵养本心。持敬是在没有应事接物的时候,心里有敬,有事时心在事上,有事无事,持敬工夫都从来没有间断。朱子提出如果应接宾客,敬便在应接宾客上,宾客离开,持敬还在心上。如果讨厌应接宾客,而心为之烦扰,这是自我扰乱本心,不是真正的持敬,并不是所谓持敬。朱子认为程子以专一解释持敬最能体现持敬的主旨,专一就是说有事无事都要专一,并非无事时专一的工夫,以上表明朱子中晚年后对静的工夫的警惕和对主敬涵养的坚持。

(二) 对静坐的肯定

朱子中晚年以后慎言主静,将主静限制在"闲时",与此相适应,朱子也将静坐限定在无事时,在一定程度上肯定了静坐对存心的意义,朱子说:"'言有法,动有教,昼有为,宵有得,息有养,

---

① (宋)黎靖德编,王星贤点校:《朱子语类》,第212—213页。沈僴录,朱子69岁后。

瞬有存',以为虽静坐,亦有所存主始得。不然,兀兀而已。"① 学生说天黑了所以没有看书,只是静坐,朱子认为在无事、夜晚休息等时候静坐也是存养本心的方法。65 岁时,朱子又肯定明道和延平教人静坐,提出静坐也是必要的工夫,他说:"明道教人静坐,李先生亦教人静坐。盖精神不定,则道理无凑泊处。"② 又说:"今人皆不肯于根本上理会。如'敬'字,只是将来说,更不做将去。根本不立,故其它零碎工夫无凑泊处。明道延平皆教人静坐。看来须是静坐。"③ 这里朱子肯定静坐可以定精神,使道理有地方安放。肯定静坐也是在根本上做工夫,以明道、延平教人静坐说明静坐的必要性。朱子又说:"须是静坐,方能收敛。"④ 静坐有助于身心的收敛,与持敬工夫相通,二者都是通过整顿身心达到涵养的目的。可见朱子晚年依然肯定静坐工夫的意义,静坐与持敬一样都是在本原上做工夫。

> 明道在扶沟时,谢游诸公皆在彼问学。明道一日曰:"诸公在此,只是学某说话,何不去力行?"二公云:"某等无可行者。"明道曰:"无可行时,且去静坐。"盖静坐时,便涵养得本原稍定,虽是不免逐物,及自觉而收敛归来,也有个着落。譬如人出外去,才归家时,便自有个着身处。若是不曾存养得个本原,茫茫然逐物在外,便要收敛归来,也无个着身处也。⑤

---

① (宋)黎靖德编,王星贤点校:《朱子语类》,第 2847 页。滕璘录,朱子 62 岁。见《朱子语类》,第 16 页。
② (宋)黎靖德编,王星贤点校:《朱子语类》,第 216 页。萧佐录,朱子 65 岁。见《朱子语类》,第 19 页。
③ (宋)黎靖德编,王星贤点校:《朱子语类》,第 210 页。裦盖卿录,朱子 65 岁。
④ (宋)黎靖德编,王星贤点校:《朱子语类》,第 216 页。萧佐录,朱子 65 岁。
⑤ (宋)黎靖德编,王星贤点校:《朱子语类》,第 2472 页。辅广录,朱子 65 岁后。

由引文可见，朱子以明道教谢上蔡、游酢两位先生无事可做的时候应该静坐来说明无事可做的时候也可以做涵养的工夫。朱子认为静坐能涵养本原，使本心定而不失，虽然不免被外物影响，但等到自觉收敛时，本心有个着落的地方，就像人外出回家时就自然有个安身之处。在此，朱子肯定了静坐对涵养本原、收敛本心的意义，但是将静坐限定在无事时。朱子同时也强调如果没有先存养本心，则盲目地在心外追逐外物，即便静坐能收敛此心，心也没有安放处，在此说明了静坐不是涵养本原的主要工夫，持敬仍是第一义，静坐应该以持敬存养为前提。对此，朱子67岁后又说："始学工夫，须是静坐。静坐则本原定，虽不免逐物，及收归来，也有个安顿处。譬如人居家熟了，便是出外，到家便安。如茫茫在外，不曾下工夫，便要收敛向里面，也无个着落处。"① 可见此处朱子对静坐的肯定和限度，69岁后朱子对静坐仍是肯定之中又有限定。

> 或问："近见廖子晦言，今年见先生，问延平先生'静坐'之说，先生颇不以为然，不知如何？"曰："这事难说。静坐理会道理，自不妨。只是讨要静坐，则不可。理会得道理明透，自然是静。今人都是讨静坐以省事，则不可。……盖心下热闹，如何看得道理出！须是静，方看得出。所谓静坐，只是打叠得心下无事，则道理始出；道理既出，则心下愈明静矣。"②

由引文可见，廖子晦提问朱子为何之前认同延平的静坐之说，现在又对延平的静坐之说不以为然，朱子回应说静坐这个问题比较不好讲，如果说在静坐中理会道理，那静坐一下自然无妨，但是如果只

---

① （宋）黎靖德编，王星贤点校：《朱子语类》，第217页。黄士毅录，朱子67岁后。
② （宋）黎靖德编，王星贤点校：《朱子语类》，第2602页。沈僩录，朱子69岁后。

是为了求静特意以静坐为一项工夫，则不可以。显然因为朱子对主静的警惕，所以对静坐也表达得很谨慎。朱子提出如果能理会得道理明白透彻，心自然静，所以静坐就是要使心无事物的纷扰，如此则道理开始显现，道理已经显现，则心更加明白安静。但是现在的人单以静坐为一项工夫，只是静坐省去其他事中工夫，只是以静求静，并不符合儒家的成德主旨。由此可见，朱子肯定静坐可以收拾身心、集中精神，但是不能只是为了求静而静坐，静坐可以与读书相结合。

> 人也有静坐无思念底时节，也有思量道理底时节，岂可画为两涂，说静坐时与读书时工夫迥然不同！当静坐涵养时，正要体察思绎道理，只此便是涵养，不是说唤醒提撕，将道理去却那邪思妄念。只自家思量道理时，自然邪念不作。"言忠信，行笃敬"，"立则见其参于前，在舆则见其倚于衡"，只是常常见这忠信笃敬在眼前，自然邪妄无自而入，非是要存这忠信笃敬，去除那不忠不敬底心。今人之病，正在于静坐读书时二者工夫不一，所以差。①

由引文可见，朱子认为人静坐时有思念发动的时节，也有思念没有发动的时节，不可以截然二分地认为静坐与读书是不同的工夫。当静坐涵养的时候，也要去体察思量道理，这也是涵养。静坐不是提撕本心，不是用道理去除邪思妄念，而在心中思量道理时邪念自然不会产生，就如言行上常常做到忠信笃敬，则邪妄自然不会影响本心，不是要存一个忠信笃敬的心去去除不忠不敬的心。在此朱子强调了静坐与持敬一样都是涵养一心，持守一心，而不是以心观心。并且，朱子也否定了静坐是耳无闻、目无见，认为静坐时也要思考

---

① （宋）黎靖德编，王星贤点校：《朱子语类》，第217—218页。沈僴录，朱子69岁后。

体察，所以静坐与读书可以同时做，实际上以静坐作为辅助而不是单独的工夫。

（三）以敬消解静坐

由前文分析可知，朱子晚年肯定了静坐工夫的意义，也对静坐工夫进行了限制，对于静坐与持敬的关系，朱子中晚年以后便提出静坐要以持敬为前提，进入晚年后，基于朱子对持敬的理解的变化，以及对气禀的影响的认识，朱子进一步重视已发后的穷理和省察的工夫，对静的工夫继续保持警惕的态度，并将静坐限制在持敬之下，实际上最后消解了静坐的意义。

> 直卿曰："况罗先生于静坐观之，乃其思虑未萌，虚灵不昧，自有以见其气象，则初未害于未发。苏季明以'求'字为问，则求非思虑不可，此伊川所以力辨其差也。"先生曰："公虽是如此分解罗先生说，终恐做病。如明道亦说静坐可以为学，谢上蔡亦言多着静不妨。此说终是小偏。才偏，便做病。道理自有动时，自有静时。……不可专要去静处求。所以伊川谓'只用敬，不用静'，便说得平。……若以世之大段纷扰人观之，若会静得，固好；若讲学，则不可有毫发之偏也。如天雄、附子，冷底人吃得也好；如要通天下吃，便不可。"①

由引文可见，黄直卿认为罗从彦的静坐工夫属于未发工夫，而苏季明以"求中"言，求就需要发动思虑，所以伊川以"既思，则已发"辩苏季明之差，朱子在此否定了黄直卿的观点。朱子提出明道并没有将静坐限于未发上理解，明道也说为学时可以静坐，谢上蔡多说静坐也不妨碍，二者都有小小偏差。朱子又提出道理有静的时候，也有动的时候，不能只在静的地方求道理。朱子最后认为伊川

---

① （宋）黎靖德编，王星贤点校：《朱子语类》，第2596—2597页。杨道夫录，朱子60岁后。

"只用敬,不用静"① 的说法比较平稳,朱子认为持敬比主静更加平稳的原因在于从大段纷扰来看,静坐固然可以减少纷扰,但如果去讲学,则不可以有毫发之偏,还是要以持敬为主,因为人的大多数情况都是在应事接物。同年,朱子又说:"颜子'三月不违仁',岂直恁虚空湛然,常闭门合眼静坐,不应事,不接物,然后为不违仁也!颜子有事亦须应,须饮食,须接宾客,但只是无一毫私欲耳。"② 朱子强调无事时静坐固然有好处,但如果只是静坐而不去应事接物,以为不做违背仁的事则不可以,颜子"不违仁"也是有事时应事接物,但是没有一丝一毫私欲,所以静不是目的,专于静坐无法完成儒家成德的标准。朱子说:"但敬便是个关聚底道理,非专是闭目静坐,耳无闻,目无见、不接事物,然后为敬。整齐收敛,这身心不敢放纵,便是敬。"③ 可见,朱子认为持敬就是整齐收敛身心,不放纵身心,以静坐求静,耳无闻、目无见,不应接事物不是持敬,所以静坐只能在很有限的不需要应事接物的情况下使用。

> 问:"南轩云:'敬字贯通动静,而以静为本。'"曰:"那是就那主静上说。闲时若静坐些小,也不妨。"因举明道教上蔡且静坐,彼时却在扶沟县学中。明道言:"某只是听某说话,更不去行。"上蔡对以"无可行处"。明道教他且静坐。"若是在家有父母合当奉养,有事务合当应接,不成只管静坐休!"④

朱子对张栻言"敬以静为本"进行了限定,提出只有在主静的时候

---

① 伊川说:"才说静,便入于释氏之说也。不用静字,只用敬字。"见(宋)程颢、程颐著,王孝鱼点校《二程集》,第189页。
② (宋)黎靖德编,王星贤点校:《朱子语类》,第790页。杨道夫录,朱子60岁后。
③ (宋)黎靖德编,王星贤点校:《朱子语类》,第2891页。徐寓录,朱子61岁后。
④ (宋)黎靖德编,王星贤点校:《朱子语类》,第656页。胡泳录,朱子69岁。见《朱子语类》,第17页。

持敬才以静为本，此处主静即闲暇无事时，闲暇无事时可以做静坐工夫。朱子又以明道教上蔡静坐的例子来说明静坐不过是暂时没有事才姑且去做的工夫，如果在家有父母要奉养，需要应事接物，不能只做静坐工夫。可见，明道对静坐的肯定也是有限的。积极应事接物是儒家的人生观，静坐作为无事时的工夫，并不是涵养的主要方法，更不能作为逃避的借口，所以朱子说："不成说事多挠乱，我且去静坐。"①

朱子晚年对静坐的限定不仅与其对持敬的理解相关，还与对气禀的重视有关，因为气禀对本心的影响，未发前涵养工夫的作用其实也是受到影响的，朱子越发重视穷理和省察等已发后的工夫，这是朱子晚年工夫思想的特色。并且，朱子晚年将静坐限定于无事时的工夫，强调不能以求静作为静坐的目的，与佛教的静坐工夫进行了区分。朱子说："伊川曰：'心本善，流入于不善。'须理会伊川此语。若不知心本善，只管去把定这个心教在里，只可静坐，或如释氏有体无用，应事接物不得。"② 朱子认为由于气禀和物欲的影响，心难免会流于不善，所以只通过静坐以对治气禀和物欲的影响显然是不可能的，如果这样就与佛家的静坐一样都是有体无用，只是存心之本体但不能应事接物。因此，朱子强调一定要将儒家的静坐与佛家的坐禅分别开来，朱子68岁时还说："明道教人静坐，盖为是时诸人相从，只在学中无甚外事，故教之如此。今若无事固是只得静坐，若特地将静坐做一件功夫，则却是释子坐禅矣。但只着一敬字通贯动静，则于二者之间自无间断处不须如此分别也。"③ 朱子认为明道教人静坐，是因为当时上蔡、游酢等诸公没有其他事，

---

① （宋）黎靖德编，王星贤点校：《朱子语类》，第212—213页。沈僩录，朱子69岁后。

② （宋）黎靖德编，王星贤点校：《朱子语类》，第1413页。叶贺孙录，朱子62岁后。

③ （宋）朱熹著，朱杰人、严佐之、刘永翔主编：《答张元德》，《朱子全书》，第23册，第2988页。1197年。见陈来《朱子书信编年考证》，第446页。

现在如果没事也可以静坐，但如果特地将静坐作为一件工夫来做，则静坐就成为佛家的坐禅。朱子提出，只要以持敬贯通动静，则持敬与静坐二者之间没有间断处，也不一定要对敬与静坐做如此分别。在此，朱子仍强调不能特地以静坐为一件工夫，静坐要在持敬的涵摄之下，朱子认为这是儒家与佛家静坐的区别，《语类》载："或问：'疲倦时静坐少顷，可否？'曰：'也不必要似禅和子样去坐禅方为静坐。但只令放教意思好，便了。'"① 可见，朱子认为静坐并不如佛家的坐禅，静坐的目的就是做到不放纵身心，就是收敛，静坐不是佛家的坐禅。可见，朱子晚年虽然肯定静坐工夫对涵养本原的意义，但是朱子对静坐工夫的场景和目的都做了限定，朱子强调儒家人伦的责任和要求，注意与佛家的坐禅相区别，静坐没有单独做工夫的意义，说明了朱子主敬涵养的立场。

二 持敬与克己复礼

（一）二者相资相成

对持敬与克己复礼的关系，朱子进入晚年后仍然延续中晚年时所提出的克己与复礼须俱到的观点，但又进一步阐明二者的境界有高下之分，但从做工夫上看是相资相成的关系，强调了持敬与克己在做工夫上要互相配合、互相成就。朱子说："做处则一。但孔子告颜子仲弓，随他气质地位而告之耳。若不敬，则此心散漫，何以能克己。若不克己，非礼而视听言动，安能为敬。"② 也就是说，二者从做工夫上看是一个地方，只是跟随颜回和仲弓的气质地位而告知以克己和持敬。如果不敬，则心不能克己，如果不能克己，则也不能为敬，二者互为前提，相互成就，都是在心上做工夫。62岁时朱子又说："人心常烱烱在此，则四体不待羁束，而自入规矩。只为人心有散缓时，故立许多规矩来维持之。但常常提警，教身入规

---

① （宋）黎靖德编，王星贤点校：《朱子语类》，第217页。沈僩录，朱子69岁后。
② （宋）黎靖德编，王星贤点校：《朱子语类》，第1074页。童伯羽录，朱子61岁。

矩内，则此心不放逸，而炯然在矣。心既常惺惺，又以规矩绳检之，此内外交相养之道也。"① 在此，朱子认为如果持敬工夫做好了自然能复礼，只有当人心散缓，持敬工夫没有做好才要立下规矩以克己复礼，但如果能常常提撕省察，行为上以礼作为规矩准绳，则此心也不会放失，也就是说克己复礼工夫做好了，本心也不会放失。由此朱子提出持敬和克己复礼是内外互相滋养的方法，持敬在内，克己复礼在外，朱子偏向强调克己复礼对持敬涵养的作用，朱子说："盖人能制其外，则可以养其内。固是内是本，外是末；但偏说存于中，不说制于外，则无下手脚处，此心便不实。"② 人如果能约束好外在的行为，就能涵养好本心，本心固然为本，身外固然是末，但如果偏向于心内的存养，而不去制约外在的行为，则工夫没有下手处。由此可见，朱子晚年强调克己与持敬是内外工夫的互相配合，但更偏向强调克己复礼对持敬工夫的意义，这与朱子晚年强调"下学而上达"的成德路径相对应。对此，有学者提出："朱子的'主敬'工夫不是心的凝练专一而已，而必然是包括身体容貌、言语动作上的点检，身心的收敛。这些'制其外'工夫正是'涵养本源'的下手处，是克己复礼的表现。"③

（二）"敬则无己可克"是境界

由上分析可知，朱子认为持敬与克己是内外配合的工夫，并且肯定克己复礼作为"制于外"的作用，说明了朱子对克己复礼工夫的进一步重视。对于敬与克己的关系，朱子中年时期继承伊川提出的"敬则无己可克"的观点，中晚年时期虽然认为持敬与克己都是必要的工夫，但是仍以持敬言克己，如此则克己工夫的地位无法真正落实，基于朱子晚年对克己复礼工夫的重新诠释和对

---

① （宋）黎靖德编，王星贤点校：《朱子语类》，第200页。黄升卿录，朱子62岁。
② （宋）黎靖德编，王星贤点校：《朱子语类》，第2904—2905页，滕璘录，朱子62岁。
③ 王雪卿：《静坐、读书与身体——理学工夫论之研究》，台北：万卷楼图书股份有限公司2015年版，第37页。

克己复礼工夫作用的认识，朱子开始对"敬则无己可克"的观点做进一步检查，最后将"敬则无己可克"限定在工夫后的境界，进一步落实了克己复礼的工夫地位。

> 仲思问："'敬则无己可克'，如何？"曰："郑子上以书问此。"因示郑书，曰："说得也好。"郑书云："孔子惟颜子仲弓，实告之以为仁之事，余皆因其人而进之。颜子地位高，担当得克己矣，故以此告之。仲弓未至此，姑告以操存之方，涵养之要。克己之功难为，而至仁也易；敬恕之功易操，而至仁也难。其成功则一。故程子云'敬则无己可克'，是也。但学者为仁，如谢氏云'须于性偏处胜之'，亦不可缓。特不能如颜子深于天理人欲之际，便可至仁耳。非只敬恕他不克己也。"①

由引文可见，"敬则无己可克"是朱子晚年时期与门人、朋友经常讨论到的问题，朱子肯定了郑子上的观点，郑子上认为孔子只有对颜回和仲弓告之以为仁的工夫，因颜回地位高，孔子则告之以克己工夫，仲弓未至颜回境界，则姑且告之以操存的方法，操存己持敬。克己的工夫比较难以完成，但要达到至仁的境界比较容易。敬恕的工夫比较好实践，但要达到至仁的境界比较难。但是，二者从工夫完成的境界上都是一样的，所以伊川在这个意义上说"敬则无己可克"。由此可知，朱子晚年言工夫之间的关系很注意区分做工夫与工夫的境界，从做工夫的要求上看，克己高于持敬，二者有各自的工夫特点，朱子又说："只答颜子处是就心上说的，工夫较深密为难。"② 克己工夫是在心上说的，所以比持敬较为深密，也较难。但从境界义上看，敬则无己可克，持敬的完成也说明了克己的完成。

---

① （宋）黎靖德编，王星贤点校：《朱子语类》，第1074页。童伯羽录，朱子61岁。
② （宋）黎靖德编，王星贤点校：《朱子语类》，第1074页。陈淳录，朱子61、70岁。

朱子中年时期认为"敬则无己可克"是基于其对持敬为先的认识，也是基于其对未发前涵养工夫的地位的确认，所以将持敬抬得过高。朱子晚年认识到克己比持敬做工夫的要求高，克己比持敬做工夫更难，所以从做工夫上说"敬则无己可克"是不成立的，持敬并不能完成克己的工夫，克己复礼有自己独立的工夫意义和工夫要求。

基于朱子晚年对气禀的认识，郑子上提出大部分人不能像颜回一样自觉克己以达到至仁，成德没有这么容易，只能先通过敬恕工夫去实现克己。在此，郑子上其实强调了大部分人因受到气禀的影响，都有气质之偏，道德主体无法都能够自觉地约束自己，所以克己很难，所以克己虽然在持敬之上，但是不能适应大多数人的成德路径，大部分人通过操存涵养渐渐积累以达到自觉克己的境界，持敬不能克己说明了克己工夫有自己独立的工夫意义，也说明了郑子上也认识到人受到气禀影响后成德的艰难。对于以上所言，朱子说："郑言学者克己处，亦好。"① 并补充说："敬之至，固无己可克；克己之至，亦不消言敬。'敬则无己可克'者，是无所不敬，故不用克己。此是大敬，如'圣敬日跻'，'于缉熙敬止'之'敬'也。"② 朱子补充说持敬工夫完成则无己可克，克己工夫完成则不用言敬，"敬则无己可克"是无所不敬，所以不用克己，是大敬、圣敬的境界，不是居敬、敬恕的工夫。所以，从工夫的完成上说持敬和克己是一致的，可以说"敬则无己可克"，但从做工夫上说二者要各自做工夫，并行不悖，他说："皆当如此做。当'克己'，则须'克己'；当'出门如见大宾'，则须'出门如见大宾'。"③ 朱子认为"克己复礼"与持敬从做工夫上言要逐项去做，根据不同的场景做不同的

---

① （宋）黎靖德编，王星贤点校：《朱子语类》，第1074页。童伯羽录，朱子61岁。

② （宋）黎靖德编，王星贤点校：《朱子语类》，第1074—1075页。童伯羽录，朱子61岁。

③ （宋）黎靖德编，王星贤点校：《朱子语类》，第1074页。陈淳录，朱子61、70岁。

工夫，至工夫纯熟时则可以说"敬则无己可克"。

基于以上认识，朱子62岁开始直言伊川"敬则无己可克"将敬说得太高，他说："伊川云：'敬则无己可克。'其说高矣。然夫子当时只告颜子以'克己复礼'而已。盖敬是常常存养底道理，克己是私欲发时便与克除去，两不相妨。"① 在此，朱子认为伊川"敬则无己可克"将敬说得太高了，持敬是平日的存养工夫，克己是私欲发出时要做的工夫，二者互不妨碍。同年朱子对门人所问"伊川云：'敬则无己可克，则又与颜渊无异矣。'"② 朱子也是回答说："不必如此看，且各就门户做。若到彼处自入得，尤好。"③ 可见，朱子此时言持敬与克己的关系就不再引伊川"敬则无己可克"，而是提出持敬与克己要各自做工夫。对于别人所问："若不是敬，也如何克得己，复得礼？"④ 朱子也说："不必如此说，圣人说话，随人浅深。克己工夫较难，出门、使民较易。然工夫到后，只一般，所谓'敬则无己可克'也。"⑤ 可见，朱子避免言"敬则无己可克"，克己工夫较难、持敬较容易是孔子教人随学生资质深浅而异的体现，出门如见大宾、使民如承大祭的持敬工夫比较容易，到工夫完成后达到的境界是一样的，这时候可以说"敬则无己可克"。

（三）克己在持敬之上

由前分析可知，朱子晚年认识到克己复礼比持敬工夫要求更高、做工夫更难，从气禀的角度也认识到伊川"敬则无己可克"将

---

① （宋）黎靖德编，王星贤点校：《朱子语类》，第2491页。滕璘录，朱子62岁。
② （宋）黎靖德编，王星贤点校：《朱子语类》，第2492页。郑可学录，朱子62岁。
③ （宋）黎靖德编，王星贤点校：《朱子语类》，第2492页。郑可学录，朱子62岁。
④ （宋）黎靖德编，王星贤点校：《朱子语类》，第1075页。叶贺孙录，朱子62岁后。
⑤ （宋）黎靖德编，王星贤点校：《朱子语类》，第1075页。叶贺孙录，朱子62岁后。

持敬说得太高，将克己说得太早，由此提出了持敬和克己要逐项做工夫，二者缺一不可。此后，朱子集中讨论了持敬和克己工夫的优劣，以证明二者各自在工夫论中的地位和意义。他说："'克己复礼'，便是捉得病根，对症下药。仲弓主敬行恕，是且涵养将去，是非犹未定。涵养得到，一步又进一步，方添得许多见识。'克己复礼'，便刚决克除将去。"① 朱子认为克己复礼是抓住了病根，是对症下药的工夫，所以克己工夫达到成德的境界比较快。持敬行恕则是一步一步涵养，涵养得到就更进一步，所以持敬涵养比较慢、比较缓和，而克己复礼则是果敢刚决地去除私欲，在此朱子似有克己优于持敬的意思。此后，朱子在讨论的时候更直接提出克己工夫优于持敬。

> 如坤，则但说"敬以直内，义以方外"，只就持守处说，只说得一截。如颜子"克己复礼"工夫，却从头做起来，是先要见得后却做去，大要着手脚。仲弓却只是据见成本子做，只是依本画葫芦，都不问着那前一截了。仲弓也是和粹，但精神有所不及。颜子是大故通晓。向时陆子静尝说，颜子不如仲弓。而今看着，似乎是"克己复礼"底较不如那"持敬行恕"底较无事，但"克己复礼"工夫较大。颜子似创业之君，仲弓似守成之君。仲弓不解做得那前一截，只据见在底道理持守将去。②

由引文可见，朱子认为"敬以直内，义以方外"就是只在持守处说，就像"坤卦"，只说了未发前一截工夫，但是颜回"克己复礼"却是从头做起的，是先要见到了私欲然后再去做。但是仲弓却只是根据现成的做工夫，缺了未发前持敬涵养的一截工夫。朱

---

① （宋）黎靖德编，王星贤点校：《朱子语类》，第1046页。郑南升录，朱子64岁。

② （宋）黎靖德编，王星贤点校：《朱子语类》，第1077—1078页。黄义刚录，朱子64岁后。

子认为仲弓勤勉，但精神高度不够，但是颜回能理解克己工夫的大小和缘由。朱子认为过去陆子静曾言颜回不如仲弓，但现在看来是因为克己复礼不如持敬行恕那样无事，而象山喜欢无事，朱子认为克己复礼工夫较大，颜回像"乾卦"，奋发有为，仲弓像"坤卦"，只守现成，仲弓不知未发前一截，只守现成的道理，所以仲弓不如颜回，在此，朱子指出克己复礼比持敬范围大，工夫也更细密，并且朱子认为陆子静认为克己不如持敬涵养是因为象山喜欢无事，也道出了朱子对持守的缺点的认识，体现出克己工夫优于持敬的偏向。68 岁时朱子又说："陆子静向来也道仲弓胜似颜子，然却不是。盖'克己复礼'，干道也，是吃一服药便效。主敬行恕，坤道也，是服药调护，渐渐消磨去。公看颜子多少大力量，一'克己复礼'便了！仲弓只是循循做将去底，如何有颜子之勇！"① 可见，朱子反对陆子静也认为仲弓胜过颜回，但实际上，朱子认为象山认为持敬优于克己复礼是对象山的误解，恰恰相反，象山肯定克己，否定持敬。他说："《论语》言'敬事而信'，又言《修己以敬》，孟子言《敬王》、'敬克'。未尝有言'持敬'者。观此二字，可见其不明道矣。"② 象山具体如何言克己暂且不论，但可知象山是反对持敬的，象山并没有认为持敬优于克己，反而提倡克己反对持敬，象山认为持敬是二程杜撰的工夫，所以实际上象山与朱子都认为克己高于持敬，但经前文分析可知朱子批评象山言克己不言复礼。在此朱子再次以乾、坤的特点比喻两个工夫，克己复礼就像乾道，是主动的；主敬行恕，是坤道，比较慢，朱子推崇颜回，因为颜回勇猛精进。因为朱子晚年认识到成德的艰难，倡导做工夫要勇猛精进，可以看出朱子对克己工夫的认同。基于以上论述，钱穆认为朱子晚年将克己置于持

---

① （宋）黎靖德编，王星贤点校：《朱子语类》，第 1078 页。曾祖道录，朱子 68 岁。

② （宋）陆九渊著，钟哲点校：《陆九渊集》，中华书局 1980 年版，第 6 页。

敬之上是有依据的。

(四) 二者各有优劣

由前文分析可知,朱子晚年时期基于对克己复礼的重视,有克己优于持敬的思想倾向,但是如果过于抬高克己工夫的地位则会影响主敬涵养的地位,故朱子提出两个工夫各有优劣之处,将持敬与克己的关系处理得更为平稳。朱子说:"持敬行恕,虽不曾着力去'克己复礼',然却与'克己复礼'只一般。盖若是把这个养来养去,那私意自是着不得。'出门如见大宾,使民如承大祭'时,也着那私意不得;'己所不欲,勿施于人'时,也着那私意不得。"① 在此,朱子认为持敬虽然没有像克己复礼一样主动刚健,但实际上与克己复礼是一样的,一个是存养本心,一个是去除私意,都是为了使本心不受私意影响。朱子晚年还对颜回、仲弓、司马牛三人的工夫做了评价,他说:"司马牛如何做得颜子仲弓底工夫。须是逐人自理会。仁譬之屋,克己是大门,打透便入来;主敬行恕是第二门;言讱是个小门。虽皆可通,然小门便迂回得些,是它病在这里。"② 朱子认为在颜回、仲弓、司马牛三者问仁中,司马牛的境界最低,无法做到颜回的克己复礼和仲弓的主敬行恕,每个人资质不一样,随自身的资质自己理会成德之方。仁就像一间房间,克己是进入仁这个房间的大门,主敬行恕是第二个门,言讱只是一个小门。虽然三个门都可以走,但是小门走得迂回,是因为司马牛的问题在这里。在此,朱子仍以克己为大门,主敬为第二个门,说明克己完成的工夫任务比较大,所以朱子也有克己较大的说法,克己优于持敬。对于朱子门人提出三人当中颜回工夫太高,是否以仲弓的持敬来做工夫时,朱子说:"不可如此立志,推第一等与别人

---

① (宋) 黎靖德编,王星贤点校:《朱子语类》,第 1072—1073 页。黄义刚录,朱子 64 岁后。

② (宋) 黎靖德编,王星贤点校:《朱子语类》,第 1081 页,董铢录,朱子 67 岁后。

做。颜子虽是勇，然其着力下手处也可做。"① 朱子认为立志就是要立志做第一等人，不能推第一等人给别人做，所以要以克己复礼为目标，做工夫勇猛精进。但颜回虽然勇猛，也可以从下手处的持敬工夫开始做。由此可以看出，朱子虽言克己高于持敬，但也强调持敬是下手做工夫的地方。朱子去世的前一年最终对持敬和克己的关系做了比较平稳的处理，他说："'克己复礼'，是截然分别个天理人欲，是则行之，非则去之。敬恕，则犹是保养在这里，未能保它无人欲在。若将来保养得至，亦全是天理矣。'克己复礼'，如拨乱反正；主敬行恕，如持盈守成，二者自有优劣。"② 朱子最终认为克己复礼是去除人欲，敬恕是保养，但不能保证无人欲在，但如果保养到极致，则与克己复礼一样，全是天理。克己复礼犹如拨乱反正，主敬行恕犹如持盈守成，二者自有优劣的地方，如此对持敬与克己有了比较平稳的处理。

三 敬与诚

（一）合说与分说

朱子中年时期以敬代诚，合说诚敬，以诚为形容敬的虚词，所以诚没有独立的工夫意义。朱子进入晚年后仍有继续合说诚敬的情况，如朱子说："用诚敬涵养为格物致知之本。"③ 但是，朱子晚年后开始注意在合说诚敬的同时也区分二者的不同，61 岁后曾有人问："'祭如在'，人子固是尽诚意祭，不知真可使祖宗感格否？"④ 朱子答："上蔡言：'自家精神，即祖考精神。'这里尽其诚敬，祖

---

① （宋）黎靖德编，王星贤点校：《朱子语类》，第 1078 页。曾祖道录，朱子 68 岁。

② （宋）黎靖德编，王星贤点校：《朱子语类》，第 1073 页。吴雉录，疑为朱子 70 岁。《文集》有庆元己未《题吴和中感秋赋后》。

③ （宋）黎靖德编，王星贤点校：《朱子语类》，第 407 页。叶贺孙录，朱子 62 岁后。

④ （宋）黎靖德编，王星贤点校：《朱子语类》，第 619 页。徐㝢录，朱子 61 岁后。

宗之气便在这里,只是一个根苗来。如树已枯朽,边傍新根,即接续这正气来。"① 在此,朱子悄然将"尽诚以祭"的说法改为"尽诚敬",祭祀只有诚是不够的,持敬不可缺少,祭祀还是以敬为主。64岁时朱子又说:"'吾不与祭,如不祭',孔子自谓当祭之时,或有故而使人摄之,礼虽不废,然不得自尽其诚敬,终是不满于心也。……盖神明不可见,惟是此心尽其诚敬,专一在于所祭之神,便见得'洋洋然如在其上,如在其左右'。"② 朱子认为祭祀的时候礼不能废,最关键的是心做到十分的诚敬,诚敬就是专一,可见诚敬的重点还是在敬上。但是合说诚敬比单说一个"敬"字更好,这说明诚还是有独立的意义的。

> 用之问:"舜'孳孳为善'。'未接物时,只主于敬,便是为善。'以此观之,圣人之道不是默然无言。圣人之心'纯亦不已',虽无事时,也常有个主宰在这里。固不是放肆,亦不是如槁木死灰。"曰:"这便如夜来说只是有操而已一段。如今且须常存个诚敬做主,学问方有所归着。如有屋舍了,零零碎碎方有顿处。不然,却似无家舍人,虽有千万之宝,亦无安顿处。"③

对于门人以主敬来说明未发前涵养工夫的重要,朱子则提出要存诚敬之心作为主宰,学问才有归处,才有着落处。诚敬之心如果能存得就像人有屋舍,有安顿之处。在此,朱子言诚敬涵养,也是以诚形容持敬的程度。63岁后朱子还说:"斯须之间,人谁不能,未知

---

① (宋)黎靖德编,王星贤点校:《朱子语类》,第619页。徐㝢录,朱子61岁后。
② (宋)黎靖德编,王星贤点校:《朱子语类》,第620页。郑南升录,朱子64岁。见《朱子语类》,第17页。
③ (宋)黎靖德编,王星贤点校:《朱子语类》,第1446页。叶贺孙录,朱子62岁后。

他果有诚敬之心否。"① 正因为朱子常将诚敬合说，会使人产生诚敬是一个工夫的误解，有人便问："专一可以至诚敬否？"② 朱子却回答："诚与敬不同。"③ 持敬是专一，诚不是专一，诚就是一，所以朱子认为诚与敬不同，不能以专一作为诚与敬的方法。如此说明当朱子合说诚敬，诚也有自己单独的意义，合说是因为诚敬都为涵养工夫，诚是对主敬涵养的补充，分说是因为二者有自己独立的工夫意义。合说诚敬是朱子的工夫特色，相比之下，陆子静则反对合说诚敬。象山认为诚与敬是不同的工夫，故不能合说，并且象山肯定诚但否定敬，他说："且如'存诚''持敬'二语自不同，岂可合说？'存诚'字于古有考，'持敬'字乃后来杜撰。《易》曰：'闲邪存其诚。'《孟子》曰：'存其心'，某旧亦尝以'存'名斋。《孟子》曰：'庶民去之，君子存之。'又曰：'某为人也寡欲，虽有不存焉者寡矣；其为人也多欲，虽有存焉者寡矣。'只'存'一字，自可使人明得此理。此理本夫天所与我，非由外铄。明得此理，即是主宰。"④ 象山认为存诚与持敬是两个不同的工夫，其以《易经》言存诚为依据，以诚为"心之本体"与良心等同，《易经》的"存诚"就是《孟子》的存心，孟子言"反身而诚"，只要存诚就能自然明理，因为理本在心内，所以存诚就是存得此心为主宰。由此可见，象山认同诚的工夫，认为诚在《易经》《孟子》等经典中有依据，而持敬却没有，象山认为持敬是二程后来的杜撰，在经典中没有出处，所以象山否定持敬作为涵养的主要工夫，也反对合说诚敬，由此体现出二者是遵从孔子还是孟子的学术脉络的差异。

---

① （宋）黎靖德编，王星贤点校：《朱子语类》，第 500 页。周明作录，朱子 63 后。

② （宋）黎靖德编，王星贤点校：《朱子语类》，第 2471 页。叶贺孙录，朱子 62 岁后。

③ （宋）黎靖德编，王星贤点校：《朱子语类》，第 2471 页。叶贺孙录，朱子 62 岁后。

④ （宋）陆九渊著，钟哲点校：《陆九渊集》，第 3—4 页。

（二）二者逐处理会

由前文分析可知，象山反对朱子合说诚敬，将诚解为存诚，如此诚不是工夫而是诚体或者心体，诚本身不能成为工夫，要通过存才能成为工夫。朱子与象山不同，朱子中年时期已将诚解为实，诚是动词不是名词，晚年依然延续中年时期的理解。朱子说："'反身而诚'，见得本具是理，而今亦不曾亏欠了他底。"① 又说："'反身而诚'，孟子之意主于'诚'字，言反身而实有此理也。为父而实有慈，为子而实有孝，岂不快活。若反身不诚，是无此理。既无此理，但有恐惧而已，岂得乐哉！"② 朱子认为诚就是将本心所具之理真实展现，并以此诠释孟子反身而诚的思想。对于诚与敬的区别，朱子中晚年时期已经提出诚与敬的区别是实与畏，晚年时期仍是依此作为区分诚敬，朱子说："敬是不放肆底意思，诚是不欺妄底意思。"③ 持敬是不放纵，诚是不欺妄。此外，朱子晚年还讨论了诚与敬工夫的先后次序，基于二程所说："诚然后能敬，未及诚时，须敬而后能诚。"④ 宋容之认为"诚必在敬之先"，二程对诚敬的先后分两个情况来说，如果诚的工夫做好就可以完成持敬，但如果诚的工夫没有完成，须以持敬来帮助诚的完成。在此，二程似乎偏重于诚在持敬之先，宋容之才会有如此理解，但是朱子是反对的，他说："如'好乐苟善，不害于正'之说、'必有事焉而勿正心'之说、'敬必以诚为先'之说，亦互有得失，但终是本领未正，未容轻议，便使一一剖析将去，亦恐未必有益。"⑤ 朱子认为宋容之的观点太绝

---

① （宋）黎靖德编，王星贤点校：《朱子语类》，第1435页。林恪录，朱子64岁。见《朱子语类》，第14页。

② （宋）黎靖德编，王星贤点校：《朱子语类》，第1435页。杨骧录，朱子60/65岁。见《朱子语类》，第16页。

③ （宋）黎靖德编，王星贤点校：《朱子语类》，第103页。王过录，朱子65岁。见《朱子语类》，第17页。

④ （宋）程颢、程颐著，王孝鱼点校：《二程集》，第92页。

⑤ （宋）朱熹著，朱杰人、严佐之、刘永翔主编：《答宋容之》，《朱子全书》，第23册，第2775页。1189年。见陈来《朱子书信编年考证》，第306页。

对，如果一一剖析则站不住脚，可惜朱子彼时并没有做进一步讨论。65岁时，朱子重新解释了诚敬先后的问题。

> 胡：学者问曰："《遗书》曰：'诚然后能敬，未及诚时，须敬而后能诚。'学者如何便能诚？恐不若专主于敬而后能诚也。"大时答曰："诚者天之道也，而实然之理亦可以言诚。敬道之成，则圣人矣，而整齐严肃亦可以言敬。此两事者，皆学者所当用力也。"
>
> 朱：敬是竦然如有所畏之意，诚是真实无妄之名，意思不同。诚而后能敬者，意诚而后心正也；敬而后能诚者，意虽未诚，而能常若有畏，则当不敢自欺而进于诚矣。此程子之意也。问者略见此意而不能达之于言，答者却答不着。①

对于《遗书》中所言诚与敬的关系，有人对胡季随提出人不能直接完成诚的工夫，应该要先主于敬然后才能诚，对此胡季随回答说诚虽然是天之道，但实然之理也可以言诚，敬是此天之道的完成，是圣人的境界，但是整齐严肃也可以言敬。胡季随的意思是当以诚为天之道，敬为天之道完成时，诚在敬先。当以诚为实然之理，敬为整顿身心时，则敬在诚先。胡季随其实区分了诚与敬从工夫的境界和做工夫上说的两个含义，从境界上说诚在敬先，从做工夫上说，敬在诚先。朱子对胡季随的回答不够满意，他认为胡季随"答者却答不着"，没回答到点子上。朱子认为应该从工夫的内容上区分二者，敬是畏，诚是真实无妄，二者意思不同。二程"诚然后能敬"是说"意诚然后心正"，这是从工夫境界上而言的。而"敬而后能诚"是说还没有到意诚的程度时，常常用敬的工夫使其有畏的状态，如此则不敢自欺，能对诚意工夫有一进步的帮助作用。朱子以诚的

---

① （宋）朱熹著，朱杰人、严佐之、刘永翔主编：《答胡季随》，《朱子全书》，第22册，第2522页。1194年。见陈来《朱子书信编年考证》，第374页。

工夫的完成为意诚，以敬的工夫的完成为心正，所以二程说诚然后能敬，但是从做工夫上看，持敬对诚意有帮助作用，所以在诚意之前就应该落实持敬工夫。在此朱子将诚落到意上说，与象山的诚体相区别，诚落到意上说之后，诚的工夫更为平实，也延续了中晚年时期的观点。由此也可以注意到，无论从做工夫还是从工夫的境界上说，诚意的地位没有超出持敬，体现出朱子主敬涵养的立场。在对诚与敬工夫相区别的基础上，朱子提出不要太过于纠结诚与敬的先后次序，最重要的是理解如何做工夫，然后逐项落实。

> 因问："'诚敬'二字如何看？"广云："先敬，然后诚。"曰："且莫理会先后。敬是如何？诚是如何？"广曰："敬是把作工夫，诚则到自然处。"曰："敬也有把捉时，也有自然时；诚也有勉为诚时，亦有自然诚时。且说此二字义，敬只是个收敛畏惧，不纵放；诚只是个朴直悫实，不欺诳。初时须着如此不纵放，不欺诳；到得工夫到时，则自然不纵放，不欺诳矣。"①

朱子问辅广如何理解"诚敬"二字，辅广认为诚的完成在敬之后，朱子则提出不要理会二者的先后次序，重点在二者如何做工夫。辅广认为敬是"把捉"，有勉强之意，诚则是到自然不勉强的境界，可见辅广认为诚的境界高于敬。朱子则提出敬也有勉强的时候，也可达到自然不勉强的境界。诚的工夫也有勉强为诚的时候，也有自然为诚的时候，不能只以境界为区分标准。二者只要从工夫的含义上进行区分，敬只是收敛畏惧的意思，持敬是不放纵身心；诚是朴直真实的意思，诚就是不欺妄。刚开始做工夫的时候二者都是勉强的过程，但工夫做到一定境界就自然不放纵，自然不欺妄了，敬与诚

---

① （宋）黎靖德编，王星贤点校：《朱子语类》，第2743—2744页。辅广录，朱子65岁后。

都要经过勉力的过程才能达到不勉的境界。朱子在此其实强调了二者从工夫的完成上看其实没有高下之分，所以不需要区分先后，只要二者都勉力做工夫。

"苏季明尝患思虑不定，或思一事未了，他事如麻又生。伊川曰：'不可。此不诚之本也。须是事事能专一时，便好。不拘思虑与应事，皆要专一。'而今学问，只是要一个专一……"或问："专一可以至诚敬否？"曰："诚与敬不同：诚是实理，是人前辈后都恁地，做一件事直是做到十分，便是诚。若只做得两三分，说道今且谩恁地做，恁地也得，不恁地也得，便是不诚。敬是戒慎恐惧意。"①

朱子认为苏季明有"思虑不定"的问题，伊川认为的思虑不定是不能诚的根本原因。如果事事都能做到专一，则思虑就能定。学问求理也只要专一就不会有思虑不定的问题。在此伊川想要表达持敬对诚意的作用。但是，当有人依此提出专一是否可以达到诚敬时，朱子则回答诚与敬二者的工夫是不同的。诚就是实实在在遵循理，人前人后都如此，做一件事做到十分，不到十分都不是诚。持敬就是戒慎恐惧的意思，没有程度的要求，说明在做工夫的要求上，诚的要求比敬高，诚意的工夫比较难。所以朱子后来又说："'谨'字未如敬，敬又未如诚。程子曰：'主一之谓敬，一者之谓诚。'敬尚是着力。"②朱子认为谨的要求不如敬，敬的要求则不如诚。敬是主一，而诚则是一，敬是往一的方向努力，而诚就是要做到一，但其中要经历从勉强到不勉强的过程，朱子说："'反身而诚'，则恕从这里流出，不用勉强。未到恁田地，须是勉强。此因林伯松问'强

---

① （宋）黎靖德编，王星贤点校：《朱子语类》，第 2471 页。叶贺孙录，朱子 62 岁后。

② （宋）黎靖德编，王星贤点校：《朱子语类》，第 103 页。董铢录，朱子 67 岁后。

恕'说。"① 朱子以强恕说明诚的过程是敬贯通了勉励而行最终到达不勉而行的境界。

以此为基础，也就可以理解朱子言主敬行恕的意思，恕其实是诚的工夫。朱子说："所谓'万物皆备于我'，在学者也知得此理是备于我，只是未能'反身而诚'。若勉强行恕，拗转这道理来，便是恕。所谓勉强者，犹未能恕，必待勉强而后能也。所谓恕者，也只是去得私意尽了，这道理便真实备于我，无欠阙。"② 朱子认为要达到反身而诚的过程需要勉强行恕，行恕需要勉力而行，而恕是行恕后的结果，是勉强而行的结果，就去去除私意，使道理真实备于我，在此朱子将恕、诚意和反身而诚等同。正因为诚与敬工夫内容上的区别，所以朱子提出诚敬须逐处做工夫，二者不要混在一起说，朱子说："须逐处理会。诚若是有不欺意处，只做不欺意会；敬若是有谨畏意处，只做谨畏意会。中庸说诚，作中庸看；孟子说诚处，作孟子看。将来自相发明耳。"③ 如果有自欺的地方就做诚意工夫，有不敬畏的情况就做持敬工夫，《中庸》与《孟子》的诚各自做工夫，等到达一定境界，自然能够相互发明、相互补充。

四 持敬与立志

（一）重视立志

承前所论，朱子晚年对心、情、意、志等概念做了细致分辨，并将情、志、意的关系做了说明，又基于对成德艰难的认识，故朱子晚年对立志工夫更加关注，朱子提出立志是其他工夫完成的动力，朱子说："今人所作所为，皆缘是不去立志。若志不立，又如何去

---

① （宋）黎靖德编，王星贤点校：《朱子语类》，第 1435 页。陈淳录，朱子 61、70 岁。

② （宋）黎靖德编，王星贤点校：《朱子语类》，第 1435—1436 页。沈僴录，朱子 69 岁后。

③ （宋）黎靖德编，王星贤点校：《朱子语类》，第 103 页。林夔孙录，朱子 68 岁后。

学,又如何去致知、格物中做得事。立志之说甚好。非止为读书说,一切之事皆要立志。"① 可见,朱子认为立志是为学的前提,是做格物、致知工夫的保证,朱子认为不只在读书上要求立志,一切事都要立志。后朱子又说:"为学须是痛切恳恻做工夫,使饥忘食,渴忘饮,始得。"② 此"痛切恳恻"便是朱子晚年认为做工夫要勇猛精进的体现。

> 问:"人气力怯弱,于学有妨否?"曰:"为学在立志,不干气禀强弱事。"又曰:"为学何用忧恼,但须令平易宽快去。"寓举圣门弟子,唯称颜子好学,其次方说及曾子,以此知事大难。曰:"固是如此。某看来亦有甚难,有甚易!只是坚立着志,顺义理做去,他无跷欹也。"③

由引文可知,对于人所禀赋的是怯弱之气是否对成德有妨碍的问题,朱子认为为学首要在于立志,与气禀强弱无关。可见,朱子认为立志与气禀无关,必须在平实简单的地方上落实。徐寓举孔子称赞颜回好学,其次才以曾子为例,提出为学最难的地方在于立志。朱子表示赞同,不管看起来多难、多容易,只要立志,顺着义理去做,就能明白。次年,朱子又说:"昨日所说为学大端在于立志必为圣贤,曾看得'人皆可以为尧舜'道理分明否?又见得我可以为尧舜而不为,其患安在?固是孟子说'性善''徐行后长'之类。然今人四端非不时时发见,非不能徐行,何故不能为尧舜?且子细看。若见得此分明,其志自立,其工夫自不可已。"④ 可见,朱子认为立

---

① (宋)黎靖德编,王星贤点校:《朱子语类》,第403页。魏椿录,朱子59岁。
② (宋)黎靖德编,王星贤点校:《朱子语类》,第134页。刘砥录,朱子61岁。
③ (宋)黎靖德编,王星贤点校:《朱子语类》,第134页。徐寓录,朱子61岁后。
④ (宋)黎靖德编,王星贤点校:《朱子语类》,第2846页。滕璘录,朱子62岁。

志就是以圣贤为志，就是要相信"人皆可以为尧舜"，就是相信孟子言"性善"，如果能相信，则自然立志，而成德工夫自然不会停止。可见，朱子重视立志工夫即希望人为学要勇猛精进，不要纠结于气禀的问题，只要努力做工夫，因为每个人都受到气禀的影响，而修养工夫是成德的唯一途径。63岁时朱子又说："立志不定，如何读书？"[①] 64岁时，朱子致信郑仲礼言读书需要以"主敬立志"为先，他说："读书固不可废，然亦须以主敬立志为先，方可就此田地上推寻义理，见诸行事。若平居泛然，略无存养之功，又无实践之志，而但欲晓解文义、说得分明，则虽尽通诸经，不错一字，亦何所益？"[②] 68岁时，朱子又说："立志要如饥渴之于饮食。才有悠悠，便是志不立。"[③] 70岁时朱子又说："学者须是立志。今人所以悠悠者，只是把学问不曾做一件事看，遇事则且胡乱恁地打过了。此只是志不立。"[④] 可见，持敬是存养的工夫，立志是落实行动的工夫，二者都是格物读书的前提，朱子认为立志对于为学是十分紧迫、必不可少的工夫，是使为学不至于放松懈怠、胡乱应付，立志工夫是为了解决行动动力的不足，朱子晚年对立志工夫的重视也说明朱子晚年对落实道德实践的重视。

（二）立志为本，持敬为主

基于对意与志的辨析，朱子晚年对立志工夫有进一步的重视，也开始注意到持敬与立志的关系，主要基于对五峰言立志工夫的讨论，体现出朱子晚年对二程主敬思想的进一步补充。

[①] （宋）黎靖德编，王星贤点校：《朱子语类》，第177页。陈芝录，朱子63岁。

[②] （宋）朱熹著，朱杰人、严佐之、刘永翔主编：《答郑仲礼》，《朱子全书》，第22册，第2319页。1193年。见陈来《朱子书信编年考证》，第365页。

[③] （宋）黎靖德编，王星贤点校：《朱子语类》，第134页。曾祖道录，朱子68岁。

[④] （宋）黎靖德编，王星贤点校：《朱子语类》，第134页。吴雉录，疑朱子70岁。

问:"程先生所说,格物之要,在以诚敬为主。胡氏说致知、格物,又要'立志以定其本',如何?"曰:"此程先生说得为人切处。古人由小便学来如,'视无诳',如'洒扫、应对、进退',皆是少年从小学,教他都是诚敬。今人小学都不曾去学,却欲便从大学做去。且如今格一物,若自家不诚不敬,诚是不欺不妄;敬是无怠慢放荡。才格不到,便弃了,又如何了得!工夫如何成得!"……又说:"今人所作所为,皆缘是不去立志。若志不立,又如何去学,又如何去致知、格物中做得事。立志之说甚好。非止为读书说,一切之事皆要立志。"①

由引文可知,朱子首先认可了二程以诚意和持敬为涵养的主要工夫,认为诚敬之说是成德的关键之处。古人从小学开始所学的洒扫应对进退之节都是诚敬的工夫,今人由于缺失了小学阶段的学习,直接从大学工夫入手,格物之前不做诚敬工夫,则格物不能至诚意,成德工夫不能完成。在此朱子首先肯定诚敬对格物完成的主要作用,体现出朱子对二程观点的肯定。但同时,朱子对于胡宏"立志以定其本"的观点也表示认可,朱子认为今人的所作所为皆是由于事先没有立志,如果不立志,也不可能去完成致知、格物。朱子认为胡宏的立志之说非常好,不仅读书要立志,一切事都要以立志为先。可见,朱子59岁时对二程"以诚敬为主"与胡宏"立志以定其本"两种说法都赞成,但未对敬与立志的关系做出讨论,此后朱子开始讨论立志与持敬的关系。

问:"'立志以定其本',莫是言学便以道为志,言人便以圣为志之意否?"曰:"固是。但凡事须当立志,不可谓今日做些子,明日便休。"又问"敬行乎事物之内"。曰:"这个便是细密处,事事要这些子在。'志立乎事物之表',立志便要卓然

---

① (宋)黎靖德编,王星贤点校:《朱子语类》,第403页。魏椿录,朱子59岁。

在这事物之上。看是甚么,都不能夺得他,又不恁地细细碎碎,这便是'志立乎事物之表'。所以今江西诸公多说甚大志,开口便要说圣说贤,说天说地,傲睨万物,目视霄汉,更不肯下人。"问:"如此,则'居敬以持其志'都无了。"曰:"岂复有此!据他才说甚敬,便坏了那个。"又曰:"五峰说得这数句甚好,但只不是正格物时工夫,却是格物已前事。而今却须恁地。"①

由引文可知,朱子首先解释五峰"立志以定其本"中立志的内容是以道为志,以成圣成贤为志,并强调不仅为学凡事都必须立志,立志能使事情坚持到底,不会半途而废。对于五峰"敬行乎事物之内",朱子认为这说明了持敬工夫细密的特点,因为事事都要持敬。对于"志立乎事物之表",朱子解释说立志高于事物之上,无论什么情况下志都不能被夺走,并且志指向的是大方向而不是具体事物的细节,所以说"志立乎事物之表"。在此,朱子区分了居敬和立志工夫的作用和特点的不同。朱子言立志要高,但同时批评陆学多说立大志,开口便要说圣贤、天地,傲视万物,立论太高,即言陆学以圣人为志,立志很高,只重上达,轻视穷理致知的下学工夫。所以其门人便问陆学之立志是不是因为没有居敬以持其志,朱子回答哪里还有居敬,陆学因立志过高而坏了持敬,由此说明朱、陆对持敬态度的不同,对持敬与立志的关系也不同。在朱子这里,立志固然重要,但不能因此而轻视持敬的地位,可见朱子对下学而上达的成德路径的坚持。朱子最后对五峰言立志的思想做了肯定,但是他又修正说立志作为格物之本,不是在格物工夫的进行中发生的作用,而是格物之前就立志以定其本。所以,立志在格物之前而持敬却要贯穿格物甚至大学工夫始终,这是立志与持敬工夫表里的区别,也

---

① (宋)黎靖德编,王星贤点校:《朱子语类》,第419—420页。杨道夫录,朱子60岁后。

说明了朱子主敬涵养的立场。此后，朱子又从恭与敬的区别中言立志对持敬工夫的作用和特点。

> 问："责难之恭，陈善闭邪之敬，何以别？"曰："大概也一般，只恭意思较阔大，敬意思较细密。如以尧舜三代望其君，不敢谓其不能，便是责难于君，便是恭。陈善闭邪，是就事上说。盖不徒责之以难，凡事有善则陈之，邪则闭之，使其君不陷于恶，便是敬。责难之恭，是尊君之词，先立个大志，以先王之道为可必信，可必行。陈善闭邪是子细着工夫去照管，务引其君于当道。陈善闭邪，便是做那责难底工夫。不特事君为然，为学之道亦如此。大立志向，而细密着工夫。如立志以古圣贤远大自期，便是责难。然圣贤为法于天下，'我犹未免为乡人'，其何以到？须是择其善者而从之，其非者而去之。如日用间，凡一事，须有个是，有个非，去其非便为是，克去己私便复礼。如此，虽未便到圣贤地位，已是入圣贤路了。"①

由引文可见，朱子认为恭与敬从大概来看是一样的，只是恭的意思比较广大，敬的意思比较细密。如果以三代之圣的境界来要求他人，则不敢说他做不到，这便是责难于君，便是恭。陈善闭邪就是从具体的做工夫上说，因为对人不能只是口头要求，而要在行动上陈善闭邪，使之不陷于恶，这就是敬。责难之恭是尊君之词，是先立下对先王之道必信、必行的志向，陈善闭邪是从行动上仔细照管，其实就是做责难的工夫。在此，朱子说明责难之恭是先立志，陈善闭邪之敬是在所立之志上做工夫，朱子认为这两个工夫的关系不仅是在事君上如此，为学工夫也是如此，先在大体上立下志向，再以持敬更细密地去完成这个志向。如要立志做圣贤，不可能马上就"免

---

① （宋）黎靖德编，王星贤点校：《朱子语类》，第1324页。陈淳录，朱子61、70岁。

为乡人"，须具体在择善去非中去完成。如此即便不能达到圣贤的程度，那也在靠近圣贤之路上，大方向不会错。在此，朱子说明了立志是立下成德的大方向，持敬是具体落实在事物中去完成，二者互相配合、各有特点。朱子说："人之为事，必先立志以为本，志不立则不能为得事。虽能立志，苟不能居敬以持之，此心亦泛然而无主，悠悠终日，亦只是虚言。立志必须高出事物之表，而居敬则常存于事物之中，令此敬与事物皆不相违。言也须敬，动也须敬，坐也须敬，顷刻去他不得。"① 立志是做事的前提，但如果立志后不居敬以持志，则此心的发动没有方向，所立之志也是虚言。朱子言立志必须高出事物之表即言要立大志，持敬则要常存于事物当中，贯彻工夫始终，立志是持敬的前提，持敬是对所立之志的践行，二者各有特点，不能相互替代。

(三) 对胡五峰的检查

由前文分析可知，朱子晚年受到五峰启发注意到立志与持敬的关系是朱子晚年涵养工夫的重要补充，但在对五峰的阐释中，朱子也对五峰言立志与居敬的关系做了检查，指出其有不周到之处，并进行了补充。

> 五峰说"立志以定其本，居敬以持其志。志立乎事物之表，敬行乎事物之内，而知乃可精"者，这段语本说得极精。然却有病者，只说得向里来，不曾说得外面，所以语意颇伤急迫。盖致知本是广大，须用说得表里内外周遍兼该方得。其曰"志立乎事物之表，敬行乎事物之内"，此语极好。而曰"而知乃可精"，便有局促气象。他便要就这里便精其知。殊不知致知之道不如此急迫，须是宽其程限，大其度量，久久自然通贯。他言语只说得里面一边极精，遗了外面一边，所以其规模之大不如

---

① (宋)黎靖德编，王星贤点校：《朱子语类》，第419页。黄卓录，朱子62岁后。见陈荣捷《朱子门人》，第177页。

程子。且看程子所说:"今日格一件,明日格一件,积久自然贯通。"此言该内外,宽缓不迫,有涵泳从容之意,所谓"语小天下莫能破,语大天下莫能载也。"①

由引文可知,朱子对于五峰言立志与居敬的关系十分肯定,认为他说得虽精,但还是存在问题。朱子认为五峰只说立志居敬,不言格物,将工夫都说向内而没有向外,所以话中意思显得很急迫。朱子又说大体上致知本质上是《中庸》中广大的工夫,必须表里内外周全才能完成,所以五峰言立志为表、持敬为内说得极好,但其说如此"而知乃可精",则气象局促,因为没有致知作为致广大的工夫,是不可能直接达到尽精微的境界。五峰言立志、居敬就能至知之精,说明五峰不知致知工夫也是没这么容易完成的,必须还要通过广大的工夫,久久积累之后才能自然贯通。在此,朱子其实是强调只言立志和居敬也是无法达到知之精的,必须经过格物、致知本身长久的积累,不能只说里面的立志与居敬,丢失了外面的格物致知,从规模上不如程子的涵养与进学并进的工夫架构。朱子引二程言"今日格一件,明日格一件,积久自然贯通",认为二程包含了积累与贯通的内外工夫,工夫规模宽缓不急迫,有涵养从容的意思在里面。二程的工夫规模从小处说十分精确,不能推翻,从大处说十分广大,没有事物能包含它。《语类》中还有两段是谈到对五峰居敬与立志关系的检查,都体现朱子从工夫规模上遵从二程的立场。

问:"胡氏说,何谓太迫?"曰:"说得来局蹙,不恁地宽舒,如将绳索拼在这里一般,也只看道理未熟。如程子说,便宽舒。他说'立志以定其本',是始者立个根基。'居敬以持其

---

① (宋)黎靖德编,王星贤点校:《朱子语类》,第419页。沈僴录,朱子69岁后。

志，志立乎事物之表，敬行乎事物之内，而知乃可精。'知未到精处，方是可精，此是说格物以前底事。后面所说，又是格物以后底事。中间正好用工曲折处，都不曾说，便是局蹙了。"①

问："先生说格物，引五峰《复斋记》曰'格之之道，必立志以定其本，居敬以持其志'云云，以为不免有急迫意思，何也？"曰："五峰只说立志居敬，至于格物，却不说。其言语自是深险，而无显然明白气象，非急迫而何！"②

对于朱子对五峰气象急迫的评价，五峰询问朱子如何理解急迫，朱子解释说急迫是局蹙、不宽舒，意指五峰工夫规模太狭小，二程的工夫规模宽舒。五峰的急迫体现在只说立志居敬，不言格物，立志是格物前的工夫，其言立志持敬可以达到知之精，这又是格物之后的事，所以对格物本身没有注意，认为立志居敬就可以完成致知，但是对格物到致知这一段工夫没有注意，将致知说得太快，工夫规模显得狭小。朱子认为五峰将工夫说得太深，但道理说得不够纯熟，所以气象局蹙，本质上朱子强调格物至致知这一段工夫的重要性，本质上体现朱子积累至贯通、下学至上达的工夫进路。朱子认为五峰气象不如二程，说明朱子晚年仍遵从二程的涵养与进学两大工夫架构，立志是对持敬的补充，对此钱穆也说："（朱子）据胡五峰语来补居敬工夫之缺。"③ 他也注意到持敬与立志的特点不同："居敬须有一本，此即学者之志。敬在事物之内，不免有细碎处，志则立乎事物之表，而为事物所不能夺，此一分别极关重要。"④ 这也说明："朱子在继承二程思想的基础上，又能吸收五峰的观点是朱子晚

---

① （宋）黎靖德编，王星贤点校：《朱子语类》，第421页，徐寓录，朱子61岁后。
② （宋）黎靖德编，王星贤点校：《朱子语类》，第420页。徐寓录，朱子61岁后。
③ 钱穆：《朱子学提纲》，第121页。
④ 钱穆：《朱子学提纲》，第121页。

年工夫论精进细密的体现。"①但是朱子晚年对立志的重视并没有改变朱子主敬涵养的地位，没有改变中年时期所确立的涵养与致知两大基本工夫架构。以上分析可以看出，朱子言立志的重要不仅在于读书而在于任何事情，虽然朱子经常言为学要先立志以说明成德的艰难与立志的重要，但并没有偏向知的一方言立志，知行作为成德的工夫都需要立志以提供动力。所以钱穆认为陆学言立志偏向行，朱子言立志偏向知，似乎过于截然二分。而唐君毅认为朱子采纳五峰"志立乎事物之表"说明朱子只以趣向为志不够分量，认为朱子重视程度不如象山。如果从重视程度上言可能不如象山重视，但是朱子只是从工夫的内容和特点上阐述各项工夫的作用，在朱子这里空言立志肯定不行，立志在工夫之首，而持敬是更细密的工夫，贯穿成德工夫的始终，二者互相配合，并不能说只言立志就是更加重视立志，也不能说立志与居敬二者不可缺少就是不重视立志。朱子晚年认识到成德的艰难，不只言主敬，也重立志，更注重不同工夫的配合和相资相成，这是晚年工夫细密的体现。

第四节　涵养工夫的地位

朱子在晚年时期对涵养工夫的地位的讨论主要还是围绕涵养与致知、涵养与省察的关系展开的，其中涵养与致知的关系仍然是朱子晚年讨论的重点，对此朱子仍是同时对话陆学与浙学，最后回到了对自己门人的检查，体现出朱子晚年对自身工夫思想的反思。在涵养与省察的关系上，朱子晚年也做出重大调整，体现出对省察工夫的进一步重视。更重要的是，在之前对知行关系的基本认识的基础上，朱子晚年对成德的次序集中进行讨论，体现出

---

① 陈双珠：《立志与居敬、诚意——论朱子晚年对"立志"工夫的重视》，《中共福建省委党校学报》2017 年第 8 期。

朱子以《大学》为工夫规模，也体现了朱子对成德路径的最终认识。

一　涵养与致知

（一）持敬涵养为本

1. 持敬为本，穷理为助

朱子在中年时期确立了以持敬涵养为成德的根本工夫，晚年后朱子仍然保持持敬存养、持敬为穷理之本、持敬即求放心、持敬贯彻大学工夫始终的基本观点。朱子说："敬则心存，心存，则理具于此而得失可验，故曰：'未有致知而不在敬者。'"① 61 岁时又说："穷理以虚心静虑为本。"② 同年又说："学者堕在语言，心实无得，固为大病。……近因病后，不敢极力读书，闲中却觉有进步处，大抵孟子所论'求其放心'是要诀尔。"③ 进入晚年后，由于年老多病，朱子越发认识到涵养是成德的关键。62 岁时又说："所谓'守得定，方可以致知穷理'，此说甚当。孟子云：'学问之道无他，求其放心而已。'岂是此事之外更无他事？只是此本不立，即无可下手处。此本既立，即自然寻得路径进进不已耳。"④ 在此朱子指出了涵养是成德的根本工夫，是其他修养工夫的前提。65 岁时朱子又说："先立根本、后立趋向，即所谓'未有致知而不在敬者'；又云'收得放心后，然后自能寻向上去'，亦此意也。"⑤ 持敬涵养是立根本

---

① （宋）黎靖德编，王星贤点校：《朱子语类》，第 402 页。杨道夫录，朱子 60 岁后。
② （宋）黎靖德编，王星贤点校：《朱子语类》，第 155 页。陈淳录，朱子 61、70 岁。
③ （宋）朱熹著，朱杰人、严佐之、刘永翔主编：《答杨子直》，《朱子全书》，第 22 册，第 2074 页。1190 年。见陈来《朱子书信编年考证》，第 315 页。
④ （宋）朱熹著，朱杰人、严佐之、刘永翔主编：《答郑子上》，《朱子全书》，第 23 册，第 2676 页。1191 年。
⑤ （宋）朱熹著，朱杰人、严佐之、刘永翔主编：《答胡季随》，《朱子全书》，第 22 册，第 2522 页。1194 年。

的工夫，必须先落实，立下根本之后再进一步穷理致知，所以说"未有致知而不在敬"。同年朱子又说："主一无适者亦必有所谓格物穷理者以先后之也，故程夫子之言曰：'涵养必以敬，而进学则在致知。'此两言者如车两轮，如鸟两翼，未有废其一而可行可飞者也。世衰道微，异说蜂起，其间盖有全出于异端而犹不失于为己者，其他则皆饰私反理而不足谓之学矣。"① 在此朱子仍以主一无适言持敬涵养，体现出朱子晚年仍遵从二程涵养与致知两大工夫路径，涵养与致知作为成德的两大基本方法，二者不能偏废一方。朱子晚年特别强调持敬与穷理不可偏废一方，偏重任何一方都是错的。他说："见人之敏者，太去理会外事，则教之使去父慈、子孝处理会，曰：'若不务此，而徒欲泛然以观万物之理，则吾恐其如大军之游骑，出太远而无所归。'若是人专只去里面理会，则教之以'求之情性，固切于身，然一草一木，亦皆有理'。要之，内事外事，皆是自己合当理会底，但须是六七分去里面理会，三四分去外面理会方可。若是工夫中半时，已自不可。况在外工夫多，在内工夫少耶！此尤不可也。"② 朱子认为程子教人，因人而异，如果太理会外面事，则要注意以持敬为本，不能泛然观理，如果只专从里面理会，则要注意穷理的必要，持敬穷理应当一起理会，但是在持敬涵养上必须用六七分力气，在格物穷理上可用三四分力气，可见朱子的成德工夫主要依靠涵养而不是穷理，穷理是对涵养的辅助，他说："持敬是穷理之本；穷得理明，又是养心之助。"③ 由此可见，朱子晚年持敬为本的地位没有改变，涵养依然是成德工夫的第一义。

---

① （宋）朱熹著，朱杰人、严佐之、刘永翔主编：《答孙敬甫》，《朱子全书》，第 23 册，第 3061—3062 页。1194 年。见陈来《朱子书信编年考证》，第 380 页。

② （宋）黎靖德编，王星贤点校：《朱子语类》，第 406 页。辅广录，朱子 65 岁后。

③ （宋）黎靖德编，王星贤点校：《朱子语类》，第 151 页。林夔孙录，朱子 68 岁后。

2. 批浙学支离

朱子在 55 岁后开始批评浙中吕氏门人欠缺持守工夫，不在本原处辨天理人欲，最后流为事功之学，并同时检查自身与浙中学者的支离问题，进入晚年后，朱子继续指出浙中学者欠缺涵养本原的工夫，批评吕氏门人支离。

> 然觉得今世为学不过两种，一则径趋简约，脱略过高；一则专务外驰，支离繁碎。其过高者固为有害，然犹为近本；其外驰者诡谲狼狈，更不可言。吾侪幸稍平正，然亦觉欠却涵养本原工夫，此不可不自反也。所寄疑义，盖多得之，已略注其间矣。小差处不难见，但却欲贤者更于本原处加功也。①

由引文可见，朱子提出当今为学的问题总结起来可以为两种，一种是做工夫路径过于简约，脱略文字，喜欢高论；一种是专务外驰，不重涵养，如此则工夫支离繁碎。明显，前者指陆学，后者针对浙中吕氏门人而发。朱子认为陆学立论过高固然有害，但是贴近根本，而工夫向外求索则诡辩奇怪，更不值得说。可以看出，朱子认为相比陆学，浙学的问题更严重，可见朱子坚持以涵养工夫作为成德的根本，其地位不能动摇。同时，朱子提出自己的工夫架构稍稍平正一些，但还是觉得自己涵养本原的工夫有所欠缺，应该进行反思，同时也建议吴伯丰在涵养本原的工夫上加倍努力。62 岁时陆子静还未去世，当时朱子对陆学及门人的批评是十分严厉的，但是与浙学相比，朱子认为浙学欠缺涵养的问题比陆学更严重，如此可见朱子批评浙学的程度，但朱子并没有用很严厉的语气或者很重的话语批评浙学。朱子 62 岁时，郑可学对朱子说不能去见陆子静，担心受其影响学会参禅，对此朱子说："此人言极有理。吾友不去见，亦是。

---

① （宋）朱熹著，朱杰人、严佐之、刘永翔主编：《答吴伯丰》，《朱子全书》，第 22 册，第 2433 页。1191 年。

然更有一说：须修身立命，自有道理，则自不走往他。若自家无所守，安知一旦立脚得牢！正如人有屋可居，见他人有屋宇，必不起健羡。若是自家自无住处，忽见人有屋欲借自家，自家虽欲不入，安得不入？切宜自作工夫！"① 可见，朱子认为陆子静之学固然不可取，但是修身立命必须以涵养工夫为本才能有归处，而浙中吕氏的问题比陆子静不立文字更严重。吕祖俭对朱子说："今所虑者，非在于堕释氏之见，乃在于日用之间主敬守义工夫自不接续而已。若于此能自力，则敬义夹持，此心少放，自不到得生病痛也。"② 朱子回应："此正如明道所说扶醉人语，不溺于虚无空寂，即沦于纷扰支离矣。"③ 可见朱子言空虚针对陆学，言支离针对吕学。68岁时，朱子又致信万正淳批评吕祖俭不知以涵养为本。

> 子约之病，乃宾主不明，非界分不明也。不知论集义所生则义为主、论配义与道则气为主，一向都欲以义为主，故失之。若如其言，则孟子数语之中，两句已相复矣，天下岂有如此絮底圣贤耶！子约见得道理大段支离，又且固执己见，不能虚心择善，所论不同处极多，不但此一义也。④

朱子认为吕祖俭的问题不是不辨义利，而是宾主不明，不以涵养为本。吕祖俭不知言集义所生是以义为主，不知言配义以道时是以气为主，一直以义为主，所以有了偏失之处。朱子认为如果按吕祖俭都以义为主，则孟子言集义所生和配义与道就重复了，圣贤不可能

---

① （宋）黎靖德编，王星贤点校：《朱子语类》，第2983页。郑可学录，朱子62岁。
② （宋）朱熹著，朱杰人、严佐之、刘永翔主编：《答吕子约》，《朱子全书》，第22册，第2218页。1195年。
③ （宋）朱熹著，朱杰人、严佐之、刘永翔主编：《答吕子约》，《朱子全书》，第22册，第2218页。1195年。
④ （宋）朱熹著，朱杰人、严佐之、刘永翔主编：《答万正淳》，《朱子全书》，第22册，第2387—2388页。1197年。

如此烦琐。朱子认为吕子约理解圣贤的道理大段支离，又固执己见，不虚心采纳别人的说法，所以不只与朱子在这点上不同，在很多地方都有不同。朱子认为吕祖俭质朴老实，但看道理不分明，表示惋惜。次年朱子又致信吕祖俭，建议他同时做致知与涵养的工夫，如此才能解决支离的问题。

> 窃意贤者用力于此，不为不久，其切问近思之意不为不笃，而比观所讲与累书自叙说处，觉得瞻前顾后，头绪太多，所以胸次为此等丛杂壅塞缠绕，不能得明快直截，反不得如新学后生闻一言且守一言，解一义且守一义，虽未能便有所得，亦且免得如此支离纷扰，狼狈道途，日暮程遥，无所归宿也。①

朱子指出吕子约做读书工夫过于瞻前顾后，头绪太多，所以显得过于烦琐缠绕，不够明白直接，反而不如闻一言守一言，解一义且守一义，也就是致知与涵养并进，互相配合，如此虽然不能马上有很大的成效，也可以避免工夫支离纷扰及工夫路径过于曲折缠绕。

(二) 涵养与致知并进

1. 涵养为本与致知为先

朱子同时有先致知后涵养和涵养为致知之本的说法，二者看似矛盾，朱子晚年做了解释，涵养工夫为先是从大纲上说，《语类》载："问致知涵养先后。曰：'须先致知而后涵养。'"问："伊川言：'未有致知而不在敬。'如何？"曰："此是大纲说。要穷理，须是着意。不着意，如何会理会得分晓。"② 在此，朱子提出涵养在致知之先是从大纲上说，是总论，相当于指导思想。在做工夫上，要从致知入

---

① （宋）朱熹著，朱杰人、严佐之、刘永翔主编：《答吕子约》，《朱子全书》，第22册，第2244页，1198年。
② （宋）黎靖德编，王星贤点校：《朱子语类》，第152页。陈文蔚录，朱子59岁后。见《朱子语类》，第13页。

手。《语类》又载:"王德辅问:'须是先知,然后行?'曰:'不成未明理,便都不持守了!且如曾点与曾子,便是两个样子:曾点便是理会得底,而行有不掩;曾子便是合下持守,旋旋明理,到一唯处。'"① 对于王德辅提问是否先知然后才能行,朱子则回答不能因为不明理就不持守,朱子要说明不能因为知没有完成就不做行的工夫,强调持守工夫要先落实。如果只做穷理不去持守,则会出现"知而不行"的情况,如果能像曾子一样先持守,则能在持守中渐渐明理,最终是能达到知行合一的。在此,朱子说明了持守为先、持敬以穷理的原理。持敬为先与致知作为大学工夫的入手处不矛盾,朱子说:"'致知'一章,此是大学最初下手处。若理会得透彻,后面便容易。"② 大学工夫的规模体现了成德的次序,致知作为大学工夫的入手处,说明了成德的次序从致知开始。

> 夫庄敬持养,此心既存,亦可谓之无邪心矣。然知有未至,理有未穷,则于应事接物之际不能处其当,则未免于纷扰,而敬亦不得行焉。虽与流放而不知者异,然苟不合正理,则亦未免为妄与邪心也。故致知所以为《大学》之首,与其用力之次第,则先生所作《大学传》所引程子、游氏、胡氏之言数条是也,但庄敬持养又其本耳。③

朱子认为庄敬持养后本心既存,理论上可以说没有邪心存在,但是如果知有未至、理有未穷,则在具体的应事接物中不能妥当,本心也难免受到纷扰,如此敬也不能再发生作用。在此,朱子说明了穷

---

① (宋)黎靖德编,王星贤点校:《朱子语类》,第149页。汪德辅录,朱子63岁。
② (宋)黎靖德编,王星贤点校:《朱子语类》,第406页。辅广录,朱子65岁后。
③ (宋)朱熹著,朱杰人、严佐之、刘永翔主编:《答方宾王》,《朱子全书》,第23册,第2656页。1190年。见陈来《朱子书信编年考证》,第318页。

理、致知工夫对持敬的影响。朱子认为这虽然与放失本心而不自知的情况不同,但心在事事物物中不能合于理,则难免成为邪妄之心,这就是致知之所以成为大学工夫之首的原因,但是同时庄敬持养又是根本的工夫。在此,朱子说明了致知作为大学工夫的入手处与持敬涵养为根本工夫不是矛盾的,涵养与致知在做工夫上是同时进行的。

> 任道弟问:"或问,涵养又在致知之先?"曰:"涵养是合下在先。古人从小以敬涵养,父兄渐渐教之读书,识义理。今若说待涵养了方去理会致知,也无期限。须是两下用工,也着涵养,也着致知。伊川多说敬,敬则此心不放,事事皆从此做去。"贺孙。《广录》云:"或问存养、致知先后。"曰:"程先生谓:'存养须是敬;进学则在致知。'又曰:'未有致知而不在敬者。'盖古人才生下儿子,便有存养他底道理。父兄渐渐教他读书,识义理。今人先欠了此一段,故学者先须存养。然存养便当去穷理。若说道,俟我存养得,却去穷理,则无期矣。"①

由引文可知,朱子解释所谓涵养在致知之先是从总体而言的,古人从小就以敬完成了涵养工夫,如此再去读书求义,所以古人的涵养工夫在小学阶段就已经完成了,至大学阶段时就可以直接做致知工夫。因为今人都缺了小学阶段的持敬涵养,所以必须先落实存养工夫,但是存养和穷理要一起做,如果涵养好了再去穷理,则不知道要什么时候才能涵养好,也不知道什么时候开始穷理,所以涵养和穷理是必须同时做的,持敬本心的同时,事事都从持敬做去。

---

① (宋)黎靖德编,王星贤点校:《朱子语类》,第 403—404 页。辅广录,朱子 65 岁后。

2. 居敬穷理互发是境界

由前文分析可知，朱子晚年更加注意强调涵养和致知不可偏废一方，涵养与致知如鸟之双翼要两下用功，可以看出朱子比较重视涵养与致知对彼此的相互作用。朱子说："（涵养与致知）二者偏废不得。致知须用涵养，涵养必用致知。"① 61 岁时又说："学者若不穷理，又见不得道理。然去穷理，不持敬，又不得。不持敬，看道理便都散，不聚在这里。"② 涵养与致知二者不可偏废一方，二者互相配合，偏废任何一方，另一方的工夫都不能完成。他又说："万事皆在穷理后。经不正，理不明，看如何地持守，也只是空。"③ 又说："涵养中自有穷理工夫，穷其所养之理；穷理中自有涵养工夫，养其所穷之理，两项都不相离。才见成两处，便不得。"④ 如此可见，朱子提出不能穷理也不能持守，涵养中自有穷理，穷理是穷所涵养之理，穷理中自有涵养工夫，而涵养是养所穷之理，二者是互相包含的，两不相离，不能将二者分为两处做工夫。63 岁时，朱子直接提出持敬穷理不能分为两节工夫，他说："然'敬'即学之本，而穷理乃其事，亦不可全作两截看也。"⑤ 持敬是为学的前提，穷理是为学的内容，二者不可分作两节工夫，朱子又以下雨与蒸汽的循环做比喻来说明涵养与穷理的互相发明。

> 人之为学，如今雨下相似：雨既下后，到处湿润，其气易得蒸郁。才略晴，被日头略照，又蒸得雨来。前日亢旱时，只

---

① （宋）黎靖德编，王星贤点校：《朱子语类》，第 403 页。道夫录，朱子 60 岁。
② （宋）黎靖德编，王星贤点校：《朱子语类》，第 151 页。陈淳录，朱子 61、70 岁。
③ （宋）黎靖德编，王星贤点校：《朱子语类》，第 152 页。杨道夫录，朱子 60 岁后。
④ （宋）黎靖德编，王星贤点校：《朱子语类》，第 149 页。叶贺孙录，朱子 62 岁后。
⑤ （宋）朱熹著，朱杰人、严佐之、刘永翔主编：《答项平父》，《朱子全书》，第 23 册，第 2545 页。1192 年。见陈来《朱子书信编年考证》，第 357 页。

> 缘久无雨下，四面干枯；纵有些少，都滋润不得，故更不能蒸郁得成。人之于义理，若见得后，又有涵养底工夫，日日在这里面，便意思自好，理义也容易得见，正如雨蒸郁得成后底意思。若是都不去用力者，日间只恁悠悠，都不曾有涵养工夫。设或理会得些小道理，也滋润他不得，少间私欲起来，又间断去，正如亢旱不能得雨相似也。①

由引文可见，朱子认为做学问就像下雨一样，下雨后到处湿润，水汽容易蒸发，等天晴被太阳照一照，水蒸气化为雨落下来，但如果一直干旱无雨，空气干枯，下一点雨也无法滋润，更谈不上蒸得水汽。就像人对于义理，如果见得义理后，又做涵养工夫，义理便能日日记在心里，义理也容易理解，就像下雨后水汽蒸发得雨。如果不做涵养工夫，或许能理会一些小道理，对涵养帮助不大，私欲很快就会起来影响本心，使涵养工夫出现间断，就像干旱很久了空气里没有水汽蒸出雨是一样的道理。在此朱子说明了涵养与穷理相互发明、互相促进，偏失一方就会影响另一方。65岁后，朱子直接提出居敬穷理互发的观点，他说："学者工夫，唯在居敬、穷理二事。此二事互相发。能穷理，则居敬工夫日益进；能居敬，则穷理工夫日益密。譬如人之两足，左足行，则右足止；右足行，则左足止。又如一物悬空中，右抑则左昂，左抑则右昂，其实只是一事。"② 在此，朱子以左脚和右脚互相配合行走来比喻居敬与穷理互相促进的关系，能持敬则穷理的工夫更细密，能穷理则持敬的工夫更进一步，就像两只脚走路，一只脚走，另一只脚停，但都在完成走路这件事。朱子也说明了持敬是向内收敛，穷理是向外致知，二者的方向不同，所以两足同时走路是不行的。朱子最后提出居敬穷理互发

---

① （宋）黎靖德编，王星贤点校：《朱子语类》，第150页。潘时举录，朱子64岁后。
② （宋）黎靖德编，王星贤点校：《朱子语类》，第150页。辅广录，朱子65岁后。

是境界，比较严密地说明了二者的关系，他说："初做工夫时，欲做此一事，又碍彼一事，便没理会处。只如居敬、穷理两事便相碍。居敬是个收敛执持底道理，穷理是个推寻究竟底道理。只此二者，便是相妨。若是熟时，则自不相碍矣。"① 朱子提出居敬和穷理刚开始做工夫的时候其实是互相妨碍的，但如果两个工夫都做到纯熟，则不会互相妨碍，而是互相配合。

（三）批陆：不重穷理

1. 言"识心"之弊

朱子在"中和新说"时期就已经讨论了"识心"的说法，当时朱子并没有直接否定"识心"的说法，并且从儒家的立场对"识心"做了解释，以区别禅学"识心"的说法。

> 儒者之学，大要以穷理为先，盖凡一物有一理，须先明此，然后心之所发轻重长短各有准则，《书》所谓"天叙""天秩""天命""天讨"，《孟子》所谓"物皆然，心为甚"者，皆谓此也。若不于此先致其知，但见其所以为心者如此，识其所以为心者如此，泛然而无所准则，则其所存所发，亦何自而中于理乎？且如释氏擎拳竖拂、运水般柴之说，岂不见此心？岂不识此心？而卒不可与入尧舜之道者，正为不见天理而专认此心以为主宰，故不免流于自私耳。前辈有言"圣人本天，释氏本心"，盖谓此也。②

由引文可见，朱子认为儒家做工夫最关键以穷理为先，一物有一物之理，必须先明白一物有一物之理，然后心之所发才能各有自己的

---

① （宋）黎靖德编，王星贤点校：《朱子语类》，第150页。辅广录，朱子65岁后。

② （宋）朱熹著，朱杰人、严佐之、刘永翔主编：《答张钦夫》，《朱子全书》，第21册，第1314页。1169年。

准则，孟子所说"物皆然，心为甚"说的就是这个道理。在此，朱子提出必须先明白一物有一物之理，心才能够依据准则而发，说明了大学工夫的次序。朱子又提出如果不在心上先致心之知，使其见到心所以为心的道理，否则格物致知过于广泛而没有准则，则其心之所存所发，无法自然合理。在此，朱子以致心之知来解释"识心"，以"识心"为格物致知的前提，实际上以涵养本原解释"识心"。朱子认为佛家也说要见此心、识此心，但是佛家的"识心"、见心的工夫不是尧舜之道，因为不见心中之理，而专认心为主宰，不知心为主宰的原因，如此心则不能免于私欲的影响。由此，朱子说明了儒家和佛家言"识心"的区别，朱子认为儒家的心是本心具理，所以穷理工夫之前的"识心"是识心中之理，为穷理提供是非准则，而"识心"的目的是认识到此心为主宰，保证此心为主宰。佛教的"识心"则是只以心为主宰，而不明白心为主宰的依据在于心中本具之理，所以空言"识心"。可以看出，朱子当时并没有否定"识心"的说法，"识心"能认识到心中万理具备而有成德的标准和可能，所以在朱子53岁时没有反对项平父所说"此心元是圣贤，只要于未发时常常识得，已发时常常记得"①，可见朱子此处以"识心"为未发前涵养工夫。进入晚年后，朱子改变了"识心"为未发前涵养工夫的说法，以致知解释"识心"，提出"识心"必须经过穷理的积累。

> 如邵子又谓"心者性之郭郭"，乃为近之。但其语意未免太粗，须知心是身之主宰而性是心之道理，乃无病耳。所谓"识察此心，乃致知之切近者"，此说是也。然亦须知所谓识心，非徒欲识此心之精灵知觉也，乃欲识此心之义理精微耳。欲识其义理之精微，则固当以穷尽天下之理为期，但至于久熟而贯通

---

① （宋）朱熹著，朱杰人、严佐之、刘永翔主编：《答项平父》，《朱子全书》，第23册，第2540页。1182年。

焉，则不待一一穷之，而天下之理固已无一毫之不尽矣。举一而三反，闻一而知十，乃学者用功之深、穷理之熟，然后能融会贯通，以至于此。今先立定限，以为不必尽穷于事事物物之间而直欲侥幸于三反知十之效，吾恐其莽卤灭裂而终不能有所发明也。①

由引文可见，朱子认为邵雍所言"心者性之郛郭"比较贴近地说明了心性关系，但语意未免太笼统，不够细致，因为只说明了心承载性，但没有体现心性关系的核心在于心是身之主宰的原因，在于性是心的道理。在心性关系的基础上，朱子肯定"识心"与致知最为贴近，朱子又强调要知道"识心"并不是认识此心之知觉的功能，而是要认识心中精微的义理，而想要认识心中精微的义理，就必须以穷尽天下之理为目标，在久久熟练后达到贯通的境界。贯通之后则不用一一去穷理，天下之理都能穷尽。举一反三、闻一知十是学者通过努力做工夫穷理纯熟后融会贯通的缘故。如此可见朱子以致知解释"识心"，"识心"要通过穷理的积累达到贯通的境界。这说明朱子提出"识心"之说本来没有错，但是却被后人曲解误用了。朱子认为"识心"之弊在于专是务虚而又高论狂妄，所以朱子晚年言"识心"之弊主要针对陆学而发。

近来学者多说"万理具于心，苟识得心，则于天下之事无不得其当"，而指致知之说为非，其意大率谓求理于事物，则是外物。谊窃谓知者心之所觉，吾之所固有，盖太极无所不该，而天下未尝有心外之物也。惟其汨于物欲，乱于气习，故其知乃始蔽而不明。而敬以持之、思以通之者，亦曰开其蔽以复其本心之知耳。程子曰"凡一物有一理，须是穷致其理"者，岂

---

① （宋）朱熹著，朱杰人、严佐之、刘永翔主编：《答姜叔权》，《朱子全书》，第22册，第2460—2461页。1190年。

皆穷之于外哉？"在物为理，处物为义"，所以处之者，欲穷其当，则固在我矣。……必也如程子所谓"觉悟贯通，于天下万物之理无一毫之不尽，则义精而用妙"，始可以言尽心知性矣。不知或者识心之说，岂一超直入者乎？……恐不可专以庄敬持养、此心既存为无邪心，而必以未免纷扰、敬不得行然后为有妄之邪心也。所论近世识心之弊，则深中其失。古人之学所贵于存心者，盖将推此以穷天下之理。今之所谓识心者，乃欲恃此而外天下之理。是以古人知益崇而礼益卑，今人则论益高而其狂妄恣睢也愈甚，得失亦可见矣。①

由引文可见，朱子提出近来学者喜欢说万理具于心，只要识心则天下之事都能得到妥当的处理，由此而认为没有必要做穷理致知的工夫，其中大概意思是穷理是从外物中求理，是心外的工夫。对此，朱子提出知是心之所觉，知觉是本心所固有的，该遍天地万物，所以天下没有心外之物，也没有心外之理，只是因为物欲的遮蔽、习气的扰乱才使知觉被遮蔽而不光明，而持敬、穷理的工夫都是去蔽恢复本心之知觉的工夫。程子说一物有一物之理，必须穷尽其理，但是穷理并不是穷心外之理。朱子以程子言觉悟贯通后才可以言尽心知性为据，提出不经过穷理直言"识心"，工夫太过"一超直入"。在此基础上，朱子进一步提出工夫不能专以持敬涵养，如不务穷理最终难免成为邪妄之心，这是专言"识心"造成的弊病。朱子提出古人对存心的重视是将存心推至穷理工夫，而今人说"识心"则是将理存于心外，古人知得越多越谦虚，但现在的人喜欢高谈阔论又十分狂妄，可以看出朱子在此所批评的是陆学。

心固不可不识，然静而有以存之，动而有以察之，则其体

---

① （宋）朱熹著，朱杰人、严佐之、刘永翔主编：《答方宾王》，《朱子全书》，第23册，第2656—2657页。1190年。见陈来《朱子书信编年考证》，第318页。

用亦昭然矣。近世之言识心者，则异于是。盖其静也初无持养之功，其动也又无体验之实，但于流行发见之处认得顷刻间正当底意思，便以为本心之妙不过如是……不知此只是心之用耳，此事一过，此用便息，岂有只据此顷刻间意思便能使天下事事物物无不各得其当之理耶？所以为其学者，于其功夫到处亦或小有效验，然亦不离此处，而其轻肆狂妄、不顾义理之弊，已有不可胜言者。此真不可以不戒。然亦切勿以此语人，徒增竞辨之端也。①

由引文可知，朱子再次对方宾王提出心固然不能不识，"识心"就是静时存养、动时察识，如此则心之体用昭然明白。在此，朱子又以存养和省察为"识心"工夫。朱子提出近世言"识心"则不是如此理解的，在静时没有持敬存养，动时又不实际去省察，而只是在流行发见之端认得道理，便以此为心之神妙的全部内容，而不知此只是心之用，而未言及心之全体。朱子认为"识心"之端，不是"识心"工夫。朱子认为只是根据流动发生之端的省察就能在使心在已发后事事物物皆合于理，这是不可能的，但是有些学者因为工夫小有成效就轻肆狂妄，不顾义理上的弊病，坚持以此为"识心"工夫，这是需要注意的。朱子对此很谨慎，他告诉方宾王不要将这话告诉别人，否则只会增加竞辨的事端。此时朱子与象山还没有结束论辩，与陆学门人关系紧张，所以告诉方宾王这个说法不要告诉别人，因为不想徒增竞辩的争端，这显然是针对陆学门人而言的，可知朱子以上批评针对陆学而发。

2. 不知气禀之杂

朱子认为是否承认气禀对心的影响是儒释的区别，也是朱陆之分，朱子认为禅学与陆学都没有体察到气禀和私欲对人心的影响，

---

① （宋）朱熹著，朱杰人、严佐之、刘永翔主编：《答方宾王》，《朱子全书》，第23册，第2660页。1190年。见陈来《朱子书信编年考证》，第318页。

所以不重穷理，朱子说："虽说心与理一，而不察乎气禀物欲之私，亦是见得不真，故有此病。此《大学》所以贵格物也。"① 可见，朱子认为陆学虽言心与理为一，但是没有注意到气禀与物欲对心的影响，不知气禀之杂是陆学不重穷理的根源。

> 陆子静之学，看他千般万般病，只在不知有气禀之杂，把许多粗恶底气都把做心之妙理，合当恁地自然做将去。向在铅山得他书云，看见佛之所以与儒异者，止是他底全是利，吾儒止是全在义。某答他云，公亦只见得第二着。看他意，只说儒者绝断得许多利欲，便是千了百当，一向任意做出都不妨。不知初自受得这气禀不好，今才任意发出，许多不好底，也只都做好商量了。只道这是胸中流出，自然天理；不知气有不好底夹杂在里，一齐驱将去，道害事不害事？看子静书，只见他许多粗暴底意思可畏。其徒都是这样，才说得几句，便无大无小，无父无兄，只我胸中流出底是天理，全不着得些工夫。看来这错处，只在不知有气禀之性。又曰："'论性不论气，不备。'孟子不说到气一截，所以说万千与告子几个，然终不得他分晓。告子以后，如荀扬之徒，皆是把气做性说了。"②

由引文可知，朱子认为陆子静的学问有很多问题，但根源在于没有注意到气禀之杂，所以把许多粗的、恶的气与心之妙理混淆。朱子认为陆子静只说儒者要断绝利欲，不让利欲任意发出，但是却不知道因为刚开始的气禀不好才任意发出不好的利欲。在此，朱子以气禀说明了人发出不好的利与欲的原因，气禀最终导致人不能诚意，也就是不能自觉地达到完善的境界，所以要通过长久的磨炼才能去

---

① （宋）朱熹著，朱杰人、严佐之、刘永翔主编：《答郑子上》，《朱子全书》，第23册，第2691页。1191年。
② （宋）黎靖德编，王星贤点校：《朱子语类》，第2977页。叶贺孙录，朱子62岁后。

除气禀的影响。而陆子静只说从胸中流出的是自然天理,不知有不好的气夹杂在天理中,没有意识到因为气禀的影响造成了不同的人成德的努力程度和完成程度的不同。言自然天理是对本心的过分自信。所以朱子批评陆子静看书,不作明理,所以采纳的是粗糙的观点,门人弟子也是如此,无兄无父,只说我胸中流出的是天理,这种错误观点的根本原因在于不知有气禀之性的存在。所以二程才说论性不论气是对性认识的不完备,孟子即缺失论气的一截,所以与告子论辩,没有最终的分晓。告子后,荀子、扬雄之徒都把气说成性了,以气为性,则动摇了天命之性。在此,朱子强调要重视气禀对性的影响,如果不重视气禀的影响则论性不完备,也无法重视穷理工夫,但如果把气当成性,即如告子以生为性,则论性不够明白。朱子晚年改变了"新说"时期所认为的持敬可以完全解决气禀和私欲的问题,而强调以穷理对治气禀,以气禀的影响说明了穷理工夫的必要。

> 大抵人之一心,万理具备,若能存得,便是圣贤,更有何事?然圣贤教人,所以有许多门路节次,而未尝教人只守此心者,盖为此心此理虽本完具,却为气质之禀不能无偏,若不讲明体察,极精极密,往往随其所偏堕于物欲之私而不自知(近世为此说者,观其言语动作,略无毫发近似圣贤气象,正坐此耳)。是以圣贤教人,虽以恭敬持守为先,而于其中又必使之即事即物考古验今,体会推寻,内外参合。盖必如此,然后见得此心之真、此理之正,而于世间万事、一切言语,无不洞然了其白黑。……若如来喻,乃是合下只守此心,全不穷理,故此心虽似明白,然却不能应事,此固已失之矣。①

---

① (宋)朱熹著,朱杰人、严佐之、刘永翔主编:《答项平父》,《朱子全书》,第23册,第2544—2545页。1191年。

由引文可见，朱子提出从大抵上说每个人之心都万理具备，如果能存得此心，便是圣贤，其他就没有什么工夫了。然而圣贤教人之所以有许多门路节次，而从来没有教人只做持守工夫，就是因为此心虽然本具万理，但却因气禀的影响难免有偏，如果不讲明体察，做更加精密的工夫，则此心就会随其所偏流入私欲中而不自知。所以圣贤教人做工夫，虽然以持守为先，而在持守之中又必须即事即物做穷理工夫，如此内外工夫相配合。朱子认为必须如此，才能见得此心之真、此理之正，如果如项平父所说只做持守本心的工夫，一点不去穷理，则此心看起来似乎明白，但却不能应事，其实已失本心了。认识到气禀对成德的影响，朱子晚年更加注重持敬与穷理二者缺一不可，强调内外工夫互相配合，改变了中年时期认为持敬能变化气质的观点，这也是朱子与陆学工夫分歧的原因所在。

> 问："季通说'尽心'，谓'圣人此心才见得尽，则所行无有不尽'。故程子曰：'圣人无俟于力行。'"……又曰："尽心如明镜，无些子蔽翳。只看镜子若有些少照不见处，便是本身有些尘污。如今人做事，有些子鹘突窒碍，便只是自家见不尽。此心本来虚灵，万理具备，事事物物皆所当知。今人多是气质偏了，又为物欲所蔽，故昏而不能尽知，圣贤所以贵于穷理。"又曰："万理虽具于吾心，还使教他知，始得。今人有个心在这里，只是不曾使他去知许多道理。少间遇事做得一边，又不知那一边；见得东，遗却西。少间只成私意，皆不能尽道理。尽得此心者，洞然光明，事事物物无有不合道理。"[①]

由引文可知，朱子认为尽心的境界就像明镜一样，没有一点点遮蔽，如果镜子上有少许遮蔽，便是本心还有未光明处，说明朱子以尽心

[①] （宋）黎靖德编，王星贤点校：《朱子语类》，第 1425 页。叶贺孙录，朱子 62 岁后。

为成德的标准。朱子认为此心本来虚灵，万理具备，事事物物皆所当知，大多是因为气质偏了，又被物欲遮蔽，所以本心昏昧而不能尽知，这是圣贤之所以重视穷理的原因。朱子又说万理虽本具于心，但还要教人去知此本具之理，才是得理于心。现在人有心却不让自己去穷理知理，所以最终心都发为私意，不能尽心中之理，如果能尽此心中之理，则心洞然光明，事事物物都合于理。在此，朱子以不能穷理则不能尽心的角度说明了不能只守此具理之心，应该要使心知所具之理而使心事事物物都合于理才是尽心，在此朱子将尽心诠释为成德的境界，而穷理是达到尽心必须做的工夫。63岁时朱子又致信项平父说明穷理须以涵养为本，所以穷理不在心外。

> 所论义袭，犹未离乎旧见。……如孟子答公孙丑问"气"一节，专以"浩然之气"为主。其曰"是集义所生者"，言此气是积累行义之功而自生于内也；其曰"非义袭而取之也"，言此气非是所行之义潜往掩袭而取之于外也；其曰"行有不慊于心，则馁矣"者，言心有不慊，即是不合于义，而此气不生也，是岂可得而掩取哉！告子乃不知此，而以义为外……然告子之病，盖不知心之慊处即是义之所安，其不慊处即是不合于义，故直以义为外而不求。今人因孟子之言，却有见得此意而识义之在内者，然又不知心之不慊与不慊，亦有必待讲学省察而后能察其精微者。……来喻敬义二字功夫不同，固是如此。然敬即学之本，而穷理乃其事，亦不可全作两截看也。①

由引文可见，朱子认为项平父的"义袭"仍然没有改变旧见，孟子言浩然之气是集义所生，如此说明所养之气是自己生于心内之气，孟子言"非义袭而取之"即说明此气不是取之于外，而"行有不慊

---

① （宋）朱熹著，朱杰人、严佐之、刘永翔主编：《答项平父》，《朱子全书》，第23册，第2545—2546页。1192年。

于心，则馁矣"则说明如果心不合于义，则此气不生。朱子又说告子不知气生于内而以义在心外，告子的问题在于不知道诚意必须通过讲学省察才能达到，所以敬是为学之本，但穷理却是敬在事中的工夫，二者不能分为两节。在此，朱子提出正因为涵养是前提，格致为心内的工夫。1194年，朱子在《经筵讲义》中又说："然而尚幸有可为者，亦曰敬而已矣。若能于此深思猛省，痛自策励，兼取孟子程氏之言，便从今日从事于敬以求放心，则犹可以涵养本原而致其精明以为穷理之本。"① 朱子认为要兼取孟子求放心和二程持敬，而求放心是通过"事中持敬"来实现的，如此则可以涵养本原使本心达到精一、光明的程度，依此成为穷理的根本。

朱子于1200年又言求放心不在讲学应事之外，朱子说："若论功夫，则只择善固执、中正仁义，便是理会此事处，非是别有一段根原功夫，又在讲学应事之外也。如说'求其放心'，亦只是说日用之间收敛整齐，不使心念向外走作，庶几其中许多合做底道理渐次分明，可以体察，亦非捉取此物藏在胸中，然后别分一心出外以应事接物也。"② 可见，朱子认为所谓的涵养工夫就是在事中对善的坚守、对仁义中正的践行，而没有别的一段涵养本原的工夫，求放心只是在日用之间收敛整齐，不使心向外走作，对道理的体察也不是一心来藏道理，又分出一心应接事物，体察与应接都是涵养此心，对此王懋竑认为此是朱子言涵养的"定论"："廖书在庚申正二月间，此真所谓晚年定论者。"③

3. 江西气象遗害

1189年后朱子与象山绝笔，但是朱子对象山和陆学的批评并没有停止，相反在象山去世后的十多年时间里，朱子都没有停止对象

---

① （宋）朱熹著，朱杰人、严佐之、刘永翔主编：《经筵讲义》，《朱子全书》，第20册，第710页。1194年。
② （宋）朱熹著，朱杰人、严佐之、刘永翔主编：《答廖子晦》，《朱子全书》，第22册，第2111页。1200年。
③ （清）王懋竑：《朱熹年谱》，中华书局1998年版，第479页。

山和陆学的批评，一方面是朱子对象山直接的批评，另一方面是对陆学门人的批评，因为陆学在当时影响很大，极大影响了当时的学术风气，朱子最终上升到对儒家道统的担忧。

> 许行父谓："陆子静只要顿悟，更无工夫。"曰："如此说不得。不曾见他病处，说他不倒。大抵今人多是望风便骂将去，都不曾根究到底。见他不是，须子细推原怎生不是，始得，此便是穷理。既知他不是处，须知是处在那里；他既错了，自家合当如何，方始有进。子静固有病，而今人却不曾似他用功，如何便说得他！所谓'五谷不熟，不如稊稗'，恐反为子静之笑也。"①

由引文可知，许行父提出陆子静只要顿悟，没有其他工夫，朱子马上提醒许行父不能这样说。朱子认为许行父对陆子静的批评没有抓到要害，不能从根本上驳倒他。现在的人批评陆子静大多也是跟风，没有找到陆子静的根本错误。朱子指出陆子静问题的根源在于不穷理，但朱子也认可陆子静重视以涵养为本，指出现在的人不如象山用功，没有资格去批评他。朱子言"五谷不熟，不如稊稗"是指浙中学者欠缺涵养工夫，其问题比象山不重穷理更严重。在此，朱子肯定了象山的涵养工夫，否定他人对象山顿悟的批评，说明朱子在此还没有从工夫路径上批评象山。1189年朱子致信邵叔义说："子静书来，殊无义理，每为闭匿，不敢广以示人，不谓渠乃自暴扬如此。……吾人所学，却且要自家识见分明，持守正当，深当以此等气象举止为戒耳。"② 朱子直言陆子静"殊无义理"，认为其言论封闭藏匿，不敢广示他人，提出为学主旨是要先自己见识分明，持守

---

① （宋）黎靖德编，王星贤点校：《朱子语类》，第2983页。李闳祖录，朱子59岁后。

② （宋）朱熹著，朱杰人、严佐之、刘永翔主编：《答邵叔义》，《朱子全书》，第23册，第2630页。1189年。见陈来《朱子书信编年考证》，第303页。

正当，即持敬和明理不偏废一方，并劝告别人以子静的气象、举止为戒。同年，朱子还致信赵子钦提出在与陆子静的交流中发现问题越来越严重，他说："子静后来得书，愈甚于前。大抵其学于心地工夫不为无所见，但使欲恃此陵跨古今，更不下穷理细密功夫，卒并与其所得者而失之，人欲横流，不自知觉，而高谈大论，以为天理尽在是也，则其所谓心地工夫者又安在哉！"①朱子认为陆子静的问题比以前更严重，其问题并不在于不重涵养，而是将涵养架得过高而不做更为细密的穷理工夫，如此所涵养的本心也会失去，最后导致人欲横流而不自知，他所说的心上的工夫也不能安在。在此，朱子批评象山不重穷理而导致工夫高悬，语气很重。次年朱子又致信姜叔权、汪长孺，以'江西气象'批评二人。

> 示喻曲折，何故全似江西学问气象？顷见其徒自说见处，言语意气、次第节拍正是如此，更无少异。恐是用心过当，致得如此张皇。如此不已，恐更有怪异事，甚不便也。长孺所见亦然。但贤者天资慈祥，故于恻隐上发，彼资禀粗厉，故别生一种病痛，大抵其不稳帖而轻肆动荡，则不相远也。正恐须且尽底放下，令胸中平实，无此等奇特意想，方是正当也。②

由引文可见，朱子批评姜叔权说其学问全与江西气象相似，认为他与陆学门人自说见处，言语意气、次第节拍都一样。朱子又说汪长孺也是如此，圣人天资慈祥，所以能发于恻隐，但枉长孺天资和禀

---

① （宋）朱熹著，朱杰人、严佐之、刘永翔主编：《答赵子钦》，《朱子全书》，第23册，第2645页。1189年。见陈来《朱子书信编年考证》，第303页。束景南先生认为此书作于1193年，他说："陆九渊卒前有一书致朱熹，乃答朱熹四月十四日书，即朱熹答赵子钦书四：'子静后来得书，愈胜于前……此为陆九渊致朱熹最后一书，亦为朱熹对陆之最后定评。"见束景南《朱熹年谱长编》（下），第1082页。

② （宋）朱熹著，朱杰人、严佐之、刘永翔主编：《答姜叔权》，《朱子全书》，第22册，第2462页。1190年。

赋都粗劣，所以没有发出恻隐，不仅不稳妥还轻肆动荡，朱子建议他们放下这种高谈阔论的习惯，令心中平实。同年朱子又致信汪长孺说："别纸所论，殊不可晓。既云'识得八病，遂见天理流行昭著，无丝毫之隔'，不知如何未及旋踵，便有气盈矜暴之失，复生大疑，郁结数日，首尾全不相应？似是意气全未安帖，用心过当，致得如此，全似江西气象。……此须放下，只且虚心平意玩味圣贤言语，不要希求奇特，庶几可救。今又曰'先作'（云云）工夫，然后观书，此又转见诡怪多端，一向走作矣。更宜详审，不可容易也。"① 朱子认为汪长孺受到象山影响，全似江西气象，批评他不重视读书穷理的工夫，气象诡怪多端。朱子建议姜、汪二人先把高论放下，令心中平实，虚心体会圣贤言语，不要在奇怪臆想的言论上求道理。1193 年，象山已去世一年，朱子对子静的批评仍然很重，认为象山影响了当时的学术风气。

> 大抵近年风俗浮浅，士大夫之贤者不过守文墨、按故事，说得几句好话而已。如狄梁公、寇莱公、杜、范、富、韩诸公规模事业，固未尝有讲之者，下至王介甫做处，亦模索不着。……子静旅榇经由，闻甚周旋之，此殊可伤。见其平日大拍头、胡叫唤，岂谓遽至此哉？然其说颇行于江湖间，损贤者之志而益愚者之过，不知此祸又何时而已耳。许教似亦小中毒也。如何如何。②

朱子认为近年风气日益浮浅，士大夫中的贤人不过也是只守文字，流于空谈，受到江西气象的影响很大。朱子提出见陆子静平日拍大头、胡叫唤，说明陆学的弊病不是一日两日突然就如此的。然而陆

---

① （宋）朱熹著，朱杰人、严佐之、刘永翔主编：《答汪长孺》，《朱子全书》，第 22 册，第 2468—2469 页。1190 年。
② （宋）朱熹著，朱杰人、严佐之、刘永翔主编：《答詹元善》，《朱子全书》，第 22 册，第 2137 页。1193 年。

子静的学说颇为流行，不仅损害贤者的志向也加重了愚蠢之人的过错，不知陆学的祸害什么时候能停止，许行父似乎已经受到江西陆学的毒害。由此可见，在象山去世之后，朱子仍旧没有停止对象山的批评，甚至提出江西陆学是影响当时学术风气的祸害，可见朱子对陆学批评的程度。1195 年，朱子又致信廖子晦提出吴伯起也受到陆学风气的影响。

> 此间有吴伯起者，不曾讲学，后闻陆子静门人说话，自谓有所解悟，便能不顾利害。及其作令，才被对移它邑主簿，却不肯行，而百方求免。熹尝笑之，以为何至如此，若对移作指使，即逐日执杖子去知府厅前唱喏；若对移做押录，即逐日抱文案去知县案前呈覆。更做耆长壮丁，亦不妨与它去做，况主簿乎？吴不能用，竟至愤郁成疾而死，当时若放得下，却未必死，今不免死，而枉陪了许多下情，所失愈多。虽其临机失于断决，亦是平日欠了持论也。①

由引文可见，朱子说吴伯起不做讲学求义的工夫，后来听了陆子静门人说话，就认为自己有很多领悟，便不顾利害，高谈阔论以至于被罢免官职，都是因为他平日不持守。朱子认为如果他能够应事接物，即使被罢免主簿，也不妨碍做别的，最后因为不被重用竟然愤郁成疾而死。朱子认为如果他当时能放下高论，在平日中多做持守工夫，可能不会到忧愤至死的地步。1196 年，朱子致信孙敬甫言陆学对近年学术风气的影响，朱子依然批评陆学高谈阔论、不重穷理明义，认为陆学应事接物的能力太差。

> 要之持敬致知实交相发，而敬常为主，所居既广，则所向

---

① （宋）朱熹著，朱杰人、严佐之、刘永翔主编：《答廖子晦》，《朱子全书》，第 22 册，第 2092 页。1195 年。

> 坦然，无非大路，圣贤事业，虽未易以一言尽，然其大概似恐不出此也。……如陆氏之学则在近年一种浮浅颇僻议论中，固自卓然，非其俦匹，其徒传习亦有能修其身能治其家，以施之政事之间者，但其宗旨本自禅学中来，不可掩讳。当时若只如晁文元、陈忠肃诸人分明招认，着实受用亦自有得力处，不必如此隐讳遮藏，改名换姓，欲以欺人而人不可欺，徒以自欺而自陷于不诚之域也。然在吾辈须当知其如此，而勿为所惑，若于吾学果有所见，则彼之言钉钉胶粘一切假合处，自然解拆破散收拾不来矣，切勿与辨以起其纷拏。①

在此，朱子提出持敬与致知要互相发明，如果以持敬为主，则居敬穷理肯定是朝着成德的方向，不会与圣贤之道相差太远。朱子提出陆学近年表现出肤浅偏僻、自视甚高的问题，而且其门人当中也有能修身齐家治理政事的人才，但因为陆学的为学宗旨本来是从禅学中来，无法掩盖。在此指出了陆学造成不好的学术风气的根源原因在于宗旨来自禅学。朱子举晁文元、陈忠肃等人都曾坦白承认受到禅学的启发为例，提出既然如此则不必遮掩隐藏，想要欺骗别人但不能自欺，自欺则陷入不诚的境地。朱子在此提醒孙敬甫不要被陆学迷惑，如果能对朱学有领会，则陆子静的附会、虚假的言论自然能分辨，并告诫敬甫不要与陆门论辩而引起纷争。如此可见，朱子晚年很注意不和陆学门人直接辩论，但没有中断对陆学的批评。朱子在此指出陆学的为学宗旨来自禅学是江西气象的根本原因，说明朱子对陆学的批判是很重的，实质上是将陆学判入了禅学，对陆学的批评已经超出了儒家的范围。

4. 判陆学为禅

综合前文分析可知，朱子对禅学的批评有针对大程门人而发的

---

① （宋）朱熹著，朱杰人、严佐之、刘永翔主编：《答孙敬甫》，《朱子全书》，第23册，第3063—3064页。1196年。

时候，但大多时候针对陆学而发，朱子批评陆学为禅不是因为陆学在世界观、人生观与佛学相似，更多的是从为学方法和工夫形式上看，朱子的标准在于有没有重视穷理。对此朱子说："此是求其放心乃为学根本田地，既能如此向上须更做穷理功夫，方见所存之心，所具之理，不是两事，随感即应，自然中节，方是儒者事业，不然却亦与释子坐禅摄念无异矣。"① 可以看出，朱子认为求放心是根本，但在此基础上必须做穷理工夫，涵养与穷理不是两件事，应该合起来做，如果只言涵养不言穷理与佛家的坐禅无异。涵养与格致的关系是朱陆之辩的核心内容，朱子45岁第一次指出陆学不重穷理，认为陆子静全是禅学②，50岁后朱陆围绕涵养与致知的关系展开集中论辩，至60岁时与象山绝笔，朱子两次批评陆学为禅，52岁时说陆子静有"禅底意思"③，56岁时又说陆子静有"禅底意思"④。

朱子进入晚年后仍以不重穷理作为批评陆学的基本立场，朱子批评陆学为禅不仅贯穿了朱陆之辩的过程，直至象山去世后朱子晚年的十年时间，指陆学为禅是朱子批评陆学的一条主线。朱子65岁说："盖谓其本是禅学，却以吾儒说话搪掩。"⑤ 又说："陆子静之学，自是胸中无奈许多禅何。看是甚文字，不过假借以说其胸中所见者耳。据其所见，本不须圣人文字得。他却须要以圣人文字说者，此正如贩盐者，上面须得数片鲞鱼遮盖，方过得关津，不被人捉了耳。"⑥

---

① （宋）朱熹著，朱杰人、严佐之、刘永翔主编：《答曾光祖》，《朱子全书》，第23册，第2971页。1191年。见陈来《朱子书信编年考证》，第347页。

② （宋）朱熹著，朱杰人、严佐之、刘永翔主编：《答吕子约》，《朱子全书》，第22册，第2191页。1174年。见陈来《朱子书信编年考证》，第131页。

③ （宋）朱熹著，朱杰人、严佐之、刘永翔主编：《答吕伯恭》，《朱子全书》，第21册，第1515页。1181年。

④ （宋）朱熹著，朱杰人、严佐之、刘永翔主编：《与刘子澄》，《朱子全书》，第21册，第1549—1550页。1185年。

⑤ （宋）黎靖德编，王星贤点校：《朱子语类》，第2978页。王过录，朱子65岁后。

⑥ （宋）黎靖德编，王星贤点校：《朱子语类》，第2978页。辅广录，朱子65岁后。

66 岁时说:"圣贤教人有定本,如'博学、审问、慎思、明辨、笃行'是也。其人资质刚柔敏钝,不可一概论,其教则不易。禅家教更无定,今日说有定,明日又说无定,陆子静似之。圣贤之教无内外本末上下,今子静却要理会内,不管外面,却无此理。硬要转圣贤之说为他说,宁若尔说,且作尔说,不可诬罔圣贤亦如此。"① 67 岁时说:"其宗旨本自禅学中来,不可掩讳。"② 68 岁时又说:"只是禅。初间犹自以吾儒之说盖覆,如今一向说得炽,不复遮护了。"③ 由此可见,朱子判陆子静为禅是一以贯之的,朱子从中年 45 岁后至去世的二十五年的时间里都没有改变批陆学为禅的观点。需要注意的是,朱子判子静为禅并没有从系统的世界观、人生观上做系统的批评,只是从心性论中的心与理的关系、为学方法以及工夫形式上批评陆学为禅,不仅延续中年时期的"脱略文字,直趋本根"的工夫形式,还批评象山不重穷理,认为其为学宗旨来自禅学,实际上对象山的批评已经超出了儒家内部的范围。

二 涵养与省察

(一) 省察是诚意之助

省察是指内心的反省和检查,中年时期认为省察"察人欲之将萌",晚年时期将省察主要落实到私意和自欺的检查,说明了省察对诚意工夫完成的作用。由于朱子晚年特别注意气禀的影响,朱子认识到私意是一个很难处理的问题,所以省察的地位得到重视。

> 彦忠问:"居常苦私意纷搅,虽即觉悟而痛抑之,然竟不能得洁静不起。"先生笑曰:"此正子静'有头'之说,却是使

---

① (宋) 黎靖德编,王星贤点校:《朱子语类》,第 2974 页。汤泳录,朱子 66 岁。
② (宋) 朱熹著,朱杰人、严佐之、刘永翔主编:《答孙敬甫》,《朱子全书》,第 23 册,第 3063—3064 页。1196 年。
③ (宋) 黎靖德编,王星贤点校:《朱子语类》,第 2978 页。钱木之录,朱子 68 岁。

得。惟其此心无主宰，故为私意所胜。若常加省察，使良心常在，见破了这私意只是从外面入。纵饶有所发动，只是以主待客，以逸待劳，自家这里亦容他不得。此事须是平日着工夫，若待他起后方省察，殊不济事。"①

由引文可见，彦忠提出自己常常苦于私意纷扰，虽然自己也努力抑制，但成效不好，对此朱子回答说只是因为本心没有居于主宰地位，所以被私意所胜，最需要做的就是常常省察，使良心常在，私意就不会从外面进入而影响本心。如果私意稍有发动，本心为主宰，自然会将私意克除。朱子强调平日省察的重要性，如果等私意影响本心后再去省察，也没什么用。在此，朱子认为省察是平日工夫，是在私意影响本心之前对私意的省察，省察的地位上升到和涵养一样，成为平日工夫。朱子说："且于日用处省察，善便存放这里，恶便去而不为，便是自家切己处。"② 对于省察如何成为诚意的工夫，朱子分析是先省察到善与恶，然后再去存善去恶，这说明了诚意工夫包含两个阶段，一是省察到意之善恶，二是为善去恶，朱子说："深自省察以致其知，痛加剪落以诚其意。"③ 可见，省察对诚意的帮助是通过致知的环节完成的，省察不能完成诚意，但如果没有省察则诚意的工夫不能完成。朱子说："只是说心之所发，要常常省察，莫教他自欺耳。人心下自是有两般，所以要谨。谨时便知得是自慊，是自欺，而不至于自欺。若是不谨，则自慊也不知，自欺也不知。"④ 在诚意工夫完成的次序上，要先省察以解决自欺的问题，因为谨慎

---

① （宋）黎靖德编，王星贤点校：《朱子语类》，第 2901—2902 页。杨道夫录，朱子 60 岁后。
② （宋）黎靖德编，王星贤点校：《朱子语类》，第 2910 页。叶贺孙录，朱子 62 岁后。
③ （宋）黎靖德编，王星贤点校：《朱子语类》，第 300 页。黄升卿录，朱子 62 岁。
④ （宋）黎靖德编，王星贤点校：《朱子语类》，第 2396 页。黄义刚录，朱子 64 岁后。

省察才能发现内心是自欺还是自慊,如果不省察,则内心是自慊还是自欺无法知晓,可见省察对诚意的作用。

基于朱子晚年对私意问题的认识,朱子认为诚意是很难完成的工夫,所以进一步强调省察的作用,他说:"人之本心,固是不要不忠信。但才见是别人事,便自不如己事切了。若是计较利害,犹只是因利害上起,这个病犹是轻。惟是未计较利害时,已自有私意,这个病却最重。往往是才有这个躯壳了,便自私了,佛氏所谓流注想者是也。所谓流注者,便是不知不觉,流射做那里去。但其端甚微,直是要省察!"① 在此,朱子提出本心如果只是计较利害,问题则比较轻,但在还未计较利害时就已经有私意,这个问题最严重。朱子提出人有了躯壳之后便自私了,说明了自私来源于形气之私,是无法避免的问题,就像佛家所说的"流注想者",说明私意的影响就像水流,是不知不觉影响本心的,私意萌发的端倪十分微小,很难发现,需要直接做省察工夫。因为朱子认识到人受到气禀的影响而私意不可避免产生,并且私意对本心的影响有不知不觉的特点,所以更体现出省察工夫的重要,如果不做省察工夫,无法发现自欺。所以要达到自慊而无一毫自欺的境界必须通过省察,朱子说:"盖到物格、知至后,已是意诚八九分了。只是更就上面省察,如用兵御寇,寇虽已尽剪除了,犹恐林谷草莽间有小小隐伏者,或能间出为害,更当搜过始得。"② 朱子提出省察是在知至之后单独属于诚意阶段的工夫,知至之后已经完成了诚意的八九分的工夫,只是从上面省察,将剩下的私意检查出来,知至后的扫尾工作是更为细致的工作,也是诚意完成的关键。

(二) 无时不涵养省察

从朱子晚年的文献来看,朱子60岁后的书信很少涉及对涵养与

---

① (宋)黎靖德编,王星贤点校:《朱子语类》,第484页。潘时举录,朱子64岁后。

② (宋)黎靖德编,王星贤点校:《朱子语类》,第332页。董铢录,朱子67岁后。

省察的关系的讨论，主要是因为涵养与省察的关系是朱子中年时期与湖湘学派论辩的核心，朱子45岁作《观心说》标志朱子与张栻论辩结束，由此朱子的心性论基本确立，工夫的基本架构基本形成，所以涵养与省察的关系在此后不是考察涵养工夫地位的核心问题。中年时期，湖湘学派主张先察识后涵养，朱子主张涵养于未发之前，强调涵养先于察识的地位，这是基于朱子对未发前涵养工夫的重视。中晚年时期朱子提出无时不涵养、无事不省察，强调涵养是平日无间断的工夫，而省察是针对私欲萌发而做的检查工夫，并且中晚年时期朱子已开始注重阐述省察对涵养的意义。晚年后基于对私意问题的重视，朱子认识到省察是诚意完成的关键工夫，省察的地位得到提升。朱子晚年对湖湘学派言涵养与省察的关系再一次进行讨论，对涵养与省察关系的表述出现了重大变化。

> 莹以所论湖南问答呈先生。先生曰："已发未发，不必大泥。只是既涵养，又省察，无时不涵养省察。若戒惧不睹不闻，便是通贯动静，只此便是工夫。至于慎独，又是或恐私意有萌处，又加紧切。若谓已发了更不须省察，则亦不可。如曾子三省，亦是已发后省察。今湖南诸说，却是未发时安排如何涵养，已发时旋安排如何省察。"①
>
> 必大录云："存养省察，是通贯乎已发未发功夫。未发时固要存养，已发时亦要存养。未发时固要省察，已发时亦要省察。只是要无时不做功夫。若谓已发后不当省察，不成便都不照管他。胡季随谓譬如射者失傅弦上始欲求中，则其不中也必矣。"②

---

① （宋）黎靖德编，王星贤点校：《朱子语类》，第1514页。黄莹录，朱子59岁。见《朱子语类》，第16页。
② （宋）黎靖德编，王星贤点校：《朱子语类》，第1514页。吴必大录，朱子59、60岁。

由第一段引文可见，朱子强调不要太过拘泥于未发已发之分，应该既涵养又省察，无时不涵养、无时不省察，涵养与省察片刻不能间断，将戒慎恐惧通贯动静。至于慎独，则是在私意萌发前更加紧急关键。如果认为已发了就不用省察则不可以，如曾子的吾日三省吾身，就是已发后的省察。在此朱子其实已经表明了无论未发已发都要省察，以此批评湖湘学派是未发时安排涵养，已发时安排省察，如此涵养与省察则出现间断。第二段朱子认为存养省察贯通未发已发，未发时要存养也要省察，已发时要存养也要省察，无时不做涵养省察的工夫，这与第一段表达的意思一致。朱子取消了中年时先涵养后察识的说法，强调应该无时不涵养、无时不省察。朱子还批评了湖湘学派将涵养和省察安排为未发已发的两段工夫，未发时安排如何涵养，是求中；已发时安排如何省察，则私意已发，再救偏失则来不及。所以未发前就要涵养省察，无时不涵养省察则可以保证涵养省察工夫没有间断。由此可见，朱子晚年时期不再对涵养与省察做未发已发工夫的区分，取消了涵养与省察的先后。此后朱子又说："今人非无恻隐、羞恶、是非、辞逊发见处，只是不省察了。若于日用间试省察此四端者，分明迸趱出来，就此便操存涵养将去，便是下手处。"① 朱子提出今人之所以发不出善端只是因为没有省察，应该在日用间省察此四端，就此操存涵养，可见朱子认为对于四端是先省察再操存涵养。同年，朱子对陆子静言涵养与省察的关系做出批评。

> 陆子静云："涵养是主人翁，省察是奴婢。"陈正己力排其说。曰："子静之说无定常，要云今日之说自如此，明日之说自不如此。大抵他只要拗：才见人说省察，他便反而言之，谓须是涵养；若有人向他说涵养，他又言须是省察以胜之。自渠好

---

① （宋）黎靖德编，王星贤点校：《朱子语类》，第 2846 页。滕璘录，朱子 62 岁。

为诃佛骂祖之说，致令其门人'以夫子之道反害夫子！'"①

对于陆子静认为"涵养是主人翁，省察是奴婢"的说法，朱子提出象山说法不定，经常有变。朱子认为陆子静是故意与人抬杠，看到别人重视省察，便故意反着说必须涵养，若有人向他说涵养，他又会说省察比涵养更重要。在此，朱子认为象山与朱子的论辩已经是意气之争，认为陆子静喜欢诃佛骂祖之说，最终导致其门人"以夫子之道反害夫子"。可见，朱陆论辩绝笔之后，朱子其实已经不在意象山说什么了。此后，朱子更加重视省察对成德的作用，提出要时时省察，如果时时省察则道统不会间断，特别在慎独的时候人容易放松对自己的要求，所以省察也是慎独的关键。朱子说："'子在川上'一段注：'此道体之本然也，学者时时省察，而无毫发之间断。'才不省察，便间断，此所以'其要只在慎独'。人多于独处间断。"② 朱子提出在道体之本然的时候，就要时时做省察工夫，这样道体发用才不会间断。不省察，道体就会间断，其中最关键的是慎独，人在独自的场景，很难做到道德的自觉，所以要达到慎独的境界，必须做省察的工夫。所以朱子肯定门人以慎独强调省察的作用，门人说："然人之不能不息者有二：一是不知后行不得，二是役于欲后行不得。人须是下穷理工夫，使无一理之不明；下克己工夫，使无一私之或作。然此两段工夫皆归在敬上，故明道云：'其要只在慎独。'"③ 朱子回答："固是。若不慎独，便去隐微处间断了。能慎独，然后无间断。"④ 朱子也认为如果不慎独，工夫便在隐微处间断；如果能慎独，持敬则不会间断，这是慎独对持敬的意义。

同时，朱子也说明了涵养对省察的意义，68岁时朱子说："心

---

① （宋）黎靖德编，王星贤点校：《朱子语类》，第2974页。滕璘录，朱子62岁。
② （宋）黎靖德编，王星贤点校：《朱子语类》，第977页。汤泳录，朱子66岁。见《朱子语类》，第15页。
③ （宋）黎靖德编，王星贤点校：《朱子语类》，第974页。辅广录，朱子65岁后。
④ （宋）黎靖德编，王星贤点校：《朱子语类》，第974页。辅广录，朱子65岁后。

存时少，亡时多。存养得熟后，临事省察不费力。"① 朱子认为涵养工夫做好了，省察也可以减少很多力气，这是从工夫的完成上说，并不是从做工夫上言二者先后。同年，朱子还以动静区分涵养与省察。朱子说："存养是静工夫。静时是中，以其无过不及，无所偏倚也。省察是动工夫。动时是和。才有思为，便是动。发而中节无所乖戾，乃和也。其静时，思虑未萌，知觉不昧，乃复所谓'见天地之心'，静中之动也。其动时，发皆中节，止于其则，乃艮之'不获其身，不见其人'，动中之静也。穷理读书，皆是动中工夫。"② 在此朱子以动静区分省察和存养，并且提出才思就是发动，符合朱子晚年以思作为未发已发区分的标准，说明将省察从事的范围扩大到思的范围，只要思虑发动就要做省察工夫，也符合朱子无时不涵养省察的观点，所以很多时候朱子将涵养与省察并说。68 岁时，朱子引"君子所贵乎道者三"说："若说三者工夫，则在平日操存省察耳。"③ 69 岁后又说："方其静坐未接物也，此理固湛然清明；及其遇事而应接也，此理亦随处发见。只要人常提撕省察，念念不忘，存养久之，则是理愈明，虽欲忘之而不可得矣。"④ 朱子晚年将涵养与省察并说，不言涵养与省察的先后，将涵养与省察并列为平日工夫，无时不涵养、无时不省察是朱子晚年对涵养与省察关系的定说。

三 成德路径

（一）致知而力行

朱子在中年时期已经确立了知先行后、知易行难等基本知行观，

---

① （宋）黎靖德编，王星贤点校：《朱子语类》，第 204 页。曾祖道录，朱子 68 岁。

② （宋）黎靖德编，王星贤点校：《朱子语类》，第 1517 页。曾祖道录，朱子 68 岁。

③ （宋）黎靖德编，王星贤点校：《朱子语类》，第 2888 页。钱木之录，朱子 68 岁。

④ （宋）黎靖德编，王星贤点校：《朱子语类》，第 316 页。沈僴录，朱子 69 岁后。

中晚年时期提出义理不明不能践履,以致知为先力行为重的基本立场。由前文分析可知,朱子也以持守与穷理的关系来说明知行关系,说明朱子以道德践履为涵养工夫,如此主敬作为涵养的主要工夫容易被理解为践履,对此朱子在进入晚年前对二者做出了明确的区分。朱子说:"但主敬方是小学存养之事,未可便谓笃行,须修身齐家以下乃可谓之笃行耳。"① 朱子以主敬涵养为小学阶段的存养工夫,补今人小学工夫之缺,但是朱子强调主敬不是笃行,修身以后的齐家治国平天下才可以说是笃行,可见朱子最常以持敬与穷理的关系说明涵养与穷理的关系,但不等于知行关系。知行关系体现了涵养践履与穷理的关系,也体现了朱子以《大学》为工夫规模以及朱子对《大学》工夫次序的遵循。

朱子晚年延续中年时期对知行关系的基本立场,强调致知为大学工夫的入手处,他说:"'致知'一章,此是大学最初下手处。若理会得透彻,后面便容易。故程子此处说得节目最多,皆是因人之资质耳。虽若不同,其实一也。"② 朱子提出大学工夫最初的下手处,致知是大学工夫的开始,因为每个人的资质不同,其中致知工夫节目最多,虽然其中节目不同,但境界都是到知至。其中节目其实是指从格物致知到诚意正心的过程,其中体现了成德的积累至贯通的过程,成德的速度因人而异。对于大学工夫次序的区分,朱子还做了特别的说明:"但《大学》次序,亦谓学之本末终始无非己事,但须实进得一等,方有立脚处,做得后段功夫,真有效验尔,非谓前段功夫未到,即都不照管后段而听其自尔也。"③ 在此,朱子说明了对大学工夫次序进行区分的意义在于说明大学工夫从格物致

---

① (宋)朱熹著,朱杰人、严佐之、刘永翔主编:《答黄子耕》,《朱子全书》,第 22 册,第 2376 页。1188 年。见陈来《朱子书信编年考证》,第 283 页。

② (宋)黎靖德编,王星贤点校:《朱子语类》,第 406 页。辅广录,朱子 65 岁后。

③ (宋)朱熹著,朱杰人、严佐之、刘永翔主编:《答方宾王》,《朱子全书》,第 23 册,第 2661—2662 页。1191 年。

知到平天下都是自己的事,所以必须实实在在地做好每一步的工夫才有做后面工夫的基础,后面的工夫才能真正有效果,并不是说前面的工夫没有完成,后面的工夫就不管不做了。在此,朱子说明《大学》的工夫次序是指工夫完成的先后,而不是前面的工夫没有完成,后面的工夫不能做,朱子其实说明了工夫可以同时做,但工夫的效果和完成的程度受到前面工夫完成程度的影响,《大学》的工夫次序实际上说明的是入德的次序和成德的路径。68岁时朱子提出做学问只有两个路径,致知和力行,也说明了朱子以《大学》为工夫规模以及成德的路径要以知为起点。

> 所喻前论未契,今且当以涵养本原、勉强实履为事,此又错了也。此是见识大不分明,须痛下功夫钻研勘教透彻了,方是了当。自此以后,方有下手涵养践履处。……大抵学问只有两途,致知、力行而已。在人须是先依次第十分着力,节次见效了,向后又看甚处欠阙,即便于此更加功夫,乃是正理。今却不肯如此,见人说着自家见处未是,却不肯服,便云且待我涵养本原、勉强实履,此如小儿迷藏之戏,你东边来,我即西边去闪,你西边来,我又东边去避,如此出没,何时是了邪!①

由引文可见,朱子认为吕祖俭只以涵养本原和道德践履作为修养方法是不够的,如果义理不明就应该做穷理工夫使义理透彻,如此才有涵养和践履下手的地方,在此朱子说明了知先行后的成德路径。朱子认为吕祖俭欠缺了义理上的工夫却不从义理上探究,而是去别处闲坐,嘴上说是涵养与践履,却是未知先行。朱子认为做学问只有致知和力行两个路径,人必须依照次第做工夫,等前面的工夫有效果再向后看哪里有欠缺的地方,从欠缺的地方做工夫。在此,朱

---

① (宋)朱熹著,朱杰人、严佐之、刘永翔主编:《答吕子约》,《朱子全书》,第22册,第2236—2237页。1197年。见陈来《朱子书信编年考证》,第434页。

子说明了从工夫的完成上说是先致知后力行，致知完成后再检查行的完成，哪里欠缺就在哪里做工夫，不能逃避问题，逃避是无法成德的。除此之外，朱子晚年从《格物补传》中的积累至贯通、《大学》中的致知与诚意、《论语》中的博文与约礼、下学与上达等多个维度来说明成德的路径，体现了朱子以《大学》为工夫规模，兼对"四书"工夫思想的贯通。

（二）积累至贯通

积累至贯通是朱子言成德次序的经典命题，朱子以积累至贯通来说明大学工夫中格物致知以至于诚意正心这一段工夫节目中境界的变化，朱子最早于1164年《吕氏大学解》中提出这个问题，吕大临说："以致知格物，修身之本也。知者，良知也，与尧舜同者也。理既穷，则知自至，与尧舜同者忽然自见，默而识之。"① 对此，朱子提出："愚谓致知格物，大学之端，始学之事也。一物格，则一知至，其功有渐，积久贯通，然后胸中判然，不疑所行。而意诚心正矣。然则所致之知固有浅深，岂遽以为与尧舜同者一旦忽然而见之也哉？此殆释氏'一闻千悟''一超直入'之虚谈，非圣门明善诚身之实务也。"② 当时朱子遵从延平主旨，反对吕大临认为致知可以与尧舜同而忽然自见，认为格物致知要从具体的一事一物的工夫积累至贯通的境界。中年时期朱子作《格物补传》说："必使学者即凡天下之物，莫不因其已知之理而益穷之，以求至乎其极。至于用力之久，而一旦豁然贯通焉，则众物之表里精粗无不到，而吾心之全体大用而不明矣。"③ 朱子认为通过格物工夫的积累能自然而然达到豁然贯通的境界，此时以知至为贯通。陈来认为这种贯通是伦理

---

① （宋）朱熹著，朱杰人、严佐之、刘永翔主编：《吕氏大学解》，《朱子全书》，第24册，第3493页。1164年。见束景南《朱熹年谱长编》（上），第328页。

② （宋）朱熹著，朱杰人、严佐之、刘永翔主编：《吕氏大学解》，《朱子全书》，第24册，第3493页。1164年。

③ （宋）朱熹：《四书章句集注》，第7页。

学方面的"从特殊的具体规范上升到普遍的道德原理的意义"①。朱子进入晚年后仍然以格物穷理作为积累的过程，61 岁时朱子批评方宾王和姜叔权等人言"识心"之误，强调"识心"需要通过穷理的积累才能达到。

> 然亦须知所谓识心，非徒欲识此心之精灵知觉也，乃欲识此心之义理精微耳。欲识其义理之精微，则固当以穷尽天下之理为期，但至于久熟而贯通焉，则不待一一穷之，而天下之理固已无一毫之不尽矣。举一而三反，闻一而知十，乃学者用功之深、穷理之熟，然后能融会贯通，以至于此。今先立定限，以为不必尽穷于事事物物之间而直欲侥幸于三反知十之效，吾恐其莽卤灭裂而终不能有所发明也。②

由引文可见，朱子认为所谓"识心"并不是只去认识心之精明知觉，而是要认识此心之义理精微之处。要识得义理之精微，就应当以穷尽天下之理为目标，工夫纯熟后自然能达到贯通的境界。到了贯通的境界，则不用每件事物上都去穷理，天下之理都能被穷尽，所谓举一反三、闻一知十都是学者工夫达到一定深度、熟练的程度，然后才能融会贯通。朱子强调如果认为不必穷理就能达到举一反三、闻一知十的效果是不可能的，朱子在此实际上是以致知解释"识心"，强调要通过穷理的积累才能到达知至的境界。62 岁时朱子对方宾王说："圣人生知，固不待多学而识，学者非由多学，则固无以识其全也。故必格物穷理以致其博，主敬力行以反诸约。及夫积累既久，豁然贯通，则向之多学而得之者始有以知其一本而无二

---

① 陈来：《朱子哲学研究》，第 306 页。
② （宋）朱熹著，朱杰人、严佐之、刘永翔主编：《答姜叔权》，《朱子全书》，第 22 册，第 2460—2461 页。1190 年。

矣。"① 朱子提出学者多是学而知之，必须通过格物穷理以达到博学，通过主敬和力行达到约礼，强调博学和约礼都需要通过长久的工夫积累才能豁然贯通。在此朱子以格物穷理为博学前的积累，以主敬和力行为约礼的积累，如此可见格物穷理与主敬力行都是积累的过程。此后，朱子又进一步明确持敬存养其实没有很多积累的工夫，格物穷理需要更多积累的过程，他说："敬之与否只在当人一念操舍之间，而格物致知莫先于读书讲学之为事，至于读书又必循序致一，积累渐进而后可以有功也。"② 所以朱子言积累至贯通大多是从格物穷理、读书明义上来说的，也就是说贯通的境界主要是通过穷理而不是持守来实现的。

朱子65岁时又以延平的"洒然冰释"来说明穷理对于贯通的作用，延平说："学者之病，在于未有洒然冰释冻解处，纵有力持守，不过只是苟免显然尤悔而已，恐不足道也。"③ 延平认为如果工夫没有做到"洒然冰释处"，纵然有持守工夫也没有用。对此胡季随说："窃恐所谓'洒然冰释冻解处'，必于理皆透彻而所知极其精妙，方能尔也。学者既未能尔，又不可以急迫求之，只得且持守，优柔厌饫，以俟其自得。"④ 胡季随认为所谓的"洒然冰释"就是穷理至知至的境界，如果学者不能穷理以致知，则只能暂且持守以等待自得。对此朱子补充提出"洒然冰释"是意诚的境界，同时强调只通过持守的积累是无法达到贯通的境界的。

> 此一条，尝以示诸朋友，有辅汉卿者下语云："'洒然冰解

---

① （宋）朱熹著，朱杰人、严佐之、刘永翔主编：《答方宾王》，《朱子全书》，第23册，第2667页。1191年。
② （宋）朱熹著，朱杰人、严佐之、刘永翔主编：《答孙敬甫》，《朱子全书》，第23册，第3062页。1194年。
③ （宋）朱熹著，朱杰人、严佐之、刘永翔主编：《答胡季随》，《朱子全书》，第22册，第2518页。1194年。
④ （宋）朱熹著，朱杰人、严佐之、刘永翔主编：《答胡季随》，《朱子全书》，第22册，第2518页。1194年。

冻释'，是功夫到后，疑情剥落，知无不至处。知至则意诚，而自无私欲之萌，不但无形显之过而已。若只是用意持守，着力遏捺，苟免显然尤悔，则隐微之中何事不有，然亦岂能持久哉？意懈力弛，则横放四出矣。今日学者须常令胸中通透洒落，恐非延平先生本意。"此说甚善。大抵此个地位，乃是见识分明、涵养纯熟之效，须从真实积累功用中来，不是一旦牵强着力做得。今湖南学者所云"不可以急迫求之，只得且持守，优柔厌饫，而俟其自得"，未为不是，但欠穷理一节工夫耳。答者乃云"学者须常令胸中通透洒落"，却是不原其本而强欲做此模样，殊不知通透洒落如何令得？才有一毫令之之心，则终身只是作意助长，欺己欺人，永不能到得洒然地位矣。①

由引文可见，辅广认为延平"洒然冰解冻释"是做工夫达到知至、意诚的境界，如此则私欲不会萌发。但如果只用持守工夫想要遏制私意是十分吃力的。辅广提出有的学者认为"洒然冰释"是令自己胸中通透洒落不符合延平本意。对此，朱子认为辅广说得极好，朱子提出大抵上说"洒然冻释"是工夫后见识分明、涵养纯熟的境界，必须从真实的工夫中积累而来，而不是勉强在遏制私欲上用力。所以胡季随说"只得且持守"恐怕错了，因为欠缺了穷理这一节工夫。"胸中洒落"并不是为了回到本心原来的样子而勉强去模仿，只要有一点勉强的意思就是私意在内，就是自欺，永远不能到达洒然的境界。由此说明朱子也认为持守无法完全解决私欲和私意的问题，也就是说持守工夫积累再多也无法到达贯通的境界。可以看出，朱子晚年对成德路径的理解与"中和新说"时期出现了很大的转变，中年时期朱子认为"敬则无己可克"，如果涵养工夫做好了是不会有私欲和私意问题的产生的，但是朱子

---

① （宋）朱熹著，朱杰人、严佐之、刘永翔主编：《答胡季随》，《朱子全书》，第22册，第2518—2519页。1194年。

晚年认识到私欲和私意的产生受到气禀的影响，自欺的问题没有这么容易解决，所以朱子晚年将工夫贯通后的境界由知至推后至意诚，以意诚为心与理的贯通，王懋竑说："三月初先生病已甚，犹修书不辍，夜为诸生讲论，多至夜分。且曰：'为学之要，惟在事事审求其是，决去其非，积累久之，心与理一，自然所发皆无私曲。圣人应万事，天地生万物，至极而已矣。'"① 格物、穷理、致知、省察作为完成诚意的工夫都属于积累的阶段，至于具体如何从格物穷理的积累到达贯通的境界，朱子遵从程子的解释，以"推"作为贯通的方法。

> 然而尚赖程氏之言，有可以补其亡者。如曰："……然而格物亦非一端，如或读书讲明道义，或论古今人物而别其是非，或应接事物而处其当否，皆穷理也。但能今日格一件，明日又格一件，积习既多，然后脱然有贯通处。"又曰："穷理者，非谓必尽穷天下之理，又非谓止穷得一理便到。但自一身之中以至万物之理，理会得多，自当脱然有悟处。"又曰："格物非欲尽穷天下之物，但于一事上穷尽，其他可以类推。至于言孝，则当求其所以为孝者如何。若一事上穷不得，且别穷一事。或先其易者，或先其难者，各随人浅深。譬如千蹊万径，皆可以适国，但得一道而入，则可以推类而通其余矣。盖万物各具一理，而万理同出一原，此所以可推而无不通也。"②

二程认为格物不是只有一个方法，读书讲义、论古今是非、应事接物皆是穷理工夫的内容，但是如果能长期坚持格物穷理的工夫，通过久久的练习积累到一定程度就会达到贯通的境界。穷理并不是说

---

① （明）程敏政等撰，吴长庚编：《朱子年谱》，《朱陆学术考辨五种》，第839页。
② （宋）朱熹著，朱杰人、严佐之、刘永翔主编：《经筵讲义》，《朱子全书》，第20册，第707—708页。1194年。

一定要穷尽天下事物之理，也不是说只穷得一理后就能贯通，但如果对自己身上以至于万物之理理会得多了，自然会有贯通领悟的时候。格物并不是穷尽天下之物之理，但如果从一件事物上穷尽事物之理，在其他事物上则可以类推。比如要孝顺则应当寻求之所以孝顺的道理，如果一件事情上无法穷理，先暂且在别的事物上领悟。或者先从容易处开始，或者先从难处开始，因每个人资质的浅深而定。穷理的方法有很多，只要领悟一个道理，就可以依此类推旁通。这是因为万事万物都有自己的道理，但万理同出一原，所以通过类推的方法就可以达到贯通的境界。朱子67岁时还提出涵养本原和心理贯通都需要积累的过程，他说："所喻涵养本原之功，诚易间断，然才觉得间断，便是相续处。只要常自提撕，分寸积累将去，久之自然接续打成一片耳。讲学功夫亦是如此，莫论事之大小、理之浅深，但到目前，即与理会到底，久之自然浃洽贯通也。"[①] 在此，朱子提出涵养本原也需要积累的过程，因为持敬容易间断，但如果发现了间断，就是接续起来的地方，所以需要常常提撕省察、渐渐积累，最后自然涵养无间断。讲学工夫也是如此，无论事情大小，道理深浅，只要通过长久的积累，最后都能达到心与理的贯通。可见，持敬、格物、穷理、致知，包括省察等意诚前的工夫都属于成德工夫的积累。

（三）知至而后意诚

1. 先致知后诚意

先致知后诚意是《大学》的工夫次第，朱子对《大学》的诠释遵从了《大学》中知至而后意诚的成德次序，在知行关系上体现为知先行后的成德路径，与象山以诚为先、以知为行的观点不同。后世"朱陆晚同说"为了合同朱陆，提出朱子晚年因为重视省察和诚意，改变了知先行后的立场终与陆学为同。比如李绂判定朱子为

---

① （宋）朱熹著，朱杰人、严佐之、刘永翔主编：《答方宾王》，《朱子全书》，第23册，第2670页。1196年。

"先行后知","省察先于致知"。① 李绂所引的"朱子晚年"的材料并非皆是其划定的55岁后，如其中朱子《答任伯起》②的时间为1182年，此时朱子53岁。抛开李绂史料的真实性不言，朱子晚年确实对诚意和省察有一定修正，但是并没有改变《集注》阶段已经确立知至而后意诚的成德次序。但是，朱子改变了《集注》中以知至为贯通的境界，而将贯通的境界推至意诚，如此知至之后诚意工夫就有了自己独立的工夫内容，朱子又以省察和慎独工夫落实了诚意阶段的工夫。1190年朱子致信汪长孺说："《大学》'知至而后意诚，意诚而后心正'二句，《章句》注解新旧说不同。若如旧说，则物格之后更无下功夫处，向后许多经传皆为剩语矣。意恐不然，故改之耳。来说得之。"③ 在此，朱子提出若如《章句》旧解则物格之后就没有下工夫的地方了，因为旧注中以物格知至为"事事物物皆合于理"，认为物格知至之后意就自然诚了，如此则造成物格之后不须做工夫，诚意工夫就没有下落处。所以62岁时朱子重新解释了"知至而后意诚"："知则知其是非。到意诚时，则无不是，无有非，无一毫错，此已是七八分人。然又不是今日知至，意乱发不妨，待明日方诚。如言孔子'七十而从心'，不成未七十心皆不可从！只是

---

① 李绂引朱子《与吴茂实》说："此书已觉所学之非，又难于自屈，已知陆学之好，又怪其主张何耶？'省察觉悟'，陆子特欲人识其本心，俾知仁义理智皆我固有，如孟子以'见孺子入井'验'恻隐'，'嘑蹴之与'验'羞恶'耳，非所谓'顿悟'也？"又引朱子《答任伯起》说："'涵养省察胜读书'，即陆子所主学问'求放心'也。"又引朱子《答汪德功》说："然亦意思安静，无牵动之扰，有省察之功，非真若庄生所谓也。"等语说："此书岁月无考……自是晚年。而所论则全与陆之教合。"引朱子《答林正夫》说："此亦'先行后知'之说。而篇末及德修之谪，则晚年定论也。"又引朱子《答林伯和》说："'整齐严肃'以读论、孟，即是'先行后知'，省察扩充以立本，然后渐读诸书以通世务，亦是'先行后知'也。书末有'勿以示人'之语，当是晚年禁伪学时。"见（清）李绂著，段景莲点校《朱子晚年全论》，第74—75、75、76、67、107页。

② （宋）朱熹著，朱杰人、严佐之、刘永翔主编：《答任伯起》，《朱子全书》，第22册，第2029页。1182年。见陈来《朱子书信编年考证》，第212页。

③ （宋）朱熹著，朱杰人、严佐之、刘永翔主编：《答汪长孺》，《朱子全书》，第22册，第2465页。1190年。见陈来《朱子书信编年考证》，第317页。

说次第如此。"① 在此，朱子提出知至则知是知非，到意诚时无非无错，知至已完成诚意的七八分的工作，还有两三分是独属于诚意阶段的工夫。但是并不是说知至后才可以做诚意工夫，只是说从工夫完成上看是知至而后意诚，致知和诚意可以同时做工夫。朱子63岁后又提出知至之后意还有未诚之处来落实诚意的工夫。

> 或问："知至以后，善恶既判，何由意有未诚处？"曰："克己之功，乃是知至以后事。'惟圣罔念作狂，惟狂克念作圣。'一念才放下，便是失其正。自古无放心底圣贤，然一念之微，所当深谨，才说知至后不用诚意，便不是。'人心惟危，道心惟微'，毫厘间不可不子细理会。才说太快，便失却此项工夫也。"②

对于知至以后还有意未诚的问题，朱子提出以克己工夫来解决。克己是知至以后的工夫，一念能克则成圣，一念放下心便不正。自古圣贤都没有放其心，但是在一念的微小处，是应当谨慎的地方，所以才说知至之后不用诚意的工夫是不够的。朱子又以人心道心相差毫厘却不可不仔细理会来说明在细微之处做诚意工夫的重要，因为诚意工夫是在微小处做工夫，所以朱子认为如果工夫做得太快，就会失去诚意工夫的意义。对于知至之后的"毋自欺"，朱子解释："物既格，知既至，到这里方可着手下工夫。不是物格、知至了，下面许多一齐扫了。若如此，却不消说下面许多。看下面许多，节节有工夫。"③ 可见，朱子认为克己、毋自欺都是知至以后诚意的工

---

① （宋）黎靖德编，王星贤点校：《朱子语类》，第302页。郑可学录，朱子62岁。

② （宋）黎靖德编，王星贤点校：《朱子语类》，第303页。蔡懋録录，朱子63岁。见《朱子语类》，第17页。

③ （宋）黎靖德编，王星贤点校：《朱子语类》，第327页。叶贺孙录，朱子62岁后。

夫，而"毋自欺"是通过慎独和省察完成的。

门人曾光祖问："物格、知至，则意无不诚，而又有慎独之说。莫是当诚意时，自当更用工夫否？"① 朱子回答："这是先穷得理，先知得到了，更须于细微处用工夫。若不真知得到，都恁地鹘鹘突突，虽十目视，十手指，众所共知之处，亦自七颠八倒了，更如何地慎独！"② 在此，朱子提出慎独工夫是在知至之后的细微处做工夫，是真知以后的工夫，慎独完成的是致知所不能完成的部分工作，朱子说："'知至而后意诚'，已有八分。恐有照管不到，故曰慎独。"③ 慎独是知至以后意诚的工夫，朱子又说："致知者，诚意之本也；慎独者，诚意之助也。致知，则意已诚七八分了，只是犹恐隐微独处尚有些子未诚实处，故其要在慎独。"④ 在此朱子说明了致知完成了诚意的大部分任务，是诚意工夫的根本，所以知至在意诚之先，慎独是完成诚意两三分的工作，慎独是诚意的辅助工夫。朱子在《集注》时期已经以省察作为慎独和诚意的工夫方法，所以朱子又说知至后的诚意工夫需要通过省察完成，他说："然'欲诚其意者，先致其知'。知若未至，何由得如此？盖到物格、知至后，已是意诚七八分了。只是更就上面省察，如用兵御寇，寇虽已尽剪除了，犹恐林谷草莽间有小小隐伏者，或能间出为害，更当搜过始得。"⑤ 由此可知，知至之后的诚意工夫包括了省察和慎独，慎独也需要通过省察来完成。

---

① （宋）黎靖德编，王星贤点校：《朱子语类》，第333页。叶贺孙录，朱子62岁后。

② （宋）黎靖德编，王星贤点校：《朱子语类》，第333页。叶贺孙录，朱子62岁后。

③ （宋）黎靖德编，王星贤点校：《朱子语类》，第333页。甘节录，朱子64岁后。

④ （宋）黎靖德编，王星贤点校：《朱子语类》，第333页。董铢录，朱子67岁后。

⑤ （宋）黎靖德编，王星贤点校：《朱子语类》，第332页。董铢录，朱子67岁后。

朱子又以致知和诚意来说明知行关系，致知为知，诚意是道德行动的开始，65 岁时朱子说："格物者，知之始也；诚意者，行之始也。"① 由此致知和诚意关系也说明了朱子知先行后的成德路径，因为诚意是自觉的道德实践的开始，所以诚意的地位就凸显出来。朱子强调诚意的完成很艰难，这与朱子知易行难、知先行重的观点相互印证。

> 《大学》之道，莫切于致知，莫难于诚意。意有未诚，必当随事即物求其所以当然之理。然观天下之事，其几甚微，善恶邪正、是非得失未有不相揉杂乎芒芴之间者，静而察之者精，则动而行之者善。圣贤之学必以践履为言者，亦曰"见诸行事"，皆平日之所素定者耳。今先生之教必曰知之者切而后意无不诚，盖若泛论"知至"如诸家所谓极尽而无余，则遂与上文所谓"致知"者为无别。况必待尽知万物之理而后别求诚意之功，则此意何时而可诚耶？……窃尝体之于心，事物之来，必精察乎善恶之两端，如是而为善，则确守而不违，如是而为恶，则深绝而勿近（先生勿去此并上二句），亦庶几不苟于致知，而所知者非复泛然无切于事理，不苟于诚意，而好善恶恶直欲无一毫自欺之意。②

由引文可见，朱子提出《大学》中最早开始的工夫是致知，而最难完成的是诚意。如果意有不诚的地方，一定要在事事物物中寻求所当然之理，即必须通过致知来诚意，致知是诚意的大段工夫。朱子又说天下之事，也有几微之处，在几微之处，善恶邪正、是非得失都是相糅相杂的，所以静时省察到其中的善是精，动时发为行的可

---

① （宋）黎靖德编，王星贤点校：《朱子语类》，第 305 页。董拱寿录，朱子 65 岁。见《朱子语类》，第 17 页。
② （宋）朱熹著，朱杰人、严佐之、刘永翔主编：《答周舜弼》，《朱子全书》，第 22 册，第 2336 页。1197 年。陈来：《朱子书信编年考证》，第 436 页。

以称为善，所以圣贤之学一定要以践履为标准。朱子提出如今周舜弼教人必说知至后意无不诚，但是如果泛论知至为知之极尽无余，则与致知没有分别。况且如果要等尽知万物之理后再做诚意工夫，则"意"什么时候能诚呢？在此，朱子提出致知就是为了诚意，诚意并不是在致知之外别做工夫。当事物来时，必须省察其善恶两端，如果为善则实守其善；如果为恶则去其恶。如此从致知上看则所知者皆合于事理，从诚意上看则好善恶恶而无一毫自欺之意。

朱子以毋自欺、慎独作为诚意的工夫，诚意是《大学》中最难完成的工夫，意诚也是最高的境界，所以朱子将诚意作为善恶评判的标准，朱子说："'格物是梦觉关。诚意是善恶关。过得此二关，上面工夫却一节易如一节了。到得平天下处，尚有些工夫。只为天下阔，须着如此点检。'又曰：'诚意是转关处。'又曰：'诚意是人鬼关！'"① 朱子以意诚作为成德的标准，是修身工夫做高的境界。基于朱子对诚意工夫的重视，朱子去世前仍然对诚意的解释有许多讨论，《语类》中载了四段沈僩与朱子关于诚意的修改的讨论，一是问："'诚意'章'自欺'注，今改本恐不如旧注好。"② 二是敬子问："'所谓诚其意者，毋自欺也。'注云：'外为善，而中实未能免于不善之杂。'某意欲改作'外为善，而中实容其不善之杂'，如何？"③ 三是沈僩载："次早，又曰：'昨夜思量，敬子之言自是，但伤杂耳。某之言某，却即说得那个自欺之根。自欺却是敬子"容"字之意。"容"字却说得是，盖知其为不善之杂，而又盖庇以为之，此方是自欺。谓如人有一石米，却只有九斗，欠了一斗，此欠者便是自欺之根，自家却自盖庇了，吓人说是一石，此便是自欺。谓如

---

① （宋）黎靖德编，王星贤点校：《朱子语类》，第298页。林夔孙录，朱子68岁后。

② （宋）黎靖德编，王星贤点校：《朱子语类》，第336页。沈僩录，朱子69岁后。

③ （宋）黎靖德编，王星贤点校：《朱子语类》，第337页。沈僩录，朱子69岁后。

人为善，他心下也自知有个不满处，他却不说是他有不满处，却遮盖了，硬说我做得是，这便是自欺。却将那虚假之善，来盖覆这真实之恶。某之说却说高了，移了这位次了，所以人难晓。大率人难晓处，不是道理有错处时，便是语言有病；不是语言有病时，便是移了这步位了。今若只恁地说时，便与那"小人闲居为不善"处，都说得贴了。'"① 四是："次日，又曰：'夜来说得也未尽。夜来归去又思看来"如好好色，如恶恶臭"一段，便是连那"毋自欺"也说。言人之毋自欺时，便要"如好好色，如恶恶臭"样方得。若好善不"如好好色"，恶恶不"如恶恶臭"，此便是自欺。毋自欺者，谓如为善，若有些子不善而自欺时，便当斩根去之，真个是"如恶恶臭"，始得。如"小人闲居为不善"底一段，便是自欺底，只是反说。"闲居为不善"，便是恶恶不"如恶恶臭"；"见君子而后厌然，撩其不善而着其善"，便是好善不"如好好色"。若只如此看，此一篇文义都贴实平易，坦然无许多屈曲。某旧说忒说阔了、高了、深了。然又自有一样人如旧说者，欲节去之又可惜。但终非本文之意耳。'"② 朱子甚至在易箦的前一天还在修改《大学·诚意》章，王懋竑说："三月初先生病已甚，犹修书不辍，夜为诸生讲论，多至夜分。且曰：'为学之要，惟在事事审求其是，决去其非，积累久之，心与理一，自然所发皆无私曲。圣人应万事，天地生万物，至极而已矣。'"③ 如此可见，朱子最终以意诚为心与理贯通的境界，成为自觉的道德行动的开始。

2. 以尽心为意诚

基于朱子晚年对心、性、情等概念都做了更为细致的剖析，特

---

① （宋）黎靖德编，王星贤点校：《朱子语类》，第338—339页。沈僩录，朱子69岁后。

② （宋）黎靖德编，王星贤点校：《朱子语类》，第339页。沈僩录，朱子69岁后。

③ （明）程政敏等撰，吴长庚编：《朱子年谱》，《朱陆学术考辨五种》，第839页。

别是在对情的剖析中注意到心、知、意三者的关系，朱子注意到私意对本心的影响，再加上朱子晚年对气禀对心性结构影响的认识，朱子认识到没有一丝一毫私意的意诚的境界只靠致知是无法实现的，所以朱子改变了《格物补转》中以知至为贯通处的说法，知至并不代表诚意的完成，知至后还有诚意阶段的工夫。与此相应，朱子晚年后改变了《集注》中以《孟子》的尽心为《大学》的知至的观点，以尽心为意诚。

> 某前以孟子"尽心"为如大学"知至"，今思之，恐当作"意诚"说。盖孟子当时特地说个"尽心"，煞须用功。所谓尽心者，言心之所存，更无一毫不尽，好善便"如好好色"，恶恶便"如恶恶臭"，彻底如此，没些虚伪不实。童云："如所谓尽心力为之之'尽'否。"曰："然。"①

由上文可见，朱子61岁时检讨自己以前将尽心解为知至有所不妥，同时提出应当以尽心为意诚，朱子认为孟子提出"尽心知性"之说是煞费苦心的，这里涉及朱子对尽心知性与存心养性的关系的认识。朱子在《知言疑义》阶段已经提出"尽心须假存养"的观点，认为尽心须以存养为前提，穷理是穷本具之理，尽心是尽其所存之心。在此，朱子认为尽心的境界是尽到没有一丝一毫不尽的地步，好善与恶恶就如好好色和恶恶臭一样，真实不伪，其实就是意诚的境界。因为诚意是行动的开始，尽心也要从行动上理解，而不是从致知上理解，所以对于弟子提出尽心是不是尽心力而为之的问题，朱子的回答是肯定的。可见尽心从工夫上说就是诚意，从境界上说就是意诚，也就是知行合一。由前分析可知，朱子将尽心理解为意诚的原因在于晚年重视私意和气禀的影响，知至时还不能尽心之体用，到

---

① （宋）黎靖德编，王星贤点校：《朱子语类》，第1424页。刘砥录，朱子61岁。

意诚时才是心理合一、知行合一，才是真正尽心之体用。

> 此心本来虚灵，万理具备，事事物物皆所当知。今人多是气质偏了，又为物欲所蔽，故昏而不能尽知，圣贤所以贵于穷理。又曰："理虽具于吾心，还使教他知，始得。今人有个心在这里，只是不曾使他去知许多道理。少间遇事做得一边，又不知那一边；见得东，遗却西。少间只成私意，皆不能尽道理。尽得此心者，洞然光明，事事物物无有不合道理。"①

由引文可知，朱子认为本心本来虚灵明觉，万理具于心中，所以从理论上说人人应当知晓万理，但是大多数人都受到气禀的影响，再加上物欲的遮蔽，导致本心昏聩而不能尽知本具之理，正因为如此，圣贤才要重视穷理工夫。所以虽然万理已具于心，但不等于人人已知万理，要通过穷理才能真正知理，得理于心。虽然每个人都有具理之本心，如果不穷理以致知，难免受到私意影响而不能达到知至。朱子在此指出尽心就是要通过穷理和去除私意，也就是通过诚意阶段的工夫来使事事物物都合于理，最终实现尽心之体用。如此可见，要达到尽心的境界，在穷理工夫的基础上还有诚意工夫，也就是说知至不能作为尽心的完成，意诚才是尽心的完成。

由前文分析可知，朱子晚年改变了以尽心为知至的观点，以尽心为意诚，如此尽心的工夫除了穷理致知的工夫之外，还要做诚意阶段的工夫，但是牟先生似乎没有注意到朱子晚年对尽心说法的修正，仍然认为朱子的尽心是知至，最终将朱子的尽心思想判定为"认知地尽"，他说："无论以'知至'说尽心，或以'诚意'说尽心，皆非孟子'尽心'之义。……以'知至'说尽心，是认知地尽……以诚意说尽心，是实行地尽。但此使行地尽却是依所知之理

---

① （宋）黎靖德编，王星贤点校：《朱子语类》，第1425页。贺孙录，朱子62岁后。

尽心力而为之，心成虚字，是他律道理，非孟子'尽心'之义。"①牟宗三认为朱子以知至说尽心是"认知地尽"，又以诚意说尽心是"实行地尽"，但"实行地尽"是依据所知之理而尽心力而为之，是他律道德，此心不是孟子所言本心，所以无论是以知至说尽心还是以诚意说尽心都不是孟子言尽心的本意。牟宗三的结论是朱子以知的工夫涵盖行的工夫，使行的工夫成为他律道德。但是，朱子晚年以尽心为意诚的原因即在于认识到致知以后诚意阶段工夫的必要性，致知阶段的工夫不能涵盖诚意阶段的工夫，诚意有独属于诚意阶段的工夫，即省察与慎独。省察与慎独的完成在知至之后，但从做工夫上说慎独与省察并不以穷理致知为前提，而是以持敬涵养为前提，只要确立了涵养为本的工夫，慎独与省察作为诚意阶段的工夫是自觉自律而非他律。牟宗三在此认为朱子以实行言尽心，实行是依据所知之理而尽心力而为之，从而混淆了朱子言知先行后是从工夫的完成上说的，而非从工夫的下手处说，也就是说意诚的完成一定要在知至之后，但是致知的同时也要做诚意阶段的工夫，所以诚意工夫有自己的独立性，并不以穷理致知为前提，可见认知地尽、他律道德是牟宗三对朱子的误判。朱子说："论其理，则心为粗而性天为妙；论其功夫，则尽为重而知为轻。故云'所谓尽其心者，即是知性而知天者也。三者只是一时事，但以表里虚实反复相明，非有功夫渐次也'。"② 如此可见尽心的完成在知性之后，穷理工夫在尽心之先，并不能说明朱子有重知的他律道德的倾向，相反，朱子将尽心的完成推至诚意阶段说明了尽心比知性更为重要，而诚意阶段的慎独和省察工夫的独立性也说明了尽心之心并不是虚说，心仍然要发挥主宰作用，尽心、诚意并没有因为穷理的限制而成为认知地尽、外在的诚的他律道德。总而言之，朱子晚年将尽心作为意诚的境界

---

① 牟宗三：《心体与性体》（下），第402页。
② （宋）朱熹著，朱杰人、严佐之、刘永翔主编：《答郑子上》，《朱子全书》，第23册，第2683页。1191年。见陈来《朱子书信编年考证》，第341页。

恰恰说明了朱子对道德行动的重视，说明了朱子知先行重、知行合一的知行观。

(四) 博学而反约

由前文分析可知，致知而力行、积累至贯通、知至而后意诚这三组关系体现出朱子以《大学》为工夫规模，但是朱子又从《论语》中博文与约礼的关系、致知与克己复礼的关系、《孟子》中博学与反约的关系来说明成德的路径，体现出对"四书"工夫思想的贯通，也说明了以"四书"中的思想做相互印证是朱子工夫思想的特色。朱子说："侯氏谓博文是'致知、格物'，约礼是'克己复礼'，极分晓。而程子却作两样说，便是某有时晓他老先生说话不得。孟子曰'博学而详说之，将以反说约也'，这却是知要。盖天下之理，都理会透，到无可理会处，便约。盖博而详，所以方能说到要约处。约与要同。"① 侯氏是指二程表弟也是二程门人侯仲良，侯仲良以博文为致知格物，约礼为克己复礼，朱子认为侯氏将博文约礼区分得很明白，反而认为二程有时候说得不够准确。这也说明朱子晚年将克己复礼理解为践履，从朱子晚年将克己落实到复礼上说可以看出来。朱子又以《孟子》言博学明理是为了反其约来说明知不是目的，行才是目的，博学就是明理，到贯通处就是自我的约束就是克己复礼。博学和反约与致知和力行、致知和诚意一样都是并行不悖的两个工夫，不能偏废一方，朱子又说："务反求者，以博观为外驰；务博观者，以内省为狭隘，堕于一偏。此皆学者之大病也！"② 朱子强调不能只务反约而认为泛观博览为外，也不能只务泛观博览，而以内省工夫为狭隘，博览与反约二者不能偏废，知行并重，知与行要互相配合。

---

① (宋) 黎靖德编，王星贤点校：《朱子语类》，第969页。杨道夫录，朱子60岁后。

② (宋) 黎靖德编，王星贤点校：《朱子语类》，第160页。杨道夫录，朱子60岁后。

朱子此后又论及博学和反约的次序，他说："知读《论》《孟》不废，其善。且先将正文熟读，就自己分上看，更考诸先生说有发明处者，博观而审取之，凡一言一句有益于己者，皆当玩味，未可便恐路径支离而谓所有不必讲也。"① 从工夫完成的先后来看应该是先博文后反约，不能因为担心工夫路径的支离而偏废一方，知行两个工夫要同时并进。同年，朱子明确了博学和反约就是知行关系，他说："圣人生知，固不待多学而识，学者非由多学，则固无以识其全也。故必格物穷理以致其博，主敬力行以反诸约。"② 朱子区分了圣人生而知之与学者学而知之，认为大多学者成德的途径无非多学习，通过格物穷理达到博学，又通过主敬力行达到反之约。主敬属于力行，而不是笃行，这是要注意的。由此可知，朱子的工夫规模可以归纳为知行两途，为学不过知行两件事，他说："学者以玩索、践履为先。"③ 又说："圣贤千言万语，只是要知得，守得。"④ 甚至说："只有两件事：理会，践行。"⑤ 朱子甚至提出圣人教人只是博文约礼两个工夫，他说："'博我以文，约我以礼'，圣门教人，只此两事，须是互相发明。约礼底工夫深，则博文底工夫愈明，博文底工夫至，则约礼底工夫愈密。"⑥ 以上都说明博学与反约、博文与约礼、理会与践行、玩索与践履都是朱子表达知行关系的不同说法。朱子认为从做工夫上看，二者互相配合、互相发明，行是对知的持

---

① （宋）朱熹著，朱杰人、严佐之、刘永翔主编：《答郭希吕》，《朱子全书》，第23册，第2566页。1191年。见陈来《朱子书信编年考证》，第336页。
② （宋）朱熹著，朱杰人、严佐之、刘永翔主编：《答方宾王》，《朱子全书》，第23册，第2667—2668页。1191年。
③ （宋）黎靖德编，王星贤点校：《朱子语类》，第149页。杨道夫录，朱子60岁后。
④ （宋）黎靖德编，王星贤点校：《朱子语类》，第149页。甘节录，朱子64岁后。
⑤ （宋）黎靖德编，王星贤点校：《朱子语类》，第149页。甘节录，朱子64岁后。
⑥ （宋）黎靖德编，王星贤点校：《朱子语类》，第2747页。辅广录，朱子65岁后。

守；从工夫完成的先后上看，则是知先行后、行比知重。所以，朱子强调知行要逐项做工夫，不能以工夫完成的境界处作为做工夫处，朱子说："不要说总会。如'博我以文，约我以礼'，博文便是要一一去用工，何曾说总会处？"① 朱子认为做工夫和工夫的境界需要区分，从做工夫上说二者分别做工夫，知有知的工夫，行有行的工夫，朱子说："如颜子'克己复礼'，亦须是'非礼勿视，非礼勿听，非礼勿言，非礼勿动'，不成只守个克己复礼，将下面许多都除了！"② 工夫的完成要以道德行动作为标准，但做工夫不能从境界处、总会处、贯通处入手，以致知作为成德工夫的开始是朱子晚年对成德路径的强调。

（五）下学而上达

"下学而上达"并不是朱子晚年时才提出的观点，1174年朱子说："圣门之学，下学而上达，至于穷神知化，亦不过德盛仁熟而自至耳。"③ 在此，朱子以《论语》中孔子所言"下学而上达"作为当时对成德路径的认识，以《系辞下》中"穷神知化，德之盛也"作为修养工夫之后的仁的最高的境界。"下学而上达"说明了成德工夫的基础是下学，通过下学的积累而贯通至上达的境界，这与朱子之前所言的工夫路径是可以相互印证的。

1. 批陆"上达而下学"

朱子晚年言"下学而上达"主要针对陆学而发，由前文分析可知，朱子晚年注重气禀对人成德的影响，认识到成德的艰难，所以更加重视穷理、致知、省察等下学工夫的积累，鼓励人做工夫勇猛精进，强调以孔子下学而上达为成德路径。由于陆学不言

---

① （宋）黎靖德编，王星贤点校：《朱子语类》，第2820页。黄义刚录，朱子64岁后。

② （宋）黎靖德编，王星贤点校：《朱子语类》，第2821页。黄义刚录，朱子64岁后。

③ （宋）朱熹著，朱杰人、严佐之、刘永翔主编：《答廖子晦》，《朱子全书》，第22册，第2076页。1174年。

气禀对本心的影响，以尊德性为先，注重发明本心，工夫不从致知入手，而从涵养践履入手，认为知必能行，行就是知，与朱子知先行后、下学而上达的成德路径恰恰相反，所以朱子批评象山将成德说得太快。

> 问："陆象山道，当下便是。"曰："看圣贤教人，曾有此等语无？圣人教人，皆从平实地上做去。所谓'克己复礼，天下归仁'，须是先克去己私方得。孟子虽云'人皆可以为尧舜'，也须是'服尧之服，诵尧之言，行尧之行'，方得。……大抵今之为学者有二病，一种只当下便是底，一种便是如公平日所习底。却是这中间一条路，不曾有人行得。"①

由引文可知，朱子门人认为陆象山以为成德"当下便是"，将成德说得太快，朱子认为孔孟圣贤没有教人这样做工夫，圣贤都是教人从平实的地方做工夫，克己复礼是必须先克尽己私才能归仁。孟子虽然说人皆可以为尧舜，也必须"服尧之服、诵尧之言、行尧之行"才能成为尧舜。在此朱子其实批评象山只教人立志却不教人穷理，导致议论太高。朱子指出当下为学有两种弊病，一种只说"当下便是"，一种便是从平日中积累练习，中间有一条路即"下学而上达"。对于陆子静的"当下便是"，朱子做了详细的剖析。

> 或问："陆象山大要说当下便是，与圣人不同处是那里？"曰："圣人有这般说话否？圣人不曾恁地说。圣人只说'克己复礼。一日克己复礼，天下归仁'。而今截断'克己复礼'一段，便道只恁地便了。不知圣人当年领三千来人，积年累岁，是理会甚么？何故不说道，才见得，便教他归去自理会便了？子静

---

① （宋）黎靖德编，王星贤点校：《朱子语类》，第2980页。黄卓录，朱子62岁后。

> 如今也有许多人来从学，亦自长久相聚，还理会个甚么？何故不教他自归去理会？只消恁地便了？且如说'尧舜之道，孝悌而已矣'，似易。须是做得尧许多工夫，方到得尧；须是做得舜许多工夫，方到得舜。"①

由引文可见，对于门人提出象山言"当下便是"与圣人做工夫的不同之处，朱子则强调圣人没有提出过"当下便是"的说法，圣人只教人克己复礼，现在陆子静却截断克己复礼，认为当下就可以为仁，即不知孔子当年带领三千弟子积年累岁地理会道理，并没有让弟子见得本心就叫他自己回去理会。朱子指出子静也是有许多人来从学的，也与学生长久相聚，为何不叫学生自己回去理会。朱子认为孟子所言"尧舜之道，孝悌而已矣"，看起来很容易，但是必须得做尧舜的许多工夫，才能到达尧舜的境界。

> 他是会说得动人，使人都恁地快活，便会使得人都恁地发颠发狂。某也会恁地说，使人便快活，只是不敢，怕坏了人。他之说，却是使人先见得这一个物事了，方下来做工夫，却是上达而下学，与圣人"下学上达"都不相似。然他才见了，便发颠狂，岂肯下来做？若有这个直截道理，圣人那里教人恁地步步做上去？②

朱子认为陆子静之论立论很高，说得很好听，使别人听了很高兴，甚至会使人发癫发狂。朱子说这种使人高兴的话他也会说，只是不敢，怕误导了别人。陆子静的工夫路径就是使人先见境界才下手做工夫，这种路径是先上达后下学，与圣人"下学而上达"都不一样。

---

① （宋）黎靖德编，王星贤点校：《朱子语类》，第2981页。叶子贺孙录，朱子62岁后。

② （宋）黎靖德编，王星贤点校：《朱子语类》，第2982—2983页。叶贺孙录，朱子62岁后。

朱子又指出"上达而下学"的弊端在于人先见了上达便癫狂自大，不肯再去做下学的工夫。如果真的有一个直截了当的方法可以成德，那圣人怎么还需要教人从下学一步步做工夫到上达。可见，朱子晚年辟"先见天理源头"不仅针对陈淳、廖子晦而发，更是针对陆学而发。

朱子认为立高论而欠缺下学的工夫既是禅学也是陆学的问题，他说："敬子诸人却甚进，此亦无他，只是渠肯听人说话，依本分，循次序，平心看文字，不敢如此走作闲说耳。大率江西人尚气，不肯随人后，凡事要自我出，自由自在，故不耐烦如此逐些理会，须要立个高论笼罩将去。"① 69岁后朱子批评陆子静误人，《语类》载："因言读书之法，曰：'一句有一句道理，穷得一句，便得这一句道理。读书须是晓得文义了，便思量圣贤意指是如何？要将作何用？'因坐中有江西士人问为学，曰：'公们都被陆子静误，教莫要读书，误公一生！……今教公之法：只讨圣贤之书，逐日逐段，分明理会。且降伏其心，逊志以求之，理会得一句，便一句理明；理会得一段，便一段义明；积累久之，渐渐晓得。'"② 朱子认为陆子静自己不重下学工夫，又教人不要读书，误导后学，对学术风气产生了不好的影响。朱子强调读书、穷理工夫，皆是从一句话、一件事中做起，工夫要积累到一定程度才能实现贯通，无论是下学还是上达都需要逐项理会，积累久久才能达到贯通的境界。由上分析可知，朱子强调"下学而上达"与朱子强调以致知作为工夫的入手处相对应，朱子注重格物、穷理等下学工夫的积累终与陆学的成德路径相区别。

2. 辟"先见天理源头"

朱子晚年时期因陈淳喜言"先见天理本原"，所以特别向陈淳阐

---

① （宋）朱熹著，朱杰人、严佐之、刘永翔主编：《答刘季章》，《朱子全书》，第22册，第2499页。1198年。见陈来《朱子书信编年考证》，第471页。

② （宋）黎靖德编，王星贤点校：《朱子语类》，第2978页。沈僩录，朱子69岁后。

明"下学而上达"的成德路径,对门人偏向主敬涵养进行纠偏。当陈淳提出下学是不是大段工夫时,朱子说:"圣贤教人,多说下学事,少说上达事。说下学工夫要多也好,但只理会下学,又局促了。须事事理会过,将来也要知个贯通处。不要理会下学,只理会上达,即都无事可做,恐孤单枯燥。"① 朱子指出要多说下学的工夫,少说上达的工夫,因为没有下学就不可能有上达,朱子说:"然尝以熹所闻圣贤之学,则见其心之所有不离乎日用寻常之近小,而其远者大者自不待于他求,初不若是其荒忽放浪而无所归宿也,故曰'下学而上达'。"② 朱子指出下学工夫是离日用寻常最近的地方,做工夫应先从近的地方做起,如果先从上达处做,则过于空疏放浪。同时朱子也指出不能只做下学的工夫,否则气象狭隘,但如果只理会上达,则都是高深的道理,无事可做,则孤单枯燥。所以下学与上达都要做工夫,久了自然能从下学贯通到上达,但是如果只想着贯通处,不做下学的工夫则无法成德,朱子说:"譬如耕田,须是下了种子,便去耘锄灌溉,然后到那熟处。而今只想象那熟处,却不曾下得种子,如何会熟?"③ 可见,朱子认为应该从下学工夫开始做起,没有下学就不可能上达,对于下学的工夫内容,朱子也有详细的讨论。

> 胡叔器因问:"下学莫只是就切近处求否?"曰:"也不须恁地拣,事到面前,便与他理会。且如读书:读第一章,便与他理会第一章;读第二章,便与他理会第二章。今日撞着这事,便与他理会这事;明日撞着那事,便理会那事。万事只是一理,

---

① (宋)黎靖德编,王星贤点校:《朱子语类》,第 2821—2822 页。黄义刚录,朱子 64 岁后。
② (宋)朱熹著,朱杰人、严佐之、刘永翔主编:《答康户曹》,《朱子全书》,第 23 册,第 2628 页。1199 年。见陈来《朱子书信编年考证》,第 493 页。
③ (宋)黎靖德编,王星贤点校:《朱子语类》,第 2822 页。黄义刚录,朱子 64 岁后。

不成只拣大底要底理会，其它都不管。程先生曰：'穷理者，非谓必尽穷天下之理，又非谓止穷得一理便到。但积累多后，自当脱然有悟处。'又曰：'自一身之中以至万物之理，理会得多，自当豁然有个觉处。'今人务博者，却要尽穷天下之理；务约者又谓反身而诚，则天下之物无不在我，此皆不是。"①

前文分析可见，朱子提出要从日用处先做工夫，即先做下学工夫，门人胡安之因此提出下学是否只是就近处求，朱子则回答说不是有意拣近处做工夫，而是由具体的事决定，遇到什么事，就在什么事上理会，就像读书，读第一章，便理会第一章，读第二章便理会第二章，万事只是一理，不能只挑大的要紧的事去理会，其他事都不管。朱子又引二程言穷理不一定要穷尽天下之理，也不是穷得一理就停止，但是积累很多后，自然有贯通领悟的地方。二程又说从自己身上以至于万事万物之理理会得多了自然豁然有觉悟的地方。可以看出，穷理就是下学的积累，贯通是上达，朱子晚年以意诚为心与理的贯通处。朱子又提出现在有人专务博文却要去穷尽天下之理，专务约礼又说反身而诚则天下之物无不在我，这都是不对的，因为颠倒了下学和上达的工夫次序。由此也可以看出，朱子反对先从上达做工夫与反对先从贯通处做工夫、反对先见天理源头是一致的，这也是朱子晚年将居敬穷理互发、知行互发限定在工夫的境界义的原因。朱子强调做工夫要从下学做起，与朱子晚年重视穷理、致知、省察的工夫也是一以贯之的。

  曾子父子之学自相反，一是从下做到，一是从上见得。子贡亦做得七八分工夫，圣人也要唤醒他，唤不上。圣人不是不说这道理，也不是便说这道理，只是说之有时，教人有序。子

---

① （宋）黎靖德编，王星贤点校：《朱子语类》，第2822页。黄义刚录，子64岁后。

晦之说无头。如吾友所说从原头来，又却要先见个天理在前面，方去做，此正是病处。子晦疑得也是，只说不出。吾友合下来说话，便有此病；是先见"有所立卓尔"，然后"博文约礼"也。……下学上达，自有次第。于下学中又有次第：致知又有多少次第，力行又有多少次第。淳曰："下学中，如致知时，亦有理会那上达底意思否？"曰："非也。致知，今且就这事上，理会个合做底是如何？少间，又就这事上思量合做底，因甚是恁地？便见得这事道理合恁地。又思量因甚道理合恁地？便见得这事道理原头处。逐事都如此理会，便件件知得个原头处。"①

曾子父子的工夫路径是相反的，曾点是先见上达，曾子是先从下学开始做，子贡是下学做了七八分，孔子要启发他，但没有成功，这说明圣人教人成德的方法有很多，因人因时而异。但廖子晦的说法没有根据，如果说从源头来，又要在源头前面先见个天理才去做工夫，这就是问题所在，就等于说先见"所立卓尔"的境界，然后再去博文约礼，二者都是上达处，不是做工夫处。朱子提出下学上达中自然有工夫次第，下学中，致知就是在事上理会理以及理之所以然，再去思考如何合于理、为什么能合于理，如此最后见到道理的源头，如果逐事都如此理会，则件件事情都能知道道理的源头处，所以道理的源头处是从格物、穷理、致知上逐渐完成的，由此也说明了下学和上达的关系。朱子晚年反对廖子晦"先见天理源头"，也反对陈淳"只吃馒头尖处"，1199 年，朱子与陈淳相别十年后会面坐论。朱子见陈淳言主敬涵养则件件天理流行可见也有"先见天理源头"的问题，故与陈淳做了详细的讨论。

---

① （宋）黎靖德编，王星贤点校：《朱子语类》，第 2826 页。陈淳录，朱子 61/70 岁。

先生曰:"尧卿安卿且坐。相别十年,有甚大头项工夫,大头项疑难,可商量处?"淳曰:"数年来见得日用间大事小事分明,件件都是天理流行,无一事不是合做底,更不容挨推闪避。……而其所以为此理之大处,却只在人伦;而身上工夫切要处,却只在主敬。敬则此心常惺惺,大纲卓然不昧,天理无时而不流行……"先生曰:"恁地泛说也容易。"久之,曰:"只恐劳心落在无涯可测之处。"①

由引文可见,朱子问陈淳相别十年是否有什么重要的修养方法和问题可以讨论,陈淳认为自己数年大事小事都见得分明,每件事情都能做到天理流行,使事合于理。朱子认为天理最重要的地方在人伦日用中,所以自身最关键的工夫在于主敬。陈淳进一步提出主敬则此心常惺惺,大纲卓然不昧,天理无时不流行。对此,朱子表示这样泛说也容易,朱子思考了很久又指出陈淳偏向主敬恐怕会将心落在无涯可测之处,即恐怕会落入佛老虚无之说。所以当陈淳接着又问孔子"与点"② 一段如何理解时,朱子就直接指出陈淳这样的理解是只吃馒头尖尖,提醒陈淳要重视下学的工夫。

因问:"向来所呈与点说一段如何?"曰:"某平生便是不爱人说此话。《论语》一部自'学而时习之'至'尧曰',都是做工夫处。不成只说了'与点',便将许多都掉了。圣贤说

---

① (宋)黎靖德编,王星贤点校:《朱子语类》,第 2819—2820 页。黄义刚录,朱子 64 岁后。见《朱子语类》,第 14 页。

② 对于孔子"与点",朱子曾说:"窃观圣贤之间,惟两答问最亲切极至:'子路曾皙冉有公西华侍坐。子曰:"居则曰,不吾知也。如或知尔,则何以哉?",子路以使勇对,冉有以足民对,子华以小相对。三子者,夫子皆未所领许也。独曾点下一转语:'异乎三子者之撰。莫春者,春服既成,冠者五六人,童子六七人,浴乎沂,风乎舞雩,咏而归。'夫子喟然叹曰:'吾与点也!'此是一问答。'子贡问:"有一言而可以终身行之者乎?"子曰:"其恕乎!"'此是一问答。是故善答莫如点,善问者莫如赐。"见《朱子语类》,第 2860 页。训汪长孺,朱子 65 岁。见《朱子语类》,第 18 页。

> 事亲便要如此，事君便要如此，事长便要如此，言便要如此，行便要如此，都是好用工夫处。通贯浃洽，自然见得在面前。若都掉了，只管说'与点'，正如吃馒头，只撮个尖处，不吃下面馅子，许多滋味都不见。……昨廖子晦亦说'与点'及鬼神，反复问难，转见支离没合杀了。圣贤教人，无非下学工夫。"①

由引文可知，朱子对陈淳提出自己不喜欢别人过于关注孔子表扬曾点这段话，朱子认为孔子教人都是从做工夫处教人，不能因为夫子有一次赞同曾点的志向便将人伦日用近处的工夫都省去。圣贤说事亲、事君、事长、言、行都是做工夫的地方，如果只说"与点"即只是立志，就像吃馒头只吃馒头尖处不吃下面的馅，所以下面许多滋味都不知道。朱子认为廖子晦也说"与点"，与陈淳都是一样的问题。由此可见，朱子去世的前一年仍在讨论成德的工夫路径，一方面基于对陆学上达而下学的批评，一方面基于对门人先见天理源头的检查，二者的问题都在于不重视下学工夫，没有遵循下学而上达的成德路径。朱子最后提出"圣贤教人，无非下学工夫"，这句话是说得很重的，实际上就是取消了在上达处做工夫的意义，上达是通过下学积累到一定程度所达到的境界，所以不是做工夫处。

---

① （宋）黎靖德编，王星贤点校：《朱子语类》，第2820页。黄义刚录，朱子64岁后。

结　　论

一　涵养工夫与心性论的建立和完善

朱子涵养工夫的确立是经由对"中和旧说"的反思，最后在"中和新说"中完成的。1168 年朱子 39 岁在《已发未发说》中初步对已发未发的做了界定。次年，在对《已发未发说》修改的基础上，朱子又作《与湖南诸公论中和第一书》，对未发已发的阐述进一步明晰，由此朱子以未发已发分辨性情的思路基本形成，在未发和未发之中的区别中说明了未发之中的重要，从而为未发前涵养工夫的落实提供了心性论的基础。朱子对心性论的建构首先从未发已发的区分中开始主要是基于对辩湖湘学派先察识后涵养的工夫进路，所以将涵养工夫落实于未发之前是"新说"时期朱子的主要任务，对此陈来也指出："己丑之悟的重点还是在确立未发时心的涵养工夫。"[①] 1169 年朱子在《答张钦夫》中进一步明确未发已发的思想，提出"心贯性情"的说法，确立了心的主宰地位和心、性、情三分的基本心性架构，标志朱子"中和新说"理论的正式确立，也为涵养贯通未发已发、彻上彻下、存养先于察识等工夫思想的提出提供了心性论基础。学界对"己丑之悟"有很高的评价，陈来说："己丑之悟

---

① 陈来：《朱子哲学研究》，第 181 页。

才从根本上确立了朱熹的学术面貌。"① 究其原因，即因为朱子在"己丑之悟"中完成了心性论的基本建构的同时工夫论的基本架构也确立起来。

在"新说"的基础上，朱子于1171年作《尽心说》《胡子知言疑义》，次年在与胡伯逢、胡广仲等湖湘学者的通信中提出性具于心、心具理、心主性情等观点，确立了心的主宰地位，对胡宏的心性观点做进一步辨析。朱子在性情之辨中确立了性善论的地位，论证了涵养工夫的重要和克己复礼工夫的必要，又以天命之性和气禀之性对恶的产生进行了说明，提出尽心须假存养的观点，为涵养与致知关系的确立提供了心性论上的基础，又进一步向湖湘学者阐明涵养的地位重于察识。1172年至1174年朱子围绕《仁说》与张栻、胡伯逢展开讨论，进一步对心、性、情做出分辨，以"仁性爱情"确立了仁体、心体的地位，为克己复礼工夫的地位提供了心性论上的证明，将克己复礼工夫纳入涵养的范围之内。此后在《观心说》中朱子再一次明确一心为主宰的地位，也说明了操存是操存一心而不是以心观心，标志朱子与湖湘学派的论辩结束。由此可见朱子于46岁前已完成心性论的基本建构，也标志朱子思想体系和学术规模的基本确立。② 此后，朱子在《集注》中对"心具众理"命题做了完整阐释，确立了心与理关系的基本命题，由此说明了心具众理与穷理的关系。朱子又以尽心和存心的关系说明涵养与穷理的关系，以尽心为知至，以知至为贯通的阶段，诚意没有独立的工夫内容。在《集注》时期提出天命之性与气质之性的区别，考虑到气禀对性、才的影响，开始注重穷理工夫，是《仁说》中心性论进一步完善的体现。在此阶段，朱子体现出"四书"互证的方

---

① 陈来：《朱子哲学研究》，第173页。
② 钱穆提出："朱子46岁鹅湖初会时，朱子之思想体系与其学术规模已大体确立。"见钱穆《朱子新学案》三，第390页。陈来也提出："从40岁到46岁与陆九渊鹅湖相会，朱熹哲学的基本思想在这几年全部建立起来。"见陈来《朱子哲学研究》，第2页。

法，为"四书"工夫的贯通做了准备，代表朱子思想体系的成熟。

50岁后朱子提出要在本原处辨天理人欲，提出涵养本原、求放心是第一义等观点，说明朱子的工夫思想从《论语》贯通至《孟子》。中晚时期朱子延续"中和新说"确立的涵养须用敬、涵养无间断、敬为彻上彻下等基本观点，说明"中和新说"后朱子保持涵养工夫的基本观点。朱子晚年对中年时期所提出的"心主性情""心具众理"等命题做进一步阐释，对"心如谷种""心具众理""心统性情"等心性论命题做一步诠释，对心、性、情、意、志、欲、才等心性概念做了进一步辨析，代表晚年对心性论的进一步完善。朱子晚年进一步重视意、志、欲的作用，为落实诚意、立志、克己复礼的工夫做了心性论上的说明。朱子晚年重视气禀对心性结构的影响，围绕生之谓性、本然之性、气质之性、气强理弱等命题进一步深化对中年时期的天命之性和气禀之性的关系的认识，提出气质之性是天命之性堕在气质后形成的，气质之性不改变天命之性，可见朱子晚年并没有改变中年时期所确立的性善论的基础，故对涵养本原、持敬为本、一心为主宰等基本涵养观点是一以贯之的。朱子晚年注意到气禀对人成德的影响，认识到成德的艰难和修养工夫的重要，所以比较注重强调格物穷理、致知省察等下学工夫的必要性，注重省察对涵养的帮助，批评识心、先见天理本原等不下学只要上达的工夫思想，在持敬为本的基础上落实了克己复礼、诚意、立志等工夫对持敬的补充，体现了朱子知先行后、积累至贯通、下学而上达的成德路径，也说明朱子晚年工夫思想随着心性论的进一步完善而更加严密。

二 涵养工夫的确立、修正与完善的过程

"中和新说"时期朱子提出涵养须用敬、涵养要贯彻动静、涵养无间断、敬为彻上彻下等观点确立了涵养工夫的基本立场，但是牟

宗三因此认为:"朱子中和新说后,持守、居敬、主静工夫定论"①,以"新说"为定论实在言之过早,"中和新说"时期朱子对涵养工夫的建构并不完整,这一时期更多的是确立未发前涵养工夫的地位,以持敬为重,认为涵养本原可以变化气质,"中和新说"后朱子在《仁说》《尽心说》《集注》等阶段将克己复礼纳入涵养工夫的范畴,后提出尽心须假存养,落实了存养与穷理的关系。50 岁后朱子虽然不再致力于新的思想体系的建构,但从朱子在 50 岁后对涵养工夫的论说中可知其"道理只争丝发之间"的精神。《集注》后提出持敬即求放心、求放心与克己为一事,体现《集注》后对"四书"工夫的贯通,但是朱子强调就切实处做工夫,说明朱子工夫思想以《论语》为宗。朱子晚年后仍坚持涵养本原的观点,重视气禀的影响,以此说明了涵养工夫的重要性,但对持敬的理解发生了变化,"中和新说"时朱子以主一、直内解释持敬,但在晚年后朱子偏向从"精神专一"上解释敬的工夫,体现出朱子对持敬理解的重大变化。另外,对于其他涵养工夫的解释以及涵养工夫之间的关系,朱子在中年后至晚年仍不断进行修正、补充与完善,在主敬涵养的基础上,以静坐、诚意、克己复礼、立志作为持敬的重要补充,说明朱子晚年涵养工夫严密的特点。

(一) 持敬与主静

"中和新说"时期朱子以动静区分未发已发,强调未发前涵养工夫的地位,提出持敬以静为本的主静涵养的观点,45 岁后朱子开始认识到与陆学的区别,中晚年后涵养与致知的关系成为朱陆之辩的核心,基于对陆学轻视穷理工夫的批评,朱子 50 岁后慎言主静,将静限制为工夫后的境界,强调不能离敬言静,又以持敬消解静坐。朱子认为儒释静坐工夫的区别在于有没有以持敬为主,朱子批评子静不读书、不求义理、静坐澄心,本质上是告子的义外说。晚年后

---

① 牟宗三:《心体与性体》(下),第 198 页。

朱子仍然坚持不以主静言敬的立场，避免从工夫上言静的工夫，以静为工夫后的境界，否定以静求静的工夫思想，并提出"主一兼动静而言"，取消了言主静的意义。朱子晚年后肯定静坐工夫对于收敛身心的意义，但将静坐限定于无事的状态，将静坐限制于持敬的统摄，实际上消解了静坐的意义，说明了朱子主敬涵养的基本立场。

（二）持敬与克己

朱子45岁时与湖湘学派的论辩已经基本完成，朱子开始反思自己在与湖湘学派论辩的过程中因强调未发前涵养工夫的地位而将持敬抬得过高。随着《仁说》中确立了仁体的地位，克己复礼工夫受到重视，敬与克己的关系就成为朱子关注的重要问题，成为朱子对涵养工夫之间关系的第一次检查。《仁说》前朱子主要遵从伊川的"敬则无己可克"的观点，提出"持敬则无须克己""克己就是持敬"，直接以持敬作为为仁的工夫。《仁说》后朱子认识到克己复礼是为仁的重要工夫，将克己与持敬并举，并提出"克己在持敬之上"，认为克己复礼是孔门传授心法切要之言，提高了克己复礼的地位，但是朱子同时提出克己复礼是颜回的方法，对资质要求很高，建议以持敬为涵养的主要工夫，工夫比较平实容易，说明了中年时期持敬仍是第一义的工夫。朱子提出"克己持敬并举"是反思伊川"敬则无己可克"的开始。中晚年时期，朱子避免多言"克己在持敬之上"，提出"敬是立脚处""敬与克己须俱到"的观点，一方面仍以敬解释克己工夫，因为持敬工夫平实，克己工夫对资质要求太高，认为伊川"敬则无己可克"虽然省事，但此事甚大、甚难，体现出朱子下学而上达的成德路径。另一方面，朱子对持敬与克己工夫内容做了区分，提出二者须俱到，说明了朱子在保持主敬涵养的立场上，为克己工夫提供了独立的工夫意义。

进入晚年后，朱子对克己复礼的诠释做了修正，改变了中年时期以"克己复理"诠释"克己复礼"的观点，提出不能以"复理"诠释复礼，将工夫重点落在复礼上完成。朱子提出克己复礼在克己与复礼上都要做工夫，但不是两件事，克己的内容是复礼，礼是克己与复礼的规矩准绳，克己在复礼上完成。朱子晚年一方面以克己复礼作为下学的工夫，将为仁作为上达的工夫，只有先克己复礼才能实现为仁，这是朱子晚年对下学而上达的成德路径的强调，朱子由此批判象山言克己过于直接，教人"当下便是"，也批评明道言"克己自能复礼"是将工夫说得太快；另一方面朱子将克己工夫落实到复礼上完成，是警惕大程门人直接以"复理"解释复礼，如此则克己没有复礼作为规范，克己工夫被悬空。朱子同时依此批判佛老言克己以后不言复礼，将克己工夫沦为空寂，这是朱子晚年将克己工夫规范化的理性伦理的体现，也是朱子晚年言工夫的精密之处。基于朱子晚年对克己复礼的诠释发生了变化，朱子对敬与克己复礼关系的理解也有进一步修正，朱子继续对伊川"敬则无己可克"做反省，认为此事甚大、甚难，认为伊川将敬的工夫说得太高，强调"敬则无己可克"是工夫后的境界。朱子认为克己在持敬之上，克己是较快、较高的工夫，持敬为较缓、较平实的工夫，以乾坤二道比喻克己与持敬，认为二者各有优劣，要逐项做工夫。钱穆认为朱子言克己与持敬和致知并立为三，其看到了朱子晚年对克己复礼的重视，但是克己没有取代主敬涵养的地位，克己在涵养工夫的范围内，是对主敬的重要补充。

对于持敬与克己复礼的关系，钱穆认为持敬与克己的关系出现三次变化，他说："伊川又言：敬则无己可克。朱子先亦引其说，稍后则谓敬之外亦须兼用克己工夫，更后乃谓克己工夫尚在主敬工夫之上。关于此，朱子思想显有三变。"① 钱穆认为朱子单独提出克己工夫是在主敬涵养之后，改变了朱子"涵养须用敬，进学在致知"的两大工夫架构，变成持敬、克己与致知三足鼎立的工夫架构。从持敬与克己的关系上看，可以说持敬与克己是并立的两个工夫，但如果将克己与持敬、致知并立为三，则改变了朱子主敬涵养的

---

① 钱穆：《朱子学提纲》，第112页。

立场，所以对钱穆这个判断是需要慎重对待的。综合朱子从中年时期开始至晚年对持敬与克己工夫关系的梳理可知，朱子持敬与克己工夫的关系不仅只有三变，朱子中年至中晚年时期主要认为"敬则无己可克"，以持敬解释克己，克己工夫没有下落处，但《仁说》之后也同时将克己与持敬并举，即钱穆所说的持敬之外兼用克己。至晚年时朱子确实有很多克己在持敬之上的论述，说明朱子晚年对克己工夫的重视，但朱子同时提出二者相资相成，是互相配合、内外参合的关系，并且朱子至去世前强调克己与持敬要逐项做工夫，二者各有优劣，这都说明朱子最终没有将克己置于主敬之上，也说明克己复礼没有取代主敬涵养的地位，而与持敬和致知并列为三，在涵养工夫的内部可以说克己与持敬并立，但是克己复礼没有推翻朱子涵养须用敬的基本立场，这也是朱子晚年持敬与克己的最终关系，也说明了朱子晚年工夫思想平稳和严密的特点。

（三）敬与诚

中年时期，朱子确定以"真实无妄"解释诚的工夫，常常合说诚敬，以诚敬为涵养，但重点落在敬上，诚只是形容持敬工夫的程度，没有单独的工夫意义。《集注》后朱子将"四书"中的诚的工夫贯通，将诚的工夫落到意上考察，以诚意释诚的工夫，贯通了《中庸》《孟子》中的诚与《大学》中的诚意，诚开始有了独立的工夫内容。《集注》后朱子提出诚是实、敬是畏，二者内涵不同，所以不能以敬代诚，"敬可为诚之之一事，不可专以敬为诚之之道"，由此与明道所言"诚敬一事"分道扬镳。朱子同时提出不能以诚代敬，否则持敬不能为主，工夫支离。可见诚已超出敬的限制，具有了自己独立的工夫位置，所以朱子提出持敬与诚意要同时做工夫，诚意成为持敬的重要补充，但没有动摇主敬涵养的地位。朱子晚年同时存在合说诚敬与分说诚敬的情况，朱子仍合说诚敬为专一的工夫，但对二者进行了更为清晰的区分，以持敬为专一，以诚为一，修正了"诚在敬之上"的说法，以工夫内容区分二者，认为诚敬不分先后，应该逐项做工夫，提出二程言"诚然后敬"是从工夫境界上说，对诚敬关系的处理平稳了许多。从朱子晚年对诚敬关系的处理可以反映出朱子晚年对工夫的认识是从做工夫和工夫的境界两个层面来说的，从做工夫上说应逐项做工夫，而所谓工夫的上下、工夫的贯通则是做工夫后的境界。并且朱子在诚敬关系上与象山存在分歧，象山言"存诚"，反对持敬。

（四）持敬与立志

朱子对立志工夫的重视始于《集注》，在《集注》中朱子开始对志的概念和作用做了诠释，朱子以"心之所之"解释志，说明了志对成德的方向和动力的作用，又以"志于道"作为志的内容，提出了儒家对道德主体的责任和使命，但立志工夫还没有被单独拈出。《集注》后朱子继续注意立志工夫，提出读书人就是要立下圣人之志，认为学者不能坚持的首要原因是没有立下志向，这是朱子以下学而上达为成德路径的基础上，教人勇猛精进，坚持做工夫的体现。同时朱子分析了立志与持敬的关系，提出"信得及"为成德第一义，证明涵养本原仍是第一节的工夫，而将立志作为第二节工夫。在持敬与立志的关系上，朱子提出立志就是本心的坚守，对持守助力作用，但是提出立志要以明理为前提，在立志的基础上做工夫要勇猛精进，不能空言立志，认为象山立志太高，而不教人穷理，与象山的立志思想进行区分，也开始注意到胡宏言立志于持敬的关系。晚年时期在对心、性、情、志等进一步分辨析的基础上，朱子进一步重视立志工夫，不能只在读书上立志，提出"一切之事皆要立志"，立志是格物、致知工夫的前提，强调成德工夫要勇猛精进。并且，朱子提出立志与气禀的影响无关，强调无论气禀如何都要以尧舜为志，勇猛精进是成德的唯一途径。对持敬与立志的关系，朱子在强调立志是为学、为事之本的基础上提出要居敬以立其志，说明以持敬为主的基本立场没有改变。朱子采纳五峰的观点提出敬与立志各有精粗、大细的不同，二者互为表里，内外参合，要逐项做工夫，但是同时对五峰的观点进行了检查，认为五峰过分强调居敬与立志，忽视了其中格物工夫的作用。朱子强调致知是广大的工夫，需要通过积累与贯通才能达到，强调成德的艰难以及工夫不能过于急迫，体现出对涵养与致知基本工夫架构的坚持。

综上分析可知，朱子对涵养工夫的建构和完善贯穿其一生的思想路程，并不是在"中和新说"时期就完成的，"中和新说"后持敬与克己复礼、诚意、立志、静坐等工夫的关系也不断补充和修正，最后形成以持敬为主，克己复礼、诚意、立志、静坐为补充的广大的涵养工夫系统，这也说明朱子晚年主敬的地位并没有改变，涵养作为成德第一位的工夫也没有改变。朱子从广度上补充了立志工夫，从深度上补充了诚和克己复礼两个工夫，又提升了省察、诚意的地位，强调隐微处做工夫的重要。这都是基于朱子晚年认识到成德的艰难，也与下学而上达的成德路径相互印证。朱子对涵养工夫的修正和补充是朱子思想不断完善的体现，也是朱子工夫思想严密性的体现。

三 涵养工夫的地位

（一）涵养与省察

朱子46岁前对涵养工夫地位的认识主要从涵养与省察的关系上进行考察，"旧说"时期朱子以心为已发，认为在已发之际的察识可以体验未发前的大本。"新说"后朱子以心贯通未发已发，涵养工夫落实于未发之前，提出涵养先于察识、涵养重于察识的观点，与张栻为代表的先察识后涵养的观点做出区分，体现出"中和新说"时期对未发前涵养工夫的重视。同时，基于持敬贯通动静、彻上彻下的认识，朱子提出未发前为敬之体，即未发之中，已发后敬又行于省察之中，是随事而发，强调持敬与省察不是两节工夫。45岁后由于不再与湖湘学派论辩，同时开始认识到与陆学的分歧，涵养与省察不再是定位涵养工夫地位的唯一关系。朱子在《集注》中将慎独从戒惧中分离出来，慎独需要通过省察来完成，又以戒惧与慎独的关系说明了涵养与省察的关系，是朱子开始重视慎独、诚意的表现。《集注》后，涵养与省察的关系不再是定位涵养工夫地位的重点，朱子不再集中强调涵养先于察识、涵养重于察识的地位，朱子提出持敬为主，省察到私意应以持敬为主，先落实持敬工夫，因为持敬是立脚处，是成德的根据。同时提出省察对持敬无间断有辅助作用，二者互相配合，强调省察对涵养的意义。《集注》后朱子延续以戒惧和慎独来说明涵养与省察的关系，但进一步对此前的修正做了说明，对胡季随将戒慎和慎独混为涵养提出辨析，强调慎独工夫的独立性，说明了朱子中晚年时期对省察的重视。朱子晚年在对心、性、情的分疏更加细密的基础上对意的作用有更加深入的认识，再加上对气禀的重视，朱子晚年对诚意、省察工夫有进一步的重视。朱子将尽心的境界从知至推后至诚意，继续将诚的工夫落到诚意上说，以意诚为成德的标准，以省察为知至后诚意工夫完成的关键，成为决定能否成德的最终工夫，这都体现出朱子晚年对诚意工夫的重视。在涵养与省察的关系上，朱子改变了"中和新说"时期确立的"涵养先于察识""涵养为本，省察为助"的主次关系，进一步修正了中晚年时期的"无时不涵养，无事不省察"的说法，提出涵养省察无分先后，未发要涵养省察，已发也要涵养省察，无时不涵养省察，强调省察对慎独的作用，强调慎独对持敬无间断的意义，同时对陆子静言"涵养是主人翁，省察是奴婢"的说法提出批评，以平日涵养省察作为对涵养与省察无分先后的定说。

（二）涵养与致知

朱子在"中和新说"时期已拈出伊川"涵养须用敬，进学在致知"作为为学的基本工夫架构。在"中和新说"时期，涵养与致知不是朱子考察涵养工夫地位的核心内容，但是都是为了落实未发前涵养工夫的地位，强调持敬是为学与成德的根本工夫，是为了补今人小学阶段欠缺的涵养工夫。① 朱子提出未有致知而不在敬，强调持敬贯彻穷理终始，提出持敬以诚意正心即孟子的求放心，《大学》中的每一个工夫的完成都不能离开持敬为前提，由此确定了持敬与大学工夫的关系。同时，朱子提出居敬穷理互发的观点，强调居敬与穷理二者不能偏废。在此阶段，朱子与湖湘学派在涵养与致知的关系上也出现分歧，朱子批评胡广仲先致知后持敬的工夫思想，谨防工夫陷入支离。在此阶段朱子以专一解释主一，认为支离就是不专一，也说明朱子中年时期已将持敬解释为专一，但不是主要观点。朱子从45岁开始注意到与象山在涵养与致知关系上的区分，开始指出陆学的不足在于脱略文字、直趋本根，认为陆学的成德路径与《中庸》中的知先行后的路径不符合，批评陆学不重穷理，认为陆学是禅学。由此奠定了鹅湖之会中二人的无法言合的基调，鹅湖之辩的核心内容即在涵养与致知的关系中所引申出的成德路径的分歧。鹅湖之辩以后，涵养和致知的关系成为朱子言涵养工夫地位的核心问题，朱子首先提出持敬与求放心为成德的根本工夫，保证涵养为本的立场。鹅湖之辩后，朱子于49岁开始朱陆之辩持续至象山去世，朱子批评陆学不重穷理的立场都没有停止，但是朱陆之辩的过程中朱子体现出从褒贬相间，期待陆学转变至最后严厉的批评，将陆学判为乱道误人的态度变化的过程。55岁后基于浙学的问题的发现，朱子对浙中吕氏门人提出读书要以持守为本，否则会落入功利之学。中晚年后朱子对支离的问题比较重视，一方面基于对浙中学者支离的批评，另一方面又基于陆学对朱子支离的批评，朱子同时做了反省，并在晚年后认为自己已经解决了这个问题。由此看出，朱子中晚年论证涵养与格物的关系从两个面向展开，一方面对峙陆学，向陆学及门人强调涵养不离穷理，否则沦为虚空；另一方面对

---

① 杨儒宾曾指出："'主敬'与'穷理'并不是平行的关系，'主敬'更具有时间上的优先性。"见钟彩钧主编《朱子学的开展·学术篇》，台北市：汉学研究中心2002年版，第236页。

峙浙学,强调读书要以涵养为本,否则会陷入支离。可见朱子言涵养与格致的关系,是双管齐下、攻守兼备的,朱子对其中一方的强调只是基于与其对话的对象不同,由此可知朱子涵养与致知关系的整体性,朱子并未落入"道问学"一边。学者葛兆光便提出:"由于后来与陆九渊等的辩论,感觉上朱熹的立场似乎逐渐偏向'道问学'的知识主义方面,其实,应当注意,这恰是由于激烈论辩中,各自的立场不能不过度凸显而导致的印象。"①

朱子晚年提出修养工夫三四分在外、六七分在内,这说明朱子晚年仍然坚持持敬为本、穷理为助的基本立场,强调持敬与穷理不能偏废一方。在持敬为本的立场上,朱子继续批评浙学支离,还提出支离之病比陆学不重穷理更为严重。朱子晚年与象山的论辩绝笔,但朱子没有停止对陆学的批评,并且对陆学的批评更为严厉,首先对方宾王等人言"识心"之误;其次对项平父等人从气禀角度说明穷理之必要。朱子批评象山将"识心"理解为禅学的空言"识心",提出"识心"本是识心中本具之理,即致知,所以"识心"要通过穷理工夫长期的积累。同时,朱子从气禀与穷理的关系证明穷理工夫的必要,提出持敬和求放心都不在事外,穷理是敬在事中的工夫,二者不为两节。朱子又对象山去世后陆学后人崇尚江西气象做了严厉批评并表示对道统的担忧,将陆学定为禅学,可见朱子晚年言涵养与致知的关系注重强调穷理的必要性,说明了朱子对下学而上达的成德路径的坚持,最后朱子回到对陈淳、廖子晦等人言"先见天理源头"的检查上,强调工夫进路无非下学至上达。

在成德路径上,朱子晚年不仅从致知与力行的关系,还以《格物补传》中积累至贯通、《大学》中致知与诚意、《论语》中博文与约礼、《孟子》中博学与反约等一系列关系来说明成德路径的下学而上达,提出持敬、格物致知、省察等工夫都是下学工夫的内容,朱子强调要区分做工夫与工夫的境界,强调做工夫上要逐项做工夫,

---

① 葛兆光:《中国思想史》第2卷,复旦大学出版社2001年版,第238页。

而贯通是做工夫后的境界，不是工夫的下手处，工夫虽然都贯通在心上做，但在心上做的工夫又各有节目、次第，不可笼统而论。所以朱子从工夫进路上与陆学也做了区分，体现出对二程的基本工夫架构的继承，但朱子强化了这两大工夫在工夫论中的地位，说明了朱子工夫思想以理性主义的修养方法为主导。对此陈来亦提出："朱熹认为陆学的修养方法实质上只是基于一种类似禅宗顿悟的神秘体验，通过静坐澄心，以求在沉静的心理状态中获得一种突发的特别的体验，这种体验的实在性朱熹并不否认……但是他所否定的不是这种体验的实在性而是它对于道德提高的可靠性。朱熹指出，如果以为一旦获得某种体验之后，便以为从此本心发明，一切行动思虑都是本心发见，这正是陆门弟子狂妄颠倒的真正根由。朱熹对陆学夸大主体的伦理本能及以静坐反观修养方法的批评，应当承认比较近乎道德生活的实际情况。"①

四 朱子涵养工夫的思想特色

（一）与湖湘学派

朱子在"中和新说"时期主要集中与湖湘学派在心性论和工夫上的论辩，至朱子45岁时结束。朱子以心统性情作为心性论基础，以心贯通未发已发，强调未发前涵养一段工夫的重要性，湖湘学派以性为未发、心为已发，涵养落实在已发后，朱子认为湖湘学派缺少了未发前涵养一段工夫，没有涵养心之全体，只是涵养心之一端，显得急迫。在《仁说》阶段，朱子与南轩辨析性情关系，批评南轩"以万物一体为仁""以公言仁"，批评胡广仲"以知觉训仁"，认为都是不辨心性、性情和已发未发的表现。在工夫次序上，湖湘学派主张先察识后涵养，认为察识重于涵养，朱子则强调涵养工夫要落

---

① 陈来：《朱子哲学研究》，第415—416页。

实于未发之前，所以涵养要先于察识、重于察识的基本观点。基于与湖湘学派的论辩，未发前涵养工夫、涵养和察识的关系成为朱子46岁前关注的核心问题。以45岁时的《观心说》为标志，朱子与湖湘学派的论辩基本完成，也标志朱子心性论和基本工夫架构的确立。此后朱子开始对二程及门人做内部的检查，并转向对陆学的注意。正是因为朱子46岁前确立的涵养工夫和48岁时确立以《大学》为工夫规模，朱子在中晚年以后的涵养工夫思想才有了同时对辩陆学和浙学的系统性和全面性。并且，朱子与湖湘学派的论辩实际上给湖湘学者思想的转变带来了很大的影响，湖湘学派部分学者已经接受了朱子涵养要在未发之前的观点。朱子晚年后基于对诚意工夫的重视，省察的地位有了进一步提升，朱子提出无时不涵养、无时不省察的观点，可以说是朱子晚年对湖湘学派重视省察的观点的重新采纳。另外，受到胡宏的启发，朱子晚年提出"居敬以持其志"的观点是对主敬涵养的重要补充，但朱子也对五峰言立志居敬的观点做了检查，朱子提出五峰重视立志与居敬，忽视其间一大段的格物穷理工夫，将工夫都说成向内而没有向外，所以工夫格局不够广大，气象显得急迫。

（二）与二程及门人

从心性论上看，朱子在《仁说》阶段批评龟山"万物一体为仁"，又批评谢上蔡"以知觉训仁"，说明朱子对性情之辨的强调，体现出对程颢门人心学倾向的警惕。对此陈来认为："批评以万物一体为仁使人脱离了人的本性及其现实表现，而使仁学失去其内在意义。朱子又批评谢上蔡'知觉言仁'可能导致认欲为理而忽略了仁学的规范意义。这两点可以说都是针对大程子以下的心学传统而言。"[①] 朱子晚年对上蔡"以知觉为仁"的问题重新进行了讨论主要针对陆学而发，朱子发现陆学也有同样的问题，如果以知觉为仁，

[①] 陈来：《朱子哲学研究》，第190页。

则工夫会落入禅学。对于未发已发的思想，朱子晚年多次强调不能固守程门以未发为"耳无闻、目无见"，认为应当从子思、孟子的观点中去体会未发已发，遵从《中庸》主旨，并且朱子晚年还指出伊川言"凡言心者，皆指已发"是不恰当的，说明了朱子晚年对程门心性思想的检查。朱子最终改变中年时期以应事接物作为未发已发的标准，以《遗书》中"才思即是已发"作为未发已发的标准，也说明了朱子对二程思想理解的成熟与深化。

从工夫上看，朱子在"中和新说"时期确立未发前涵养工夫的地位，以持敬为成德工夫的第一义，认为持敬可以对治气质和私欲，体现出对伊川"敬则无己可克"的遵从，《仁说》之后朱子对伊川的观点做出检查，立场上遵从"敬则无己可克"的思想，但同时提出克己复礼的工夫作为持敬工夫的必要补充，到中晚时期提出"克己在持敬之上"，体现出对克己复礼思想的进一步重视，但本质上仍是以敬言克己，晚年后朱子才有了突破。朱子晚年提出"克己在持敬之上"是工夫后的境界，持敬与克己两个工夫都各有优点，持敬平实，克己复礼快速，二者要逐项做工夫，最后比较平稳地处理了持敬和克己的关系，体现出晚年工夫思想的严密，说明朱子对伊川"敬则无己可克"的修正。朱子晚年对克己复礼的诠释中体现出对心学倾向的警惕，朱子晚年强调不以"复理"解释复礼，即反对二程和大程门人以"复理"解释复礼，因为说复礼则克己工夫有落脚的地方，所以朱子提出克己的内容是复礼，克己要在复礼上完成，如果只说"复理"，则克己工夫悬空。朱子批评谢上蔡以我视、听、言、动的克己工夫没有以礼作为规矩准绳，批评明道言"克己自能复礼"将工夫说得太快。朱子又批判佛老克己以后不言复礼，从而将克己工夫沦为空寂，最后引申到对陆学的批评，体现了朱子重视外在的伦理规范准则和理性主义精神。除此之外，朱子与二程在持敬与诚的关系上的理解也有不同，朱子中年时期提出"敬可为诚之之一事，不可专以敬为诚之之道"，也是对明道所言"诚敬一事"的说法进行补充和说明，中晚年时期将诚的工夫落到诚意上说，诚的工夫有了实际的工夫对象和独立的工夫地位，晚年时期提出诚与敬要逐项做工夫，说明朱子晚年对诚的工夫更加重视，体现了朱子对二程工夫思想的修正以及晚年工夫思想的严密。

（三）与象山及陆学门人

涵养与致知的关系是朱陆论辩的主题，朱子 45 岁时始言陆学不足，在 46 岁鹅湖之辩与陆学公开分歧，49 岁开始集中批评陆学，至陆象山去世后十多年时间也没有停止与陆学的论辩。朱陆之辩中朱子的态度出现了一个变化的过程，55 岁前朱子对陆学的批评还是比较客气委婉的，并且褒贬相间，期待陆学能转向，与陆学反复商讨，希望二人都在涵养与致知的关系上不要偏废一边。从 55 岁开始对陆学展开严厉批判，直言陆学"高""大""颠""狂""异"，对象山的批评不留情面；57 岁时朱子见两家已经陷入竞辩之端于是提出调停；58 岁后对陆学全面否定，直指陆学乱道误人；至 63 岁象山去世后，朱子仍没有停止对陆学不重穷理的批评，朱子批评陆学言识心之弊，不知以穷理的积累去实现"识心"，从气禀与穷理的角度证明穷理的必要，批评陆学不知气禀之杂，对江西气象贻害后学的情况十分担心。直至朱子晚年判陆学为禅，体现出与 45 岁时批评象山"有禅的意思"一以贯之，但程度有加深。由此可见，从朱陆之辩的学术史的梳理可以看出朱陆学问始终不相契，所以可知历史上对朱子做出"朱陆晚同"或者"朱陆早同"的判断不符合朱陆之辩的学术史事实。

需要注意的是，除了涵养与致知的关系，朱陆二人在涵养工夫上的分歧还体现在二人采用了不同的涵养工夫方法。朱子涵养工夫的主要方法是涵养须用敬，主敬涵养是朱子言涵养工夫的基本立场；而象山反对持敬工夫，认为持敬是二程杜撰的，缺乏圣贤之学的依据。陆学认为涵养即孟子的求放心，发明本心，二者在学术脉络上体现为以孔门为宗和以孟子为宗的分歧。除此之外，朱子与象山在对主静、诚、立志、克己复礼等工夫的理解上也存在分歧，体现出朱陆涵养工夫内在系统的不一致性。在对主静的理解上，朱子反对以主静持敬，反对以静求静的工夫思想，批评佛家以静坐为坐禅，其实也在批评陆学。在对"克己复礼"的理解中，朱子晚年以礼为"克己复礼"的规矩准绳，强调克己的内容是复礼，克己在复礼上完成，反对只言克己不言复礼，认为明道言"克己自能复礼"是将克己说得太高，反对禅学只言克己，复礼工夫都落空，可以看出朱子也是依此批评陆学的。在对诚理解上，朱子合说诚敬，以诚敬为涵养，并区分出诚与敬的工夫内容的不同，认为持敬与诚意要逐处做工夫。但是象山反对合说诚敬，主要是反对持敬，朱子以实解释诚，象山以诚为诚体，将诚的工夫理解为存诚。在对立志的理解上，朱子言持敬与立志是相互配合、表里粗细的关系，批评象山以圣人为志，立论很高，但轻视下学阶段的工夫，最后结果导致空有议论。如此说明，朱陆不仅在对涵养与穷理关系的理解上不相契，对涵养工夫本身的理解，以及涵养工夫建构及地位也可以说无法契合。需要指出的是，朱陆涵养工夫终不能相契的根本原因在于二者心性论的不同，朱子晚年十分重视气禀对心、性的影响，并注意到陆学不知气禀之杂，判陆学与告子的义外说无异，最终落入禅学。朱子认为禅学是心理为二，儒学是心理为一，但是陆学虽言心与理一，却没有体察到气禀和私欲对人心的影响，与禅学的问题一样。正是基于对气禀和私欲的影响的重视，朱子晚年更加认识到成德的艰难，强调下学阶段工夫的积累最后上达至贯通的境界，体现出朱陆在成德路径上的区别。朱子与陆学分歧不在于某一工夫上的理解不同，而是由心性论的不同以至于成德工夫路径上的分道扬镳，由此可知，历史上为了证明陆学、心学与朱学不相异而提出的朱陆晚年为同的观点不符合朱子本身的学术立场。

（四）与浙中吕氏及门人

朱子与浙中学者的学术交流很早就已开始，在吕祖谦去世前，朱子为了对峙陆学有意与吕祖谦达成一致战线，故朱子言陆学之失大多是在与吕祖谦、吕子约等浙中学者的论学中阐发的。吕祖谦去世后，陈亮入狱，朱子开始注意到浙学欠缺涵养工夫导致支离、功利的问题。朱子从 55 岁开始在对峙陆学的同时对峙浙学，与吕氏门人的对话主要围绕涵养与致知的关系展开。朱子认为吕氏门人穷理不以持敬涵养为本导致支离和事功，强调要在本原处辨天理人欲，建议浙中学者读书要先读书"四书"等圣贤之书，立下为学主旨。对于浙学欠缺持敬工夫的情况，朱子晚年的批评更加严厉，并且朱子认为在陆学不重穷理和浙中学者不重涵养之间，不重持敬涵养的问题更加严重。朱子对浙学的批评从 55 岁后持续至朱子晚年，这个过程也是朱子论辩陆学及门人的过程，说明了朱子在阐述涵养与致知的工夫关系上同时对峙陆学和浙学的完整立场，没有偏向一方。

五　对阳明《朱子晚年定论》的检查

由"绪论"部分的分析可以看出，阳明《朱子晚年定论》对朱子涵养工夫的理解以及朱陆异同的理解造成了很大的影响，但经全文分析可知，阳明的《朱子晚年定论》，包括李绂的《朱子晚年全论》中以朱子晚年涵养工夫弥合朱陆的观点是站不住脚的。阳明曾在《朱子晚年定论序》中提出："知其晚岁故已大悟旧说之非，痛悔极艾，至以为自诳诳人之罪不可胜赎。世之所传《集注》《或问》之类，乃其中年未定之说，自咎以为旧本之误，思改正而未及，而其诸《语类》之属，又其门人挟胜心以附己见，固于朱子平日之说犹有大相谬戾者。"① 阳明否定《集注》《或问》和《语类》判定朱子晚年思想的有效性，认为《集注》《或问》是朱子 48 岁时所作的，而《语类》是门人附会己见，故而特地摘录《文集》中属于"朱子晚年"的书信为据。阳明全书共摘录朱子 34 封书信的部分内

---

① （明）王阳明著，吴光等编校：《王阳明全集》，第 1 册，第 140 页。

容，其中包括1195年吕子约回复朱子的一封书信，结合陈来先生的《朱子书信编年考证》对此34封书信做考证归纳可知：《朱子晚年定论》中朱子48岁之前的书信有8篇，48—59岁的书信有18篇，60岁以后的书信仅5篇。如此可见，阳明所引书信约四分之一是在朱子48岁前，属于阳明所认为的朱子中年未定时期。从本书对朱子思想阶段的划分来看，《朱子晚年定论》中真正属于朱子晚年思想阶段的才5篇。从内容上看，阳明对朱子书信的摘录有断章取义之嫌，由此可知《朱子晚年定论》的依据有偏失，有失客观，这与此前学界对《朱子晚年定论》的客观性判定相符合。陈荣捷后来总结前人对阳明《朱子晚年定论》的批评主要有四点："一为其误以中年之书为晚年所缮；二为其以《集注》《或问》为中年未定之说；三为其断章取义，只取其厌烦就约之语与己见符合者；四为其误解'定本'，且改为'旧本'。"① 陈来也认为："王阳明之《晚年定论》不顾材料为证，徒据臆想，以'世之所传集注或问之类乃其中年未定之说'……即使《晚年定论》所收皆朱子60岁后书，也不能证明阳明之说，盖朱学本身包含有尊德性的内容，且在朱子晚年书信中取三十通此类者并非难事，然亦不济事也。后李绂即如此。然而，批评《晚年定论》的《通辨》其考证也并非精详可称，材料也远不充分。"② 虽然亦有学者为阳明辩护，认为阳明《朱子晚年定论》虽然史料有问题，但义理没有问题，如刘述先便说："从考据的观点看，阳明编纂《朱子晚年定论》可谓一无是处。"③ 他提出："阳明的'定论'不是以时间为标准，是以义理为标准。"④ 刘述先为阳明之误开脱，但是必须承认的是，阳明摘录朱子书信的内容，皆是朱子言涵养、求放心、持敬、存心重要的部分，想要证明朱子晚年的转

---

① 陈荣捷：《传习录详注集评》，第356页。
② 陈来：《朱子哲学研究》，第345页。
③ 刘述先：《朱子哲学思想的发展与完成》，台北：台湾学生书局1982年版，第576页。
④ 刘述先：《朱子哲学思想的发展与完成》，第578页。

向。但经前文分析可知，朱子晚年言涵养为本，强调求放心的重要依然是延续"中和新说"以来的基本立场，涵养为本、求放心思想并不是至晚年才提出的，反而是在"新说"时就已经提出的基本观点，作为朱子涵养工夫的基本立场，涵养为本的立场从"新说"后至晚年都没有改变，并不是阳明所说的"晚岁大悟中年之非"之旨。朱子并没有因言涵养而轻穷理或者省察，并且朱子对陆学不重穷理的批评从朱子中晚年延续至晚年。从工夫路径上说，朱子晚年后特别强调成德的"下学而上达"的路径，这都是朱子重"道问学"的体现，朱子言涵养与致知、"尊德性"与"道问学"，总是强调不能偏废一方。

对于《朱子晚年定论》中对朱子静坐的判定，阳明引朱子37岁、40岁、55岁、57岁时的四封书信中言静坐与静的内容，并对朱子做了肯定。从时间上看，根据本书对朱子晚年阶段的划分，四封书信都不属于朱子晚年的观点。即便是王门心学后人李绂对朱子所划分的晚年（51岁后），也只有两篇属于朱子晚年，即便四篇都属于朱子晚年，其中论说也不能作为朱子晚年言静坐工夫的定论。这是因为静坐工夫不是朱子晚年时期才提出的，朱子晚年时仍没有完全否定静坐工夫的意义，所以不能说朱子改变中年之说而为晚年定论。更重要的是，阳明没有认识到静坐工夫在朱子涵养工夫中的地位以及脉络的变化，朱子晚年虽然肯定静坐工夫，肯定其有助于涵养本原，但朱子却以敬消解静坐，"敬之外别无静的工夫"是朱子晚年对静的工夫的最终判断，静坐工夫本身在朱子工夫思想里并没有独立的地位，对此阳明竟毫无察觉。由此可知，阳明《朱子晚年定论》之所以无法成为定论，关键在于没有对朱子涵养工夫做全面的考察，没有将涵养工夫放在朱子工夫系统中去观察，而只关注朱子言涵养本身，这是为学方法上的缺失，故无法对朱子涵养工夫的地位有全面的判定，更无法对朱陆涵养的异同有客观全面的认识。

六　对中国港台新儒家对朱子判定的检查

（一）对"朱子的心为认知义"的检查

牟宗三对朱子心与理的关系的判定决定了其对朱子道德形态的判断，他认为朱子的心与理的关系是"心具众理"而不是"心即理"，心为"气心"，理外具于心，所以涵养工夫只能涵养不动之"性体"，而不是涵养本心，本心没有自发、自生的力量，故涵养工夫无法成为自觉的、自律的道德实践。但是，需要注意的是朱子确实有以"气之灵"释心，其目的在于为"心能知觉"寻找形质上的根据，因为心为气之灵，所以心为灵明知觉，此气不具有道德上的意义。朱子认为心有形体，理无形体，心又是形体中的灵的部分，所以能为无形之理提供着落处。所以，"气之灵"之气为"形器义"，而不是具有善恶的"气质义"。以此为基础，牟宗三认为在朱子心与理的关系中心只有认知的功能，从功能义上认识朱子的心与理的关系，符合朱子以气言心的说法，但朱子"心之能"的前提在于"理具于心"的结构，如果只从认知义上言心，直接从心之用开始认识朱子心与理的关系，显然缺失了心与理关系的结构义这一前提。牟宗三将朱子的"心具众理"诠释为心认知地具理，将"心具众理"从存有层面的"本具"曲解为工夫层面的"认知地具"，显然与朱子思想本义不符。①

所以，从工夫层面上看，穷理的前提是"心具众理"，穷理需要以持敬涵养为前提，由此说明了朱子的道德形态并非他律。在朱子这里，心不能免除气禀的影响，虽然每个人都"心具众理"，但必须要去做穷理致知的工夫，道德知识的学习是成德必须经历的路径，

---

① 具体阐述参见陈双垭《"后具"抑或"本具"？——关于"心具众理"命题之再诠释》，《儒教文化研究》（第31辑），首尔：成均馆大学出版部2019年版。

所以朱子提出下学而上达、博文而约礼、知至而意诚、致知而力行，都是对成德路径的证明，但是都没有动摇涵养工夫为成德根本的地位。穷理是穷"本具之理"，穷理始终都在持敬的关照下进行。下学到上达中有"豁然贯通"的时候，其中有本心力量的呈现，是道德天赋能力的展现，而不全部依靠习惯和经验的积累。对此陈来认为朱子"心具众理"是存有层面的心与理的关系，理潜存于心，"人所先天固有的不是一切知识，而是某些道德的良知（及生理本能）……虽然每个人心具众理，但这些理并未全部反映为人的良知，或者说人的良知并没有把心中所具的众理全部反映出来。……为了使人认识到心中本具众理，并达到心与理的彻底自觉，必须经过格物穷理的认识过程。……只是这些原则是常常是潜在的，在经过格物穷理之后才能成为人的现实意识的真正原则"①。所以，"心具众理"是本具和内具、自具的结合，说明了心的能动和自觉的能力，也说明朱子的涵养和穷理主要依靠自觉、自律的工夫完成。此外，陈来也指出了陆学的"心即理"这个命题本身不是朱子所反对的，朱子反对的是二人对工夫路径和方法的认识。陈来说："心即理并不是主张人的一切意识活动无条件地合于理义要求。陆学所谓心即是理，在直接意义上是指本心即理。此外亦指人发明本心之后意识活动自然合理。陆学的这个思想朱熹并非不了解。"②

（二）对"朱子涵养工夫为小学工夫"的检查

牟宗三认为朱子的涵养是通过对外在的规范的遵守而养成好的习惯，如此涵养工夫就是外在的、经验的道德实践，而不是自觉、自律的道德实践，由此判朱子为道德他律。首先，朱子涵养本原的地位在《知言疑义》中就已提出，在《仁说》中确立，《仁说》中朱子将仁解释为仁体、性体，涵养本原是涵养性之全体，但此性之

---

① 陈来：《朱子哲学研究》，第334—337页。
② 陈来：《朱子哲学研究》，第415页。

全体本具于心，所以朱子的涵养工夫是涵养性，也是涵养本心，并且本心的主宰地位在《仁说》之后随着"心具众理""心主性情"等命题的提出就已经确立本心的主宰地位。中年时期所确立的持敬的工夫是操存涵养、整顿身心，中晚年时期朱子还以求放心解释持敬，晚年以"精神专一"解释持敬，无论持敬为哪一种解释，心的主宰地位是前提，而本心的操习并不只是对外在规范的遵守而养成的习惯，本心居积极主动的地位。其次，从克己与复礼的关系上看，朱子晚年时期重视以复礼作为克己的规矩准绳，认为克己要落实在复礼上完成，体现出朱子对外在规范的重视。但是，从工夫的过程来说须通过克己来完成复礼，所以内心的自觉和道德主体的地位是首先确立的，这也是克己复礼没有超出主敬地位的原因。朱子将持敬作为自得于心的工夫，如果自得于心则也不必做克己工夫，朱子还提出持敬是克己的立脚处，说明主敬的地位没有改变，朱子的涵养并不主要依靠克己复礼完成，说明了通过外部规范的制约不是首选的道德修养的方法，道德自律是成德工夫的第一义。

最后，从涵养与其他工夫关系中也可以看出涵养工夫是成德的根本工夫，在涵养与致知的关系中，牟先生认为朱子的涵养是被致知吞没的涵养，是在"道问学"中的"尊德性"，即"尊德性"是通过"道问学"而完成的，如此"尊德性"就成为经验的、外在的"尊德性"。经前文分析可知，"下学而上达"说明了朱子对成德次序的认识，"尊德性"必须有"道问学"的工夫，但并不是说"尊德性"是通过"道问学"完成的，这是对朱子的误解。朱子晚年并没有改变涵养为致知的根本工夫的地位，持敬是穷理的前提。朱子晚年也并没有以致知言诚意，而是提出知至后的诚意具有自己的独立的工夫意义和工夫内容，省察和慎独都是完成意诚的工夫。致知是诚意的主要工夫，但知至不等于意诚，诚意有自己的工夫，所以诚意并不是如牟宗三所说的外在的诚、认知地诚，诚意是通过省察和慎独等自觉的道德实践完成的。由此可见，朱子的涵养工夫也不是经验的、外在的，有学者提出："朱子探讨道德发生的问题虽然仍遵循孟子的性善论，认为道德有其先验的存在性与超越的内在性，一切道德的观念或行为是以人类至善天性作为根源依据的，而且再次绝对至善的根源为大前提下，每个人对于道德的认知或判断，终究是以个人的自觉自律为依据。"① 虽然朱子认为道德认知在成德中有重要的作用，但并不是主要作用，道德的养成和完善主要是通过自律来完成和实现的。

（三）对"朱子知行不一"的检查

中年时期朱子确立了基本的知先行重的知行观，至晚年时发展成为对成德路径的全面论述。首先，朱子同时从两个方面对致知和践履的关系做出阐释：一方面，致知是大学工夫的下手处，但是要补涵养于未发一段的工夫，说明了持敬是穷理、致知之本，穷理没有超出持敬涵养的道德义，说明知的目的最终是落实到道德实践中；另一方面朱子提出致知而后力行说明朱子以《大学》为工夫规模，《大学》的工夫规模体现了知先行后的入德次序。朱子以知至而后意诚说明了知先行后，以真知必能行说明了知行合一的意诚的境界，最终以意诚为行之始，将成德的标准落到行上说，说明了朱子对道德实践的重视。

其次，从涵养与省察的关系上看，朱子晚年提出"无时不涵养省察""未发已发都要省察"的观点，说明朱子注重省察对涵养工夫的补充，省察是完成诚意和慎独阶段的重要工夫，这也说明朱子晚年重视对自觉的道德实践的落实。

最后，朱子的涵养工夫并不只是精神意识上的活动，虽然朱子晚年将持敬诠释为"精神专一"，但并没有取消持敬为整顿身心的解释，涵养本身就是身心合一的道德实践。朱子涵养工夫的特点是以持敬贯彻所有工夫始终，强调平日涵养无间断、事中涵养等观点其实都体现了朱子对道德实践的重视。从具体的涵养工夫来说，朱子中晚年开始

---

① 周天令：《朱子道德哲学研究》，台北：文津出版社1999年版，第132页。

重视诚与敬的分辨，提出不能以敬代诚，将诚落在诚意工夫上解释，诚意主要是为了解决知行不一的自欺的问题，可以看出朱子晚年重视道德实践的落实。朱子中晚年开始对主静保持警惕的态度，以持敬限制静坐，提出无事时且静坐、不能专于静坐的观点，说明了朱子重视"事中涵养"而非"静中涵养"，这也说明朱子重行而非重知。朱子晚年对立志工夫也有进一步重视，这是基于在志与意的分析中发现志具备意所没有的特点和功能，所以需要拈出立志工夫来补充居敬，朱子的目的也是解决道德实践动力不足的问题。可见，朱子对涵养工夫的修正和完善真正是其知行合一思想的体现。

（四）对"以朱子成德路径判朱子为他律"的检查

对于朱子晚年不仅从知行关系还从《格物补传》中的积累至贯通、《大学》中的知至而后诚意、《论语》中的博文约礼、《孟子》中的博学而反约来贯通《论语》中下学而上达的思想，从"四书"工夫思想贯通的角度对朱子晚年的成德路径做了阐发，可见朱子晚年对成德艰难的认识，鼓励人做工夫要勇猛精进。同时朱子批评陆学上达而下学，也批评了陈淳"先见天理源头"，二者都是不够重视穷理的体现。对于朱子晚年对成德路径的集中阐发，牟宗三提出这是朱子注重工夫的深度和广度的表现，他说："安卿病处，依朱子所见，单在只吃馒头尖，广度深度工夫俱不作，只想凭空理会那源头处，空守著那个荡漾如水银的天理而不放，故朱子反覆告诫之也。并非不可说源头处，亦非定不许'先见天理源头'也。即是朱子晚年甚至历来不喜'先见天理源头'之见，重在平说平磨，亦只怕人两脚踏空，先只空见个'天理源头'有何益？故其虽遮拨之，然一至正面叮咛反覆，却只重在深度广度平磨将去。此其重点知在工夫之踏实与充实，并非客观义理上定不许'先见天理源头'也。此见前训潘时举言为学两进路便可知。"① 在此牟宗三指出朱子晚年不喜

---

① 牟宗三：《心体与性体》（下），第501页。

"先见天理本原"并不是对持敬涵养的否定,而是肯定朱子晚年重视工夫的深度和广度,广度上重视涵养与致知的平衡,怕门人两脚踏空,只守个天理本原。深度上强调格物穷理致知等下学工夫的积累,知其然也要知其所以然。并且,朱子重视下学工夫是强调工夫的踏实与充实,牟先生以深度和广度的"平磨"来说明朱子晚年对下学工夫的重视。牟先生又进一步指出朱子也说"见天理源头",但是与象山不同,同时他做出了优劣判定,他说:"并非一说'先见天理源头'便是象山学也。在朱子之义理系统中亦可说'先见天理源头'(先理会太极大本),然在此系统中不如在五峰、象山学中先识本心仁体为切要,故朱子得以重视平磨以遮拨之也。"① 牟宗三认为朱子也言"先见天理源头",即先理会大本所在,也就是在本原处辨天理人欲,也就是涵养本原,但是牟宗三认为朱子的涵养本原没有在五峰和象山言"先识仁体本心"这么重要,所以朱子重视穷理致知作为下学工夫的积累。

由此可以看出,牟宗三认为工夫的"平磨"即通过穷理致知的下学工夫的积累至上达不是最优的道德修养方法,是通过练习、模仿达到的道德的规范,所以是他律的、外在的。相比之下五峰、象山的先识本心仁体是最优的方法,因为本心主宰、本心自觉,道德形态也是自律的。牟先生依此创造出朱子是横贯系统和象山是纵贯系统来说明象山的道德形态是自律,朱子的道德形态是他律,最终以象山为优,朱子为劣。然而需要注意的是,朱子以下学而上达作为成德的路径的说明,意诚之前的穷理、致知、省察、慎独、"克己复礼"等下学工夫的积累过程需要练习、模仿和外在规范的学习,但是下学至上达存在积累至贯通的量变到质变的飞跃,贯通的阶段并不是完全依靠练习和模仿实现的,朱子指出其中有融会贯通觉悟处,二程言其中有类推的方法,还有其他不可言说的体验处,这都说明朱子的成德路径不是通过他律实现的。并且需要指出的是朱子

---

① 牟宗三:《心体与性体》(下),第501页。

以持敬贯彻《大学》工夫始终。在致知之前，持敬涵养的根本地位已经确立了其成德的主要方法不是依靠他律而是依靠自觉本心为善的前提。最后，作为穷理、致知、省察、克己复礼等下学工夫本身，也不是属于依靠练习、模仿完成的工夫，穷理是穷心中本具之理，致知是致本心之虚灵明觉，省察是解决自欺的行为，是对不知不觉的私意的检查，也是慎独的工夫，是需要通过本心的主宰，通过本心的自我认识和行动的自我约束来实现，所以可知朱子以"下学而上达"作为成德的基本路径，并不影响朱子的涵养工夫是自律自觉的工夫。

参考文献

典籍

（宋）程颢、程颐著，王孝鱼点校：《二程集》，中华书局 1981 年版。

（宋）朱熹：《四书章句集注》，中华书局 1983 年版。

（宋）朱熹：《四书或问》，中华书局 1983 年版。

（宋）黎靖德编：《朱子语类》，中华书局 1986 年版。

（宋）朱熹撰，朱杰人、严佐之、刘永翔主编：《朱子全书》，上海古籍出版社、安徽教育出版社 2010 年版。

（宋）陆九渊著，钟哲点校：《陆九渊集》，中华书局 1980 年版。

（宋）陈淳：《北溪字义》，中华书局 1983 年版。

（明）程政敏等撰，吴长庚编：《朱陆学术考辨五种》，江西新高校出版社 2000 年版。

（明）王阳明著，吴光等编校：《王阳明全集》，浙江古籍出版社 2010 年版。

（清）黄宗羲著，沈芝盈点校：《明儒学案》，中华书局 2008 年版。

（清）李绂著，段景莲点校：《朱子晚年全论》，中华书局 2015 年版。

（清）王懋宏撰，何忠礼点校：《朱熹年谱》，中华书局 1998 年版。

中文著作

蔡仁厚:《宋明理学》,吉林出版集团有限责任公司 2009 年版。
陈来:《朱子哲学研究》,华东师范大学出版社 2000 年版。
陈来:《朱子书信编年考证》,生活·读书·新知三联书店 2007 年版。
陈来:《宋明理学》,生活·读书·新知三联书店 2011 年版。
陈来:《仁学本体论》,生活·读书·新知三联书店 2014 年版。
陈荣捷:《朱学论集》,台北:台湾学生书局 1982 年版。
陈荣捷:《朱子新探索》,台北:台湾学生书局 1988 年版。
陈荣捷:《朱熹》,台北:东大图书股份有限公司 2003 年版。
陈荣捷:《朱子门人》,华东师范大学出版社 2007 年版。
陈荣捷:《传习录详注集评》,重庆出版社 2017 年版。
丁为祥:《学术性格与思想谱系——朱子的哲学视野及其历史影响的发生学考察》,人民出版社 2012 年版。
董金裕:《朱子学术考论》,台北:里仁书局 2008 年版。
葛兆光:《中国思想史》,复旦大学出版社 2001 年版。
黄寿祺、张善文撰:《周易译注》,上海古籍出版社 2004 年版。
金春峰:《朱熹哲学思想》,台北:东大图书股份有限公司 1998 年版。
姜国柱:《中国历代思想史》(宋元卷),台北:文津出版社 1993 年版。
刘述先:《朱子哲学思想的发展与完成》,台北:台湾学生书局 1982 年版。
牟宗三:《心体与性体》(下),上海古籍出版社 1999 年版。
牟宗三:《从陆象山到刘蕺山》,上海古籍出版社 2001 年版。
牟宗三:《宋明儒学的问题与发展》,华东师范大学出版社 2004 年版。
彭永捷:《朱陆之辩——朱熹陆九渊哲学比较研究》,人民出版社

2002年版。

钱穆：《中国近三百年学术史》，商务印书馆1987年版。

钱穆：《朱子学提纲》，生活·读书·新知三联书店2002年版。

钱穆：a.《朱子新学案》（一—三），九州出版社2011年版。
　　　b.《宋明理学概述》，九州出版社2011年版。
　　　c.《中国学术通义》，九州出版社2011年版。

束景南：《朱熹年谱长编》，华东师范大学出版社2001年版。

唐君毅：《中国哲学原论·导论篇》，台北：台湾学生书局1986年版。

唐君毅：《中国哲学原论·原性篇》，台北：台湾学生书局1989年版。

唐君毅：《中国哲学原论·原教篇》，台北：台湾学生书局1990年版。

[日]藤井伦明：《朱熹思想结构探索——以"理"为考察中心》，台北：国立台湾大学出版中心2013年版。

王大德：《朱陆异同新论：以"心与理、心与物"为向度之新综析》，台北：文史哲出版社2009年版。

王雪卿：《静坐、读书与身体——理学工夫论之研究》，台北：万卷楼图书股份有限公司2015年版。

徐复观：《中国思想史论集续篇》，上海书店出版社2004年版。

徐世昌编纂，沈芝盈、梁运华点校：《清儒学案》，中华书局2008年版。

余英时：《朱熹的历史世界》，生活·读书·新知三联书店2011年版。

钟彩钧主编：《朱子学的开展·学术篇》，台北：汉学研究中心2002年版。

赵峰：《朱熹的终极关怀》，华东师范大学出版社2004年版。

张立文：《朱熹思想研究》，中国社会科学出版社2001年版。

周天令：《朱子道德哲学研究》，台北：文津出版社1999年版。

曾亦、郭晓东：《宋明理学》，南京大学出版社2009年版。

中文论文

崔海东：《朱子两种主"动"的涵养工夫辨析》，《中州学刊》2015年第10期。

陈林：《朱子晚年工夫思想的发展与完善——以"已发未发"为中心》，《江淮论坛》2015年第6期。

陈林：《主敬涵养与格物穷理何者为先——关于朱子工夫论的一个问题》，《南昌大学学报》（人文社会科学版）2019年第1期。

陈敏：《朱子论诚敬》，《福建师范大学学报》（哲学社会科学版）2001年第2期。

陈双珠：《朱子"意"的诠释及工夫——兼论朱子对工夫的贯通》，《中国哲学史》2017年第3期。

陈双珠：《立志与居敬、诚意——论朱子晚年对"立志"工夫的重视》，《中共福建省委党校学报》2017年第8期。

陈双珠：《"后具"抑或"本具"？——关于"心具众理"命题之再诠释》，《儒教文化研究》（第31辑），首尔：成均馆大学出版部2019年版。

程海霞：《论朱熹"居敬"思想中的理性自觉原则》，《学术交流》2002年第6期。

程梅花：《论朱熹"致中和"的方法论》，《中国哲学史》2003年第2期。

方旭东：《道德实践中的认知、意愿与性格——论程朱对"知而不行"的解释》，《哲学研究》2011年第11期。

顾宏义：《朱陆之争与朱熹陆九渊往来书信的佚缺》，《中原文化研究》2019年第4期。

胡雨章：《朱子思想中"人与万物的差异"》，《中国哲学史》2021年第2期。

姜波：《朱熹礼—理关系研究》，《齐鲁师范学院学报》2014年第

5 期。

李敬峰：《敬义夹持视域下的朱子哲学工夫论》，《重庆师范大学学报》（哲学社会科学版）2012 年第 2 期。

梅彦：《朱陆晚年之异初探》，《中州学刊》1988 年第 3 期。

田智忠：《从评点"曾点气象"看朱熹论涵养与工夫》，《孔子研究》2006 年第 2 期。

王爱红：《从"主敬"思想看朱熹的主体修养论》，《湖南农业大学学报》（社会科学版）2008 年第 3 期。

王开元：《从道德动机看朱子居敬穷理的思想意义》，《济宁学院学报》2016 年第 1 期。

王丽梅：《察识与涵养相须并进——张栻与朱熹交涉论辩管窥》，《孔子研究》2006 年第 4 期。

魏立明：《朱熹"主敬"说过程研究——在修养工夫演进背景下的考查》，《玉溪师范学院学报》2005 年第 8 期。

吴冬梅：《论持敬在朱熹心性修养中的作用》，《北京理工大学学报》（社会科学版）2002 年第 3 期。

谢晓东：《论小学涵养在朱熹哲学体系中的地位》，《汉中师范学院学报》2003 年第 1 期。

张勇：《朱熹理学思想的形成与演变》，博士学位论文，西北大学，2008 年。

索　引

B

本然之性　94,95,316,318—321, 323,325,326,333,334,451

本心　9,10,17,25,27,28,31,54,57, 58,88—92,97—101,108,110, 112—117,121,122,129,130,132, 133,135—138,144,148—150,153, 158,163,164,173—179,184,185, 188—190,194,197,200—203,205, 206,209,214,217,218,229,231, 235,242,243,246,247,252,255, 257,258,261—263,269,273,276, 277,279,282,285,304—306,311, 313—315,335,336,339,340,357—360,363,365,371,375,394,395, 397—402,404—407,409,415,416, 426,429,435—437,441,442,449, 456,461,464,469—471,474,475

本原　5,27,61,62,68,75,86,97—100,105,106,147,148,162,169, 174,192—197,200,201,225,230, 254,257,271,316,317,319,325, 333,334,358,359,364,391,399, 407,422,428,443,451,452,456, 466,468,470,474

丙戌之悟　31—33

C

蔡季通　32,38,40

禅学　29,103,114,115,131,141, 183,184,190,203,206,210,215, 235,236,240,246,250,251,300, 301,312,352,354,398,402,412—414,443,459,460,463,465

陈淳　298,302,348,354,366,367, 379,384,389,396,443,444,446—448,460,473

陈肤仲　251,252

陈建　6,7,29,39

陈来　1,8,9,11,13,14,17,18,27, 28,30—42,45,47—50,52—54,56, 57,60,62,68,71,72,74,78,80,81, 83,85,86,97—103,107,109—115,

116,118,122,123,125,129,132,142,153,170,171,176,178—184,190,193—199,203,208,209,211,214,219—222,225,227,232—234,236—238,240—242,244,248,249,251,253,255,256,259,264,265,267,269,271,272,275—278,280—284,287,289,309,310,312,315,321,329,333—335,336,340—342,343,356,363,375,376,381,389,390,394,396,401,402,408,409,413,421—424,429,432,437,439,443,444,449,450,461,462,467,470

陈荣捷　8,14,30,36,40,71,307,328,385,467

陈师德　103,180,181

陈同甫(陈亮)　38,196,250,466

程端蒙　191,206,216—218,220,268,277,285,309

程颢(大程)　80,81,83—84,104,139,294,299,322,341,342,346,361—362,375,412,454,462,463

程敏政　5,6,19,39

程允夫　97,99,102,103,109,142,144,146,172,219

D

道问学　3—5,7,15,22—24,26—28,36,175,188,237,460,468,471

董叔重(董铢)　38,197,198,291,305,332,371,378,416,431

E

二程　1,12,21,75,76,93,94,102—104,110,113,119—121,128,135,138—140,158,161,174,179,184,210,230,242,249,250,272,285—287,314,317,321,328—330,343,370,374—377,381,382,386,387,390,404,407,427,438,445,456,461—464,474

F

方宾王　287—289,333,402,424,460

佛老　104,113,200,203,204,210,347,447,454,463

G

甘节　14,294,295,301,308,431,439

H

何叔京　8,110,111,130,134,135,177

胡伯逢　59,69,82,450

胡广仲　60,79,80,125—127,157,158,160,162,173,174,182,450,459,461

胡宏　56,58—63,66,76,82,105,162,189,192,193,221,261,382,450,456,462

胡季随　37,199,242,263—266,376,

417,425,426,458

黄干(黄直卿) 30,38,40,41,220,269,361

黄商伯 38,324,325

J

江德功 194,220

K

孔子 7,10,18,19,26,62,67,76,83,84,92—95,108,116,149,151,154—156,161,171,176—178,180,189,191,205,206,210,215,216,228,230,231,239,249,250,261,262,270,301,317,320,321,344,346,348,349,351,352,354,355,364,366,368,373,374,380,429,440,442,446—448

L

李绂 7,8,25,29,39,428,429,466—468

李守约(李闳祖) 41,211,214,299,309,408

廖德明(廖子晦) 119,148,154,165,186,199,212,279,280,359,443,446,448,460

林择之 44,48,157—160,165

刘公度 240,241,248

刘仲升 259

刘子澄 103,185,238—241,248,250,253,254

陆子静 15,183,184,186,187,212,232—236,238,240,243—247,250,252,254,257,269,270,300,301,369,370,374,391,392,403,404,408—414,418,419,441—443,458

陆子美 242,249

陆子寿 19,226,227,232—234,255

吕伯恭 38,82,185

吕子约(吕祖俭) 36,38,87,120,183,195,196,230,252—254,257,258,286,328—331,392,393,422,466,467

吕祖谦 101,103,107,232—235,250,251,254,255,465,466

罗整庵 6

M

孟子 7,10,16,23,65,66,74—76,82,91—96,100,111,116,136,144,148,155,156,176,191—194,199,200,205,206,223,225,226,229—231,249,250,262,263,284,286,288,289,291—294,304,305,316—319,322,328,329,370,374,375,379—381,389,392,399,403,404,406,407,429,435—438,441,442,459,463,464,472

牟宗三 3,9—12,14,16—18,22,23,30—35,37,40,70,108,169,207,208,211,268,282,294,298,302,

437,452,469—471,473,474

P

潘恭叔 265,267

Q

气 32,34,59,61,70,77,92,94—96,98,201,243—245,278,281,283,294—299,303—306,308—311,313—326,336,380,392,396,403,404,406,443,451,469

气禀 11,18,56,60—62,64—66,91—96,99—102,178,187,269,281—283,306,308—317,319—326,333—340,342,346,361,363,367,368,380,381,402—405,414,416,427,435,436,440,441,450—452,456,458,460,464,465,469

气质之性 92—96,129,296,299,309,316—326,333,334,450,451

钱穆 8,11,12,14,17,19—22,25,26,30,36,40,219,275,370,387,388,450,454,455

R

仁体 9,10,23,67,70,73,78,83,84,98,106,132,147,161,162,179,189,285,287,450,453,470,474

S

生之谓性 38,93—96,321,322,451

石子重 153

束景南 31,33,35,36,39—40,42,43,46,53,56,57,70,87,141,145,164,166,174,185,208,232,255,328,409,423

T

唐君毅 11,12,14,22,24,25,40,282,282,283,298,299,339,388

天命之性 46,47,53,56,60,63—65,70,94—96,100,304,316,317,319,324,404,450,451

W

万人杰 37,227,232,260,277

王懋竑 8,24,29,34,35,39,171,207,407,427,434

王阳明 1,5,6,8,466,467

吴伯丰 40,42,333,391

吴晦叔 99

X

项平父 237,245,246,335,399,405—406,460

小学 10,56,155,159,172—175,182,188,221,255,258,270,271,337,338,382,395,421,459,470

心体 46—48,50,51,56,58,66,89,98,107,114,118,128,130,133,142,150,160,277,281—283,298,375,410,450

性体　9,17,46,47,56,69,84,99,106,116,124,128,145,152,169,193,194,226,285,469,470

徐复观　139,140,209—211

徐寓　292,306,355,362,372,373,380,387

徐子融　299,319—321

Y

杨子直（杨方）　31,111,145

伊川　19,20,27,82,83,92—94,102—104,107—109,121,123,124,126,127,133,140,144,146,147,149,150,152—154,169,171,172,181,191,199,201,202,210,218,219,236,279,284—290,302,304,314,316,331,332,343,345,361,362,363,365,366,368,378,393,395,453,454,458,463

游诚之　116,117

余大雅（余正叔）　19,192,200,202—204,206,213

Z

曾祖道　356,370,372,381,420

张敬夫（张钦夫）　74,79,81,98,125

张栻　32,36,44,45,55,58,62,63,67,69,74,78,84—87,89,97—99,101,106,118,125,129,137,140,141,147,153,157—160,177,187,190,196,251,270,356,362,417,450,457

张载　58,92—94,292—297,307,308,314,316,317

郑子上　41,366,367

支离　5,7,19,67,176—180,185,187,205,214,220,229,234,243,255—260,271,282,298,343,391—393,439,448,455,459,460,466

中和旧说　12,31,33,49,51,128,133,170,172,176,177,449

中和新说　3,12,13,23,32—35,37,46—49,52,53,56,64,69,72,84,86,97,102—104,108,117,121,122,123,129,133,136,138,139,143,144,146,151,153,157,158,161,162,165—167,171,176—178,187,188,198,207,211,225,238,259,271,284,311,326,328,334,335,340,354,398,426,449,451,452,457,458,461,463,468

周舜弼（周谟）　93,198,201,205,208,215,223,224,228,261—262,276,284,286,287,343,433

尊德性　3—5,9,10,15,22—28,36,175,176,188,237,441,467,468,471

后　　记

　　时间过得很快,从毕业论文答辩至今一晃两年,回想起在复旦大学的求学时光,专一于学业,心无旁骛,学问长进甚多。毕业后工作忙碌,诸事繁多,做学问很难专一,让我深切体会到朱子涵养工夫的意义。现代社会,物质生活丰富,人的诸多欲望不断被满足也同时不断被开发。科技便利,知识的获取更为快速便捷,似乎为学应该更加简易,但是心中总有纷扰,难以专心将一件事做到极致。其实,无论学问还是个人的修养,都需要内心专一才能有所成就,可是真正能够做到本心自觉实在太难,人的心力有限,总是一边被外物牵引而随波逐流,陷溺其中而不自知,一边又将责任推给他人或者时代,最终放弃了对自己的要求。从朱子身上我体会到人生的出路在于认识到人之为人的高贵在于"本性具足",时时记得收拾本心,克制过度的欲望,知善就去行善,真诚由内而发,在人格的完善中找到自身的价值,最终回归自己的精神故乡。本书展现了朱子对于精神家园的求索与建构,感谢朱子的智慧,在对朱子学的求索中我也经历了他所经历的心路旅程,最终能够在学问的桃花源中谋得一块方田,同时也谋得内心自足。这本书能够出版,首先要感谢国家社科基金后期资助项目评委给予我论文的肯定,也要感谢学术界前辈老师们对我求学之路的鼓励和支持,更要感谢过往所有研究朱子学的前辈,为我的研究打下了坚实的基础,让我得一窥朱子思想,而朱子思想全貌需要用一生去探寻。最后要对郝玉明和朱华彬两位编辑老师表示真诚的感谢,没有编辑老师的辛勤审校,此书出版尚待时日。这是我人生中的第一本书，是我数年求学的汇聚，我视若珍宝，固然有许多未善之处，但也可以由此看出我在博士求学期间对该课题研究的程度。如今看来，很多问题在提出后的解决上还是略显不足，但作为一段珍贵的学术旅途，就将所有未完成的问题交给接下来的路。

陈双珠
辛丑年立秋于同济大学图书馆